김정은
시대의
자력갱생

계승과 변화

| 일러두기 |

1. 《노동신문》 등 언론매체의 내용을 인용문 형식이나 큰따옴표를 써서 직접인용 할 때는 띄어쓰기나 오자를 고려하지 않고 원문대로 옮겼다. 그 외 간접인용이나 설명 글에서는 자사 지침에 따라 어문 규정에 맞게 표기했다.
2. 북한 최고 지도자들(김일성, 김정일, 김정은)의 직위는 시기마다 다르기도 하고, 매번 반복되면 자칫 가독성을 떨어뜨릴 수 있어 처음 나오는 부분을 제외하고는 되도록 생략했다.
3. '일군'이 '일꾼'이 아닌 '간부'를 의미할 때는 '일꾼'으로 바꾸지 않고 '일군'으로 표기했다.

경남대 극동문제연구소 북한연구 시리즈 60

김정은 시대의 자력갱생

계승과 변화

임을출 지음

한울
아카데미

차 례

| 제3장 | 김정은 시대 자력갱생 기조 _97

| 제4장 | 계승과 특징 _173

| 제5장 | 변화, 성과와 한계 _223

| 제6장 | **결론과 전망 _343**

| 표 차례 |

| 그림 차례 |

집권 10년, '수령' 김정은의 북한은 어디로 가고 있을까. 그동안 많은 것이 달라졌지만, 북한 체제를 상징하는 자력갱생은 여전히 고수되고 있다. 북한 정권은 길고 지루한, 그리고 치명적인 제재와 코로나 역병에도 죽지 않고 살아남았다. 오히려 더 강해진 느낌이다. 어쨌든 자력갱생의 결과이다. 집권 10년 차를 맞이하고 있는 오늘날 김정은 정권이 추구하는 자력갱생의 궁극적인 목표는 이전과 다르다. 김정은 정권은 국가핵무력이 완성되어 이제 당당한 정치군사강국이 된 상황에서 경제강국만 이룩하면 된다고 생각한다.

2021년 1월에 열린 당 제8차 대회를 통해 지난 5년간(2016~2020) 쟁취한 승리를 토대로 새로운 발전의 시대, 우리 국가제일주의 시대를 열어놓았다고 강조한다. 김정은 당 총비서 겸 국무위원장은 대회 보고에서 우리 국가제일주의시대는 노동당이 인민을 위함에 일심전력하고 자체의 힘을 완강히 증대시킨 결과로서 탄생한 자존과 번영의 새 시대라고 정의했다. 그리고 제8차 당대회 이후에는 앞으로 15년 안팎에 전체 인민이 행복을 누리는 융성·번영하는 사회주의강국을 세워야 한다는 구상을 밝혔다. 그 실현을 위해 2021년 1월에 열린 제8차 당대회를 기점으로, 경제 부문뿐 아니라 모든 부문에서 구태의연하고 진부한 모든 것과 결별하기 위해 혁신을 단행하고 있다고 강조했다. 여기서 언급하는 경제 부흥을 위한 혁신의 방법론은 "내부적 힘을 끊임없이 증대시키는 것"이다(≪조선신보≫, 2021.9.1).

북한이 내세우는 사회주의강국은 집단주의가 높이 발양되는 이상사회이다. 현재 진행 중인 국가경제발전 5개년계획(2021~2025)에 대담한 혁신을 단행해 경제활성화를 위한 토대를 마련하고 그 이후에도 당대회 개최 시기에 맞춰 5년을 주기로 한 번씩 크게 도약함으로써 15년 안팎에 사회주의강국을 건설한다는 구상이다. 이 구상의 실현 가능성에 대한 논의도 필요하겠지만 우선은 김정은 정권이 추구하고 있는 이상사회 건설, 사회주의강국 건설에 대해 깊이 있게 이해할 필요가 있다. 김정은은 다음과 같이 밝혔다.

> 우리가 이상하는 강국, 사회주의사회는 전체 인민이 먹고 입고 쓰고살 걱정을
> 모르며 무탈해 편안하고 화목하게 살아가는 사회, 누구나 서로 돕고 이끌면서
> 기쁨도 슬픔도 함께 나누는 공산주의적 미덕과 미풍이 발휘되는 인민의 사회
> 이며 우리 당의 모든 활동은 이런 행복한 사회를 하루빨리 앞당기기 위한데
> 지향복종되고 있다(≪노동신문≫, 2021.6.20b).

이런 맥락에서 정치·경제·국방·사회 분야의 변화와 그 의미를 깊이 있게 분석·평가하고, 이를 토대로 새로운 대북 전략과 정책을 구상하는 것이 필요한 상황이기도 하다. 이 같은 변화를 제대로 이해하지 못하고 과거의 북한을 전제로 접근할 경우 북한을 설득하거나 견인하기는 쉽지 않을 것이다. 이런 맥락에서 보면 김정은 정권이 사회주의강국 건설을 위한 항구적 전략 노선으로 내세우고 있는 자력갱생을 현상 유지적 혹은 퇴행적인 전략으로 보기는 어렵다. 또한 북한 당국이 반복해서 강조하고 있듯이, 자력갱생은 눈앞의 위기를 타개하기 위한 일시적인 대응책이 아니라 사회주의 건설에서 항구적으로 틀어쥐고 나가야 할 정치 노선이다(≪노동신문≫, 2021.6.20b). 무엇보다 김정은 정권이 내세우는 자력갱생은 현대적인 과학기술에 크게 의존하고 있다.

이런 측면에서 보면 오늘날 북한의 자력갱생 정신 또는 전략의 지향점은 거의 모두 과학기술 발전으로 귀결된다. 자력갱생은 곧 과학기술 발전의 다른 표현이다.

김정은 정권이 가장 앞세우는 화두인 자력갱생은 김일성과 김정일 국방위원장 시절에도 국정 운영의 핵심 기조였다. 김정은 정권 시기에 들어와, 특히 2019년 2월 북미 간 하노이 정상회담의 결렬 이후 자력갱생이 부쩍 강조됐고, 오늘날에는 혁명정신으로 이념화·이론화·정식화되고 있다. 자력갱생은 오늘날 북한의 국풍으로, 혁명의 유일무이한 투쟁 정신의 결정체로 더욱 공고화된 것이다. 이는 "시대와 혁명발전의 요구를 깊이 통찰하시고 자력갱생을 영원히 들고나가야 할 번영의 보검으로 우리 인민의 심장에 새겨주시려 사색과 로고를 기울이신 경애하는 총비서동지에 의해서만 태어날 수 있는 것"이라고 주장할 정도다(≪노동신문≫, 2021.6.21). 자력갱생은 김정은 정권을 상징하는 시대어가 된 것이다. 시대의 위대성은 그 시대를 이끄는 위인의 사상과 이념에 의해 결정되는데, 김정은이 제시한 자력갱생의 혁명정신에 따라 우리 시대가 세기적인 창조와 변혁의 거창한 시대를 열고 있다고 강조한다. 한마디로 자력갱생의 혁명정신에 관한 사상이론을 김정은이 더욱 발전시키고, 풍성하게 하고 있다는 주장이다. ≪노동신문≫에서 자력갱생을 지칭하는 "필승의 무기", "삶과 투쟁의 지침", "사회주의강국 건설의 원동력", "인민의 영원한 삶의 좌표", "민족자존의 정신", "최첨단돌파정신", "번영의 보검", "자존과 자강의 생명선", "강력한 발전동력", "주체조선의 국풍', "조선혁명의 유일무이한 투쟁정신" 등의 표현만 봐도 그 위상이나 가치를 쉽게 이해할 수 있다.

결국 북한을 이해하기 위한 핵심 키워드는 자력갱생이라 할 수 있다. 북한의 자력갱생 정신 또는 전략을 이해하지 못하고는 북한의 실제나 본질을 이해할 수 없다고 해도 과언이 아니다. 김정은은 2012년 4월 노동당 제4차 대표자회의와 최고인민회의 제12기 제5차 회의에서 당과 국가의 수위에 올랐다. 2021년 4월, 김정은이 집권한 지 9년이 지났다. 2021년 4월 11일 자 ≪노동신문≫에서는 미국의 유례없는 제재 압박에도 핵보유국 지위 격상, 코로나19 감염병 예방, 자연재해 극복, 기념비적 건축물 건설 등을 김정은의 공적으로 꼽는다. 이는 한마디로 자력갱생의 정면돌파전 또는 공격전으로 지칭된다. 다른 나라 같으면 수십 년이 걸려도 해내지 못할 국가방위력 강화를 단 몇 년 만에 실현했고, 국제사회의 가혹한 제재·봉쇄 책동과 혹심한 자연재해와 세계적인 대재앙에도 끄떡없이 자체의 힘을 증대했으며, 노동당 시대의 기념비적 창조물들을 도처에 훌륭히 일떠세우게 한 원천도 자력갱생이라는 것이 북한 측 주장이다.

북한의 경제전략과 경제정책 관련 이데올로기들은 대부분 경제위기에 대처하고 이를 극복하기 위해 고안하고 제시한 것들이다. 자력갱생에 기초한 천리마운동, 이를 정형화한 천리마작업반운동, 청산리방법, 대안의 사업 체계는 모두 과거 구소련 등 외부로부터 원조가 급감한 1956년부터 시작된 축적 위기에 대처하고 이를 극복하기 위해 나온 것들이었다(박후건, 2015: 59). 이는 지금도 마찬가지이다. 자력갱생은 대내외 정세에 따라 그 비중과 중요성이 달라져왔다. 대내외 정세가 어려울수록 자력갱생을 강조하는 강도가 높아지고, 영향력은 강화된다. 현재 북한은 2021년 1월에 개최한 제8차 당대회에서 제시한 자력갱생, 자급자족을 새로운 국가경제발전 5개년계획의 기본종자, 주제로 틀어쥐고 인민경제의 자립적 구조를 완비하고 인민생활에서 가시적인 성과를 보여주기 위한 투쟁을 벌이고 있다. 대북 제재의 장기화를 염두에 둔 자력갱생의 강조이다. 그러면서 과학기술의 힘으로 생산 정상화와 개건 현대화, 원료·자재의 국산화, 재자원화 등을 적극 추진하고 있다. 김정은은 제8차 당대회에서 일심단결과 자력갱생에는 혁명의 생명선과 전진동력에 관한 사상이론적 관점과 정책적 요구가 함축되어 있다고 말했다. 제8차 당대회 결정 사항을 반영해 2021년 1월 9일에 개정된 당 규약 서문에서도 향후 경제·국방 정책과 관련해 기존의 경제건설과 핵무력 건설의 병진 노선을 자력갱생 노선으로 대체했다. 이는 당분간 의존할 수 있는 생존 전략은 자력갱생밖에 없다는 점을 시사한다. 이 자력갱생 전략의 성패가 북한 경제, 나아가 북한 체제의 지속 여부에 결정적인 영향을 미칠 것이며, 김정은 정권의 명운이 달려 있다고 해도 과언이 아니다. 결국 자력갱생 전략 혹은 자력갱생 정신은 김정은 시대 북한의 경제정책과 전략 전반을 관통하는 핵심 키워드이다. 자력갱생 역량에 따라 북한 체제의 지속 가능성이 결정되는 것이다. 따라서 현시점에서 북한의 자력갱생 정신과 전략에 대한 연구는 현 단계 북한 경제의 실태 파악은 물론이고 체제의 내구력 평가와 전망을 위해서도 필요하다.

이 책은 또한 2021년 집권 10년 차를 맞이하는 김정은 정권 시대의 북한 경제를 자력갱생 정신 혹은 전략 중심으로 그 성과와 한계를 역사적으로 고찰하고, 이를 토대로 향후 전망을 하고자 한다. 김정은 정권 경제정책 10년을 평가하면서 이전과 다른 차별화된 특징을 도출하여 김정은 시대 자력갱생의 실체, 변화 요소, 실제 성과와 한계 등을 종합적으로 정리·평가하고 그 추이를 전망하는 데 초점을 맞추고 있다. 이를 위해 북한에서 발간된 오래된 문헌들을 비롯해 ≪노동신문≫, ≪경제연구≫, ≪조선신보≫ 등을 주로 참고했다. 이 가운데 ≪노동신문≫을 가장 많이 인용했다. 2020년 1월 1일부터 2021년 8월 현재까지 ≪노동신문≫에 실린 권위 있는 글로 평가받는 정론·논설·사설 등을 주목했다. ≪노동신문≫의 사설, 정론, 논설을 검토하는 것은 북한 최고 지도자의 관심사, 당국의 정책 목표, 이를 관철하기 위한 전략·전술·방침 등을 파악하는 데 필수적인 과정이다. 이 검토 과정을 통해 북한 당국의 핵심 국정 목표, 이를 관철하기 위한 노선, 전략과 정책, 과제 등을 종합적으로 이해할 수 있게 된다. 수백만 명에 이르는 북한 노동당원들은 당 문헌들에 제시된 사상과 노선, 정책을 비롯해 자기 부문, 자기 단위 앞에 제시된 당 정책들을 학습하여 생활화·습성화해야 한다(≪노동신문≫, 2021.4.10).
특히 당 제8차 대회와 당 중앙위원회 제8기 제2차 전원회의 보고를 비롯한
당 회의 문헌들의 사상과 내용, 그 진수를 깊이 연구·체득하도록 하는 것이
중요하다. 당 세포들은 당보 학습을 중시하고 일상화해야 한다. 당보에는 시
기마다 제시되는 당의 노선과 정책들이 반영된다. ≪노동신문≫의 독보를 제
도화하고 사설을 비롯한 중요 기사들에 대한 학습을 강화해 당원들과 근로자
들이 당의 사상과 의도를 제때에 정확히 알게 해야 한다는 것이다.

이와 함께 필자는 북한 노동당의 주요 경제 정책과 전략들을 소개하고, 이
를 관철하기 위한 지침이 다양하게 실려 있는 학술지 ≪경제연구≫ 9년치
(2012~2020)를 분석했다. 이 같은 문헌 연구와 북한 매체 분석에 더해 여러 탈
북자에게 자문을 구하기도 했다. 그들이 북한에서 살면서 인식하고 경험했던
자력갱생 정신과 전략, 그 추진 방식 등에 대해 들으며 귀중한 아이디어들을
얻어, 이 책 저술에 반영할 수 있었다. 김정은 정권 등장 이후 필자는 김정은
정권의 국가발전 전략, 경제정책, 그리고 실제 산업과 기업 현장에서 일어나
는 많은 변화를 주목해 왔다. 이와 관련해 10여 편의 학술논문을 썼고, 이런
선행 연구들을 부분적으로 수정·보완해 이 책에 반영했음도 밝힌다. 이제 우
리는 코로나 시대 이전으로 돌아갈 수가 없다고 한다. 북한도 과거로 돌아가
기가 쉽지 않아 보인다. 시시각각으로 변화하는 북한 내부 정세의 흐름을 읽
어내면서 새로운 접근 틀을 짜야 한다. 이를 위해서는 북한의 변화를 깊이 있
게 통찰하면서 관련 전문 지식과 정보를 축적하고, 공유하는 것이 그 어느 때
보다 중요하다. 아무쪼록 이 책이 달라진 북한을 더 깊이 있게, 종합적으로
이해하고, 통찰하는 데 조금이라도 도움이 되기를 바랄 뿐이다.

2021년 12월
임을출

01 자력갱생의 개념과 추진 배경

1. 자력갱생의 주요 개념과 전략적 위상

자력갱생 개념에 대해 북한이 발간한 『조선말대사전』은 이렇게 설명하고 있다. "남에게 의존하지 않고 오직 자기 힘을 믿고 자체의 힘으로 온갖 난관을 물리치고 살아나간다는 것", 즉 혁명과 건설에서 나서는 모든 문제를 남에게 의존하지 않고 자신이 책임지고 자체의 힘으로 끝까지 하려는 혁명정신과 투쟁 원칙이다(사회과학출판사, 1992: 16). 이 개념에 따르면 자력갱생의 혁명정신이 있어야 자기의 힘을 믿고 내부 원천을 동원하기 위해 더 절실하게 노력하게 되며 소극성과 보수주의를 타파하고 부닥치는 난관과 애로를 이겨내면서 높은 창발성과 적극성을 발휘해 경제적 자립을 실현할 수 있다.

오늘날 김정은 시대 자력갱생은 과학기술에 기초한 자력갱생이다. 이는 사실 아버지 김정일 시대부터 강조된 개념이기도 하다. 김정일은 1999년 1월 11일 신년 첫 현지지도로 조선과학원을 방문했다. 며칠 뒤 1월 16일 자 ≪노동신문≫은 "과학중시사상을 구현해 강성대국의 앞길을 열어나가자"라는 사설을 발표해 과학 중시를 사상 수준으로 격상시켰다. 이는 김정은이 2018년 1월 1일 신년사를 발표하고, 첫 현지지도 장소로 1월 12일(보도 일자) 국가과학원을 선택한 것과 비슷하다. 이 자리에서 김정은은 "인민경제의 자립성과 주체성을 강화하고 인민생활을 개선향상시키기 위한 지름길은 과학기술을 앞세우는데 있다"라며 국가과학원은 "자력·자강의 고향집"이라는 말을 남겼다.

특히 김정일 정권은 IT산업 발전을 통한 '단번도약'을 강조하기도 했다. 김정일 시대에는 뒤떨어진 것을 창의·고안하는 식의 자력갱생이 아니라 현대적인 과학기술에 기초한 자력갱생을 해야 한다고 강조했다. 이것이 김정일이 강조한 자력갱생의 참 의미였고, 시종일관 강조한 문제라고 북측 언론들은 주장하고 있다. 모든 것이 부족하고 어려운 조건에서도 김정일은 과학기술과 교육의 발전을 위해 노력했고, 과학기술로 무장한 인민대중의 힘에 의거해 자력갱생의 강국을 세우려 했다는 것이다(≪우리민족끼리≫, 2021.2.16). 2020년 8월 2일 자 ≪노동신문≫에서는 "자력갱생은 우리 국가와 인민이 영원히 틀어쥐고 나가야 할 전략적 노선"이며, "자력갱생·자급자족하는데서 기본은 경제발전에 필요한 것을 최대한 국내에서 생산 보장하는 것"이라고 보도했다. 이어 "자력갱생의 혁명정신과 주체적 역량에 의거해 나라의 경제를 발전시켜야 한다"라면서 "이것이 오늘날 우리가 지녀야 할 자력갱생의 혁명적 원칙에 입각한 사업 태도이고 잡도리이며 본때"라고 강조했다.

≪노동신문≫ 등 북한 자료에서 가장 많이 인용하는 용어가 '혁명'이다. 『조선말대사전』에 따르면 혁명은 본질적으로 인민대중의 자주성을 옹호하고 실현하기 위한 조직적인 투쟁이다. 자주성은 나라와 민족의 생명이며 자주독립국가의 첫째가는 징표로 간주된다. 자주의 길로 나아간다는 것은 혁명과 건설을 인민의 자주적 요구와 이익에 맞게 자기 식으로 정정당당하게 해나간다는 것을 의미한다(≪노동신문≫, 2021.7.19). 자주성은 일심단결과 자력갱생에 의해 뒷받침되고 강화된다.

1) 자력갱생의 3대 개념: 이민위천, 일심단결, 자력갱생

현재 북한에서 자력갱생은 이민위천, 일심단결과 함께 주체적 힘, 내적 동력을 백방으로 강화해 사회주의 전진을 가속화하는 근본 요인으로 간주된다(≪노동신문≫, 2021.7.19). 이 세 가지 이념은 북한 특유의 정치사상, 혁명 철학, 투쟁 방식이다. 이민위천, 일심단결, 자력갱생 이념을 더 높이 들고나가는 것은 새로운 이상사회를 만들려는 의지의 표현이고, "'우리식 사회주의'의 새 승리를 이룩하기 위한 중차대한 요구"라고 강조하고 있다. 북한의 주장에 따르면 이 3대 이념에는 인민을 위해 멸사 복무하는 것에 대한 당의 항구적인 요구가 반영되어 있으며 혁명의 생명선과 전진 동력에 관한 사상이론적 지침과 정책적 요구, 나아가 김일성·김정일 선대의 혁명 역사가 함축되어 있다. 그러면서 이민위천, 일심단결, 자력갱생의 이념을 구현해 나가는 과정에서 현 시기에 절박하게 요구되는 것은 경제건설과 인민생활에서 발전 지향적인 뚜렷한 성과를 이룩하는 것이라고 강조하고 있다(≪노동신문≫, 2021.7.19).

〈표 1-1〉 **자력갱생 관련 3대 이념**

3대 이념	주요 설명
이민위천	오늘의 형세하에서 사회주의 우리 국가의 존재를 유지·공고화해 나갈 수 있는 유일한 출로는 인민을 더욱 뜨겁게 품어 안고 그들의 이익과 편의를 절대시하며 인민의 무궁무진한 지혜와 힘을 믿고 그에 의거하는 길뿐이다.
일심단결	인민대중의 단결력과 창조력은 혁명의 강력한 추동력이다. 우리 당이 이상과 포부를 높이 세우고 거창한 작전들을 펼칠 수 있은 것은 수령의 두리에 굳게 뭉친 일심단결의 위력이 있으면 이겨내지 못할 난관이 없다는 확고부동한 신념이 있었기 때문이다.
자력갱생	설사 앞으로 교류와 협력 공간이 넓어지고 유리한 조건과 환경이 주어진다고 해도 단결력이 약하고 자기의 힘에 대한 믿음이 없으면 필연코 남에게 얽매이고 굴종당할 수밖에 없다.

자료: ≪노동신문≫, 2021.7.19에 근거해 작성.

북한 측 논리에 따르면, 사회주의를 지속적으로 발전시키려면 자체의 강력한 전진 동력이 있어야 한다. 물론 객관적 조건과 환경은 무시할 수 없지만 기본은 어디까지나 내부적 힘이다. 자체의 혁명 역량이 준비되지 못하고 자립적 기반이 약한 사회주의는 우여곡절과 좌절을 면할 수 없다. 번지르르한 남의 것에 현혹되거나 눈앞의 일시적인 성과에 만족해하면서 주체적 힘을 키우지 않는 것은 자멸을 청하는 어리석은 짓이다. 불리한 환경을 유리하게 전변시키고 화를 복으로 전환시키기 위한 유일한 방도는 주체적 힘, 내적 동력 강화에 있다. 설사 앞으로 교류와 협력 공간이 넓어지고 유리한 조건과 환경이 주어진다고 해도 단결력이 약하고 자기의 힘에 대한 믿음이 없으면 필연코 남에게 얽매이고 굴종당할 수밖에 없다는 것이다(≪노동신문≫, 2021.7.19).

이처럼 오늘날 북한에서 자력갱생은 끊임없는 비약과 발전의 원동력으로 간주된다(≪노동신문≫, 2021.6.13). 오직 자력갱생으로만 더 큰 번영을 낳고 더 큰 존엄을 떨치게 된다는 것이 혁명 실천 과정이 확증한 역사의 철리이다. 인민들은 자력갱생의 길에 승리가 있고 존엄과 삶이 있다는 것을 오늘의 투쟁 과정을 통해 더욱 심장 깊이 절감하고 있다는 것이다. 김정은은 "사대와 외세 의존은 망국의 길이며 자강의 길만이 우리 조국, 우리 민족의 존엄을 살리고 혁명과 건설의 활로를 열어나가는 길이다. 자력갱생은 혁명의 생명선과 전진 동력에 관한 사상이론적 관점과 정책적 요구가 함축되어 있는 이념으로서, 자체의 힘과 기술, 자원에 의거해 주체적 역량을 백방으로 강화하며 민족의 존엄을 굳건히 지키기 위한 것"으로, "자력갱생의 원칙에서 나라의 경제력을 더욱 튼튼히 다져야 국가와 인민의 존엄도 지킬 수 있고 우리가 설정한 목표를 향해 더 빨리 달려나갈 수 있다"라고 강조했다. 또 "우리의 원료·자재에 철저히 의거하는 것은 인민경제의 자립성과 주체성을 보장하는 문제"라며 "아무리 현대적인 설비를 차려놓았다고 해도 원료·자재를 수입에 의존한다면 그러한 경제는 남에게 목줄을 매인 예속경제이지 결코 자립경제라고 할 수 없다"라고 목소리를 높였다. 아울러 "우리의 설비, 우리의 원료, 자재로 운영되는 경제, 이것이 우리가 건설하는 자립적 민족경제의 실체"라며 자력갱생의 당위성을 설명했다(≪노동신문≫, 2021.8.2).

자력갱생은 한마디로 주인의식을 갖고 책임과 의무를 다하는 입장, 관점과 의지이다. 과거 선군정치 시대에서 자력갱생 개념은 "자기 나라 변혁운동의 주인은 자기라는 인식을 갖고, 높은 사명감을 지니고 자기 나라 변혁운동은 자신이 책임지고 끝까지 수행하는 입장과 관점, 의지"로 규정됐다(김재호, 2000: 83). 이에 반해 김정은 시대 자력갱생은 "창조방식이나 투쟁방법에 관한 문제이기 전에 우리의 힘과 기술, 우리의 손으로 이 땅우에 부강번영하는 사회주의강국을 기어이 일떠세우려는 당의 구상과 의도를 어떻게 받아들이고 받드는가 하는 사상문제, 신념문제"로 격상되었다(≪노동신문≫, 2021.6.14a). 자력갱생은 북한의 일관한 전략이고(≪조선신보≫, 2020.2.11a), 북한이 일관되게 고수해 온 경제발전 방식이고, 불변의 전진 방식이기도 하다(≪우리민족끼리≫, 2021.2.24). 자력갱생은 당의 일관한 정치 노선으로 규정되고 있다. 나아가 "제국주의의 마지막 수단, 최후진지를 완전히 공략하고 사회주의를 기어이 성공시키기 위한 최상의 방략"이기도 하다(≪노동신문≫, 2020.4.22). 자력갱생은 북한의 군사적·경제적 위력과 함께 정치사상적 위력을 백배로 해주는 원동력으로 묘사되기도 한다(≪우리민족끼리≫, 2021.2.24). 또한 자력갱생 전략은 적들의 비열한 제재 책동을 자강력 증대, 내적 동력 강화의 절호의 기회로 반전시키는 공격적인 전략으로, 사회주의 건설에서 항구적으로 틀어쥐고 나가야 할 정치 노선으로 심화·발전했고, 사회주의 건설에서 새로운 비약과 줄기찬 전진을 담보·추동할 수 있는 귀중한 밑천이라고 주장하고 있다(≪노동신문≫, 2021.1.18a).

또한 자력갱생은 조선혁명의 유일무이한 투쟁 정신으로 규정되고 있다. 자강력을 증대시켜 사회주의 건설을 다그치기 위한 전 인민적인 투쟁 속에서 자력갱생은 주체조선의 국풍으로, 조선혁명의 유일무이한 투쟁 정신으로 더욱 공고해졌다는 주장이다(≪노동신문≫, 2021.1.18b). 자력갱생은 혁명투쟁과 건설 사업에서 확고히 견지해야 할 근본 원칙이다. 시대와 역사가 전진하는 데 따라 혁명투쟁의 환경과 조건은 달라질 수 있지만 제 힘을 믿고 자력으로 모든 문제를 풀어나가야 한다는 혁명의 원리는 절대 불변이다. 백두밀림에서 창조된 연길폭탄정신, 천리마정신을 비롯해 혁명의 연대마다 기적과 변혁의 강력한 힘으로 분출한 자력갱생의 정신은 조국이 세기를 주름잡아 내달리게 한 사상적·정신적 원천이었다(≪노동신문≫, 2021.3.31). 혁명의 진로는 자력부강, 자력번영의 한길뿐이며 자력갱생 노선의 철저한 관철로써만 사회주의강국의 이상을 실현할 수 있다고 주장한다. 또한 자력갱생 노선은 국가와 인민의 자주적 존엄을 굳건히 지키기 위한 가장 정당한 노선으로 강조되고 있다. 자주 사상과 애국 이념의 구현인 자력갱생 정신은 군사기술적 강세를 불가역적인 것으로 만들 수 있다는 주장이다(≪우리민족끼리≫, 2021.2.24).

2019년 12월에 열린 당 중앙위원회 제7기 제4차 전원회의에서 김정은은 자력갱생의 기치 높이 사회주의강국을 건설하는 것이 우리 당의 확고부동한 정치 노선임을 재천명했다. 그는 "자력갱생의 공격전으로 사회주의강국 건설 위업을 실현하려는 당의 의지는 확고하다"라고 강조했다(≪노동신문≫, 2020. 4.22). 자력갱생 노선은 새로운 발전과 번영의 국면을 펼치며 사회주의 건설을 가속화해 나가게 하는 가장 위력한 노선으로 간주된다. 따라서 자력갱생은 주체조선의 국풍으로, 조선혁명의 유일무이한 투쟁 정신으로 묘사되기도 한다(≪노동신문≫, 2021.2.18b). 김정은은 제8차 당대회 이후 한 달 만에 열린 당 중앙위원회 제8기 제2차 전원회의에서 경제사업에서 특별히 중시하고 혁신적으로 구현해야 할 문제는 국가적인 자력갱생, 계획적인 자력갱생, 과학적인 자력갱생이라고 강조했다(≪노동신문≫, 2021.1.9). 그리고 2021년 1월 열린 제8차 당대회 이후에는 자력갱생, 자급자족이 새로운 국가경제발전 5개년

계획의 기본 종자, 즉 주제로 규정됐다(≪조선신보≫, 2021.2.11). 김정은은 자력
갱생 고수의 필요성에 대해 이렇게 말하고 있다.

> 우리는 자력갱생을 구호로만 들고 나갈 것이 아니라 발전의 사활적인 요구로
> 내세워야 하며 오늘의 사회주의건설을 추동하는 실제적인 원동력으로 전환시
> 켜 자력으로 부흥하는 새로운 력사를 창조해야 합니다(≪노동신문≫, 2020.
> 2.18).

오늘 자신들이 믿을 것은 오직 자기의 힘밖에 없으며, 자력갱생의 혁명정
신을 지니고 자신들의 힘과 기술, 자원에 의거해 모든 것을 자신들의 방식으
로 창조하고 발전시켜 나가야 그 어떤 최악의 조건에서도 최상의 성과를 이룩
할 수 있다는 주장이다(≪노동신문≫, 2020.2.18).

2) 자력갱생과 자립적 민족경제

북한에서 자력갱생과 자립적 민족경제는 '우리식 사회주의' 존립의 기초이
고 전진과 발전의 동력이며 우리 혁명의 존망을 좌우하는 영원한 생명선이
된다. 자력갱생은 정치 노선이자 핵심 이데올로기이며, 이를 위한 우선적 과
제로서 자립적 민족경제의 토대를 다방면에서 강화하는 것을 제시해 놓고 있
다. 김정은 시대 자력갱생의 정신은 국산화 정책에 구체적으로 반영되어 나
타났다. 즉 국산화 정책을 통해 자력갱생 정신의 정당성과 생활력을 보여주
려 하는 것이다. 북한은 국산화 추진의 이론적 배경으로 자립적 민족경제 건
설을 내세우고 있다(임을출, 2018: 78~86). 자립(self-reliance)이라는 것은 외부의
간섭이나 지배를 배격하고 스스로 자신을 보존·발전하는 것을 의미한다. 이
같은 개념 규정에 따르면, 한 국가의 경제자립은 국민경제가 대외적으로 종

속되지 않거나 그것을 극복하고 국내 분업과 시장에 기초해 자기완결적인 재생산구조를 확립해 자신의 논리에 의해 운영하는 경제를 지칭한다. 여기서 유의할 대목은 자립경제라 해도 대외 거래를 완전히 부정하는 것은 아니라는 것이다. 대외 거래를 하되 거래 상대국과 동등한 지위를 유지하며 해외 부문에 의해 국민경제가 지배되지 않는 상대적 자급자족의 달성을 의미한다(김대환 외, 2006: 289).

자립경제는 식민지로서의 역사적 경험을 가진 저개발국 혹은 제3세계에서 특별히 강조되어 왔다. 이 나라들은 경제의 대외 종속성에서 벗어나고 식민지의 유산인 기형적·파행적 경제구조를 극복해 자립할 수 있는 경제를 건설하기 위해 의식적이고도 적극적인 스스로의 경제개발 논리가 필요했다. 일반적으로 저개발국들은 자본, 기술 및 원료를 수입에 의존하므로 자국에 돌아오는 경제적 혜택은 양적으로도 크지 않을 뿐 아니라 구조적으로도 종속을 심화하는 방향으로 작용한다. 이것은 결국 국내에서 상대적인 의미에서 자기완결적인 생산구조와 국내시장에 기초한 분업 체계의 확립을 그 내용으로 하는 자립적인 경제발전을 저해하는 구조적 요인이 된다(김대환 외, 2006: 278).

자립경제는 국산화 정책, 혹은 수입대체산업화 정책과 밀접한 연관이 있다. 수입대체란 원조, 수입에 의존하고 있는 재화를 국내에서 생산하도록 이끄는 것을 말한다. 이 때문에 국영화 또는 무역장벽 같은 보호무역주의로써 국내 산업을 보호하게 된다. 이러한 전략을 통해 산업화를 달성하는 것을 '수입대체산업화'라고 한다. 수입대체산업화를 가장 성공적으로 이룬 나라로 한국이 거론된다. 한국전쟁 이후 한국은 전쟁으로 파괴된 건물·산업시설·사회간접자본을 재건·확장해야만 했고 이에 따라 건설자재의 수요가 급증했다. 그러나 한국은 건설자재들의 대부분을 수입에 의존해야 했다. 이에 당시 이승만 정부는 핵심 건설자재인 시멘트 국내 생산을 추진해 성공했다. 박정희 정부도 이승만 정권의 시멘트 및 비료의 수입대체 정책을 승계해 적극적으로 추진했고, 식량·자동차·무기 등 다방면에 걸쳐 국산화를 추진·장려했다. 1962년 5월 31일 자동차공업 보호법을 제정함으로써 외국차 수입제한, 부품 수입제한, 국산화율 의무화, 신규 진입 규제, 해외투자 유도를 법제화하는 등 최종재 공산품의 자급자족을 위해 많은 노력을 했다(오원철, 1999).

국산화 정책을 추진하는 나라의 경우 수입이 줄어들기 때문에 외화를 절약할 수 있고, 만성적인 무역적자를 보고 있는 경우 국제수지의 불균형을 완화하는 데 도움이 된다. 수요가 있는 시장을 대상으로 생산력, 고용을 늘리기 때문에 위험비용이 적다. 또한 산업 시설이 구축되어 있다면 전후방 연계효과를 쉽게 얻을 수 있다. 그러나 국내 소비시장이 협소할 경우 규모의 경제를 달성하기 어렵고, 따라서 효율성의 저하를 피할 수 없다. 또한 최종재에만 중점을 둘 경우 중간재 수입이 늘어나면서 오히려 외화 수급의 불안을 야기할 수 있다(최상오, 2005). 오늘날 지구상에서 자립경제 노선을 지향하는 나라는 거의 없고 또 성공한 사례도 발견하기 어렵다.

그런데 북한은 세계적 추세를 거슬러 여전히 자립적 경제 노선을 고수하고 있고, 오히려 더 강화해 왔다. 북한 당국은 오늘날에도 자립적 민족경제 건설 노선을 북한 사회주의경제 건설에서 일관되게 견지해 온 가장 중요한 전략적 노선의 하나로 규정하고 있다(리기성, 2017: 48). 북한은 공식적으로 1945년 해방되면서부터 자립적 민족경제 노선을 시종일관 구현해 왔다고 주장한다(≪조선신보≫, 2018.1.5). 일반적으로 알려진 것보다 빠른 시기, 즉 사회주의 경제 체제가 확립되기 이전부터 경제 건설의 기본 정책 노선으로 도입했다는 것이다. 자력갱생, 자립자족이라는 단어는 일본 제국주의의 식민지지배 시기 말에 처음 나왔다고 한다. 이 시기에 물자가 점점 귀해지면서 자력갱생에 자급자족이라는 말이 추가된 것이다. 자급자족이라는 말은 "교환(수출입)에 의하지 않고 자기에게 필요한 것은 자기가 생산해 충당하는 것"을 의미한다. 그래서 당시에는 자력갱생과 자급자족을 한 단어같이 사용했다(오원철, 1999: 427).

북한은 상대적으로 풍부한 수력자원, 석탄 등 광물자원, 인력 등 원천 자원을 활용해서 기초 원료를 만들고, 이를 토대로 중간제품을 만들며, 궁극적으로 북한이 필요로 하는 모든 최종 제품을 생산하겠다는 정책이 당시 북한의 자력갱생 정책이었다.

매우 흥미로운 대목은 제2차 세계대전 말기 군국주의 국가 일본이 국제사회에서 고립되어 필요한 외국산 원료를 수입할 방법이 없어지자 불가피하게 꼭 필요한 물품들을 국산 원료를 사용해 만들어내는 기술, 즉 대용 공법과 대용품을 만드는 기술을 개발하는 데 총력을 쏟았는데, 이것이 오늘날 김정은의 자력갱생식 기술을 개발하고 활용하는 현상과 매우 유사하다는 점이다. 일본은 자국의 과학자, 기술자들을 총동원하여 『기술총동원요강』이라는 책을 발간해서 수입이 어려운 원료를 자체 생산하도록 했다. 예를 들면 이 책에는 갈탄을 이용해서 석유를 만드는 방법, 피마자 씨나 소나무 뿌리로 윤활유를 만드는 방법 등이 서술되어 있었다(오원철, 1999: 427).

북한은 자립적 민족경제를 자립성과 주체성을 본성으로 하는 경제, 남에게 예속되지 않고 제 발로 걸어 나가는 경제, 다방면적이며 종합적인 경제구조를 갖춘 경제, 모든 부문이 현대적 기술로 장비된 경제, 자체의 민족기술간부에 의해 관리·운영되는 경제로 정의하고 있다(통일교육원, 2013: 498). 이는 오늘날 김정은 시대의 자립적 민족경제에 대한 정의와 크게 다르지 않다. 김정은 시대에 규정한 자립적 민족경제의 정의에 따르면 첫째, 자립적 민족경제는 남에게 예속되지 않고 자기 발로 걷는 경제로서 예속경제와 대치되는 자주적인 경제, 둘째, 자기 나라의 자원과 자기 인민의 힘에 의거해 발전하는 경제, 셋째, 자기 인민의 주인으로서 역할에 의거해 발전하는 경제이다(조선의 오늘, 2017.10.5). 북한 측 주장에 의하면 자립적 민족경제 건설 노선은 "사회주의·공산주의 건설의 전 기간에 걸쳐 견지되어야 할 노선"으로 강조하고 있는데, 실제 오늘날까지 이 노선은 유지되고 있고 오히려 더 강조되고 있는 상황이다. 이 노선에 따르면 내부 원천 자원을 활용하는 공업은 주체사상에 합당한 사업이고, 반대로 수입에 의존하는 사업은 비판의 대상이 된다. 물론 북한은 대외무역 자체를 부정하지 않는다. 특히 수출은 적극 장려하는 정책을 펴고 있다. 해외시장에 적극적으로 진출해 더 많은 외화를 획득해야 경제 건설과 인민생활 향상에 필요한 물자와 자금을 원만히 해결할 수 있고(김금주, 2013: 37), 또한 "미(국) 제국주의자들의 악랄한 경제봉쇄 책동을 짓부고 경제건설과 인민생활 향상에 적극 이바지하기 위해서는 세계의 많은 나라들, 특히 발전도상국들과의 대외무역을 확대발전시키는 것이 중요하다"라는 논리이다(전승학, 2013: 52).

사실 북한의 자립경제 논리는 대중국, 대러시아 관계와 밀접한 연관이 있다. 자립적 민족경제 논리는 이미 1950년대 말 김일성이 처음으로 제기했다. 구소련으로부터 경제원조가 감소하면서 주장한 것이다. 지금은 중국에 대한 의존도를 낮추는 데 초점을 맞추고 있다는 점이 이전과 다른 차이이다. 원래 자립적 민족경제 건설은 정치적 자주성을 확보하기 위한 필요성에서 제기된 정치적 동기에 따른 정책 기조였다. 자립적 민족경제를 건설해 경제적 자립을 이룩하지 않고서는 정치적 독립을 유지할 수 없기 때문에 정치적 독립은 경제적 자립으로 보장되어야 한다는 것이다(홍성국, 2005: 42). 따라서 북한 정권에게 자립적 민족경제는 다른 나라에 의존하지 않는 것이 가장 중요하다. 자기 나라의 자원과 자기 인민의 힘에 의거해 발전하는 경제가 자립경제론의 핵심 내용이기 때문이다.

비슷한 맥락에서 북한은 혁명과 건설에서 자력갱생을 구현하기 위한 중요한 방도로서 내부예비를 탐구·동원하는 것을 강조한다. "내부예비를 모조리 찾아내고 널리 동원하기 위해 머리를 쓰고 뛰고 또 뛰며 없는 것은 만들어 내고 모자라는 것은 찾아내어 경제건설에 효과적으로 이용하고 있다"라는 것이다(송승환, 2004: 72~73). 북한은 '내부예비'(자원)의 활용을 인민경제 활성화의 중요한 요인 중 하나로 간주해 왔다. 자급적 경제구조 건설의 방법론으로서 내부예비의 동원 방식을 강조해 온 것이다. 모든 것을 아끼고 예비를 최대한 찾아내어 더 많이 생산하는 것은 사회주의경제 건설에서 견지해야 할 중요한 원칙이기도 하다(리기성, 1992: 154).

북한의 자립적 민족경제 건설 노선은 정치군사적으로 우리 민족제일주의 및 선군정치와 밀접한 연관을 맺고 있기도 하다. 북한이 내세우는 우리 민족 제일주의는 가장 철저한 민족자주 정신이고, 민족의 자주성을 옹호하기 위해 서는 혁명의 총대가 강해야 한다고 주장한다. 총대, 군력에 의해 담보되는 민 족의 자주성만이 실제적인 자주성이라고 말할 수 있다는 것이다(송승환, 2004: 56~57). 또한 우리 민족제일주의는 민족자립 정신이기도 하다. 민족자립 정신 은 민족의 창조적 힘을 굳게 믿고 그에 철저히 의거하는 정신으로 정의되고 있다. 바로 인민들의 창조적 힘에 의거해 건설한 것이 자립적 민족경제이다 (송승환, 2004: 67~68). 이 자립적 민족경제 노선은 자력갱생의 원칙에 토대를 두고 있다. 자력갱생은 "혁명과 건설에서 나서는 모든 문제를 자신이 책임지 고, 자체의 힘으로 해결해 나가는 입장과 정신"을 지칭한다(백과사전출판사, 2000: 216).

자력갱생은 자립적 민족경제 건설 노선의 원칙으로서 모든 것을 자기 국민 의 힘과 자기 나라의 자원을 동원하고 자체의 자금과 기술에 의거해 경제를 주동적으로 발전시켜 나가는 것이다. 자력갱생은 원래 중국 공산당의 주요 지도 방침의 하나로, 1959년도부터 계속된 3년간의 자연재해와 1960년대 소 련의 지원이 중단되면서 중국 내에서 제기됐던 혁명적 슬로건이다. 북한 역 시 1960년대 중소분쟁으로 중국과 소련의 원조가 축소되어 5개년계획(1957~ 1961)에 차질이 생기자 주민 노력 동원 노력의 일환으로 이 슬로건을 차용했 다. 이후 자력갱생은 자립적 민족경제 건설의 원칙적 요구로 정식화된 것이 다(통일교육원, 2013: 494). 북한 측 논리에 따르면 자립적 민족경제는 자력갱생의 원칙 위에서만 비로소 성과적으로 건설될 수 있다(계춘봉, 2013: 3).

　사실 북한은 1980년대 중반 이후로 자립적 민족경제 건설 노선의 내용적 변화를 모색했다. 경제정책의 개방성이 높아지면서 불가피하게 자립경제의 폐쇄성이 축소될 수밖에 없었던 것이다. 자립적 민족경제 건설 노선은 기본적으로 내자 동원에 의한 경제개발 방식에 의존한다. 하지만 북한은 이러한 접근이 한계에 봉착하자 1980년대에 접어들면서 서방 자본주의 국가들과의 무역 증대를 도모했고, 외자 유치를 시도했다. 남한과의 경제협력도 적극적으로 추진했다. 하지만 이 시기에도 북한은 핵개발을 중단하지 않았고, 오히려 핵무력 고도화를 추구함으로써 국제사회의 강력한 제재를 초래했다. 이에 따라 고립이 심화되자 자력갱생에 입각한 자립적 민족경제 노선을 다시 전면에 내세우고 있는 것이다.

　일반적으로 자립적 민족경제 노선은 경제성장을 제약하는 동인으로 작용한다는 평가를 받고 있다(홍성국, 2005: 43). 즉, 북한은 국가 간 자원과 상품의 교류에서 오는 국제 분업의 이익을 얻지 못하고, 선진기술과 해외자본의 도입을 비롯한 국제협력에 따른 이익을 얻지 못하기 때문에 경제성장의 가장 큰 제약 요인이 된다는 것이다. 하지만 심각한 국제 제재 아래에 있는 김정은 정권은 오히려 이 노선을 경제성장과 발전을 추동하는 동력으로 활용하고 있다. 이는 후술하는 국산화 정책의 가시적인 성과를 통해서 어느 정도 입증되고 있기도 하다. 원래 북한의 자립경제 구조는 제품의 생산과 소비가 국내에서 이뤄지도록 되어 있었다. 오늘날 북한은 제재로 외국 제품이 들어오지 않으면 국내의 자재와 기술로 만들어내면 된다고 본다. 또한 적대국들이 제재를 가하면 가할수록 국산 제품을 새로 만들어내는 기업들 간의 거래가 늘어나 사회순소득이 불어나는 구조로 되어 있다고 주장하고 있다. 사회순소득은 자본주의 사회의 국내 이윤의 축적과 유사한 개념으로서 국영기업체들이 얻은 이익에서 규정된 몫을 국가 예산에 집중시키고, 나머지는 개별 기업체의 경영 활동에 사용할 수 있다. 바로 이런 소득의 축적이 설비 투자나 신규 사업 추진의 원천이 된다. 제재로 인해 외화 수입이 줄어들어도 국내 자재와 설비로 공장기업소를 개건 현대화한다면 외화는 불필요하다는 논리이다(≪조선신보≫, 2018.1.5). 오늘날 김정은 시대에서 국산화와 더불어 재자원화는 자립적 민족경제 노선의 정당성을 입증하는 수단으로 정착되고 있는 것이다.

3) 자력갱생과 자강력제일주의

김정은의 경제정책은 할아버지 김일성이나 아버지 김정일의 유훈 사업을 계승하는 측면이 많아 보이지만, 자강력제일주의와 같이 업그레이드된 노선도 주목해야 한다(임을출 외, 2017: 182~187). 2016년 김정은의 육성 신년사의 경우에도 내용은 새로운 것이 없다는 평가를 받았지만, 새롭게 강조된 '자강력제일주의'가 눈길을 끈다. 김정은은 2015년 신년사에서 "모든 공장, 기업소들이 수입병을 없애고 원료, 자재, 설비의 국산화를 실현하기 위한 투쟁을 힘있게 벌리자"라고 호소한 것에서 한 발 더 나아가 '자강력제일주의'라는 개념을 들고 나온 것이다. 김정은은 2016년 신년사를 통해 "사회주의 강성국가건설에서 '자강력제일주의'를 높이 들고나가야 한다"라면서 "사대와 외세 의존은 망국의 길이며 자강의 길만이 우리 조국, 우리 민족의 존엄을 살리고 혁명과 건설의 활로를 열어나가는 길"이라고 말했다. 그가 곧이어 "강성국가 건설대업과 인민의 아름다운 꿈과 이상을 반드시 우리의 힘, 우리의 기술, 우리의 자원으로 이룩해야 한다"라고 언급한 점을 놓고 볼 때 자강력제일주의는 중국을 비롯한 외국의 도움 없이 독자적인 기술과 자원으로 강성국가를 건설하겠다는 뜻으로 해석된다. 김일성이 생전에 '경제에서의 자립'을 자력갱생이라는 이름으로 부르면서 이에 대해 "자립적 민족경제를 건설한다는 것은 우리가 자체로 벌어서 먹고 살 수 있도록, 다시 말해서 자급자족할 수 있는 나라를 만든다는 것"이라고 언급했던 점을 고려하면 의미 측면에서 자력갱생과 자강력제일주의는 상통한다고 볼 수 있다.

북한의 대남 선전용 매체 ≪우리민족끼리≫ 2016년 1월 12일 자 "자강력제일주의가 안아온 거대한 승리"라는 기사에서 "우리 혁명의 전력사적 과정에 관통되여온 자력갱생의 혁명정신은 오늘 자강력제일주의로 승화되여 이 땅 위에 세인을 경탄시키는 기적과 눈부신 현실을 연이어 펼쳐놓고 있다"라고 주장했다. 김정은이 육성 신년사에서 처음 언급한 '자강력제일주의'라는 표현이 결국 김일성 시대 구호인 '자력갱생'을 재활용한 것임을 확인시켜 준다. 북한의 대외 선전용 주간지 ≪통일신보≫도 2016년 1월 11일 자에서 "자강력은 자기의 힘으로 자기를 든든하게 하는 힘을 말한다"라고 설명한 뒤 곧바로 "우리 공화국을 자력갱생의 모범의 나라, 주체의 강국으로 명성 떨치게 해주신 분은 위대한 김일성 주석이시였다"라고 밝혀 자력갱생과 자강력제일주의가 관련이 깊다는 점을 강조했다(연합뉴스, 2016.1.12).

김정은 입장에서 자강력제일주의는 주민들의 힘을 결집하는 데 매우 유용한 통치 이데올로기라고 평가할 수 있다. 핵능력 고도화 목표를 달성하는 과정에서 미국을 포함한 국제사회로부터 강력한 제재를 받는 상황에서 믿을 곳은 스스로의 힘, 기술, 자원밖에 없고, 이 세 가지 요소를 극대화하기 위한 선전·선동 이데올로기로서 자강력제일주의는 상당한 설득력을 가질 수밖에 없을 것이다. 박봉주 내각총리도 2016년 5월에 개최된 최고인민회의 보고에서 "자강력제일주의를 높이 들고 우리의 힘과 기술, 우리의 자원에 의거해 5개년 전략목표를 기어이 수행할 것"이라면서, 200일전투를 통한 여명거리 건설 완공, 인민경제발전계획 수행 등을 강조했다(조선중앙통신, 2016. 6.29).

자강력제일주의는 '인민경제의 현대화, 국산화' 실현에 총력을 쏟는 모습으로 구체화되고 있다. 김정은은 자강력제일주의를 실현하기 위해서는 "현대화를 보다 높은 수준에서 실현하고 선진기술을 적극 받아들여야 한다"라고 강조하고 있다. 실제 이런 노선을 뒷받침하기 위한 발명 실적들이 김정은 시대에 들어와 눈에 띄게 증가했다. 북한 매체의 보도에 따르면 3차원 인쇄기(3D 프린터), 컴퓨터 단층 촬영장치인 나선식 뇌 CT 설비, 인체와 토양 등에 아무런 피해를 주지 않는 21세기 생물 농약, 사료 작물인 '애국풀', 전복을 대량 양식하는 기술, 지하철 설계공정 등이 첨단 과학 연구 성과물로 거론되고 있다(조선중앙통신, 2016.1.19). 김정은은 현지지도를 통해 식료공장 등을 현대화하라는 지시를 내렸고, 이 지시에 따라 공장 현대화가 상당히 진전된 것으로 파악된다. 그가 주로 강조한 공장 현대화의 내용을 종합해 보면 과학적인 계산에 따른 설비들의 합리적 재배치, 공간의 입체적 이용, 과학적이면서 예측 가능한 통합생산 체계 구축, 생산공정의 자동화와 무인화 등이다(연합뉴스, 2016.1.23).

특히 중국에 대한 경제 및 상품 의존도를 줄이려는 김정은의 국산화 정책과 전략은 나름대로 일관성 있게 추진되고 있다. 사실 국산화 정책 역시 아버지의 유훈을 계승한 것으로 볼 수 있다. 국산화 정책은 김정은이 후계자 수업을 한창 받던 2011년에도 강조된 정책 노선이기 때문이다. 다만 김정은은 아버지보다 체계화되고 정교화된 국산화 전략과 정책을 구사하고 있을 뿐이다. 비공개 자료를 통해 밝혀진 사실이기는 하지만 2016년 제7차 당대회에서 야심차게 발표한 국가경제발전 5개년전략의 숨겨진 목표도 자립경제 건설을 통해 중국에 대한 경제의존도를 낮추는 것이었다. 당대회가 개최되기 한 달 전인 2016년 4월에 작성한 것으로 표기되어 있는, '국가경제발전 5개년전략'(2016~2020)이라는 제목의 북한 내부 문건(총 157페이지)의 주요 내용을 일본 ≪마이니치신문≫이 2019년 4월 21일 자로 보도한 바 있다. 주요 골자는 다음과 같다. 이 기간 동안 국내총생산(GDP)을 연평균 8% 성장시키고, 또한 무역·투자 등 대외 경제 관계에서 중국에 과도하게 의존하고 있는 상황을 문제시하면서 '중국 일변도로부터의 탈출'을 목표로 제시했다. 이와 함께 무역의 다각화, 다양화를 강조하면서 이를 위해 러시아, 동남아시아, 중동 등과 무역, 경제협력을 확대해야 한다고 강조했다(양문수, 2021: 4).

생필품 생산과 관련해 김정일은 2011년 10월 7일 평성합성가죽공장을 현지지도 한 자리에서 "지금 우리 인민들은 질 좋은 신발과 가방, 혁대, 점퍼, 벽지 등을 더 많이 요구하고 있다"라고 하면서 "우리 인민들에게 다양한 생활용품들을 많이 보내주자면 여러 가지 질 좋은 합성가죽을 더 많이 생산해야 한다. 그러기 위해서는 공장의 현대화를 보다 높은 수준에서 실현하고 선진기술을 적극 받아들여야 한다"라고 말했다. 소비재 생산공장의 현대화와 선진기술 도입을 강조했던 것이다. 그는 같은 날 낙랑영예군인 수지일용품공장에서는 "우리는 하나의 상품을 만들어도 인민들이 좋아하는 인기상품, 그 어디에도 내놓아도 손색이 없는 세계적인 경쟁력을 가진 상품을 만들어야 한다"라면서 소비자 수요가 높은 상품 생산과 품질 향상을 강조한 바 있다(통일뉴스, 2012.1.10).

김정일은 또 같은 해 9월 8일 평양시 여러 부문 사업의 현지지도에서 "식료공업에서 새로운 앙양을 일으키자면 생산공정의 현대화를 계속 높은 수준에서 실현해야 한다"라고 현대화를 강조했고, 고기상점에서 "상품 진열은 상업에서 문화성과 봉사성을 높이는 수단의 하나이므로 상품진열의 형식과 방법을 부단히 개선해야 한다"라고 구체적으로 지적했다. 그가 2011년 12월 15일 마지막 현지지도를 평양 광복지구상업중심(대형마트)으로 잡은 것은 생필품, 내구성소비재 공급을 위한 상업유통망을 새롭게 발전시키려는 의지를 보여준 것이었다. 이 유훈에 따라 김정은 시대 들어와 대형마트와 슈퍼마켓이 평양에 들어서고, 이어 지방 도시들로 확대되면서 국산화도 적극적으로 추진됐다. 김정은이 특히 애착을 갖고 추진하고 있는 국산 제품들은 화장품, 전동차, 휴대폰, 가정용품, 전자제품, 당과류와 같은 식료품, 섬유잡화 등이었다. 김정은 시대 들어와 많은 신제품이 자체 기술로 만들어지고 있다. 북한이 자체 기술로 제작해 2016년 1월 1일부터 운행에 들어간 지하전동차 '붉은기'(≪노동신문≫,

2016.1 5)가 있고, 평양의 선흥식료공장에서 세계 경쟁력을 갖춘 제품들이 쏟아져 나오고 있다고 북한의 대외선전용 웹사이트 '조선의 오늘'에 선전했다. 조선의 오늘은 "세계적인 경쟁력을 가진 최우수 제품들이 쏟아져 나온다"라는 글에서 "최근 공화국(북한)에서 식료공업 부문의 수많은 단위가 생산공정을 현대화하고 식료품의 질을 세계적 수준으로 높여 인민생활 향상에 적극 이바지하고 있다"라고 하면서 모범사례로 선흥식료공장을 소개했다(조선의 오늘, 2016.1.7). 김정은은 2015년 신년사에서 수입 만능주의를 '수입병'으로 질타한 이후 각종 매체를 동원해 국산화를 강조해 왔다. 국산화 대상은 주로 주민 생활과 관련이 있는 경공업 제품들이었다. 북한의 국산화 정책은 점점 수위가 높아지는 국제사회의 대북 경제제재를 타개하기 위한 나름의 고육책이었다. 국제사회의 고립이 장기화하는 상황에서 국산품 소비를 늘려 국내 기업소·공장의 기술개발을 자극하고 제품 질 제고와 국산 제품 소비 증가로 이어지는 선순환 구조를 만들겠다는 구상인 것이다.

2. 자력갱생의 추진 배경

1) 대외적 배경

북한의 자력갱생 역사를 보면 대내적 요인보다 대외적 요인이 더 자력갱생에 집착하게 만든 요인이라는 점을 발견하게 된다. 특히 '자주'에 대한 강한 집착이 자력갱생을 지금까지 고수하게 만든 결정적 요소였다. 김일성 시대에서부터 자력갱생을 강조한 대외적 배경에는 정치적 예속에 대한 두려움이 깔려 있다. 즉 다른 나라에 대한 경제적 의존은 정치적 예속을 불러온다는 것이다. 특히 기술적 의존성을 경계해 왔는데, 기술적 의존 → 경제적 의존 → 정치적 의존으로 이어진다는 논리이다. 따라서 애초부터 주체적 힘에 의한 기술혁명을 강조해 왔고, 이를 제대로 수행하는가, 그렇지 않은가는 나라의 자주성을 지켜내는가 못 내는가를 조건 짓는 심각한 문제라고 인식했다. 따라서 자력갱생의 혁명적 원칙을 구현해 자체의 물질 기술적 토대를 강화하고, 이에 의거해 기술을 조속히 발전시키는 것은 기술혁명을 주체적 입장에서 자주적으로 실현하기 위한 기본 담보가 된다(사회과학출판사, 1975a: 160).

여기서 주목할 대목은 자력갱생을 강조해도 외국의 문물과 기술을 무조건 배척하는 것은 아니라는 점이다. 예를 들면 과학기술 분야에서 주체를 내세우지만 다른 나라의 과학기술 성과를 받아들이는 것을 무조건 반대하는 것이 결코 아니라고 주장했다. 북한 당국이 경계하는 것은 경제 주체들이 사대주의에 의해 다른 나라의 제품이나 다른 나라의 과학기술과 기술 성과에만 의존하려고 하며 자기 나라의 실정에 맞지 않는 것까지 통째로 삼키려고 하는 것을 반대하는 것이라고 강조하고 있다. 그래서 우선 자체의 힘으로 과학기술을 빠르게 연구·발전시키는 것을 위주로 하면서 다른 나라에서 이룩된 성과를 선택적으로 받아들이겠다는 것이다(사회과학출판사, 1975a: 158). 이런 맥락에서 자력갱생은 사상의 혁신이 뒷받침되지 않으면 성과를 내기 어렵다는 판단이 중요하게 작용한다. 그래서 김일성 시대부터 낡은 사상들은 근로자들의 창조적 지혜와 창발성을 억제하며 기술혁명을 대담하고 통이 크게 벌려나가는 것을 방해한다고 보고 있다(사회과학출판사, 1975a: 169).

김정은 정권의 자력갱생 강조 배경에는 김정은 정권의 중국에 대한 불신과 반감이 자리 잡고 있다는 점도 주목해야 한다(임을출, 2018: 88~91). 지금은 북중 우호 관계를 과시하고 있지만, 김정은은 2017년 말까지 자신에게 개혁·개방과 북핵 폐기를 요구하면서 자신을 대등한 정치적 파트너로 인정하지 않는 시진핑 중국 주석에 대한 불만이 컸다. 2012년 김정은이 공식적으로 권력을 승계한 이후 6년 넘게 북중 정상회담이 열리지 못하는 등 '혈맹'이라는 표현이 무색할 정도였다. 김정은 집권 이후 양국 관계가 소원하다가 2015년 10월 중국의 류윈산(劉雲山) 상무위원이 북한 노동당 창당 70주년 열병식에 참석하면서 북중 관계의 회복 가능성이 제기됐지만, 그해 12월 북한 모란봉 악단의 북경 공연 취소로 곧 냉랭해졌다. 2015년 12월 29일 자 《노동신문》에서는 8월 남북 군사적 긴장 사태 시 "일부 유관국들은 우리와 적대세력에게 냉정성과 자제력을 구하면서 중립을 지켰다"라고 언급하면서 중국에 대한 불만을 표면화하기 시작했다. 2016년 김정은의 신년사에서는 미국과 중국을 겨냥해 '자강력제일주의'를 강조했고, 예전과 달리 핵과 미사일 실험 전에 중국에 사전 고지조차 하지 않았다. 또한 핵실험 이후 당 창건 70주년 기록영화에서 류윈산 상무위원을 삭제하기도 했다. 북한은 자신에 대한 중국 내 '전략적 자산론' 대 '전략적 부담론'의 논쟁과 중국의 대북 제재 동참을 보면서 "도대체 원수는 누구이고 벗은 누구인가"라며 노골적인 불만을 표출했다. 북중 관계가 '혈맹'에서 벗어나 자국 이해관계에 따라 행동하는 현상들이 노골적으로 표출됐다.

이런 인식과 입장은 상당히 일관성 있게 유지되어 왔다. 중국의 지속적인 경고와 설득에도 불구하고 김정은 정권은 핵미사일 개발을 멈추지 않았고, 이런 행태는 북중 관계를 극도로 악화시켰다. 북한의 중단 없는 핵미사일 개발과 시험발사를 통한 도발은 국제사회에서 중국의 체면과 위상을 크게 훼손했다. 더구나 북한은 2013년 2월 12일 시진핑 1기 체제의 출범을 한 달 앞둔 시기에 3차 핵실험을 감행했다. "한반도의 평화와 안정 유지를 통해 조화로운 동북아를 건설하려는 중국의 이해를 무시"하고 도발함으로써 중국을 난처하게 만들었다(Dingli, 2013). 이후 중국은 유엔 안보리 제재 등 국제사회의 대북 제재에 적극 동참하기 시작했다. 이에 따라 김정은의 중국에 대한 반감도 고조됐다. 공교롭게도 이 시기, 즉 2013년 이후부터 김정은은 국산화를 본격적으로 강조하기 시작했다. 중국산 제품의 유입을 겨냥한 이른바 '수입병 퇴치 운동'을 벌이기 시작했는데, 그 수위는 해가 갈수록 높아졌다.

김정은은 2015년 1월 1일 육성 신년사에서 "사대와 외세 의존은 망국의 길"이라며, 모든 공장, 기업소들이 수입병을 없애고 원료, 자재, 설비의 국산화를 실현할 것을 지시했다. 같은 해 ≪노동신문≫ 정론은 "모든 것을 남에게서 수입해서 쓰는 사람들이 바로 현대판 속국이고 새 세기의 노예들"이라고까지 규정했다(≪노동신문≫, 2015.3.30). 정론은 "우리의 것이 늘어난다. 우리에게 이보다 더 가슴을 울리고 힘이 솟게 하는 말은 없다"라며 "고난의 시련 속에서 마음에 없는 남의 식품을 사먹어야 하는 아픔이 어떤 것인가를 우리는 뼈를 에이며 알게 됐다. 소리없이 스며든 다른 나라 상품들이 우리의 자존심을 건드릴 때에는 또 얼마나 가슴이 쓰리였는가"라고 회고했다. 2013년 12월 고모부인 장성택 당시 노동당 행정부장 겸 국방위원회 부위원장을 처형하면서 내세운 죄목 가운데 하나도 중국에 나선 지역 토지사용권과 지하자원을 헐값으로 매각한 것이었다. 2012~2013년 사이에는 각 기관, 기업소, 학교, 인민반 등에 위안화 사용 금지 방침을 내리기도 했다. 주민들에게 외화를 북한 돈으로 바꾸도록 지시하고, 위안화로 거래하다가 적발되면 물품과 지폐를 몰수당할 뿐 아니라 다시는 장사를 할 수 없게 될 것이라고 경고했다. 당시 중앙당의 한 간부는 "이번 위안화 거래 금지정책에는 김정은 노동당 중앙군사위원회 부위원장의 의지가 담겨 있다"라며 "중국에 대한 과도한 경제의존을 막기 위한 조치"라고 설명했다고 한다(≪파이낸셜뉴스≫, 2012.1.12).• 또한 무역 일꾼들에게는 시장 매대를 가득 채운 중국산 제품 비중을 낮추기 위해 유럽산 제품을 많이 수입하도록 독려하기도 했다. 한마디로 중국에 대한 과도한 의존에서 벗어나고자 하는 몸부림이었다. 북한 당국은 사회주의 기업체

•   북한 당국의 중국 위안화 사용 금지 조치에 대한 기사는 대북 인권단체 '좋은벗들'이 운영하는 소식지 ≪오늘의 북한소식≫(2012.1.10)을 비롯해 미국의 자유아시아방송(RFA)(2012.1.10)도 보도했다.

들에도 "사대주의와 수입병을 없애지 못하면 자기의 것이 제일이며, 모든 문제를 자기의 힘으로 해나겠다는 신념을 가질 수 없게 된다"라고 강조했다(권길복, 2017: 12). 김정은 정권도 경제적 의존도가 심화되면 정치적으로도 중국 질서에 편입될지 모른다는 우려 때문에 무역 상대국의 다변화를 적극 모색했던 것이다.

2019년 2월 베트남 하노이에서의 2차 북미 정상회담 결렬 이후 자력갱생은 미국의 제재를 무력화하는 데로 그 초점을 옮겼다. 2019년 12월에 열린 당 중앙위원회 제7기 제5차 전원회의에서 결정서를 통해 2020년의 새로운 길로 '자력부강, 자력번영'을 위해 경제 분야의 정면 돌파를 강조했다. 김정은은 "우리의 전진을 저애(저해)하는 모든 난관을 정면돌파전으로 뚫고 나가자"라는 구호를 제시했다. 이는 곧 "제재압박을 무력화시키고 사회주의건설의 새로운 활로를 열기 위한 정면돌파전을 강행해야 한다"라는 의미였다. 또한편 북한은 국제사회의 제재를 자력갱생 역량 강화의 기회로 간주했다. 적대 세력들의 비열한 제재 책동이 더욱 강화된 상황에서 북한은 이것을 자강력증대, 내적 동력 강화의 절호의 기회로 반전시켰다는 것이다(≪조선신보≫, 2021.1.25). "세기를 이어온 북미대결은 오늘날 자력갱생과 제재와의 대결로 압축되어 명백한 대결국면을 형성했고, 당의 자력갱생 전략은 새로운 국가경제발전 5개년계획에도 관통되어 있다"라는 것이 북한의 주장이다. 그리고 북한은 "앞으로도 적대세력들의 제재속에서 살아간다는 것은 기정사실화되고 있다. 앞으로의 5년간 제재를 무력화해 조선의 전진을 저애해 온 '최대의 주적' 미국의 최후진지를 공략하는 자력갱생투쟁, 주체의 방법론을 구현한 조선의 자립경제 건설은 새로운 높이에서 보다 힘차게 추진되어 나갈 것"이라고 알렸다(≪조선신보≫, 2021.1.15).

또한 오늘날 김정은 시대에는 자력갱생이 우리 국가제일주의 시대를 견인하고, 더욱 발전시키기 위한 중요한 수단으로 간주되고 있다. 우리 국가제일주의 시대는 "공화국의 존엄과 위상이 최상의 경지에 올라선 위대한 새 시대"로 규정되고 있다. 당과 인민의 결사적인 투쟁으로 국가의 대외적 지위가 상승하는 변화가 있었으며, 공화국은 세계 정치 구도의 중심에서 주변 형세와 국제정치의 흐름에 커다란 영향력을 행사하고 있다는 것이다(≪노동신문≫, 2021. 5.15). 여기서 자력갱생은 매우 중요한 위상을 차지하고 있다. 자력갱생에 기초해 주체적 힘, 내적 동력을 더욱 강화해 사회주의경제 건설과 문명 건설에서 획기적 전진을 이룩하고 나라의 전반적 국력을 최고의 높이에 올려 세울 필요가 있는 것이다. 자력갱생은 과거에도 그러했지만 북한에 민족의 자주성을 고수하고 부강번영을 이룩해 나가는 길이다. 이런 맥락에서 사대와 외세의존은 예속과 망국의 길로 간주된다. 물론 여기서 주목할 대목은 북한이 대외관계를 전혀 고려하지 않는 것은 아니라는 사실이다. 국가의 전략적 지위에 상응하게 자주적대를 확고히 견지하면서 대외관계를 전면적으로 확대·발전시켜 나가는 것을 원칙으로 삼고 있다. 자신들의 자주권을 존중하는 세계의 모든 나라와의 친선단결을 강화하고 진정한 국제적 정의를 실현하려는 것은 당의 확고한 입장이라고 밝히고 있다(≪노동신문≫, 2021.5.15).

북한의 주장을 꼼꼼히 살펴보면 전반적으로 자력갱생이 불가피한 상황에 대한 인식이 관통하고 있다. 특히 북한 스스로 계속 강조하고 있듯이 적대세력들과의 장기적 대립, 즉 제재의 지속과 장기화는 자력갱생 외 다른 선택의 대안이 없게 만드는 측면이 있다. 당 중앙위 제7기 제5차 전원회의 이후 ≪노동신문≫의 보도 내용은 북한 당국의 답답한 속내를 잘 보여준다. 모든 것이 부족한 자력갱생 상황에서는 선택과 집중이 최선이라는 주장도 주목할 필요가 있다. 제재장기화가 기정사실화된 현 상황에서 경제발전 동력의 급속한 회복은 초미의 과제로 부상했다. 이런 상황에서는 "주·객관적 조건과 잠재력에 대한 구체적인 타산이 없이 비현실적이고 실현 불가능한 계획을 세우거나 선, 후차가 없이 역량을 분산시켜 이것저것 벌려놓는다면 나라의 경제발전을 추동하는 것이 아니라 오히려 경제사업에서 퇴보를 가져오는 후과(결과)를 초래할 수 있다"라고 인식하고 있다. 그래서 현실에 대한 냉철한 판단에 기초해 당면 과업을 바로 정하고 어김없이 집행해 나가야 한다"라며 "그래야만 경제사업에서 실질적인 성과를 이룩할 수 있고 새로운 단계로의 발전도 담보할 수 있다"라고 주장했다(≪노동신문≫, 2020.2.20).

그래서 지금은 선택과 집중을 통해 자력갱생 역량을 극대화하는 것을 또 다른 최선의 방안으로 인식하고 있다. 이를 위해서는 자립, 자력의 기치 높이 경제 토대의 재정비를 다그치고 생산력을 증대하는 것이 관건이라고 본다. 구체적인 방법론으로서 "경제사업에 대한 국가의 통일적 지도와 전략적 관리를 실현하고 현대화, 국산화의 성과를 확대하며 에네르기(에너지)절약형, 노력절약형, 기술집약형의 생산구조를 완비할 때 자립적 경제 토대와 생산 잠재력이 비약적으로 강화되고 그 어떤 외적 요인에도 무관하게 국가경제의 정상적인 발전을 지향해 나갈 수 있다"라고 주장하고 있다(≪노동신문≫, 2020.2.20).

앞에서 설명한 맥락에서 보면 2019년 2월 하노이 북미 정상회담 결렬은 자력갱생 혁명정신과 그 전략적 가치를 더욱 강조하고 실행하게 된 중대한 전환점으로 기록될 것이다. 당 중앙위원회 제7기 제5차 전원회의에서는 앞에 가로놓인 난관을 오직 자력갱생의 힘으로 정면 돌파할 것을 결의했다. ≪노동신문≫은 2020년 1월 4일 자 보도에서 "당중앙위원회 제7기 제5차 전원회의의 기본사상, 기본정신은 정세가 좋아지기를 앉아서 기다릴 것이 아니라 정면돌파전을 벌여야 한다는 것"이라며 "미국과 적대 세력들이 우리가 편하게 살도록 가만두리라는 꿈은 꾸지도 말아야 하며 사회주의건설의 전진도상에 가로놓인 난관을 오직 자력갱생의 힘으로 정면돌파해야 한다는 것"이라고 역설했다(≪노동신문≫, 2020.1.4). 신문은 이어 당원들과 근로자들에게 전원회의 기본 사상을 깊이 체득할 것을 주문했다. 신문은 "적과 평화에 대한 환상, 제재 완화에 대한 미련을 가지는 것은 곧 자멸의 길"이라며 "전원회의의 기본사상, 기본정신을 뼈에 새기고 자력갱생의 위력으로 적들의 책동을 총파탄시키기 위한 정면돌파전에 매진할 때 시대가 부여한 중대한 임무를 성과적으로 수행할 수 있다"라고 강조했다.

북한은 사회주의와 제국주의와의 대결은 곧 힘의 대결로 간주한다. 자주의 기치, 자력갱생의 기치를 드높이 자기 힘을 천백 배로 강화하면 할수록 모든 분야에서 제국주의를 압도하면서 북한식 사회주의의 우월성과 위력을 남김없이 떨칠 수 있다는 것이다(≪우리민족끼리≫, 2021.2.24). 북한은 기본적으로 "미국의 본심은 대화와 협상의 간판을 걸어놓고 정치 외교적 잇속을 차리는 동시에 제재를 계속 유지해 우리의 힘을 점차 소모 약화시키자는 것"으로 인식한다. 그러면서 "앞으로도 적대 세력들의 제재 속에서 살아가야 한다는 것이 기정사실화된 현 정세는 우리가 각 방면에서 내부적 힘을 보다 강화할 것이 요구된다"라고 강조하고 있다(≪노동신문≫, 2020.1.8). 결국 "경제 전선에서 자력갱생의 승전포성을 연속 다발적으로 울려나갈 때 나라의 정치 군사력 강화에서는 더욱 큰 전진이 이룩되고 사회주의 승리의 날은 앞당겨지게 될 것"이라고 본다. "자력을 백방으로 강화하기 위한 오늘의 정면돌파전은 단순히 난관을 뚫고 나가기 위한 투쟁이 아니다"라며, "우리의 힘을 소모, 약화시키려고 헛된 꿈을 꾸는 적대 세력들에게 치명적 타격을 주는 전략적이며 과감한 돌파전"이라고 강조했다(≪노동신문≫, 2020.2.4a). 논리적으로 대북 제재로 어려워진 현 상황에서 경제 부문에서 당면한 과업은 나라의 경제 토대를 재정비하고 가능한 생산 잠재력을 총동원하는 것일 수밖에 없을 것이다(≪노동신문≫, 2020.2.4b).

김정은 정권이 자력갱생의 성과로 내세우며 가장 적극적으로 추진하고 있는 국산화 정책도 2016년 이후부터 미국의 대북 제재에 대한 돌파구로서 강조된다(임을출, 2018: 91~93). 북한 핵개발에 따른 국제사회의 제재는 김정은 정권의 국산화 정책 추진의 정당성을 강화하고 있는 측면이 있다. 애초 김정은이 국산화 정책을 제시했을 때는 사실 국제사회의 제재보다는 중국 제품에 대한 의존도를 낮추는 것이 더 시급한 과제였다. 하지만 북한이 핵무력 완성에 집중하면서 연속적인 핵미사일 실험을 감행하게 되고, 이에 따라 국제사회의 제재 강도가 갈수록 높아지면서 불가피하게 이에 대한 대응 차원에서 국산화 정책이 더욱 강조되기 시작했다. 특히 북한과 미국 간 군사적 대결 국면이 심화됐던 2016년 이후부터 북한 언론매체와 학술지 등에서 "국산화는 제재에 대응하고 경제강국건설을 위한 절실한 요구"라고 본격적으로 천명하기 시작했다(≪노동신문≫, 2017.7.21). "적대 세력의 가장 악랄한 고립봉쇄 속에서 경제 건설을 다그치고 있는 우리나라(북한)의 조건에서 원료, 연료 그리고 설비를 국산화하는 것은 경제강국건설의 운명과 관련된 사활적인 문제"라는 표현도 나왔다(리기성, 2017: 47). 원료, 연료 및 설비의 국산화를 실현해야 적대 세력의 온갖 도전을 물리치고 경제강국 건설을 안전하고 전망성 있게, 최대의 속도로 추진할 수 있다는 것이다. 학술지(전옥실, 2016: 32)에서조차 "자력갱생에 기초한 국산화를 통해 더욱 강화되고 있는 대북경제제재를 봉쇄하고자 한다"라는 선전·선동성 표현들이 등장한 것은 국산화가 얼마나 절박한 과제로 부상했는지를 잘 보여주고 있다.

이런 맥락에서 보면 국제사회의 고강도 제재가 오히려 국산화 촉진을 자극하고 있는 셈이다. 북한 측은 공공연하게 "제재는 우리의 자강력을 강화해 줄 뿐이다"라고 강조하고 있다(≪조선신보≫, 2018.1.5). 예를 들면 북한 사회과학원 경제연구소의 김철 소장은 "대조선 제재는 어제오늘의 일이 아니다. 우리는 건국이래 계속 받으며 살아왔다. 앞으로도 제재가 더 강화될 수 있다는 각오를 가지고 항상 거기에 대처할 수 있게 경제를 건설해왔다"라면서 국내의 공장, 기업소들은 수입병을 없애고 원료, 자재, 설비의 국산화를 실현하는 데 이전보다 더 큰 힘을 넣고 있다며, 제재가 국산화를 오히려 촉진시키고 있음을 확인해 주고 있다. 실제 제재의 강도가 높아질수록 이에 대한 대응책으로서 국산화 제품 생산을 장려하는 북한 당국의 움직임이 빨라졌다.

2) 대내적 배경

자력갱생은 북한 정권 수립 이후 지금까지 크게 달라진 것이 없는 대내외적 환경의 산물이라 할 수 있다. 한국전쟁 이후부터 지속되어 온 미국의 대북제재, 중국·러시아(구소련) 등에 대한 의존도 감소 필요성, 코로나19와 같은 전염병의 등장 등이 자력갱생을 고수하게끔 만든 요인들이라 할 수 있다. 자발적이든, 비자발적이든 고립된 상황에서 북한으로서 믿을 것은 오직 자기 인민의 힘, 자기 나라의 자원을 동원하고 자체의 자금과 기술에 의존하는 것이기 때문이다. 이는 결국 체제 유지와 체제 결속을 위한 핵심 수단으로서 자력갱생 논리가 절대적으로 필요하게 된 것을 의미한다. 즉 이런 상황에서 자력갱생은 국제사회의 제재에 대응하는 수단이 된다.

이런 맥락에서 자주국방, 자립경제는 자력갱생의 핵심 목표가 된다. 특히 경제적 자립은 강국 건설의 물질적 담보이다. 경제적으로 예속되면 발전은 고사하고 나라와 민족의 운명까지도 망치게 된다는 것이다. 자립적이고 강력한 경제력에 의해서만 국가의 존엄을 지키고 인민들에게 보다 유족하고 행복한 생활을 마련해 줄 수 있다고 인식한다. 경제의 자립성은 과학기술의 자립적 발전을 전제로 하고 있다. 과학기술과 경제의 자립적 발전의 근본 방도는 자력갱생하는 데 있다. 북한 측 논리에 따르면 남의 기술을 받아들이고 남의 경제에 의존해서는 일시적 변화를 가져올 수 있지만 경제의 안정적이고 지속적인 발전을 이룩할 수 없다. 오직 자신의 힘, 자신의 기술로 경제발전을 이룩하겠다는 확고한 관점을 가지고 자력·자립의 기치를 높이 들고나갈 때 나라의 과학기술력과 경제력을 비상하게 증대시킬 수 있다.

그렇다고 다른 나라의 선진적인 과학과 기술을 받아들이는 것이 과학기술을 주체적으로 발전시키라는 요구에 어긋나는 것은 아니다. 다른 나라의 가치 있는 과학기술을 받아들여도 혁명의 이익과 북한의 구체적인 실정에 맞게 제정신을 가지고 완전히 우리의 것으로 만든다면 과학기술의 자립성, 주체성 강화에서 실제적인 변화, 실질적인 성과를 안아올 수 있다고 한다(≪노동신문≫, 2021.4.23a). 결국 자립경제 건설이 중요한 목표이고, 이는 자력갱생의 원칙을 구현해 내부의 힘과 자원, 기술에 의거해야 가능해진다는 논리다. 이는 대외적 위협을 막는 최선의 전략이기도 하다. 사회주의 제도가 좋고 인민대중의 사상의식 수준이 높아도 과학기술과 경제발전 수준에서 뒤떨어지면 자본주의와의 대결에서 승리를 확고히 보장할 수 없게 된다. 나아가 우리 민족제일주의와 통일도 실현할 수 없다는 것이 북한의 논리이다(평양출판사, 2004: 69). 과거의 과학기술 강조는 사회주의권으로부터 경제 지원이 큰 폭으로 축소되면서 이를 극복하기 위한 대체 수단으로서 서방의 선진 과학기술 도입에 관심을 쏟을 수밖에 없었기 때문이다(홍성국, 2005: 81). 하지만 이제는 미국을 중심으로 한 국제사회의 제재를 극복하는 수단으로서 과학기술을 강조하고 있는 것으로 평가된다.

김정은은 2019년 12월 노동당 중앙위원회 제7기 제5차 전원회의에서 정면돌파전을 선언했다. 이는 대북 제재로 인한 경제난을 자력갱생의 힘으로 돌파하자는 뜻이었다. 이 조치는 과거 김정일 시절의 '고난의 행군'을 연상케 한다. 극심한 기근과 핵무기·미사일 개발로 인해 국제사회에서의 고립을 동시에 겪어야 했던 당시 북한은 "가는 길 힘들어도 웃으며 가자"라는 구호를 앞세워 경제난 돌파를 고취했다. 북한은 김정은 집권 후 장마당을 중심으로 한 시장경제 요소의 유입 및 확산과 외부 문물의 유입을 사실상 '묵과'해 왔다. 김정은의 이 같은 방침은 전문가들이 북한이 비핵화 협상이 잘돼서 경제 문제의 돌파구를 찾을 경우 '개혁의 길'을 걸을 수도 있다는 예상을 한 이유이기도 했다. 그런데 2020년 연초부터 '정면돌파전'이 시작됨과 동시에 자본주의에 대한 신랄한 비판이 연일 이어졌다. 정면돌파전이 경제난 해소를 위한 자력갱생을 추구하는, 즉 고립된 상황에서 해결책을 찾는 방식을 골자로 한다는 점에 주목할 필요가 있다. 이는 북한이 현 국면을 고난의 행군 때와 비슷한 상황에 놓인 것으로 상정했을 가능성이 높다는 의미이다(뉴스1, 2020.1.13).

노동당의 기관지로서 거의 모든 북한 주민들과 직장 단위에서 읽는 ≪노동신문≫의 위상을 감안하면, 자본주의에 대한 신랄한 비판과 같은 보도 패턴은 사실상 내부 단속의 의도가 있다고도 볼 수 있다. 고난의 행군 시절(1995~1997) 북한은 무분별한 외부 문물의 유입으로 골머리를 앓았다. 유입 자체가 문제라기보다는 주민들 사이에 외부 세계에 대한 동경이 생기면서 발생한 '사상적 이탈'이 더 큰 문제였다. 북한은 예정된 경제난 속에서 이와 같은 '이탈'이 발생할 것을 우려한 것으로 보인다. 일련의 자본주의 비판 보도는 '우리는 해낼 수 있으니' 이탈하지 말고 내부 결속해 경제난을 해결하고 어려움을 버텨나가자는 의지를 강조하기 위한 것이기도 했다.

자력갱생만을 외치며 북한 주민들에게 희생만을 요구할 수 없기 때문에 정권 차원에서 당장 물질적 보상을 해줄 수 없을지라도 정신적 보상은 필요하다. 자력갱생은 북한 주민들에게 희망을 주는 비전과 통치 담론으로서도 중요한 역할을 한다. 정면돌파전의 연장선상에서 치러진 2021년 1월의 제8차 당대회가 제시한 전략적 노선과 투쟁강령도 결국 자력갱생이 핵심을 이루고 있다. 인민생활을 향상시키고 국가의 지속적인 부흥·발전을 이룩하는 데서 가장 절박한 문제, 당의 최중대사, 나아가 유일무이한 정치사상강국이며 세계의 전열에 당당히 올라선 최강의 국가 방위력까지 비축한 자신들에게 관건은 자립경제의 부흥 발전 목표를 기어이 달성하는 것이라고 주장했다(≪노동신문≫, 2021.2.18b). 김정은 정권 등장 이후 나온 인민대중제일주의는 사실상 자력갱생 논리를 강화하기 위한 통치 이념으로 읽힌다. 북한은 가장 엄혹한 환경 속에서도 인민의 복리를 가장 중대시하고 전진 과정에서 난관이 중첩될수록 인민에 대한 사랑의 힘으로 새로운 전진의 시대, 역동의 시대를 열어나가는 것이 김정은의 혁명적 영도 원칙이라고 강조하고 있다(≪노동신문≫, 2021.6.28).

당의 지도사상도 인민대중제일주의사상이며 당 활동의 최고 원칙도 인민생활을 끊임없이 향상시키는 것이다. 당이 어려운 시기에 인민을 외면하면 인민의 버림을 받게 되며 나중에는 혁명도 망치고 조국의 운명도 끝장나게 된다(≪노동신문≫, 2021.6.28).

그러면서 세상에는 수많은 집권당이 있지만 노동당처럼 간고한 시련의 시기에 인민 생활 향상 문제와 육아정책까지 당 중앙위원회 전원회의에서 토의·결정하고 완강하게 실천해 나가는 당은 그 어디에서도 찾아볼 수 없다고 주장한다. 새로운 5개년계획 수행에서 인민이 기다리고 반기는 뚜렷한 결과들을 이뤄냄으로써 당중앙의 권위를 백방으로 옹위하고 인민의 믿음과 기대에 기어이 보답해야 한다. 이런 상황은 자력갱생의 위력과 성과를 보여주는 것이 그 어느 때보다 절실하다는 것을 시사한다.

인민대중제일주의는 자력갱생에 의한 당 정책 관철의 주체, 그 주인은 인민대중이라는 주장으로 이어진다. 당 결정은 인민대중을 위한 것이며 대중 자신에게 접수되고 광범한 군중이 그 관철에 자각적으로, 헌신적으로 떨쳐나서야 훌륭한 결실을 맺게 된다는 것이다(≪노동신문≫, 2021.8.7). 그래서 당 간부의 역할은 당 결정 관철을 대중이 자신의 사업으로 전환시켜 나가야 하고, 이때 중요한 것은 대중의 지혜와 창조력이 반영된 작전 방안을 세우는 것이다. 여기서 말하는 작전(계획)은 당 결정 관철의 첫 공정이고, 당 정책 집행의 성과 여부는 계획을 어떻게 세우는지에 따라 크게 좌우된다는 것이 북한 측 주장이다. 또한 북한 당국은 대중의 역할을 높게 평가하고 있다. ≪노동신문≫은 대중에 대해 이렇게 설명한다.

인민대중은 세상에서 가장 슬기롭고 힘있는 존재이다. 자기 부문, 자기 단위의 현실을 누구보다 깊이 파악하고 있는 것도 대중이다. 있는 노동력과 설비, 자재, 자금을 효과적으로 이용해 생산과 건설을 더 많이, 더 좋게, 더 빨리 다그칠데 대한 문제, 국산화, 재자원화를 실현하고 지속적인 발전을 이룩할데 대한 문제를 비롯해 당 결정 관철을 위한 묘안은 무궁무진한 창조적 지혜를 지닌 대중속에서 나오게 된다(≪노동신문≫, 2021.8.7).

또한 코로나19와 같은 전염병의 지구적 확산도 자력갱생 추진의 배경으로 자리 잡고 있다. 코로나19 유입을 막기 위해 북중 교역까지 중단한 상황에서 자강력 강화는 더욱 중요한 의제가 될 수밖에 없는 것이다. 해마다 이어지고 있는 세계적인 대재앙 속에서 자강력 증대, 내적 동력 강화의 현실적 의의는 더욱더 부각되고 있다는 것이 북한의 인식이다(≪노동신문≫, 2021.5.4d).

02 김일성·김정일 시대의 자력갱생

1. 김일성 시대의 자력갱생

1) 주체사상과 자력갱생

북한 측 주장에 따르면 자력갱생의 역사는 항일무장투쟁, 민족해방투쟁 시기에서부터 시작됐다.

항일무장투쟁초기에 일부 사람들은 일제와 싸우자면 수류탄이 있어야 한다고 하면서 다른 나라(소련) 사람들에게 자그마한 수류탄공장설비를 보내줄 것을 요구하는 편지를 보낸 적이 있었다. 그런데 그 나라 사람들은 아무런 소식도 보내오지 않았다. 당시 위대한 수령님(김일성)께서 자력갱생을 해야겠다고 강하게 결심하신 것이 바로 그때였다. 자력갱생만이 살길이라는 것, 혁명을 추동하는데서 결정적인 것은 자기 힘을 최대한으로 발동하는 것이며 남들의 원조는 부차적인 것이라는 것이 위대한 수령님께서 더욱 군히신 립장이였다(≪노동신문≫, 2021.2.18b).

항일혁명투쟁시기에 창조된 자력갱생의 혁명정신은 우리 인민의 투쟁전통과 정신으로 되였으며 무에서 유를 창조하는 새로운 시대를 열어놓았다. 해방후 새 조국건설의 힘찬 동음이 울려퍼지게 하고 재더미만 남았던 전후에 전설속의 천리마가 날아오르게 한 원동력도 다름아닌 자력갱생이었다(≪노동신문≫, 2021.5.27b).

≪노동신문≫의 이 보도 내용은 북한의 근로단체출판사가 펴낸 『수령님과 자력갱생』이라는 단행본에 자세히 소개된 내용과 일치한다(근로단체출판사, 2017: 20). 항일무장투쟁이 본격화되던 당시 수류탄공장 건설 지원을 요청했으나 소련 측은 아무런 답변도, 약속도 하지 않고 아예 무대응으로 일관했다는 것이다. 김일성은 회고록 '세기와 더불어'에서 "소련 사람들의 침묵은 우리로 하여금 자력갱생만이 살길이라는 것, 혁명을 추동하는데서 결정적인 것은 자기 힘을 최대한으로 발동하는 것이며 남들의 원조는 부차적인 것이라는 입장을 확고히 가지게 됐다"라고 밝혔다(근로단체출판사, 2017: 20).

항일무장투쟁 시기부터 자력갱생 하면 살고, 하지 않으면 망한다는 인식이 북한 주민들의 머리를 지배하는 사고방식이 되고, 좌우명이 됐다. 자력독립의 기치 아래 항일무장투쟁을 본격적으로 추진할 때 일본과 싸울 무기, 식량과 피복 등을 모두 자력으로 확보할 수밖에 없었던 것이다. 특히 김일성은 자체의 군수공업 창설에 공을 들였다. 그는 1945년 10월 평양병기제조소 공장을 방문해 "우리는 어떠한 불의의 사태에도 대처할 수 있도록 자체의 병기공업을 창설해 무기를 생산해야 한다"라고 교시했다(근로단체출판사, 2017: 56). 또한 "우리는 자체의 힘으로 현대적인 무기를 생산해 군인들을 튼튼히 무장시켜야 한다"라고도 말했다. 이에 따라 자력갱생의 혁명정신을 높이 발휘해 자체의 힘으로 생산한 첫 무기가 기관단총이었다. 김일성은 "우리의 노동자, 기술자들이 자체의 힘과 기술로 기관단총을 만들어낸 것은 우리 나라 군수산업의 첫 승리이며 우리 인민이 새로운 조국건설에서 달성한 자랑찬 성과"라고 흡족해했다(근로단체출판사, 2017: 59). 그 뒤 김일성의 교시에 따라 현대전의 요구에 맞는 최신식 무기와 박격포, 수류탄, 총탄과 포탄 등을 종류별로 생산하는 전문직장이 새로 건설됐다. 또한 군사 분야뿐 아니라 제강소, 보통강 개수 공사, 중소형 수력발전소 등이 자력갱생으로 건설됐다.

항일무장투쟁 시기의 자력갱생 정신은 한국전쟁(1950~1953) 기간에도 그대로 이어져 이른바 전시 증산을 대표하는 '군자리혁명정신'에 의해 더욱 강화됐다. '군자리정신'은 김일성이 해방 이후 평천리에 첫 병기공장을 세운 뒤, 한국전쟁이 발발하자 병기생산기지를 성천군 군자리 지하갱도로 옮긴 데서 나왔다. 즉, "군자리정신", "군자리혁명정신"은 전시체제 증산운동 및 무기개발을 대표하는 구호이다. 군자리는 해방 후 김일성이 평천리에 무기생산공장을 건설한 뒤, 한국전쟁 당시 군자리 지하갱도로 병기공장을 이전해 전시 무기생산을 지시한 곳이다. 여기서 오늘날 위대한 자력갱생역사라 불리는 '군자리혁명정신'이 시작됐다. ≪노동신문≫ 2021년 7월 24일 자에서는 "위대한 자력갱생사에 길이 빛날 전승세대의 전설적 위훈"이라는 '조선중앙통신사 상보' 기사를 인용해 한국전쟁 당시 전개된 전시 식량 증산과 수송투쟁, 증산경쟁운동, 전선원호운동 등 후방 사업을 조명했다(조선중앙통신사, 2021.7.24).

김정은 정권은 관영매체를 통해 여러 차례 1950년대 전후복구기와 천리마시대 등의 '과거'를 회고하며 경제 과업 달성을 위한 정신 무장을 다그치고 있다. 그렇다면 김정은 정권은 왜 이 시기를 자력갱생의 가장 위대한 시기로 평가하고 있는지 살펴볼 필요가 있을 것이다. 항일무장투쟁 시기에 뿌리를 내린 김일성의 자력갱생 정신은 북한이 전후 시기 사대주의, 교조주의를 반대하고 남의 도움이나 경험에 의존하지 않고 북한식으로 우리나라의 실정에 맞게 풀어나가는 주체의 원칙을 내세우면서 새로운 전기를 맞이하게 된다. 1955년 12월 28일에 열린 노동당 제1차 사상일군대회, 1956년 2월 당 중앙위원회 상무위원회, 4월의 노동당 제3차 대회 등을 계기로 모든 당원과 근로자들을 주체사상으로 철저히 무장시키기 위한 조치들이 연속적으로 취해졌다. 특히 김일성이 1956년 12월 당 중앙위원회 전원회의에서 '자력갱생의 혁명정신'과 '혁명적 군중 노선'을 제시했으며 이를 계기로 김일성 시대 자력갱생의 상징으로 부를 수 있는 천리마운동이 본격화됐다.

또한 당시 최대 원조국이었던 소련과의 관계 악화도 자력갱생을 추동하게 된 계기가 됐다. 1955년 스탈린 이후 정권을 잡은 니키타 흐루쇼프(Nikita Khrushchyov)는 실용주의적 개혁을 단행하고 사회주의권 경제통합체인 코메콘(COMECON: Council for Mutual Economic Assistance)을 확대·강화했다. 바로 이 시기에 북한은 코메콘 가입을 거부하고 자력갱생의 원칙에 기초해 민족경제를 건설한다는 '자립적 민족경제 건설 노선'을 경제정책의 기본 노선으로 설정했다. '중공업 우선 발전, 경공업·농업 동시발전'이라는 중공업 최우선 정책을 채택해 내부의 자원을 극대화해 경제개발을 추진하겠다는 의지를 밝힌 것이다. 하지만 소련은 북한의 이러한 독자적 발전노선을 용인하지 않으면서 노골적으로 중공업 우선정책을 반대하고 코메콘 가입을 종용했다. 하지만 김일성이 이를 받아들이지 않자 소련은 북한에 대한 원조를 크게 줄였다(박후건, 2015: 48). 당시 북한은 전후복구건설기를 막 벗어나 사회주의경제 건설에 매진할 때였다. 그러나 1950년 말부터 소련을 비롯한 사회주의국가들의 경제원조가 줄어들어 경제 건설을 위한 재원 조달에 어려움을 겪고 있었다. 또한 경제 건설 노선을 둘러싸고 소련의 간섭이 계속됐다. 소련은 1955년 김일성의 소련 방문 당시 경제 건설 방향을 중공업 우선정책에서 경공업과 소비재 생산 중심으로 전환할 것을 요구했다. 사실 당시 북한도 중공업 건설에 치중하면서 소비재 부족 현상이 심화됐고, 이에 따라 인민생활 향상이라

〈표 2-1〉 **과도기(1947~1961) 경제계획과 목표**

계획	과업	계획 목표
제1차 1개년계획 (1947)	• 기업소 복구 조업 • 국영 상공업 확대 • 생산의 급속한 증대와 생활 개선	• 공업총생산: 1946년 대비 약 2배 • 곡물수확고: 1946년 대비 30만 톤 증산
제2차 1개년계획 (1948)	• 공업의 편파성 극복 • 생산품의 품질 제고 및 원가절감	• 공업총생산: 1947년 대비 41% 증가 • 곡물수확고: 1947년 대비 13.5% 증가
2개년계획 (1949~1950)	• 낙후된 산업과 농업의 발전 • 전 지역의 경제 복구 토대 조성	• 공업총생산: 1948년 대비 194% • 곡물수확고: 1946년 대비 158%(쌀 잡곡)
전후복구 3개년계획 (1954~1956)	• 한국전쟁 이전 수준 도달	• 국민소득: 1953년 대비 75% 증가 • 공업총생산: 2.6배 • 곡물수확고: 1949년 대비 119%
5개년계획 (1957~1961)	• 공업화의 기초 구축 • 식의주 문제 기본 해결	• 국민소득: 약 2.2배 • 공업총생산: 2.6배 • 곡물수확고: 376만 톤

주: 제1차 1개년계획은 도·시·군 인민위원회 대회보고(1947.2.19), 제2차 1개년계획은 인민위원회 제4차 회의
(1948.2.6), 2개년계획은 1948년 계획실행 총화 및 1949~1950년 2개년계획 법령 발표, 전후복구 3개년계획은
최고인민회의 상임위원회 회의(1954.4.23), 5개년계획은 제3차 당대회보고(1956.4.23).

자료: 홍성국(2005: 76).

는 과제가 부각된 상황이었다.

이에 따라 김일성 정권은 내부예비 총력동원 태세에 돌입했고, 특히 증산
을 위해서는 대중을 자각시키고 창발성을 발휘하게끔 만드는 것이 초미의 과
제로 부상했다. 김일성은 전원회의가 끝나자 당 중앙위원회 정치위원들을 비
롯한 일군들을 전국 각지의 중요 공장과 농촌에 파견하고 자신은 1956년 12월
28일 강선제강소에 직접 내려가 현지 노동자들과 내부예비를 동원하는 방안
에 대해 직접 토의하고 증산을 호소했다(근로단체출판사, 2017: 108~109). 이 호
소에 따라 애초 계획했던 6만 톤에서 9만 톤, 결국에는 12만 톤의 강재를 생
산하는 큰 성과를 거뒀다고 한다. 이 결과에 고무되면서 이른바 천리마운동
이 시작됐는데, 경제 분야에서 시작된 이 운동은 "경제, 문화, 사상과 도덕 모

든 분야에서 온갖 뒤떨어진 것을 쓸어버리고 끊임없이 혁신을 일으키며 사회주의건설을 비상히 촉진시키는 수백만 근로자들의 일대 혁명운동으로 됐으며, 사회주의건설의 총노선이 됐다"라고 한다(김일성, 1999: 363). 그 뒤 노동당 간부들도 직접 현장을 방문해 생산 노동자들과 함께 토론하고 그들의 의견을 수용하면서 경제 건설이 진전을 보이기 시작했는데, 이것이 천리마운동의 시작이었다. 김일성은 천리마운동을 통해 노동자들에게 '혁명적 열의'를 발휘할 것을 호소했고 천리마운동의 결과로 1960년 초 북한은 급속한 성장을 이루게 된다. 특히 공업생산량이 농업생산 규모를 앞지르는 등 공업구조 자체가 전환됐다. 김정은 정권은 "오늘날 자립경제발전에서 결정적 전환의 국면을 열어나가자면 첫째도 둘째도 철강재가 많아야 한다"라고 강조하면서 과거를 계속해서 소환하고 있다. 당시 금속공업 부문 종사자들이 "자력갱생의 불길, 대중적 기술혁신운동의 불길을 세차게 지펴올렸기에 그때 강선에서는 쇠물용해시간을 종전의 20시간에서 6시간 25분으로 줄이고 련속 두대치기 압연방법을 창안도입해 공칭능력을 타파하고 12만의 철강재를 생산하는 기적을 창조했다"라면서 "오늘 우리 당은 금속공업이 조국의 50년, 100년 미래를 확고히 담보하는 국가경제의 믿음직한 기둥공업이 될 것을 바라고 있다"라며 당시의 투철한 사상과 성과를 본받을 것을 독촉하고 있다(≪노동신문≫, 2021. 7.24). 이는 북한의 자력갱생 전체 역사에서 가장 주목할 만한 사건이자 모범이 강선제강소에서의 증산 실적이라는 점을 다시금 확인시켜 주고 있다.

자력갱생은 스스로 원해서라기보다는 다른 대안이 없었기 때문에 불가피하게 선택할 수밖에 없었던 전략이고 정신이었다. 특히 소련으로부터의 원조 감소, 소련이 원조를 하는 대신에 정치적 영향력을 확대하려는 태도, 즉 내정간섭 심화, 중공업 우선 정책에 따른 주민생활 수준의 하락 등이 자력갱생에 더 집착할 수밖에 없었던 배경이다.

2) 자력갱생의 표본 '천리마운동': '저투자·고성장' 발전 전략

천리마운동 시기는 전후 폐허 속에서 자체적으로 트랙터, 화물자동차, 대형 양수기, 불도저 등을 생산해 내면서 북한 경제 부흥의 도약기로, 자력갱생의 표본으로 꼽힌다.

가장 가혹한 시련 속에서 가장 경이적인 승리를 이룩한 시대, 이것이 전후 시기와 천리마 시대를 통칭할 수 있는 부름"이라며 "1950년대는 우리에게 전진도상에 부닥치는 그 어떤 난관과 시련도 자체로 용감하게 뚫고 나가는 자력갱생, 간고분투의 정신이 어떠한 것인가를 다시금 가르쳐주고 있다(≪노동신문≫, 2021.4.23c).

1956년 당시 김일성은 전원회의를 통해 "당일군들은 군중속에 깊이 들어가 대중의 창발성을 최대한 발동시켜 사회주의경제 건설을 기한 내에 완수하자"라고 제기했으며, 직접 강선제강소에 현지지도를 나가 노동자들에게 혁명적 열의를 강조했다. 그 결과 강선제강소 노동자들은 당초 6만 톤의 (강재) 생산계획을 생산경쟁운동을 통해 12만 톤으로 초과 달성하게 되고, 이것이 모태가 되어 천리마운동이 전국 각지로 확산됐다(통일교육원, 2016). ≪노동신문≫은 2021년 2월 21일 자 보도에서도 이 사실을 반복해서 언급하고 있다. 자력갱생의 필요성과 성과를 과시하는 대표적인 사례로서 오늘날까지 언급되고 있는 것이다.

1956년 12월 전원회의 이후 강선제강소에서 시작된 천리마운동은 평남청년탄광돌격대, 강계청년발전소돌격대, 청년철도건설돌격대 등 노력 동원과 속도 경쟁을 통한 대중적 운동으로 확대·발전됐다. 특히 이 돌격대들의 노동강화운동을 모범으로 삼아 발달한 이 운동은 1958년 9월 평양에서 열린 '전국생산자혁신자대회'를 계기로 북한 전체 근로자의 노력경쟁운동으로 본격화됐다. 북한은 천리마운동을 단순한 증산운동을 넘어 새로운 공산주의 인간형의 창조를 목표로 한 사상개조운동으로 활용했다. 사실 이런 흐름은 나중에 설명하겠지만, 오늘날 김정은의 사상혁신운동과 맥락이 일치한다.

천리마운동은 기본적으로 대중의 혁명적 열의와 높은 창의성, 자기희생의 헌신성을 끌어내는 운동이다. 이런 대중적 열정을 유발하기 위해 제일 역점을 둔 것은 도덕적 자극이었다. 즉 유인 동기를 물질적 보상보다는 노동자의 명예심과 도덕적 양심을 이끌어내는 방법으로 삼았다. 결국 이것은 천리마운동이 사람의 의식을 교양·개조하는 사상교양사업을 중심으로 진행될 수밖에 없다는 것을 의미한다. 이 운동의 전개로 제1차 5개년계획(1957~1961)은 전 부문에 걸쳐 예정보다 빠른 2년 6개월 만에 목표를 달성했다. 그리고 1962년 12월 ≪노동신문≫은 무기명 논설을 통해 "주체에 대한 우리 당이 자기 행동에서 확고하게 견지하고 있는 근본원칙"이라고 천명하면서 자립적 민족경제노선을 사회주의 건설에서 '우리 당의 주체사상'을 반영한 가장 현명한 방침이라고 주장했다(동아일보사, 1995: 449).

북한 역사에서 1960년대는 국제적으로 중소분쟁과 사회주의권의 분열, 중국의 문화혁명, 한일수교, 월남전 참전 등의 커다란 정세 변화가 있었던 시기이다. 이 와중에 북한과 중국, 소련과의 관계가 극도로 악화되자 북한은 군사력 강화를 결정하고, 자의든 타의든 자주노선과 경제에서의 자립, 즉 자력갱생원칙을 더욱 내세울 수밖에 없었다. 소련의 지원이 중단된 상태에서 북한은 지속적인 경제발전을 위해서는 서방의 자본과 기술을 도입해야 했지만 고립 상황을 벗어나지 못했다. 북한 지도부의 입장에서는 경제보다 체제 안전 보장을 우선시할 수밖에 없었고 이런 상황에서 자력갱생 외 사실상 다른 대안을 찾기 어려웠다. 자력갱생의 혁명정신은 1956년에 제창됐지만, 1960년대 초 구소련과의 관계 악화와 원조 중단이 본격적인 자력갱생의 배경이 된 것이다.

1962년 당 중앙위원회 제4기 제5차 전원회의는 독자적 군사력 강화를 결정했고, 실제로 국가예산에서 군사비 지출비중은 1961년 2.8%에서 1966년 10%로 증액됐고, 1967~1971년 사이에는 무려 30% 선을 유지했다. 그러나 이러한 과도한 군사비 지출과 선진국의 자본 및 기술을 도입하지 않고 자체의 기술과 노동력에만 의존한 자력갱생 전략은 국가경제계획의 연속적인 실패를 초래했다(동아일보사, 1995: 454~455). 5개년계획(1957~1961)이 1년 조기 달성된 이후 제1차 7개년계획(1961~1967)은 3년 연장됐고, 뒤이은 6개년계획(1971~1976) 역시 1년 연장됐다. 여기서 북한이 사회주의경제 체제에 입각해 체계적인 경제계획을 수립하고 추진한 것은 1961년에 착수한 제1차 7개년계획이 처음이었다(홍성국, 2005: 77).

북한은 천리마운동 시기(1950~1960년대)의 자력갱생 성과물들로서 황해제철소 1호 용광로, 트랙터(천리마호뜨락또르), 승리-18 자동차(덕천자동차공장 생산), 천리마호 굴착기(낙원기계공장 생산), 공작기계, 대형특수기계, 전기기관차, 장자강발전소 등을 내세우고 있다(근로단체출판사, 2017: 108~134) 황해제철소는 자력갱생의 표본으로 불렸다(근로단체출판사, 2017: 153). 천리마제강련합기업소는 1950년대 말 천리마운동의 발원지로서 2008년 12월 24일 김정일이 이곳을 찾아 현지지도를 통해 '혁명적 대고조'를 호소한 데 이어, 신년 공동사설에서 2009년을 "강성대국건설의 모든 전선에서 역사적인 비약을 이룩해야 할 새로운 혁명적 대고조의 해"라고 제시함으로써 그 명성이 새롭게 부각됐다. 이 기업소에는 현대적인 초고전력전기로를 비롯한 여러 가지 압연기, 1만톤 프레스, 6000톤 프레스, 대형산소분리기, 연속조괴기 등 강철생산과 가공설비들이 다 갖춰져 있으며, 또한 기업소의 모든 생산공정들은 연속공정으로 되어 있고 생산공정의 원격화, 산업TV화가 실현되어 있다고 북한 매체는 전하고 있다(통일뉴스, 2009.2.7).

1970년대의 경우에는 룡성기계공장, 함흥다이야공장, 신의주선박공장, 김책제철소 등이 있었고, 김일성은 1979년 방문한 남흥청년화학련합기업소에 대해 "자력갱생을 잘 하는 공장"이라고 칭찬했다(근로단체출판사, 2017: 194). 1980년대의 경우에는 대형산소분리기(당시 낙원기계공장), '자주'호자동차생산 (승리자동차종합공장) 등이 자력갱생의 성과물로 언급됐다(근로단체출판사, 2017: 179~189). 평안남도와 황해도의 간척지에 농업용수를 공급하고, 대동강 하류 지역에 생활 및 공업 용수를 공급하는 서해갑문의 경우에는 '자력갱생의 위대한 창조물'로 묘사되고 있다(근로단체출판사, 2017: 190). 1990년대 초의 경우에는 '구성-104호'(6월1일 전기기구종합공장), 흥남비료련합기업소 설비의 대형화, 현대화, 대자연개조사업 등이 자력갱생의 성과물로 언급됐다(근로단체출판사, 2017: 199~209). 김정일은 2008년 12월 24일, 1950년대 말 천리마운동의 발원지였던 천리마제강련합기업소(구 강선제강소)를 현지지도 하면서 '혁명적 대고조'를 호소했으며, 이에 화답해 천리마제강련합기업소 노동자들은 "강성대국 건설에서 조선사람의 본때를 보여주자!"라는 '전투적 기치'를 내건 바 있다.

3) 질적 성장을 겨냥한 천리마작업반운동

또 하나 주목할 움직임으로 천리마작업반운동이 있다. 천리마운동은 국가 체제가 완전히 정비되지 않은 상태에서 1956년 12월 전원회의에서 제기된 '저투자·고성장' 발전 전략을 실행할 구체적인 방법을 찾기 위한 대중운동이 었다면, 천리마작업반운동은 노동자들이 과학자, 기술자들과 협력해 기술혁 신을 이뤄내고 이를 바탕으로 생산 활동의 양적 팽창뿐만 아니라 질적 성 장도 동시에 추구하기 위한 대중운동이었다(통일뉴스, 2006.5.26). 이 운동은 1959년부터 시작됐다. 2021년 현재도 ≪노동신문≫ 지면에 등장하는 "하나는 전체를 위해, 전체는 하나를 위해"라는 구호가 이때 처음 나왔다. 이 구호는 집단주의정신을 함축하고 있는 것으로서 1959년 2월 김일성이 강선제강소(현 천리마제강련합기업소)를 시찰하면서, 이곳 노동자들이 서로 돕고 이끌면서 집단적 혁신을 일으킬 것을 강조하면서 제시한 구호이다. 강선제강소 강철직장(職場)의 근로자들은 김일성의 구호 제시에 따라 집단적 혁신을 일으켜 '천리마작업반운동'을 발기했으며 이를 계기로 북한 전역에서 집단적 혁신과 인간개조사업의 새로운 전환이 일어나게 됐다.

이 구호 아래 작업반에 소속된 근로자들은 공동으로 일하고 배우고 생활했다. 이 운동은 단지 생산뿐 아니라 문화, 사상, 도덕 등 노동자들의 모든 생활 영역을 포함하는 집단적 혁신운동이었다. 북한 당국은 작업반원들에게 김일성을 비롯한 공산주의자들이 일본 제국주의를 반대하는 투쟁에서 온갖 난관을 극복한 혁명전통을 계승·발전시킬 것을 주문했다. 천리마운동이 천리마작업반운동으로 전환된 배경은 당시 '조선민주주의인민공화국 과학원' 구성원들이 생산 현장에 진출해 두드러진 성과들을 도출하는 데 결정적인 역할을 했기 때문이다. 실험실이나 연구실에서 과학연구 활동을 수행하던 과학원 성원들이 생산 현장에 '현지 연구기지'를 세우고 과학연구와 기술지원 활동을 동시에 수행한 것이다. 이때 활약한 과학원 구성원과 성과들은 오늘날에도 심심찮게 회자되고 있다. 리승기 박사의 비날론, 마형옥의 갈섬유, 려경구의 염화비닐 생산 공장 건설, 함흥식의 무연탄 가스화 성공, 주종명의 함철 콕스, 리재업의 합성고무 생산 성공, 전자계산기(컴퓨터) 조립성공 등이 당시에 거둔 의미가 큰 성과들로 꼽힌다. 이 같은 과학원 성원들의 현장 진출 배경에는 당시 중공업 우선론에 대한 불만, 중국과 소련의 국내 정치 간섭, 김일성 리더십에 대한 도전 등이 동시에 터져 나와 '8월종파사건'으로까지 가시화됐고, 외국 원조 수입도 대폭 감소한 총체적 난관 상황이 배경이 됐다. 따라서 정책 목표를 낮추고 계획을 수정해야 했지만 김일성 등 북한 지도부는 오히려 목표를 더욱 높게 잡았고 중공업 우선 노선을 계속 고수했다. 따라서 이를 실현하기 위해서는 결국 기술혁신을 통한 노동생산 능률을 최대한 높여야만 했다

(통일뉴스, 2006.5.26).

당시 김일성 정권이 대중적인 열정을 이끌어내기 위해 역점을 둔 것은 도덕적(정치사상적) 자극이었다. 자본주의사회처럼 금전으로 보상하기 어려운 사회주의국가인 북한에서는 물질적인 자극보다 노동자의 명예심과 혁명정신을 끌어내는 방법이 주로 사용됐다. 서로 경쟁적으로 열심히 일하도록 하기 위해, 모범적인 근로자들에게는 천리마 기수의 칭호를 주고, 좋은 성과를 낸 집단에는 '천리마작업반'이라는 명칭을 붙여주었다. 많은 근로자들이 영웅 칭호를 받기도 했다. 다만 물질적인 자극이 전혀 없는 것은 아니었다. 모범적인 근로자들에는 휴양소에 가는 특혜가 주어지기도 했다. 목표를 초과 달성한 작업반은 상금이나 상품을 받았다. 또한 노력영웅들은 공장 간부가 되거나 최고인민회의 대의원이 되는 등 정치적인 보상도 있었다. 특히 노력영웅이 되는 것은 보통 어려운 일이 아니었다. 한 노동자는 댐 건설 공사장에서 70킬로그램짜리 모래주머니 580개를 만들기 위해 강에서 29시간 동안 나오지 않고 계속 일해 40일로 예정된 공사 기간을 단 5일로 단축시켜 칭송을 받았다고 한다. 천리마운동은 사회 전체에 파급되어 천리마 학교, 천리마 직장도 생겨났다. 천리마 윤전인쇄기라는 것도 있었다. '천리마 조선'이라는 이름의 대집단체조도 공연됐다. 천리마운동을 통해 북한 정권은 5개년계획을 목표 이상으로 성취했으며, 이로써 사회주의적 공업화의 토대를 마련할 수 있었다. 이 운동은 사회주의를 전면적으로 건설하는 시기였던 1960년대에도 계속됐다.

천리마운동은 이전의 사회주의 경쟁운동과 차이점이 있었다. 이전의 개인 혁신자운동이 주로 새로운 기술적 기준량의 창조에 목표를 뒀다면, 천리마운동은 대중의 집체적 지혜와 총명, 애국적·창조적 노력에 호소하는 대중적 사회주의 경쟁운동으로서, 365일 내내 지속되는 상시적 경쟁운동이었다. 천리마운동은 단지 경제 문제와 관련한 집단운동만은 아니었다. 이 운동은 1950년대에 드러난 사회경제적 불안정과 정치"적 위기를 극복하고 체제를 더욱 공고히 하기 위한 체제 수호 운동이었다. 공산주의 건설을 새 목표로 내세우고, "천리마를 탄 기세로 달리는" 속도감을 제시해 인민들이 격정적이고 환상적인 집단적 도취감에 빠지게 하는 것이었다. 이는 당시 반종파투쟁으로 인해 만연한 불안감과 상호 불신을 일신하는 데도 기여했다.

한편 사회주의 기초 건설을 마무리하는 시점에 이르자, 근로자들에 대한 북한의 지도 관리 방식에 중요한 변화가 생겨났다. 1950년대 말에 이르러 북한 정권은 경제발전을 위해서 지도 관리 방식을 근본적으로 개혁할 필요성을 느끼게 됐다. 비록 목표는 달성했지만 당과 국가, 경제기관들의 사업 체계와 사업 방식은 낡은 틀에서 벗어나지 못하고 있었고, 근로자들을 지도 관리하는 수준도 형편없었기 때문이다. 기술혁신 대중운동으로서 천리마작업반운동을 조명할 필요도 있다. 1956년에는 노동 인력을 최대한 확보하고 이직률을 최대한 낮추며 노동시간을 최대한으로 늘리는 등 노동의 양적 성장에 집중했다면, 1959년 이후에는 생산 설비의 성능을 높이고 작업 방법을 새롭게 바꾸고 생산자들의 기술 수준을 높여 노동의 질적 성장에 더 집중했다. 당시 노동생산의 질적 성장을 위한 구체적인 목표는 노동생산능률 향상, 원가절감, 제품의 질 제고라는 항목으로 제시됐다. 천리마작업반운동은 기술혁신 분야에서 생산설비 자체를 더 효율적으로 개조하거나 새로 만드는 경우, 작업 방법을 더 효율적으로 바꾸는 경우, 생산 담당자들의 기술, 기능 수준을 높이는 경우 등 개별 작업반이 처한 상황에 따라 다양한 형태로 진행됐다고 보았다. 따라서 이 과정에서 과학기술자들의 도움이 필수적이었다(통일뉴스, 2006.5.26).

4) 북한식 현지지도의 뿌리: 혁명적 군중 노선과 청산리정신

　북한은 전후 경제 복구와 사회주의 개조 과정에서 기본적으로는 소련식 사회주의 체제를 따르면서도 혁명적 군중 노선과 자력갱생에 입각한 북한식 사회주의 모델을 만들어나갔다. 1950년대 말 경직화된 관료주의와 계획경제의 생산성 문제가 등장하면서 새로운 경제관리 체계 수립이 요구됐다. 이때 김일성이 제시한 것이 청산리방법과 대안의 사업 체계이다. 청산리방법은 김일성이 1960년 2월 5일부터 15일 동안 청산리와 강서군당 사업을 현지에서 지도하면서 창안한 것이다. 여기에서 김일성은 평범한 농민들의 집을 직접 방문해 그들의 생활상 전반을 상세히 파악한 뒤 각급 단위의 당 사업 형편을 분석함으로써 해결책을 도출하는 식으로 문제에 접근했다. 보름 동안 현지에서 머물면서 현지 실정을 참여·관찰하면서 각종 회의를 주재한 끝에 당 중앙위원회 상무위원회 확대회의에서 이에 대한 교훈을 정리·발표했다. 그 내용은 "모든 당, 국가, 경제기관 종사자들 속에 웃기관이 아래기관을 도와주고 웃사람이 아래사람을 도와주며 늘 현지에 내려가 실정을 깊이 알아보고 문제해결의 올바른 방도를 세우며 모든 사업에서 정치사업, 사람과의 사업을 앞세우고 대중의 자각적인 열성과 창발성을 동원해 혁명과업을 수행하도록 하는 혁명적인 사업체계와 사업방법"을 그 핵심으로 하고 있다. 즉 중앙집권체제의 기본 골격은 유지한 채 생산 현지 실정을 감안한 지도방식으로 자력갱생의 기본 구도하에 위에서 아래를 통제하고 지도하되 일반적 지도에 덧붙여서 개별적 지도를 가미해 생산성 향상을 의도한 것이다. 이처럼 현지지도를 통해 청산리 정신, 청산리방법을 수립한 김일성은 전국의 군과 이(里)들을 이러한 방법에 의해 집중적으로 지도하기 위해 당 지도 요원들을 전국 각지에 파견함으로써 오늘날의 북한식 '현지지도' 양식을 만들어왔다(통일뉴스, 2001. 5.22).

앞서 언급했지만 1960년 2월 청산리라는 마을에 내려간 김일성은 농민들과 침식을 같이하면서 농촌 실정을 파악한 다음 '청산리정신', '청산리방법'을 제시했다. 전쟁의 폐허 위에서 북한 정부는 인민대중의 힘만 믿고 사회주의를 건설할 수밖에 없었다. 여기서 군중(대중)을 믿고 군중에 의지해 그들의 지혜와 창조력을 최대한 동원해 내는 '혁명적 군중 노선'이라는 것이 나왔고, 이 노선을 사회주의 건설의 현실에 맞춰 제시한 정신이 청산리정신이었다. 여기서 주목할 대목은 군중 노선이다. 북한은 노동당의 군중 노선을 "극소수의 계급적 원수들을 제외한 각계 각층의 모든 사람들을 포섭하고 교양개조해 당의 두리에 굳게 묶어 세우는 것"으로 정의했다(김재호, 2000: 70). 이는 대중을 교양·개조해 당과 수령의 두리에 묶어세우며 대중의 창조적 지혜와 무궁무진한 힘을 조직·동원해 혁명과업을 수행하며 인민대중을 위해 충실히 복무하는 노동계급의 당 활동 원칙이다(사회과학출판사, 1992: 343). 북한은 사회주의 경제 관리의 지도적 지침으로 김일성의 교시와 이를 구현한 당의 노선과 정책을 강조해 왔다. 모든 경제관리·운영사업은 김일성의 교시와 당 경제정책에 따라 조직되고 집행된다(사회과학출판사, 1975b: 60).

이와 관련해 당적 지도가 이뤄지는데 이때 대중을 자각적으로 조직·동원하는 것이 매우 중요하다. 수령의 교시와 당의 정책 관철을 위해 근로자들의 창조적 열성과 적극성을 전면적으로 발양시키는 것이 바로 당 조직 정치 사업이다. 근로인민대중이 생산과 관리의 모든 사업에서 주인의식을 갖고 주어진 역할을 다할 때 생산도, 경제 관리도 잘 진행된다고 본다. 이를 위해서 사상과 조직 사업이 중요시되는 것이다. 이에 따라 김일성 정권은 인민경제의 지도·관리에서 군중 노선의 원칙을 제시했다. 북한은 김일성이 불멸의 주체사상에 기초해 사회주의경제 관리에서 군중 노선 관철에 대해 독창적인 사상을 제시했다고 주장하고 있다. 이는 경제지도에서 노동당이 견지해 온 일관한 원칙과 방법으로서 "위가 아래를 도와주고 정치사업을 앞세워 군중을 움직이고 대중의 힘과 지혜에 의거해 경제건설과업을 수행해 나가는 것"이다 (사회과학출판사, 1975b: 69~70).

인민대중을 사회주의 건설의 의식적이며 창조적인 역량으로 만들기 위해서는 대중을 의식화·조직화해야 하고 그러자면 혁명적 군중 노선을 관철시켜야 한다(사회과학출판사, 1975b: 71). 경제 관리에서 군중 노선의 원칙을 관철하는 것은 간부들이 대중을 위해 철저히 봉사하고 모든 문제를 대중에 의거해 풀어나가는 입장과 관점을 갖게 한다. 또한 군중 노선의 원칙은 사람과의 사업을 기본으로 하는 사회주의경제 관리를 성과적으로 실현하게 할 뿐 아니라 사회주의 경제를 현대적 과학기술에 기초해 높은 속도로 계속 발전시킬 수 있게 한다고 주장하고 있기도 하다(사회과학출판사, 1975b: 75). 요약하면 김일성 시대의 군중 노선은 인민대중을 위해 충실히 봉사하며 대중 속에 들어가 대중을 교양 개조해 묶어세우며 대중에게서 힘과 지혜를 얻으며 광범위한 대중을 동원해 혁명과업을 수행하는 것이다.

이 군중 노선을 관철하기 위해 등장한 것이 지금까지 설명한 청산리정신, 청산리방법이었다. 이 정신과 방법은 항일 유격대식 사업 방법에 뿌리를 두고 있다. 항일 유격대식 사업 방법의 요구대로 배낭을 메고 군중 속에 들어가 군중과 호흡을 같이하면서 격식과 틀이 없이 조직 정치 사업을 추진할 때 대중은 혁명적 자각과 창조적 열의에 넘쳐 수령의 교시와 당 정책 관철에 모두가 나서게 되며 생산과 관리의 모든 문제가 성과적으로 해결될 수 있다는 것이다. 이때 경제 관리에 대한 당적 지도를 강화하기 위해서는 '당 일군'(간부)들의 수준을 높이는 것이 중요하다. 당 간부들이 수령의 교시와 당의 경제정책으로 철저히 무장하고 그 기초 위에서 경제와 기술지식을 소유해야 대중의 생산 활동을 당 정책 관철에로 정확히 이끌 수 있고, 당사업을 대중의 실천 활동과 밀접히 결부시켜 진행할 수 있다고 강조하고 있다(사회과학출판사, 1975b: 68). 이는 현재 김정은 정권이 추진하고 있는 당간부사업과 정확히 일치하는 대목이기도 하다. 항일유격대식 사업방법은 조선말대사전에 따르면 김일성이 항일혁명투쟁시기에 창조하고 당이 계승·발전시켜 온 주체사상에 기초한 주체의 혁명 사업 방법으로 규정되고 있다. 군중에 의거하고 군중을 동원해 혁명과 건설을 수행하는 공산주의자들의 본성적 요구에 부합하는 사업 방법이며 격식과 틀을 배격하고 모든 문제를 창조적으로 실속 있게 풀어나가는 생기발랄한 전투적 사업 방법이다(사회과학출판사, 1992: 923).

요약하면 청산리정신은 김일성이 항일혁명투쟁 시기에 제시한 혁명적 군중 노선을 사회주의 건설의 새로운 요구에 맞게 구체화하고 발전시킨 대중 영도에 관한 사상이다. 청산리정신의 기본은 인민대중의 이익을 위해 충실히 복무하고 인민들의 생활 문제에 대해 전적으로 책임지는 입장이며, 사회의 모든 성원들을 교양 개조해 수령의 두리에 굳게 묶어세우며 그들을 혁명화·노동계급화해 공산주의사회까지 이끌어가는 정신이며, 사회주의·공산주의 건설에서 나서는 모든 문제를 인민의 힘과 지혜에 의거해 풀어나가는 정신이다(사회과학출판사, 1992: 542). 이 정신에 따라 만든 사업 방식이 청산리방법이다. 상부 기관이 하부 기관을 도와주고, 윗사람이 아랫사람을 도와주며 늘 현지에 내려가 실정을 깊이 알아보고 문제해결의 올바른 방안을 세우며 모든 사업에서 정치 사업, 사람과의 사업을 앞세우고 대중의 자각적인 열성과 창발성을 동원해 혁명투쟁과 건설 사업을 진행해 나가는 것이다. 청산리정신의 기본은 관리자가 군중 위에 군림할 것이 아니라 군중의 이익을 위해 일하며, 군중을 교양 개조해 공산주의사회까지 끌고 가는 데 있다.

5) 경제 관리에서의 민주주의중앙집권제 관철

군중 노선과 더불어 강조된 것이 경제 관리에서의 민주주의중앙집권제 관철이었다. 북한이 말하는 민주주의중앙집권제란 대중의 지혜를 발휘해 계획을 작성할 때 아랫사람들의 의견을 경청하고, 이를 기업소를 거쳐 종합한 뒤 중앙에서 다시 토론해 다시 아래에 내려 보내는 것과 같이 민주주의적으로 아랫사람들의 의견을 존중하면서도 동시에 중앙집권적으로 실시하는 것이다. 이 역시 김일성이 만든 사상으로 지칭되고 있는데, 사회주의경제 관리에서 이 제도는 경제에 대한 국가의 통일적 지도와 지방과 대중의 민주주의를 함께 강화하면서 그것을 옳게 결합시켜 사회주의국가의 경제조직자적 기능을 원만히 실현해 나가는 문제이다. 즉 국가의 통일적 지도와 대중의 민주주의를 올바르게 결합시키는 기초 위에서 나라의 경제를 관리·운영한다는 것을 의미한다. 민주주의중앙집권제는 당과 국가기관의 조직과 활동에서 언제나 확고히 견지해야 할 근본 원칙이었다. 이를 정확하게 실시하는 것은 사회주의 경제 건설의 성과를 좌우하는 원칙적 문제의 하나라고까지 강조됐다(사회과학출판사, 1975b: 83). 이 원칙은 국가의 중앙집권적인 계획적 지도를 강화하는 기초 위에서 생산과 관리의 주인으로서 근로인민대중의 자주적이며 창조적인 역할을 높이는 데 목적이 있었다. 결국 당 정책 관철을 위한 경제 과업은 국가로부터 말단 경제단위에 이르기까지 중앙집권적인 통일적 지도가 강화되고 모든 경제단위와 대중의 창발성이 높이 발양되는 조건에서만 성과를 달성할 수 있다고 본다. 여기서 통일적 지도가 강조되다 보니 자연스레 지방주의, 기관본위주의, 분권화 등은 허용될 수가 없었다.

6) 현지지도

더불어 주목할 내용이 현지지도이다. 오늘날까지 이어지고 있는 지도자의 현지지도는 바로 청산리정신, 청산리방법, 대안의 사업 체계의 산물이기도 하다. '현지지도'는 자력갱생의 고립을 만회하기 위한 생존방식 중 하나이다. 북한에서 정의하는 현지지도는 수령이 "현지에 직접 내려가서 하는 지도로서

〈표 2-2〉 자력갱생(경제계획) 목표와 실적

구분	기본 과업	주요 목표	실적
제1차 7개년계획 (1961~1970) * 3년 연장	• 중공업 발전 • 경공업·농업 동시 발전 • 전국적 기술혁신 • 문화혁명과 국민생활 향상 • 국방·경제 병진	• 국민소득: 2.7배 • 공업총생산: 3.2배 • 곡물수확고: 600~700만 톤	• 공업생산: 3.3배 • 기계, 금속공업 성장률: 18.4%
6개년계획 (1971~1976) * 완충기 설정 (1976~1977)	• 사회주의 물적·기술적 토대 견고화 • 산업 설비 근대화 • 기술혁명 촉진 → 힘든 노동에서 노동자 해방하기 위한 목적	• 국민소득: 1.8배 • 공업총생산: 2.2배 • 곡물수확고: 700~750만 톤	• 국민소득: 1.7~1.8배 • 공업총생산: 2.5배 • 기계·금속 공업 성장률: 19.1% • 노동 생산성 성장률: 155% • 곡물수확고: 800만 톤
제7차 7개년계획 (1978~1984) * 완충기 설정 (1985~1986)	• 인민경제의 주체화, 현대화, 과학화 • 생산원가 인하 • 절약운동 강화 • 수송의 근대화 • 주민생활 향상 • 독립채산제 강화 • 대외무역 증대	• 국민소득: 1.9배 • 공업총생산: 2.2배 • 곡물수확고:1000만 톤 • 1980년대 전망 목표와 4대 자연개조사업 추진	• 공업총생산: 2.2배 • 전력생산 성장률: 178% • 철강생산 성장률: 185% • 공작기계생산 성장률: 167% • 곡물수확고: 1000만 톤 • 시멘트·합성수지·직물 생산 목표 달성 • 철도 60% 전철화
제3차 7개년계획 (1987~1993) * 완충기 설정 (1994~1996)	• 인민경제의 주체화, 현대화, 과학화 • 기술혁신 • 대외무역 및 경제협력 증대	• 국민소득: 1.7배 • 공업총생산: 1.9배 • 농업총생산: 1.4배	• 공업생산: 1.5배 • 전력: 1.3배 • 석탄: 1.4배 • 유색금속광물: 1.6배 • 강철: 1.3배 • 화학비료: 1.5배 • 지방공업: 1.7배 • 주택 건설: 100여만 세대

자료: 제4차 당대회 보고(1961.9.1); 제5차 당대회 결정서(1970.11.12); 최고인민회의 제6기 제1차회의 (1977.12.5); 최고인민회의 제8기 제2차회의(1987.4.12); 당 중앙위원회 제6기 제21차 전원회의 (1993.12.8); 홍성국(2005: 79).

가장 혁명적이며 인민적인 대중 지도방법의 하나"이다. 현지지도는 윗사람인 수령이 각급 기관과 지역을 직접 방문해 현지의 실정을 상세히 파악한 연후에, 그곳에서 발생·제기되는 문제점을 담당자들과 함께 의논함으로써 문제의 본질에 접근하고 해결책을 강구하는 사업 방식이다(통일뉴스, 2001.2.8). 수령의 현지지도는 문제의 해결을 위해 여타 관련 기관의 필요한 지원을 신속히 이끌어내고 노동자들의 작업을 격려, 성과 달성의 시간을 단축해 낸다는 점에서 북한에서는 수령의 전지·전능한 치적을 칭송할 때 쓰는 주요한 테마이다.

그러나 현지지도는 상당 부분 지도자의 즉흥성과 비현실적 판단에 의존하는 경향을 띠어왔다. 북한의 '다락밭' 건설이 가져온 산지 황폐화와 홍수 유발, 토사 유출의 결과들은 모두 이런 수령 현지지도의 즉흥적 결정에 따른 것이었다. 또한 '현지지도'는 특정 사업 현장에서 채택한 사업 방식과 사업목표를 상황과 조건이 상이한 여타 지역의 특성을 고려하지 않은 채 전국적으로 확대해 내리먹임으로써 돌이킬 수 없는 심각한 결과를 불러올 가능성이 있다. 이것은 결과적으로 최고 지도자의 '교시'가 하달되면 모든 사업의 우선 추진 순위가 변경되고 현지지도를 통해 결정된 추진 과업에 배타적인 지원체제가 갖춰지고 모든 조직적·선동적 방법을 총동원해 결정된 목표 달성에 매진하게 되는 것이다. 이런 체계는 '속도전'과 같은 강도 높은 노동력 동원 방식이 추진될 수밖에 없는 이유를 제공한다. 1950년대 후반 시기의 대표적인 자력갱생 성과물은 승리자동차 생산이다.

7) 혁신과 세대교체의 기폭제: 3대혁명, 3대혁명소조운동, 3대혁명붉은기쟁취 운동

1970년대 들어와 대중노선을 통한 증산과 절약을 강조하는 대중동원운동은 3대혁명소조운동, 70일전투, 3대혁명붉은기쟁취운동 등으로 불리며 전개됐다. 북한 문헌에 따르면 김일성이 3대혁명을 제기했고, 이를 실천하기 위해 김정일은 3대혁명소조운동을 직접 발기한 것으로 되어 있다(사회과학출판사, 1975a: 65). 3대혁명소조운동은 청산리 정신, 청산리방법과 대안의 사업 체계의 요구대로 3대혁명소조원들이 일군들과 군중을 적극적으로 도와줌으로써 사상, 기술, 문화의 3대혁명을 힘 있게 밀고 나가기 위한 혁명적 운동으로 규정되고 있다(김장운, 1975: 54). 이 운동은 당시는 물론 지금도 만연한 형식주의, 본위주의, 관료주의를 극복하기 위한 목적도 있다. 여기서 주목할 대목은 사상교양과 사상투쟁은 사상적 문제점을 해결하고, 현대 과학기술을 학습시키고 실천을 통해 현대 과학기술의 위력을 입증하는 것도 중요한 과제였다는 점이다(사회과학출판사, 1975a: 74). 결국 당시 북한 정권의 의도는 이전의 수동적이고 보수적인 사업 틀에서 벗어나 인민대중, 근로자들이 역량을 총동원해 최단기간 안에, 즉 속도전의 원칙대로 사상, 기술, 문화 혁명의 수행에서 최상의 성과를 도출하고자 하는 것이었다.

그야말로 1970년대는 김정일 후계 체제가 등장하면서 사상, 문화, 기술의 3대혁명소조운동으로 당과 청년들을 내세워 혁신을 추진한 시대였다. 3대혁명소조운동은 1970년대 들어서면서 자력갱생 전략의 한계가 드러난 데 따른 것이었다. 중국에서 '문화대혁명'이 절정에 이르렀던 시기인 1970년에 북한에서는 사상혁명, 기술혁명, 문화혁명 즉 3대혁명이 시작된 것이다. 3대혁명 추진은 1970년 11월 2일부터 13일까지 열린 노동당 제5차 대회에서 결정됐는데, 사상혁명은 "온 사회의 주체사상화"를, 기술혁명은 "인민경제의 주체화, 현대화, 과학화"를, 문화혁명은 "전인민의 인테리화"를 각각 전략 목표로 삼았다. 3대혁명은 구호에 그친 것이 아니라 3대혁명소조운동과 3대혁명붉은기쟁취운동을 통해 실현됐다. 이 양대 운동을 실질적으로 이끈 인물이 김정일이었고, 그는 김일성의 후계자로서 인민경제 분야에서 사업하기 시작한 1972년부터 3대혁명을 본격적으로 추진했다.

1973년 2월 12일에 열린 중앙위원회 정치위원회 확대회의에서는 김정일이 제기한 3대혁명소조운동을 전 사회적 범위의 대중운동으로 추진하기로 결정했다. 3대혁명소조운동은 정치사상적 지도와 과학기술적 지도를 결합하고 위가 아래를 도와주며 근로인민대중을 발동해 사상, 기술, 문화의 3대혁명을 다그쳐 나가는 새로운 형식의 혁명지도 방법으로 정의됐다(사회과학출판사, 1992: 1688). 따라서 당시 3대혁명 노선은 사상, 기술, 문화 3대혁명을 기본 내용으로 하는 사회주의·공산주의 건설노선이자 온 사회의 주체사상화를 실현하기 위한 근본 방안으로서 당이 강력하게 고수한 혁명 노선이며 실천에서 위대한 생활력을 발휘하고 있는 가장 정확한 노선으로 간주됐다. 1973년 2월 노동당 중앙위원회에서는 사상, 기술, 문화의 모든 생활 영역에서 낡은 잔재를 없애고 전 사회를 주체사상으로 일색화하기 위해 북한 전역의 공장, 기업소, 협동농장 등에 혁명소조를 조직하라는 지시가 내려왔다. 이에 따라 정치사상적으로 준비된 당 핵심들과 주체사상과 현대 과학기술로 무장한 청년 인텔리로 구성된 소조(사상혁명소조, 기술혁명소조, 문화혁명소조)가 사회주의 건설 현장에서 생산자들을 직접 지도하게 됐다. 공장, 기업소에 파견된 소조는 규모에 따라 20~30명씩, 많게는 50명에 이르렀다. 김일성은 당시 3대혁명 소조를 파견한 목적에 대해 이렇게 설명했다.

> 우리 당이 인민경제 여러 부문에 3대혁명소조를 파견한 중요한 목적은 간부
> 들을 잘 도와주어 그들이 보수주의, 경험주의를 비롯한 낡은 사상을 버리고
> 당이 요구하는 대로 일을 잘하도록 함으로써 우리 나라의 경제를 더욱 빨리,
> 더욱 원만히 발전시켜나가려는 데 있습니다(사회과학출판사, 1975a: 74).

소조의 임무는 격식이나 틀에 구애받지 않고 지도 대상의 특성과 생산 현장의 구체적 상황을 고려해 근로인민대중이 혁명적·전투적·사상적 각오를 갖고 각자 주어진 임무를 효율적으로 수행하게 만드는 데 있었다. 이는 중앙집권적 지도방법으로서 그 본질은 혁명과 건설에 대한 김일성의 지시가 중간

단계(지배인, 기사장, 협동농장 관리위원장을 비롯한 공장기업소의 지도간부들, 작업반장과 직장장)를 거치지 않고 대중 속에 직접 침투해 이들을 동원하는 것이었다. 이 새로운 혁명지도 방식에 적응하지 못하는 사람들이 비교적으로 큰 폭으로 교체되면서 결과적으로 3대혁명소조운동은 대규모 세대교체의 기폭제가 됐다. 북한은 이 소조운동을 기존의 공업과 농업뿐 아니라 건설·운수·과학·교육 등 모든 부문에 확대했으며, 당이 3대혁명소조운동을 더욱 잘 지도할 수 있도록 지도체제를 재확립했다(동아일보사, 1995: 457~459).

북한 측 주장에 따르면 3대혁명소조운동은 적잖은 가시적인 성과를 거뒀다. 1992년 2월 14일 자 조선중앙방송 보도에 따르면, 3대혁명소조운동이 시작된 이후 19년 동안 20만 5000여 건의 기술혁신안이 생산 현장에 도입됐고, 1100여 개의 중소형 발전소, 1000여 개의 다리가 건설됐다고 한다. 경제실적보다 더 값진 것은 인재 양성이었다. 1983년 9월에 열린 3대혁명소조원 대회에서 발표한 자료에 따르면, 당시 소조원이 4만 6000명, 소조원 출신자가 11만 명에 이르렀다고 한다. 북한에서 1980년대 이후 사회주의 건설을 앞장서서 밀고 나간 추동력은 그들에게서 나왔다. 이를테면, 1982년 3월 1일에 실시된 최고인민회의 제7기 대의원선거에서 전체 대의원 615명 가운데 20%에 이르는 182명이 3대혁명소조원 출신이었다(통일뉴스, 2009.1.19).

3대혁명붉은기쟁취운동은 1975년 11월 19일부터 21일까지 열린 당 중앙위원회 제5기 11차 전원회의에서 결정됐다. 김정일이 3대혁명소조운동과 더불어 3대혁명붉은기쟁취운동을 전 사회적 범위의 대중운동으로 추진하기로 결정한 것이다. 김정일은 "사상도 기술도 문화도 주체의 요구대로!"라는 구호를 제시하고, 3대혁명붉은기쟁취운동을 이끌었다. 그는 "3대혁명붉은기쟁취운동의 불길 속에서 사람들의 사고방식과 일본새(일하는 자세)가 달라지고 대중의 혁명적 열의가 높아지게 됐으며 혁명과 건설이 더욱 힘있게 추진됐습니다"라고 평가한 바 있다(통일뉴스, 2009.1.19). 이 운동은 사상, 기술, 문화 혁명을 중심 과업으로 삼고 속도전, 사상전의 원칙을 구현해 사람들의 사상개조와 경제, 문화에서의 집단적 혁신을 밀접히 결합시켜 밀고 나가는 천리마작업반운동의 심화·발전으로서 대중운동의 높은 단계이며 더욱 발전된 형태로 규정됐다(사회과학출판사, 1992: 1688).

1975년 12월부터 시작된 대중적 사상개조운동·기술혁신운동·문화개조운동인 3대혁명붉은기쟁취운동은 모든 단위에서 맡겨진 혁명과업을 최단기간 안에 질적으로 수행할 수 있게 전투 목표를 현실성 있게 세우고 모든 역량을 총동원할 것을 요구했다. 북한은 이 운동을 "천리마작업반운동을 새로운 높은 단계로 심화발전시킨 것으로 …… 사회주의의 완전승리를 앞당기기 위한 전인민적 대진군운동"이라고 정의했다(사회과학출판사, 1992: 1688). 북한은 이 운동을 당적인 사업으로 규정하고 당사업과 밀착시켜 지도해 나갔으며, 3대혁명소조와 근로단체들을 이 운동에 결합시켜 적극 조직해 나갔다. "사상도 기술도 문화도 주체의 요구대로!"라는 구호 아래 전개된 이 운동은 검덕과 청산리에서 시작되어 전국의 공장·기업소·협동농장은 물론이고, 교육·문화·보건기관 등으로 확산되어 6개년계획(1971~1976)을 조기에 완수하는 원동력이 됐다. 3대혁명소조운동이 간부정책의 일환이었다면 3대혁명붉은기쟁취운동은 대중운동으로 전개됐다는 데 그 뚜렷한 특징이 있다. 이 목표 수행에서 가장 강조된 것이 바로 자력갱생의 혁명정신이었다.

이 3대혁명은 북한식 사회주의 건설의 전략적 노선으로 규정됐다. 북한은 3대혁명을 사회주의·공산주의 건설의 근본 방안으로서 사회주의 제도에 기초한 공산주의 건설을 위해 수행해야 할 혁명의 기본 과업으로 규정했다. 따라서 3대혁명붉은기쟁취운동은 3대혁명 수행을 위한 위력한 대중운동이 되는 것이고, 사회의 모든 구성원을 주체형의 공산주의 혁명가로 만들기 위한 대중적 사상개조운동이고, 인민경제를 현대적 기술로 장비하기 위한 대중적 기술개조운동이며 모든 근로자의 문화기술 수준을 높이고 그들에게 문화적인 생활조건을 보장해 주기 위한 대중적 문화개조운동이기도 했다. 북한은 스스로 이 운동에 의해 자립적 민족경제의 물질적 토대와 인민경제의 주체화, 현대화, 과학화를 위한 사업이 강화되고 생산과 건설에서 커다란 성과가 이룩됐다고 자평하고 있다(사회과학출판사, 1992: 170).

3대혁명붉은기쟁취운동은 결국 인민들의 사상개조와 집단적 혁신운동을 유기적으로 결합한 대중운동으로 볼 수 있다. 또한 이 운동은 속도전과 불가분의 관계를 맺는다. 속도전은 김정일이 독창적으로 창조한 사회주의 건설의 기본 전투 형식이라고 주장하고 있다(사회과학출판사, 1992: 178). 모든 사업을 전격적으로 밀고 나가 최단기간 안에 양적·질적으로 최상의 사업성과를 이룩할 수 있게 하는 것이 속도전의 위력이라고 강조하고 있다. 속도전의 본질에 대해 김정일은 이렇게 천명했다.

> 속도전은 모든 사업을 전격적으로 밀고 나가는 사회주의건설의 기본전투형식입니다. …… 속도전은 자력갱생의 혁명적 기치 밑에 인민대중의 높은 정치적 자각과 창조적 적극성에 의거해 사회주의건설에서 끊임없는 비약과 기적을 이룩해 나가는 혁명적인 사업전개원칙입니다. 속도전의 기본 요구는 모든 역량을 총동원하여 사업을 최대한 빨리 밀고 나가면서 그 질을 가장 높은 수준에서 보장하는 것입니다. 속도전은 최단 기간 내에 양적으로나 질적으로 최상의 성과를 이룩하는 것입니다. 빨리 한다고 질을 낮추거나 질을 높인다고 해 속도를 늦추는 것은 다 속도전과 인연이 없습니다(김남진 외, 1995: 292).

속도전이 시작된 1974년 '70일전투'가 발기됐다. 북한 측은 속도전의 상징인 70일전투를 추진한 결과 공업생산량을 단번에 1.7배로 성장시켰다고 주장했다(김남진 외, 1995: 293). 당시 북한 경제는 김일성이 '사회주의 대건설'을 내세웠으나 원료 수입 등에서 차질이 생기면서 첫해에 목표에 미달하는 상황이 발생했다. 이에 따라 김정일 비서는 70일전투를 이끌면서 특히 사상전의 방법으로 막대한 예비를 동원했다. 그는 1974년 10월 '전당이 동원되어 70일 전투를 힘있게 벌이자'라는 연설에서 대사상전을 벌여 생산의 예비를 최대한 동원해야 한다고 강조했다. 이에 따라 추가로 투자를 하지 않고도 공업총생산액 1.7배 성장을 기록하는 기적이 창조됐다는 것이 북한 측 주장이다. 70일 전투 과정에서 창조된 '70일전투속도'는 1980년대에 접어들어 보다 높은 속도인 '80년대속도'로 이어졌다. 이 과정에서 1985년 용성기계연합총국에 의해 1만 톤 프레스가 만들어졌고, 이어 대형산소분리기가 생산됐다. 이는 자력갱생 정신과 속도전의 상징으로 불리고 있다. 김정일은 또한 1987년부터 시작된 제3차 7개년계획을 제시하고, 목표를 달성하기 위해 '90년대속도' 창조운동을 이끌었다. 이를 위해 1988년 200일전투를 발기하고 결과적으로 공업생산량을 이전 해에 비해 122% 늘리는 성과를 거뒀다고 밝히고 있다(김남진 외, 1995: 295).

자력갱생 정신에 의거한 경제 건설과 관련해 당시에도 기술혁신이 강조됐다. 김정일은 공업 부문에서는 검덕광산, 농업 부문에서는 청산협동농장에서 이 운동의 봉화를 먼저 치켜들도록 하고, 이 운동을 대중 자신의 운동으로 전환시키기 위해 1986년 평양에서 '3대혁명붉은기쟁취운동 선구자대회'를 열었다. 비슷한 맥락에서 김정일은 각 부문의 기술 문제를 해결하기 위해 '대중적 기술혁신운동', '과학자, 기술돌격대운동'도 동시에 추진했다. 사회주의국가에서 근로대중은 과학과 기술의 주인이며, 그 발전의 담당자이고, 대중적 기술혁신돌격대운동은 과학자, 기술자, 생산자들을 과학기술 발전계획과 그 실천사업에 적극 참여시키고 그들 사이의 유대와 생산적 협력을 강화해 과학기술 발전을 힘 있게 추동하는 운동이다. 기술혁신돌격대운동은 1975년 9월 함경남도 검덕광업련합기업소를 3대혁명의 시범 단위이자 현대적인 비철금속 생산기지로 조성하기 위해 과학자, 기술자 팀을 결성해 파견한 것이 시발점이 됐다. 그 이후 과학자, 기술자 돌격대는 평안남도 안주지구탄광련합기업소, 함경북도 김책제철연합소를 비롯한 북한 경제의 주요 기업체들에 파견되는 등 경제 각 부문에서 폭넓게 활약했다. 북한 자료에 따르면 1980년 한 해 동안에 6000여 개의 공장, 기업소에 8만여 명의 과학자, 기술자들을 망라한 '4·15기술혁신돌격대'가 새로 구성되고 6만 5000여 건의 기술혁신과제를 성공적으로 해결하는 성과를 거뒀다(김남진 외, 1995: 297).

8) 노력경쟁운동이자 사상전: 70일전투

북한은 70일전투속도전에 대해 천리마운동을 구현하고 심화·발전시킨 사회주의 건설의 기본 전투 형식으로 규정했다. 70일전투는 김정일이 1974년 10월 경제발전을 위한 '6개년계획'(1971~1976)의 달성을 위해 제시한 노력경쟁운동이자 사상전이었다. 70일전투는 후계자로 지명된 김정일 비서가 6개년계획 목표치보다 상향 조정된 '사회주의경제 건설의 10대 전망 목표' 달성을 위해 1974년 10월 21일부터 연말까지 70일간 사회 전 역량을 투입한 운동으로 생산이 평균 1.7배 높아졌고 공업생산은 1973년도에 비해 17.2% 늘었다고 자체적으로 평가하고 있다. 전투의 주요 내용은 인민대중을 동원해 경제발전에 필요한 내부예비를 적극 찾아내고, 기술혁신을 통해 경제 모든 부문에서 '속도전'의 불길을 지피는 것이었다. 북한은 이 전투를 통해 전국 1100여 개 공장·기업소에서 6개년계획을 2년 이상 앞당겨 수행하고, 공업생산은 전투 이전 보다 1.7배 늘어났다고 밝히고 있다. 또 70일전투를 통해 새로운 천리마 속도인 '70일전투속도'가 창조됐으며 인민경제 모든 부문에서 일대 비약적 성과를 이룩해 6개년계획을 1975년 10월 노동당 창건 30돌 이전에 완료한 것으로 알려져 있다(연합뉴스, 2004.1.12). 북한은 1974년 6개년계획(1971~1976)의 전반기 성과가 미달되자 중앙에서 당과 정부의 전권대표 권한을 가진 지도 소조를 경제 건설 현장인 공장·기업소들에 내려 보내 걸린 문제를 풀어 계획 목표를 수단과 방법을 가리지 않고 달성하기 위한 시도를 했다. 즉 본위주의, 요령주의, 보수주의, 소극성과 같은 온갖 부정적 사상 경향과 일대 사상 투쟁을 벌여 계획 목표를 달성하고자 했다. ≪노동신문≫은 2012년 9월 28일 1면 사설을 통해 "전체 인민이 당의 령도따라 70일전투를 본때있게 벌려 사회주의 대건설의 첫해를 빛나게 장식한 1970년대"라고 설명했다. 김정일은 2012년 김일성 탄생 100돌이 되는 해를 맞아 강성국가 건설의 전환점으로 삼아 새로 등장한 김정은 체제에서 1970년대 전성기를 다시 구가하자는 취지로 소환한 것으로 보인다.

훗날 2016년 김정은 정권은 2월 23일부터 70일전투를 시작했는데, 사상공세목표는 '김일성·김정일주의'를 구현하고 당의 유일영도체계 확립을 위한 투쟁이라고 북한 신문이 강조했다(≪노동신문≫, 2016.2.29). "당 제7차 대회를 앞두고 진행되는 오늘의 70일전투는 모든 부문을 자력자강으로 추켜세우고 온갖 낡은 사상 관점과 일본새를 뿌리채 뽑아버리기 위한 일대 사상전"이라는 것이다. "오늘의 사상전은 전당과 온 사회에 당의 유일적 영도체계를 더욱 철저히 확립하기 위한 전면적인 사상공세"라며 "70일전투에서 전면적인 사상공세의 목표는 위대한 김일성·김정일주의와 그 구현인 당의 노선과 정책을 천만군민의 확고한 신념으로 만드는 것"이라고 밝혔다. 사설은 1974년에 실시된 '70일전투'가 유일사상체계를 세우는 것이 목표였다고 설명하며, 김정은 국방위원회 제1위원장을 중심으로 일심단결이 중요하다고 강조했다. 또한, "닭알에 사상을 재우면 바위도 깰수 있고 자동보총에 사상을 만장약하면 그 어떤 현대적 무기보다 더 큰 위력을 발휘할 수 있다는 것, 이것이 우리 당의 지론"이라며 "정치사상사업에 화력을 집중해 전당과 온 사회를 전례없는 대중적 영웅주의에로 힘있게 불러일으켜야 한다"라고 주장했다. 그리고 요령주의, 보신주의, 보수주의, 형식주의, 관료주의 등을 혁파하고, 외세의 사상문화를 혁명적인 사상문화로 쓸어버리기 위해 위대성 교양, 반제 계급 교양 강화를 주문했다.

70일전투에 이어 그다음 해인 1975년에 시작된 대중동원운동이 3대혁명 붉은기쟁취운동이었다. 현재 김정은 시대에도 활발하게 진행되고 있는 이 운동은 3대(사상·기술·문화)혁명을 대중과 함께 강력하게 추진하기 위해 제창된 것이었다. 당시 경제 건설 과정에서 직면한 많은 어려움을 돌파하기 위해 추진한 노력경쟁운동이기도 하다. 1960년대 전후 복구와 경제 재건을 위해 북한사회에 확산됐던 천리마운동의 바통을 이어받아 계속된 대중운동으로 1975년 11월 노동당중앙위 제5기 11차 전원회의에서 결정, 같은 해 12월 검덕광산 등의 궐기집회를 통해 전 지역으로 확산됐다. 1970년대 검덕광산은 김정일이 직접 구상하고 추진한 3대혁명붉은기쟁취운동의 '본보기 단위'였다. 구체적으로 1975년 12월 1일 검덕광산은 종업원 궐기모임을 열고 이 운동에 가장 먼저 호응하고 나섰다. 이후 북한 사회 전역으로 3대혁명붉은기쟁취운동이 확대됐는데, 이후 북한은 3대혁명붉은기쟁취운동 선구자대회를 열어 경제의 '비약'을 위해 전진할 것을 촉구했다. 북한은 3대혁명이 낡은 사회의 유물을 청산하고 새로운 것을 창설하기 위한 것이라고 밝히면서 북한 주민들을 경제 건설에 총동원해 '우리식사회주의 정신'으로 무장시키려 했다. 당시 당 비서로 있던 김정일이 제창했으며 최종적으로는 사상, 문화의 '혁명'을 통해 사람을 개조하고 기술 '혁명'을 통해 자연을 개조하려는 의도가 내포되어 있었다.

9) 대중동원식 증산·절약 운동: 80년대속도, 200일전투

북한은 지난 시기 어렵고 방대한 과업을 제시할 때마다 인민을 집단적 혁신에로 불러일으켜 사회주의 건설의 앙양을 일으켜왔다. 1970년대에 '70일전투'와 '100일전투'가 조직되어 일대 전성기가 펼쳐졌으며 1980년대에는 '200일전투'가 전개됨으로써 공화국창건 40돌이 빛나게 장식됐다는 것이다. 이에 따라 북한은 사회주의 대건설이 시작된 1974년의 '70일전투'가 당의 역사에 특기할 사변으로 기록되고 있다고 강조하고 있다(통일뉴스, 2009.5.11). 김일성과 당 지도부는 '80년대속도'라는 또 다른 속도전을 발기하고 증산·절약 운동을 전개했다. 80년대속도는 전국적 차원에서 생산과 대중의 단결과 협조를 강화하고 그들의 무궁무진한 창조력을 높이 발양하는 운동이며 생산과 건설에서 나서는 문제를 대중적 투쟁과 집단적 혁신으로 풀어가는 전진운동이었다(리정준, 1983: 55~56). 그러나 명칭만 바뀌었을 뿐이지 3대혁명소조운동, 70일 속도전, 또는 3대혁명붉은기쟁취운동과 같이 대중의 정치도덕적 동기, 즉 사상을 강화 또는 자극해 대중이 더 적극적으로 생산에 참여하도록 하는 대중 동원식 증산, 절약운동이었다(박후건, 2015: 94~95).

당시는 대북 제재, 코로나19의 장기화로 외부 원조를 기대할 수 없는 현재의 상황과 유사하다. 그래서 ≪노동신문≫은 2020년 3월 11일 자 보도에서 김일성 시대의 천리마운동을 또다시 꺼내들었다. 최근 북한은 1950년대 천리마운동 시기와 현재의 경제난을 같은 선상에 두고 주민들을 상대로 자력갱생을 통한 성과를 거듭 주문했다. 지도자의 현지지도는 민중의 사상을 발동시켜 비약의 나래를 펼치는 위력한 정치 방식이다. 위대한 본보기를 창조해 일반화하는 역사적인 노정이다. 무슨 일이나 본보기부터 먼저 만들어놓고 그것을 일반화하는 것이 특유의 영도 방식이다. 현지지도는 영도 방식이 구현되는 과정으로 규정되고 있다(김재호, 2000: 202~203). 먼저 모범단위를 만들고, 그 성과와 경험을 일반화하는 것은 오래된 관행인 것이다.

3대혁명소조운동, 70일전투, 3대혁명붉은기쟁취운동 등 대중동원운동 혹은 노력경쟁운동은 6개년계획(1971~1976)을 기한 전에 완수하고, 제2차 7개년계획(1978~1984)을 수행하는 데 적잖은 기여를 한 것으로 자평하고 있다(김

일성, 2007: 251). 또한 북한 공업은 1970년에서 1979년까지 매년 평균 15.9%
성장했는데, 이는 7개년계획 기간 중 연평균 12.8%보다 3.1% 높은 것이었
다. 이 또한 속도전에 따른 결과로 보고 있다(리길송, 1981: 51). 결국 북한은 이
모든 것을 자력갱생의 연장선상에서 이뤄낸 성과로 평가하고 있다. 김정일은
제2차 7개년계획의 첫 연도인 1978년 1월에 고전적 저작『자력갱생의 혁명
적 구호를 높이 들고 전당, 전민을 불러일으켜 제2차 7개년계획을 앞당겨 수
행하자』를 발표했다(김남진 외, 1995: 279).

10) 우리식 혁명적 경제전략: 농업·경공업 위주 경제로의 전환 공식화

자력갱생 혁명정신에 기초한 사회주의경제 건설의 방향은 1980년대 후반
그리고 1990년대 초반 지구적 차원의 냉전이 붕괴되고, 사회주의권 나라들의
체제 전환이 급속히 이뤄지는 변화된 환경에 대응해 전환이 이뤄진다. 당시
에도 초점은 인민 생활 향상을 위한 경제구조 변화에 맞춰졌다. 그는 1993년
12월에 개최된 당 중앙위원회 제6기 제21차 전원회의가 개최되기 약 한 달
전인 11월 4일 경제 건설의 새로운 방향을 논의하기 위해 정무원책임일군협
의회를 소집했다. 이 회의에서 매우 의미 있는 정책 전환 구상을 밝혔다. 즉
전기를 중공업 부문보다 농업·경공업·무역 부문에 먼저 공급하는 원칙을 세
워야 한다고 교시한 것이다(근로단체출판사, 2017: 210). 이는 사실 획기적인 조
치라 할 수 있다. 이전까지의 중공업 위주 경제에서 농업·경공업 위주 경제
로의 전환을 공식화한 것이기 때문이다. 이는 농업과 경공업 부문에 우선적
으로 전력을 공급해 인민들의 먹는 문제를 해결하고, 경공업 부문에서 생산
을 정상화시켜 인민소비품에 대한 수요를 충족시키기 위해서였다. 소련과 동
유럽 사회주의국가들이 붕괴하면서 사회주의 시장이 없어진 상황에서 경제
를 농업제일주의, 경공업제일주의, 무역제일주의로 방향을 전환한 것이다.

이 같은 기조는 당 중앙위원회 제6기 제21차 전원회의에서 내린 결론 "당면한 사회주의경제건설방향에 대하여"에 반영됐다. 전원회의 이후 향후 2~3년 기간에 농업과 경공업, 무역 발전에 힘을 집중해 인민생활 문제를 결정적으로 해결하고 인민경제의 선행 부문인 석탄, 전력, 철도운수 등을 앞세워 모든 부문에서 생산을 정상화하고 이미 마련된 경제 토대의 위력을 충분히 발양하도록 하는 것이 당시 노동당이 제시한 경제전략의 기본 목표였다(근로단체출판사, 2017: 211). 북한은 이를 '혁명적 경제전략'이라고 불렀다. 사회주의 경제 건설 완충기의 경제전략으로서 나라의 자립적 민족경제 토대를 더욱 강화하고 인민 생활을 획기적으로 높이며 제국주의자들의 온갖 반공화국 책동을 막아내어 북한식 사회주의를 옹호·고수하고 빛내어 갈 수 있게 한 혁명적 전략이라는 것이다. 김일성은 이 혁명적 경제전략을 실현하기 위한 중요한 방도는 모든 일꾼이 자력갱생의 혁명정신을 높이 발휘하는 것이라고 강조했다(근로단체출판사, 2017: 213).

이런 맥락에서 당 중앙위원회 제6기 체21차 전원회의는 주목을 받았다. 김일성은 제3차 7개년 경제계획 주요 지표들의 목표를 달성하지 못했음을 처음으로 인정했다. 북한은 1994~1996년 3년을 완충기로 설정하고 이 기간에 추진할 새로운 경제전략으로 '농업, 경공업, 무역제일주의'를 제시했지만 더 심각한 경제난에 봉착하면서 실패로 마무리됐다. 북한 정권 스스로 경제계획 실패를 인정한 후 완충기를 설정한 것이다(임을출, 2019a: 9). 이 새로운 경제전략은 불리해진 대외적 여건을 성과적으로 극복하면서 자체의 힘으로 살아나갈 수 있는 경제의 주체성과 자립성을 강화하기 위한 것이었다. 또한 국가경제의 모든 부문에서 더 높은 목표를 달성하기 위한 것이기도 했다. 즉 "흰 쌀밥에 고깃국을 먹으며 비단옷을 입고 기와집에서 살게 된다"라는 상징적인 말로 표현되는 복지국가 건설을 가까운 시일 내에 실현하겠다는 김정일의 결심을 과시한 것이기도 했다(김남진 외, 1995: 287).

2. 김정일 시대의 자력갱생

김정일은 1974년 2월 12일에 열린 당 중앙위원회 제5기 제8차 전원회의에서 김일성의 후계자로 결정됐다. 그리고 대내외에 공식적인 후계자로 공표된 것은 1980년 10월 6차 당대회를 통해서였다. 김정일은 앞서 살펴본 바대로 김일성 시대에도 후계자로서 국정 전반을 장악하고 실질적으로 지도해 왔기 때문에, 1980년대 이후 자력갱생 역사 서술과 관련해 명확하게 이전과 이후를 구분하는 것은 무의미할 수도 있다. 그럼에도 불구하고 김정일이 공식적으로 권력을 단계적으로 승계하면서 취한 차별적인 조치를 발견할 수 있다.

1) 자립적 경제 건설 노선, 원칙과 추진 방식: 주체화, 현대화, 과학화

김정일 시대는 사상·정신적으로는 자력갱생의 혁명정신으로, 경제정책 면에서는 자립적 민족경제 건설 노선으로 상징된다. 김정일은 사회주의경제 건설의 청사진에서 총적 방향으로 자립적 민족경제 건설 노선을 더욱 확고히 견지하는 것이며, 그 중심축은 경제의 주체화, 현대화, 과학화를 실현하는 것이라고 밝혔다. 여기서 말하는 자립적 민족경제는 "남에게 예속되지 않고 제 발로 걸어 나가는 경제, 자기 인민을 위해 복무하며 자기 나라의 자원과 자기 인민의 힘에 의거해 발전하는 경제를 건설하는 것"으로 개념화된다(김남진 외, 1995: 278~279). 자립적 민족경제는 "우리나라의 자원과 우리 인민의 힘에 의거해 발전하며 우리 인민을 위해 복무하는 다방면적이고 종합적인 경제"라면서 "우리의 자립적 민족경제의 우월성과 생활력이 남김없이 발양되면 그것이 곧 경제강국"이라고 설명되기도 했다(통일뉴스, 2008.1.26). 결국 김정은 정권은 인민경제를 주체화·현대화·과학화하는 것을 사회주의경제 건설의 전략적 노선으로 내세우고 경제의 주체성을 강화하는 데 커다란 힘을 넣어왔다고 할 수 있다. 여기서 강조되는 현대화는 철저히 최신 과학기술에 기초한다. 인민 경제의 주체성을 강화하면서 최신 과학기술에 기초한 현대화를 적극 실현해 나가는 것이 경제 건설과 인민 생활 향상에서 근본적인 전환을 이룩하고 경 제강국의 지위에 올려놓기 위한 지름길이라는 것이다. 최신 과학기술에 근거 한 현대화, 이에 기초한 자력갱생은 김정일 시대부터 강조되어 온 셈이다.

김정일은 자립적 민족경제 건설과 관련해 준수해야 할 4가지 조건을 명시 했다. 첫째, 경제 건설에서 자력갱생의 원칙을 견지하는 것이다(김남진 외, 1995: 280~281). 경제를 본질적으로 사람 문제로 보는 것이고, 이는 경제를 건설하 고 운용하는 사람들의 이념과 정신적 자세에 그 성패가 귀착된다고 인식하는 것이다. 따라서 자력갱생의 정신과 원칙을 견지하는 것이 자립적 민족경제 건설의 최우선적 문제로 제기되는 것이다. 둘째, 경제를 다방면적으로 종합 적으로 발전시키는 것이다. 이것이 경제의 자립성을 보장하고 국민생활의 다 양한 요구를 충족시키기 위한 필수적 요건이다. 셋째는 경제를 현대적 기술 로 장비하고 민족기술인재를 대대적으로 길러내는 것이다. 현대산업은 기술 산업이고, 기술에서 자립성과 독창성을 확보하지 못하면 경제적 종속을 피하 기 어렵다. 따라서 경제가 경제적 기술을 기반으로 해야 하고, 그것을 움직이 는 기술인재도 역시 자급자족해야 한다는 것이다. 넷째는 자체의 원료, 연료 기지를 공고하게 꾸리는 것이다. 원자재의 자급도는 경제적 자립성의 중요 변수이다. 요약하면 현대기술에 토대를 두고 제 발로 걸어가는 자립경제를 건설해야 민중에게 자주적이며 창조적인 노동생활과 물질생활을 보장해 줄 수 있으며 정치에서 자주, 국방에서 자위를 실현할 수 있다.

김정일 정권은 인민경제의 주체화, 현대화, 과학화 실현을 위한 3가지 원 칙을 제시했는데 이는 여러모로 주목할 만하다. 첫째는 자력갱생의 혁명정신 을 높이 발휘하도록 하는 것이고, 둘째는 기술혁명을 강력하게 추진하는 것,

셋째는 경제 토대를 효율적으로 이용하는 것이었다. 예를 들면 김정일은 1970년 제5차 당대회에서 3대기술 혁명과제를 제기한 이후 황해제철소의 자동화, 검덕광산의 현대화 등에 적잖은 기여를 한 것으로 전해지고 있다. 다만 김정일은 기술혁명을 추진하는 데 다른 사회주의국가들이 효율성과 생산성만을 앞세웠던 것과는 달리 독특한 인간 중심의 기술혁명사상을 구현하고 있다고 주장했다. 이와 관련된 구체적인 사례로서 1975년 7월 1일 검덕광산의 갱막장까지 들어가 노동자들이 애로 사항으로 제기한 운광 문제를 벨트컨베이어를 설치해 해결해 주었다고 강조했다(김남진 외, 1995: 290). 즉 검덕광산을 현대화해 광석보다 이를 채취하는 노동계급의 안전을 우선시하는 기술혁명을 추진했다는 것이다.

그리고 사회주의경제 건설의 청사진 실현과 관련해 주체의 경제관리 체계를 확고히 견지하는 것을 강조했다. 이는 '대안의 사업체계'를 지칭하는 것이었다. 이는 김일성이 제기한 것으로, 당 위원회의 집체적 지도 아래 경제 관리에서 군중 노선을 관철해 경제를 과학적으로, 합리적으로 관리·운영하는 주체의 경제관리 체계로 규정됐다. 이는 공산주의적 기업관리 체계로서 본질은 기업체의 모든 종업원 즉 관리직·사무직을 포함해 생산직 노동자들까지도 경제 관리와 운영에 참여토록 하는 것, 즉 군중 노선의 관철을 중요시하는 것이다. 결국 이는 경제 관리를 사람 문제로 보는 것이다. 첫째, 당 위원회의 집체적 지도, 둘째, 정치 사업 및 사람과의 사업을 선행하며, 셋째, 상부가 하부를 도와주며, 넷째, 생산에 대한 종합적·기술적 지도를 강화하며, 다섯째, 위에서 내려 공급하는 자재 공급 체계를 수립하며, 여섯째, 후방공급사업(후생복지사업)을 강화하는 것 등이 대안의 사업 체계의 중심 내용을 구성하고 있다. 이 논리에는 정치철학, 기업윤리, 문화생활 등 사회의 모든 영역에서 "모든 것의 주인은 사람이며 모든 것을 결정하는 것도 사람"이라는 주체철학이 그대로 반영되어 있다. 이런 맥락에서 경제 관리, 기업 관리도 사람을 중심으로 관리하고 운영하는 것은 당연하고 필연적인 결과라 할 수 있다. 북한 입장에서 기업체들의 경제 관리 운영에서 대안의 사업 체계가 철저히 구현될 때 관료주의가 극복되고 민주주의가 극대화된다.

2) 사회주의 고수를 위한 일심단결: 사회주의붉은기쟁취운동

2001년 신년사에서는 20세기를 마감하고 21세기의 첫 포문을 여는 데 있어 이를 사상적으로 관통하고 있는 김정일의 붉은기사상이 강조됐다. 즉 20세기는 "사회주의붉은기를 높이 추켜들고 혁명의 연대와 연대들을 승리로" 빛나게 총화한 역사적인 해라는 것이다. 반면 21세기는 '새로운 진격의 해, 거창한 전변의 해'로 '21세기 사회주의붉은기진군'을 통해 '자주의 정치, 단결의 정치, 애국애족의 정치를 구현'하는 것을 목표로 내세웠다. 붉은기사상은 1995년 8월 28일 ≪노동신문≫ 정론을 통해서 처음으로 알려졌다. "붉은기를 높이 들자"라는 정론을 통해 "붉은기는 김정일 동지의 신념이며 철학이자 수령을 옹위하는 기치"라고 규정했다. 그리고 '적들이 바라는 것'은 '우리의 사상이 희어지는 것'이지만 '우리는 붉다'고 선언했다. 이후 1996년 신년사 "붉은기를 높이 들고 새해의 진군을 힘차게 다그쳐 나가자"에서 '붉은기'라는 단어가 다시 사용됐고, 1996년 12월 2일 자 ≪노동신문≫의 논설 "우리 붉은기는 애국의 기치이다"에서 그 내용이 좀 더 구체적으로 밝혀졌다.

붉은기사상은 당시 구사회주의국가들의 변신과 그로써 초래된 북한 체제의 고립 속에서 사회주의를 결사적으로 고수하겠다는 의지를 내포한 것으로 체제 방어적 의미가 강했다. 그 내용으로는 주체의 혁명철학과 일심단결의 혁명철학, 신념의 철학 등이 제시됐다. 특히 붉은기사상은 김정일과 대중을 하나로 잇는 가장 강력한 구호이며 윤리인 '일심단결'이 핵심 개념이다. 이는 당시 북한의 각종 매체 보도를 통해 보다 잘 드러났다. 즉 붉은기사상은 "어면 배신도 모르며 사소한 사상적 변질도 없는 일심단결의 상징이며, 혁명적 지조와 절개로 죽어서도 붉은기 폭에 싸여 영도자의 품속에서 영생하려는 신념의 기치"라는 설명이다. 그리고 이 사상을 통해 사회주의국가들의 변신과 그로 인해 초래된 북한의 체제 위기를 수습하면서 사회주의를 결사적으로 고수하겠다는 결의를 다졌다. 북한은 '붉은기수호'가 가능했던 것은 '20세기 사회주의붉은기수호전에서 확증'된 김정일의 선군혁명 노선 때문이라고 설명하고 있다. 21세기에도 이 '생명선'을 붙잡고 군 중심의 통치 방식을 지속해 나갈 것임을 천명했다. 결국 김정일의 붉은기사상은 '총대중시사상'과 결부됐고, 당과 대중에게 '일본새에서 근본적인 혁신'을 촉구하는 형태로 나타나 천리마정신, 대안의 사업 체계에 이은 대홍단정신, 대홍단일본새 등의 새로운 군중운동을 불러일으키는 촉매제가 됐다.

1950~1960년대의 사회주의 건설에서 천리마대진군이 전 민중적 대중운동인 천리마운동과 이를 심화한 천리마작업반운동에 의해 추동됐던 것처럼 강성대국 건설을 위한 제2의 천리마대진군도 대중운동에 의해서만 추동될 수 있다고 보았다(김재호, 2000: 175). 대중운동은 광범한 민중을 조직·동원해 집단적 혁신으로 제기된 혁명과업을 성공적으로 수행하기 위한 힘 있는 방법으로 규정된다(김재호, 2000: 180). 따라서 대중운동에 광범한 민중이 적극 참가하도록 사회적 분위기를 조성하는 정치 사업이 매우 중요하게 된다. 여기에서 김일성 시대에 이어 김정일 시대의 3대혁명붉은기쟁취운동은 천리마작업반운동의 새롭고 높은 형태의 대중운동으로서 온 사회의 주체사상화의 요구에 맞게 사상, 기술, 문화의 3대혁명을 추진하기 위한 전 민중적 대중운동이었다(김재호, 2000: 170). 김정일 시대에서 이 운동은 북한 주민들의 사상정신생활과 경제·문화 건설의 모든 분야에서 새로운 전환을 일으켜 나가는 강력한 추동력이 됐다. 3대혁명소조운동이 주로 간부정책의 일환이었다면, 3대혁명붉은기쟁취운동은 전 인민이 참여하는 대중노력동원운동으로 전개됐다고

볼 수 있다(통일교육원, 2016: 405~406).

3) 고난의 행군과 선군정치: 혁명적 군인정신, 강계정신, 성강의 봉화, 대홍단 정신

국가경제계획 목표 달성에 계속 실패하면서 북한은 대외 경제 정책의 획기적인 변화를 모색한다. 자력갱생의 한계를 또다시 절감하고 1985년 9월 북한 역사상 처음으로 외국 자본 유치를 위한 합영법을 제정했다. 그리고 1991년 12월에는 중국식 경제특구와 유사한 나진선봉자유경제무역지대의 설치를 발표했다. 당시 소련을 비롯한 동유럽 사회주의 몰락과 함께 대내외적 어려움에 처하기 시작하면서 북한이 선택한 개방정책이었다. 하지만 나선지대는 외자 유치 관련 법제도 미비와 경제적 타당성, 개발 계획의 목표와 전략, 열악한 사회간접시설 등의 많은 문제점을 안고 있었다. 그리고 중국의 개방과 달리 개혁을 수반하지 않았다. 거기에 남북한의 대립으로 투자 환경이 좋지 않았기 때문에 외국 투자가들이 기피하면서 사실상 외자 유치 정책은 실패했다(권영경, 2011: 164). 그러다가 1994년 김일성이 사망한 이후 이른바 '고난의 행군'이라는 최악의 경제난을 겪게 된다. 1980년대 후반과 1990년 초반 사회주의권 몰락과 붕괴로 경제침체는 더욱 가속화되면서 아사자가 속출하는 등 경제위기가 체제위기로 전이되는 상황을 맞이했다. 북한은 1990년대 중반 연이은 대홍수로 경제적 어려움에 봉착하자 '고난의 행군'을 전개했다. 고난의 행군이란 안변청년발전소(금강산발전소)에 투입됐던 군인 건설자들의 혁명적 군인정신을 따라 배우자는 일종의 노력경쟁운동이다. 이에 따라 북한은 '고난의 행군'을 1997년도 경제 구호로 설정했으며, 1998년을 '사회주의 강행군의 해'로 선언했다(연합뉴스, 2001.3.21).

냉전 질서 붕괴 이후 세계에서 유일한 초강대국으로 부상한 미국은 북한 체제에 대한 압박을 강화했다. 러시아(구소련), 중국을 포함한 사회주의권 내 어떤 나라도 지원할 여력이 없었기 때문에 북한의 고립은 그 어느 때보다 심화됐다. 이런 상황에서 북한은 정책과 노선의 변화가 불가피하고 개혁·개방의 물결에 편승할 수밖에 없을 것이라는 서방 세계의 진단과 전망이 쏟아져 나왔다. 그러나 당시 김정일 당 비서는 "나에게서 그 어떤 변화를 바라지 말라", "사회주의는 지키면 승리이고 버리면 죽음"이라는 발언을 한 것으로 알려지고 있다. 북한 선전매체에서는 이런 발언은 어떤 엄혹한 정세가 조성되더라도 자본주의 복귀의 길인 개혁, 개방의 길은 선택하지 않을 것이라는 신념과 의지의 표출이라고 설명했다(김철우, 2000: 15~16). 그러면서 김정은 정권은 체제 유지에 안간힘을 쏟게 된다. 허리띠를 졸라매고 경제 건설에 어느 정도 지장을 주는 한이 있더라도 국방력 강화에 힘을 넣어야 하는 선군사상이 등장한다. 이는 군대의 무장 준비를 최상의 수준으로 끌어올릴 수 있게 하는 귀중한 사상이고 의지로서 강조됐다(김철우, 2000: 98).

김정일 시대의 자력갱생은 선군정치를 빼놓고 설명하기 어렵다. 김정일의 새로운 정치방식인 '선군정치'는 1997년부터 수면 위로 떠올랐다. 이후 김정일은 군대가 국가보위 및 경제 건설에 앞장서야 한다는 '총대철학'과 '총대중시'를 자주 피력해 왔다. 또 북한은 김정일에 대해 '수령결사옹위정신', '총폭탄정신', '자폭정신'으로 충성을 다할 것을 강조했다. 인민군들은 아무리 어려운 상황이라도 주어진 목표를 달성하는 '혁명적 군인정신'을 발휘해 2000년에도 안변청년발전소, 청년영웅도로 등 대규모 공사를 끝냈다(연합뉴스, 2000. 12.30). 북한 정권 역사에서 가장 엄혹한 시기였던 고난의 행군 시기(1995~1998)에 나왔던 슬로건은 또다시 "자력갱생만이 살 길이다"라는 것이었다(김재호, 2000: 84). 그래서 당시 김정은 정권은 자신들이 건설하는 강성대국은 자력갱생의 강성대국이라고 주장했다. 1998년 9월 17일 자 ≪노동신문≫과 ≪근로자≫는 "자립적 민족경제건설노선을 끝까지 견지하자"라는 공동 논설을 발표했는데, 이 논설에서 경제를 활성화하는 올바른 길은 자립과 자력갱생 외에는 대안이 없다고 선언했다. 특히 외자 도입은 망국의 길이고 자립만이 살 길이라는 슬로건까지 내세웠다. 그러면서 복합위기를 돌파하는 역할을 인민군대에 맡겼다. 실제로 농업, 에너지, 철도 수송, 국토관리사업, 대형 건설 등 거의 모든 사업을 군대가 앞장서서 가시적인 성과를 도출했다. 특히 고난의 행군 시기 경제 문제에서 비상이 걸린 부분은 전력이었다. 그래서 발전소 건설은 거의 군대에 의해 이뤄졌다(김재호, 2000: 230).

또한 1998년 8월 31일 인공위성 '광명성 1호'를 실은 로켓 백두산1호를 발사했는데, 이는 자력갱생에 의한 강국 건설과 관련한 최대의 성과로 과시됐다. 당시 북한은 위성발사가 곧 대륙간탄도미사일(ICBM)도 보유하고 발사할 능력을 갖추고 있음을 보여주는 것이라고 자랑스러워했다. 위성발사로 경제력의 막강한 잠재력을 과시한 조건에서 마음만 먹으면 세계적인 경제강국의 지위에 올라서는 것은 시간문제라는 것이다(김재호, 2000: 236, 238). 그 어려움 속에서 북한 주민들이 경제를 발전시키고 미국의 위협에 대응해 국방력을 갖게 된 힘은 바로 주체사상이 낳은 자력갱생의 힘이고, 주체사상에 기초한 세계 최초의 사회주의 건설 이론인 3대혁명 노선이라고 주장했다(김재호, 2000: 247). 북한은 광명성 1호를 발사한 뒤 '강성대국' 구호를 전면에 내걸기 시작했다. 그로부터 10년이 지난 2007년 12월 전국 지식인대회를 계기로 김일성의 탄생 100주년인 2012년까지 강성대국의 대문을 열자고 결의한 바 있다. 이에 따라 2008년 신년공동사설부터 2012년 강성대국 진입을 국가의 공식 목표로 천명하고 2008년 12월 김정일 국방위원장이 천리마제강련합기업소를 방문해 '새로운 혁명적 대고조'를 주창하면서 2012년 경제강국 건설을 위한 총력전이 시작됐다. 국가 창건 60주년을 앞두고 2008년 9월 8일 자 ≪노동신문≫의 정론에서 "우리는 자력갱생으로 얼마든지 잘 살 수 있다"라며 "우리 공화국의 영토는 넓지 않아도 거기에는 억대의 자원, 첨단을 향해 나래편 과학기술, 반세기이상 쌓은 물질경제적 밑천이 들어 있다. 용감하고 근면하고 총명한 인민이 있다. 더 높이, 더 빨리 달려 세계의 상상봉에 올라서려는 우리 인민의 하늘에 닿은 자존심과 기세가 있다"라고 주장한 바 있다. 2008년 12월 김정일의 천리마제강련합기업소 현지지도 이후에는 또다시 2008년 12월 30일 자 ≪노동신문≫ 정론에서 "뚝심으로 강철메를 휘두르던 시대는 멀리 지나갔다"라며 "백절불굴의 정신력 더하기 과학기술, 이것이 오늘의 시대에 마치의 위력으로 되여야 한다"라고 강조했다. 결국 당시에도 자력갱생으로 2012년까지 경제강국을 건설하기 위해 북한 주민들의 '정신력'과 '과학기술력'이 중시됐다(통일뉴스, 2009.4.5).

1997년에 선군정치를 처음으로 공식화하고, 북한은 1998년 9월에 열린 최고인민회의 제10기 제1차 회의에서 헌법을 개정해 국가기구체계에서 국방위원회와 국방위원회 위원장의 지위와 권능을 격상시키는 결정을 하게 된다. 군사를 우선시하고 군사 분야의 지위와 역할을 최대한 높이도록 권능을 부여한 것이다. 이에 따라 선군정치가 본격화되는데, 북한은 선군정치가 엄혹한 정세 극복을 위한 특수한 환경의 산물이 아니라 선대 수령이 마련한 선군혁명영도의 정통성 계승이라고 주장하고 있다. 또한 이는 군대가 혁명의 기둥으로서 주체혁명 위업의 전 기간에 걸쳐 결정적 역할을 하게 된다는 김정일의 독창적 사상이라고 강조했다(김철우, 2000: 45). 북한 측 주장에 따르면 선군정치란 본질에서 군사선행의 원칙에서 혁명과 건설에서 제기되는 모든 문제를 풀어나가며 군대를 혁명의 기둥으로 내세워 사회주의 위업 전반을 밀고 나가는 정치이다. 여기서 군사선행은 선군정치의 핵심 사항으로서 군사를 국사 중 제일 국사로 내세우고 국방력 강화에 우선적으로 주력한다는 의미이다(김철우, 2000: 27). 군대의 역할을 전쟁과 평화 문제를 초월해 사회경제발전의 전반적 영역으로 확장시킨 것은 선군정치에 의해 처음으로 개척된 북한 특유의 정치 방식이다. 심지어 선군정치는 '군대가 곧 노동당'이라는 정치철학에 기초하고 있기도 하다. 당은 혁명의 참모부이고 군대는 당의 전략적 목표, 과제 실현을 무장으로 받드는 기둥이라는 것이다. 결론적으로 선군정치는 나라의 정치사상적 위력을 비상히 강화할 뿐 아니라 강력한 군사력에 의거해 나라의 정치제도를 더욱 공고히 하고 그 어떤 외부의 압력에도 끄떡없이 줏대 있는 정치를 실시해 나갈 수 있게 한다고 강조했다(김철우, 2000: 119).

여기서 자력갱생과 관련해 주목할 대목은 김정일이 주체식·우리식을 국정의 기본 방향으로 정하고 선군정치도 이 방향에 기초하고 있다는 점이다. 이에 따라 '우리식'으로 혁명과 건설을 자력갱생의 원칙에서 추진해야 한다고 강조했다. 강성대국은 북한이 제시한 국가전략 목표의 하나로 1998년 8월 22일 자 ≪노동신문≫ 정론을 통해 처음으로 등장한 이후, 이러한 목표에 따라 자력갱생을 기본으로 하는 강계정신, 경제 건설의 모범으로 제시된 '자강도 사람들의 일본새' 등의 말들이 북한 언론에 자주 쓰였다. 북한은 '고난의 행군'을 전개하면서 강행군 정신으로 1950년대 '천리마정신'과 같은 '강계의 혁명정신'을 제시했다. ≪노동신문≫은 1998년 2월 김정일의 56회 생일을 맞아 내보낸 "위대한 당의 영도따라 최후승리의 강행군을 다그치자"라는 사설에서 "사회주의 강행군을 다그치려면 강계의 혁명정신으로 싸워야 한다"라면서 "자강도 노동계급과 인민들이 창조한 이 정신은 오늘의 강행군정신"이라고 말했다. '강계정신'은 김일성 사후 김정일과 연관 지어 제시된 최초의 경제 선동 모토였다(연합뉴스, 2001.3.21).

평양방송은 2001년 3월 19일 '강계정신'이 제시된 배경과 사연을 자세하게 밝혀 관심을 끌었다. 김정일은 '사회주의 강행군'을 시작한 해인 1998년 1월 중순 약 1주일간에 걸쳐 자강도의 경제 부문을 현지지도 하면서 "자강도에서는 오늘의 강행군의 앞장에서 새로운 혁명적 대고조의 봉화를 높이들고 나가야 한다"라고 강조했고, 이어 3월에는 함경북도 김책시의 성진제강련합기업소(성강)를 시찰하며 '새로운 천리마 대진군'의 선봉에 설 것을 지시한 것에 호응해 이곳 종업원들이 그의 지시를 철저히 수행할 것을 다짐하면서 나타났다. 북한은 이를 김일성이 1956년 12월 남포시의 강선제강소를 시찰하고 천리마운동을 제창한 것에 비유했다. 강철 증산을 촉구하면서 "천리마 대고조의 앞장에 성강(성진제강)의 노동계급이 서야 한다"라고 말해 1999년 하반기부터 북한 전역에서 전개된 '제2의 천리마대진군운동'의 불을 지폈다. 그는 1998년 한 해 동안 무려 다섯 차례나 자강도를 현지지도 했는데, 이는 "강성대국 건설이라는 새로운 환경에 알맞은 투쟁정신과 일본새(일하는 자세)를 창조하고 일반화하기 위한 것"이라고 방송은 전했다. 김정일이 '혁명적 대고조를 일으키고 추동하는 투쟁정신'인 강계정신을 창조하기 위해 의도적으로 자강도를 방문했다는 얘기이다. 자강도는 불리한 자연 지리적 조건을 가지고 있고, 식량 부족을 비롯해 많은 고생을 겪게 된 지역이지만 이런 지역에서 창조되는 투쟁정신은 대중에게 주는 감동이 크기 때문에 파급효과를 극대화할수 있다는 판단을 했던 것이다. 김정일이 강성대국 건설의 돌파구는 전력 문제와 식량 문제의 해결에 있다는 점을 지적하고 자강도에서 '모범'을 창조하도록 했다면서 자강도에서의 대대적인 중소형발전소 건설, 자강도 장강군읍 협동농장에서의 두벌농사(이모작), 세벌농사(삼모작) 경험이 전국적으로 일반화된 사례를 내세운 바 있다(연합뉴스, 2001.3.21).

또 김정일이 1998년 3월 함경북도 성진제강련합기업소를 현지지도 해 경제 건설의 선봉이 될 것을 주문해 '성강의 봉화'라는 말이 유행했다. 이어 2000년 1월 김정일이 평안북도 공업 부문을 현지지도 하고 낙원기계공장이 새롭게 경제 건설의 주역이 될 것을 지시해 '낙원의 봉화'라는 말이 생겨났다. '낙원의 봉화'도 2000년 초 김정일이 낙원기계공장(평북 낙원군)을 비롯한 평안북도의 산업시설을 돌아본 뒤 나왔으며 북한은 "성강의 봉화에 이어 제2천리마 대진군에 박차를 가해 강성대국 건설의 목표를 점령하기 위한 총돌격전의 봉화"라면서 강성대국 건설에 총궐기할 것을 촉구했다. '성강의 봉화', '낙원의 봉화'도 '강계정신'을 기본정신으로 한 일종의 노력경쟁운동이었던 것이다.

어려운 상황 속의 주민들을 독려하기 위한 북한의 '고난의 행군', '사회주의 강행군'에 이어 1999년에는 상황이 어느 정도 호전되어 가고 있음을 의미하는 '구보행군'과 1950년대 후반부터 전후복구건설과 경제 개발을 위해 전개했던 천리마운동과 같은 '제2의 천리마대진군'이 제시됐다. 구보행군에 이어 2000년에는 달리는 말처럼 강성대국 건설을 향해 달려가자는 '준마속도'가 등장했다(연합뉴스, 2000.12.30). 1998년 김정일은 성진제강련합기업소 방문 시 "다시 한번 천리마 대고조의 선봉에 설 것"을 촉구한 이래 1999년 신년 공동사설에서는 김정일의 영도 따라 제2의 천리마대진군을 다그쳐 나가야 한다고 강조하는 등 1950~1960년대의 '천리마 운동정신'을 재점화할 것을 촉구했다. 이런 가운데 1999년 11월 3~4일 동안 평양에서는 당·정 고위 간부와 각 분야 모범 일군 6000여 명이 참가한 가운데 '제2의 천리마대진군운동 선구자대회'를 개최하고 앞으로 '3대혁명붉은기쟁취운동' 등 대중 노력 동원을 대대적으로 전개해 나갈 것을 독려했다.

선군정치는 군민일치 문제를 중요하게 제기했다. 군민일치는 선군정치의 추동력으로 규정됐다(김철우, 2000: 204). 군대와 민중은 사회주의사회를 받드는 주춧돌이며, 사회주의를 지키는 2대 역량으로 강조했다. 군민이 한 몸이 되어 당과 수령의 영도를 받들어 나갈 때 가장 포괄적이면서 공고한 사회정치적 기반이 형성된다고 보는 것이다. 인민군대는 "자력갱생만이 살 길이다"라는 구호를 추켜들고 주요 식품가공공장들과 목장들, 양어장, 발전소들을 현대적으로 건설하고 그것이 성과를 내도록 했으며, 온 사회에 영향력을 발휘하게 했다. 김정일은 사회주의와 민중의 사활적 운명이 걸린 1990년대의 복잡하고 어려운 상황 속에서 인민군 장병들이 발휘한 사상정신력, 혁명적 투쟁 기풍을 혁명적 군인정신으로 명명하고 이를 군민일치의 정신적·실천적 기초가 되게 했다(김철우, 2000: 205). 군민일치는 단순히 군대가 민중을 도와

주고 민중이 군대를 옹호하는 상호 보완적인 단합을 초월해 혁명의 기둥, 주력군으로서 군대가 발휘하는 높은 정신세계를 민중이 본받고 인민군대에서 창조된 투쟁 기풍을 민중이 따라 배워 군대와 민중이 사상과 투쟁정신, 투쟁 방법과 투쟁 기풍에서 완벽한 일치를 보장하는 고차원적인 단결을 의미하는 것이다. 혁명적 군인정신에 기초한 군대와 인민의 사상과 투쟁 기풍의 일치, 이것이 군민일치사상의 본질이고 여기서 혁명적 군인정신은 사실상 자력갱생에 기초한 정신을 지칭한다.

가장 어려운 고난의 행군 시기 자력갱생의 핵심 대상은 농업(먹는 문제)과 에너지(전력) 분야였다(김철우, 2000: 211). 항일무장투쟁 시기의 고난의 행군에서 가장 난제가 식량부족이었던 것처럼 1990년대 고난의 행군시기에도 식량 문제 해결이 초미의 관심사였다. 북한은 군민 일치의 대표적인 성과로 1996년 10월에 완공된 안변청년발전소를 거론했다. 이 발전소는 강원도 일대의 전력 문제 해결에 기여하기 위한 것으로, 대규모 대자연개조공사였다. 김정일 정권은 이 두 가지 문제의 해결을 군인들에게 맡긴 것이다. 김정일 시대 선군정치 아래에서 북한 군대는 농업전선에서뿐만 아니라 전반적 경제를 활성화하는 과정에서 혁명의 주력군 역할을 해야 했다. 김정일 시대 자력갱생 검토와 관련해 가장 주목할 대목은 기계공업 중심의 자력갱생을 추진한 점이다. 이것이 훗날 핵과 미사일을 중심으로 한 전략 무기를 비롯한 신형 전술무기 체계를 구축하는 데 결정적인 기여를 한다.

4) 농업 부문의 자력갱생 정신: 대홍단정신

1990년대 후반에서 2000년대 초 김정일 정권이 자력갱생 정신으로서 가장 강조한 것이 공업 부문에서는 '강계정신', 농업 부문에서는 '대홍단정신'이었다. 김정은 정권은 감자 증산을 식량 문제 돌파구 중 하나로 인식했다. 그래서 김정일 정권은 2000년대에는 당의 원대한 구상을 받들어 감자 농사에서 결정적인 전환을 일으켜야 한다고 강조했다. 감자 농사에서 혁명을 일으켜 식량 문제 해결에서 전환의 돌파구를 열어야 한다는 주장이었다. 또한 공업 분야에서는 끊임없이 전진하는 현 시대의 요구에 맞게 경제를 추켜세우고 발전시키자면 대담하게 공업을 최신 설비와 기술로 장비시켜야 한다고 강조했다. 기존 관념에 사로잡혀 지난 시기의 낡고 뒤떨어진 것을 붙들고 앉아 있을 것이 아니라 대담하게 없애버릴 것은 없애버리고 기술 개건을 해야 한다는 것이었다(통일뉴스, 2001.1.12). 현 시대는 과학과 기술의 시대이며 과학과 기술은 매우 빠른 속도로 발전하고 있어 지난날 이룩한 성과에 자만하거나 제자리걸음을 해서는 직면한 난관을 헤쳐 나갈 수 없고 경제를 살릴 수 없다는 인식이 특히 2000년대에 접어들면서 강화됐고, 모든 문제를 새로운 관점과 새로운 높이에서 보고 풀어나가는 것이 요구됐다.

'강계정신'은 1998년 초 제시된 것으로 김정일이 1998년 1월 자강도를 시찰한 직후 나왔다. '강계'는 지명으로, 국가의 지원 없이 모든 것을 자급해 공업 부문의 모범으로 꼽히고 있는 자강도의 중심도시인 강계시에서 따온 말이다. '대홍단정신'도 역시 김정일이 3년간 양강도를 방문, 감자를 비롯한 농업 증산과 관련한 지시를 내린 이후 나왔다. 1960년대에는 청산리정신이 지배했다면, 2000년대에는 대홍단정신이 가장 강조됐다. '대홍단정신'은 한마디로 말해 북한이 강조하는 '자력갱생, 간고분투 정신'을 시대에 맞게 포장한 것이다. 다시 말해 '돌 위에도 꽃을 피우듯' 상황이 어렵더라도 이를 극복, 식량의 자급자족을 이루겠다는 의지가 담겨 있었다(연합뉴스, 2001.1.15). 양강도의 대홍단군은 북한에서 주식(主食)화되고 있는 감자의 중심 생산지이다. 이모작을 강조하고 있는 북한은 감자 생산의 확충을 위해 전작으로 감자를 심도록 적극 권장했다.

'대홍단정신'은 감자 생산에서 크게 혁신을 일으키고 있는 양강도 대홍단군

농업 근로자들의 노력과 끈기를 지칭하는 것으로, 단순히 농업 증산만을 뜻하는 것이 아니라 자재와 기계, 전력 등 농업에 필요한 모든 것을 자체적으로 해결하는 '자력갱생, 간고분투 정신'을 기본으로 하고 있다. 당시 북한은 대흥단군에 제대군인들을 배치해, 이들이 이곳의 농업생산에 기여하도록 조치했다. 북한은 이를 '자력갱생, 간고분투 정신'과 같은 의미로 통하는 '혁명적 군인정신'의 발휘로 보고 있다. '혁명적 군인정신'은 군인들이 악전고투 속에서 완공한 안변청년발전소(금강산발전소)의 투혼을 지칭하는 말로, 북한은 전체 주민이 이 정신으로 무장할 것을 요구했다. 농업 부문의 '대흥단정신'은 '강계정신'이 공업 부문에서 강조되고 있다는 외형만이 다를 뿐 내용은 사실상 유사하다. '대흥단정신'이나 '강계정신'은 '자력갱생, 간고분투 정신'과 함께 김정일에게 충성하는 '수령절대숭배정신', 김정일의 사상과 구상을 실현하는 '결사관철의 정신'을 기본으로 하고 있다. 이와 함께 강조된 노력경쟁운동이 앞서 언급한 '성강의 봉화', '낙원의 봉화'였다(연합뉴스, 2001.1.15).

5) 각자도생식 자력갱생의 상징: 시장화

김정일 시대 고난의 행군 시기 자력갱생은 각자도생 방식의 자력갱생이었다. 이 시기에 시장화가 빠르게 진전되기 시작했는데, 이는 각자도생 방식의 시장화를 상징적으로 보여준다. 즉 시장화 자체가 자력갱생의 산물인 셈이다. 사회주의권의 붕괴 이후 계획경제 기능은 거의 작동하지 못하고 시장화 현상이 확산되면서 북한의 계획경제 시스템은 1990년대 이후 더 이상 과거의 엄격한 중앙집중적·계획적 관리 시스템을 유지하기 어렵게 됐다(통일교육원, 2021: 182). 재정이 고갈되면서 '계획의 일원화·세부화 원리'에 따른 중앙집중적인 계획화 체계 자체가 불가능해졌기 때문이다. 북한 당국은 1990년대 중반 무렵부터 전략적으로 의의가 있고 국가적으로 해결해야 하는 중요 경제지표들(국방공업, 기간산업, 선행 경제 부문들의 경제지표)만 중앙의 국가계획위원회에서 계획적으로 관리했다. 그 외의 경제지표들은 해당 기관이나 공장·기업소에서 자체 계획을 세워 해결하도록 하고, 계획지표도 물량지표에서 금액(액상)지표로 변화시켜 운용해 왔다(통일교육원, 2021: 156).

북한 경제에서 시장화 현상은 1980년대 중후반 계획경제가 정상적으로 작동하지 못하는 상황에서 본격화됐다. 1990년대 들어서도 공급 부족 현상으로 자재 공급과 배급 제도가 원활히 작동하지 못하자, 북한 주민들이 스스로의 생존 문제를 해결하기 위한 공간, 자력갱생 할 수 있는 자구적 생계 활동의 일환으로서 장마당 활동이 활성화됐다. 장마당은 북한의 경제난이 심화함에 따라 기존의 계획경제하에 운영하던 공식 시장이었던 농민시장이 확대되면서 불법적 시장으로 그 성격이 변화된 1990년대 북한 시장을 통칭하는 용어이다(통일교육원, 2013: 501). 고난의 행군 이후에 자생적인 시장이 형성됐고, 과거에 농수산물 판매만을 허락하던 북한 당국은 2003년 5월, 시장관리운영에 관한 내각결정 27호에 따라 종합시장운영을 합법화해 공산품의 판매도 승인했다.• 이처럼 형성된 시장은 2002년 7월 조치나 2003년 3월 종합시장 상설화를 담은 내각조치 제24호를 통해 공식적인 국가경제의 일부로 편입됐다. 공장과 기업소의 자율성을 높이는 독립채산제를 실시하고 농촌에서 개인경작지를 늘리고, 임금과 물가를 인상해 현실화했다. 한마디로 사회주의 계획경제의 근간을 유지하면서도 시장경쟁 체제를 부분적으로 도입한 것이다.

시장 활동의 주체는 기존의 농민과 협동농장원뿐만 아니라 공업 부문 종사

• 발송 연월일: 주체 92(2003)년 5월 8일, 회수기일: 주체 94(2005)년 12월 31일로 되어 있는 6쪽 분량의 이 문건은 다음과 같이 시작한다. "조선민주주의 인민공화국 내각은 다음과 같이 결정한다. 1. 시장관리규정(잠정)을 채택한다. 2. 상업성, 도·시·군 인민위원회와 해당 기관들은 이 규정을 집행하기 위한 대책을 세울 것이다. 3. 주체88(1999)년 3월 13일 내각결정 23호 농민시장운영 규정을 승인함에 대해서는 효력을 없앤다."

자와 사무직 노동자, 나아가 당 간부, 군 간부 등 거의 모든 주민들로 확장됐고, 국영기업들도 시장과의 연계를 통해 자력갱생식 생존을 모색해야 했다. 왜냐하면 대다수 북한 주민들이 국가가 지불하는 적은 급여를 통해 생계를 유지하는 것은 불가능했고, 시장을 매개로 한 개인경제 활동을 해야 정상적인 생활을 할 수 있었기 때문이다. 특히 특권 기관들은 시장 활동 참여를 통해 조직 차원의 부를 축적해 나갔고, 이는 결과적으로 자력갱생 역량을 강화하는 데 큰 도움이 됐다. 당·군 등 주요 특권 기관들도 특권을 활용해 외화벌이 및 시장 활동에 직간접적으로 참여함으로써 각자도생식의 자력갱생이 가능했다. 북한은 1990년대 중반 고난의 행군 시기를 거치며 자재 공급 체계가 전반적으로 마비되면서 각 경제단위에 물량지표가 아닌 액상(금액)지표를 부여하고 독립채산제를 확대해 나갔다. 특히 특권 기관들에는 주요 외화벌이 원천들을 장악해 무역 활동을 할 수 있는 권한을 부여했다. 이에 따라 공장·기업소들이 본래 생산·경영 활동과 상관없는 무역 활동 및 상업 활동 등을 통해 금액지표 납부를 수행하는 것이 가능해졌다. 특권 기관들은 대규모 무역 기관으로서 북한 내 유통망을 장악해 나갔다(통일교육원, 2021: 156).

시장 공간의 확산 현상과 함께 개인영업 행위가 증가하면서 사적 자본가들, 즉 '돈주(錢主)'들의 활동 공간도 확대됐다. 생산과 유통에서 민간 참여가 확대되는 환경은 자연스럽게 사적 자본을 축적한 돈주들의 역할을 강화시켰다. 예를 들면 다양한 사업에 투자를 하면서 수익성이 있는 일에 참여하는 경우가 늘어났다(곽인옥, 2013: 57). 2003년 이후 전국적으로 식당, 당구장, 노래방 등이 생겨났는데, 주로 화교와 같은 돈이 있는 개인들이 당국의 허가를 받아 자기 책임 아래 각종 개인영업체를 차리고, 그에 대한 대가로 영업활동을 통해 나온 이윤과 상관없이 일정액을 당국에 바치는 개인 영업이 확산된 것이다(임을출, 2016). 그야말로 각자도생식 자력갱생이 자본주의 시장을 토대로 한 단계 진화하기 시작한 셈이다.

1990년대 고난의 행군 시기 대량 아사 사태 이후 '국가 공급'이 중단되면서 북한의 국가 상업망이 기능을 상실하고 주민들은 국가 상업망이 아닌 개인 유통망을 통해 식량과 생활필수품을 조달하게 됐다. 중소형 공장기업소에서 8·3제품으로 생산한 제품, 무역거래를 통한 수입품 등이 종합시장에 유입되면서 유통시장도 점차 확대되어 갔다. 지방 공장들은 생활필수품들을 생산하고, 기업소들 간 물물거래에 적극 참여했다. 이런 과정에서 유통 단계가 늘어나고 유통과정에 참여해 이익을 챙기는 중간도매상들의 숫자와 규모도 급팽창했다. 지방 산업 공장들은 생산에 필요한 자재와 공장 운영에 필요한 자금을 자체적으로 마련하기 위해 생산 제품을 직접 시장에 내다 팔았다. 북한의 시장 활성화에 따라 개인이 부업으로 만든 '8·3소비품'은 적잖은 역할을 했다. 전국적으로 특급기업소부터 6급기업소까지 8·3가내반이 없는 단위는 거의 없었다. 북한에서 국영공장 기업소의 시장의존도가 갈수록 높아진 것이다. 그야말로 시장 혹은 시장화는 각자도생식 자력갱생을 가능하게 한 유리한 조건과 환경이었다.

03 김정은 시대 자력갱생 기조

자력갱생에 대한 인식과 기조는 오늘날 김정은 시대에 이르기까지 모든 분야를 관통하는 기본정신으로 고수하고 있고, 오히려 더 공고화하고 있다. 특히 현재의 북한이 직면하고 있는 상황이 항일무장투쟁 시기 및 전후 복구시기와 크게 달라진 점이 없다고 인식하고 있는 점을 주목할 필요가 있다. 김일성 시대의 소련은 오늘날 중국으로 대체됐고, 미국과의 적대적 관계는 한국전쟁 이후 오늘날까지 이어지고 있다.

1. 새 세기 산업혁명과 지식경제 기반 구축

김정은은 2012년 집권하자마자 '최첨단돌파사상'과 '새 세기 산업혁명'을 중요한 국정이념으로 제시했다. 그는 2012년 4월 15일 김일성 탄생 100돌을 경축하는 열병식에서 한 첫 공개연설에서 "일심단결과 불패의 군력(군사력)에 새 세기 산업혁명을 더하면 그것은 곧 사회주의 강성국가"라고 강조했다. 이어 "우리는 새 세기 산업혁명의 불길, 함남의 불길을 더욱 세차게 지펴올려 경제강국을 전면적으로 건설하는 길에 들어서야 할 것"이라면서 당면과제를 제시했다. "군사기술적 우세는 더는 제국주의자들의 독점물이 아니다"라고도 밝혔다(조선중앙통신, 2012.4.15). 이는 김정은이 집권 초기부터 과학기술을 국가 생존 전략으로 중시했음을 시사한다.

2014년 3월에는 ≪노동신문≫ 사설과 정론을 통해 "오늘의 자력갱생은 과학기술의 기관차를 앞세우고 세계를 압도해 나가는 최첨단돌파의 정신"이라며, 전 사회적인 과학기술 중시기풍을 세우고 모든 일군들과 근로자들이 현대 과학기술을 열심히 배워야 한다고 말했다(연합뉴스, 2014.5.7). 이처럼 과학기술은 김정은 정권의 비전인 경제강국 건설을 위한 핵심 수단이다. 경제강국은 주체성·자립성이 확고하게 보장되고, 현대화·정보화가 높은 수준에서 실현된 튼튼한 물질경제적 토대를 가진 강국이며, 현대 과학기술을 원동력으로, 첨단산업을 기둥으로 삼고 있는 나라라고 스스로 규정하고 있다(오성금, 2014: 17).

개념적 논란이 여전히 존재하지만 4차 산업혁명은 정보통신 기술이 제조업 등 다양한 산업들과 결합하며 지금까지 볼 수 없었던 새로운 형태의 제품과 서비스, 비즈니스를 만들어내는 변화로 규정된다. 즉, 인공지능(AI), 빅데이터, 사물인터넷(IoT), 가상현실(VR) 또는 증강현실(AR), 3D 프린팅, 로봇, 자율주행차, 드론 등과 같은 다양한 부문의 신기술들이 융합하는 현상 및 여기서 비롯되는 시스템의 변화들이 4차 산업혁명을 상징한다(김상배, 2018: 25~26). 좀 더 간명하게 정리하면 4차 산업혁명은 인공지능(AI)과 정보처리 기술이 결합해 경제·사회 구조의 근본적인 변혁을 가져오는 기술혁명을 뜻한다. 현재 많은 나라가 미래의 새로운 성장 동력으로 평가받는 4차 산업혁명 관련 기술 개발에 국가 생존의 사활을 걸고 매진하고 있다. 그런데 주목할 대목은 김정은 정권 역시 경제강국 비전 실현을 위해 4차 산업혁명 관련 과학기술을 중시하고, 이와 관련한 다양한 성과물을 내놓고 있다는 점이다.

북한은 대내외적으로 4차 산업혁명이라는 용어를 공식적으로 사용하는 것으로 보이지는 않는다. 그 대신에 4차 산업혁명과 유사한 개념으로 간주되는 '새 세기 산업혁명', 'CNC(Computerized Numerical Control, 컴퓨터 수치 제어)화' 정책 등을 추진하면서 디지털 기술융합의 세계적인 변화에 나름대로 대응하고 있는 것은 분명해 보인다. 김정은 정권도 다양한 신기술 개발에 집중하고 있는데, 이 혁신기술들은 CNC 기술에 토대를 두고 있는 점이 다른 나라와 가장 구별되는 차이점이다(이세훈, 2019). 이른바 '북한식' 4차 산업혁명은 컴퓨팅 기술을 기계에 결합한 지능화 공작기계를 통해 제조 정밀도를 높이는 CNC화 정책을 통해 전개되고 있는 것이다. 또한 북한은 기술적인 측면에서 4차 산업혁명의 연장선에 있는 ICT 기술을 기반으로 한 신산업 창출에 주력해 왔다. 김정은은 2013년 신년사에서 CNC 공작기계산업과 정보통신기술 개발 등을 강조했다.

결국 4차 산업혁명이라는 용어가 과학기술과 정보통신 발전이 초래하는 사회·경제 전반의 변화와 앞으로 상상할 수 있는 변화를 포괄하는 대중적인 표현(정준화, 2018: 1)이라면 김정은 정권 등장 이후 북한에서 일어나고 있는 변화도 북한식 4차 산업혁명이라 지칭할 수 있을 것 같다. 새 세기 산업혁명, 지식경제시대 등 북한에서 사용하는 용어는 다르지만 실제 추구하고 있는 내용을 보면 4차 산업혁명의 내용과 일맥상통하고 있는 것이다(이춘근, 2018: 6). 북한은 새 세기 산업혁명을 모든 부문, 모든 단위에서 혁명적 대고조진군을 통해 시대와 우리 혁명의 요구에 맞게 경제와 과학기술 문제를 풀어나가는 북한식 투쟁 방식, 창조 방식으로 규정하고 있는데(임철웅, 2014: 7), 특히 여기서 강조하는 '우리식' 혹은 '북한식'은 4차 산업혁명도 경제의 주체성을 강조하는 자립경제 기반 아래에서 추진하겠다는 의미로 해석된다.

김정은 정권은 세계적 범위에서 벌어지는 치열한 국력경쟁은 곧 과학기술

〈표 3-1〉 **4차 산업혁명과 새 세기 산업혁명의 내용 비교**

	4차 산업혁명	새 세기 산업혁명
개념	• 정보통신기술이 제조업 등 다양한 산업들과 결합하며 지금까지 볼 수 없었던 새로운 형태의 제품과 서비스, 비즈니스를 만들어내는 변화	• 인민경제 모든 부문에서 과학기술과 생산, 지식과 경제의 일체화를 높은 수준에서 실현해 경제를 지식의 힘으로 운영하고 발전하는 지식산업
추진 기반	• 정보통신: 인공지능, 사물인터넷, 클라우드컴퓨팅, 빅데이터, 모바일, 인공지능, 블록체인	• CNC 기술, 정밀기계 → 정보통신기술
주요 과제	• 지능화 혁신을 통한 사회문제 해결, 삶의 질 제고 등 • 성장 동력 기술력 확보 • 핵심 데이터, 네트워크 인프라를 구축하는 등 산업인프라, 생태계 조성 • 미래사회 변화에 대응해 새로운 일자리 창출과 일자리 안전망 확충	• 현대화·과학화된 본보기 공장들의 설립 추진 • 기술집약형 경제구조로의 전환 • 정보 기술, 나노 기술, 생물공학 등 핵심 기초기술과 중요 부문 발전 • 과학기술인재 육성
최종 목표	• 미래의 새로운 성장 동력 창출	• 지식 기반 경제강국 건설

자료: 필자 작성.

경쟁, 첨단기술 개발 경쟁으로 인식하고 있다. 그러면서 제한된 자원으로 나라의 경제발전 전략에 맞게 효율적인 투자를 통해 세계적 수준의 첨단기술을 개발·획득해야 한다고 강조하고 있다(라숙영, 2016: 24). 북한은 첨단기술을 "해당 분야에서 앞장에 서 있는 발전된 기술이며 지적능력이 최대한으로 발휘될 것을 요구하는 기술"이라고 규정하고 있다. 북한은 '새 기술'이라는 용어와 비교해 첨단기술을 규정하고 있기도 한데, 전자는 일반적으로 그 기술 자체만을 의미하지만, '첨단기술'은 현대 과학기술의 성과를 내포하고 있을 뿐아니라 산업 부문 즉 첨단기술산업과 직접 연관되어 있는 기술이라고 설명하고 있다(리경수, 2018: 30). 북한이 강조하고 있는 이 첨단기술들은 정보(IT), 나노(NT), 생물산업(BT) 관련 기술들로서 대부분 4차 산업기술과 밀접한 것들이다. 물론 북한이 내세우는 첨단기술 수준을 선진국의 기술과 직접적으로 비교하기는 쉽지 않지만, 글로벌기업 및 주요 국가들이 빅데이터, IoT, 인공지능 등을 활용한 새로운 기술 개발로 국가경제 활성화 및 미래가치 창출에 노력을 집중하고 있는 맥락에서 보면 별다른 차이가 느껴지지 않을 정도다. 4차 산업혁명 관련 신기술이 대부분 지식재산 집약도가 높은 산업과 연계되어 있어 신기술 선점을 위한 경쟁이 심화되고 있는데, 북한도 낮은 수준에 머물러 있기는 하지만 나름대로 이에 대응하고 있는 것으로 분석된다. 이는 특히 북한의 정보 기술 관련 정책과 개발 동향을 통해 확인되고 있다.

북한이 제시하는 주요 개념들을 통해서 범세계적인 4차 산업혁명에 대한 인식과 대응을 어느 정도 평가할 수 있다. 북한은 4차 산업혁명이라는 용어를 공식적으로 사용하지 않고 있다. 그 대신 4차 산업혁명과 같은 맥락에서 '지식경제강국 건설', '새 세기 산업혁명', 'CNC화', '최첨단돌파' 등의 정책을 추진하면서 디지털 기술융합의 세계적인 변화에 대응하고 있는 것으로 파악되고 있다. 특히 기술적인 측면에서 4차 산업혁명의 연장선에 있다고 볼 수 있는 '새 세기 산업혁명'과 '최첨단돌파사상'을 제기해 ICT 기술을 기반으로 한 신산업 창출을 도모하고 있는 것이 가장 두드러진 특징으로 보인다(임을출, 2019b: 7). 오늘날 김정은 정권의 비전 또는 최고의 목표는 경제강국 건설이다. 그런데 이 경제강국 앞에 수식어가 붙는다. 즉 지식경제강국의 건설이다. 여기서 지식경제는 과학기술 지식을 기본 원동력으로 해서 발전하는 경제이다. 자연스럽게 지식경제강국 건설의 성과 여부는 과학기술 발전 수준에 달려 있게 된다. 그래서 김정은 정권의 사회주의강성국가 건설의 전략적 노선은 과학기술 중시 노선이다.

따라서 북한의 과학기술을 최단 기간 내에 세계적 수준으로 발전시키는 것이 과제다. 이 과제를 실현하기 위해 나온 사상이 최첨단돌파사상이다. 이는 정보 기술, 나노 기술, 생명공학, 우주 기술, 해저탐사 기술을 비롯한 핵심 기초기술을 기본으로 하는 첨단 과학 기술을 우선적으로 발전시키는 것이다. 이런 것들을 토대로 새 세기 산업혁명이 가능하게 된다. 김정은은 'CNC화'를 새 세기 산업혁명으로 규정했다(김양호, 2016: 2). CNC화는 북한 경제의 지식화를 위한 돌파구로 인식하고 있고, 우선적으로 공작기계 공업에서의 현대화, CNC화가 실현되면 인민경제의 모든 부문을 현대화·CNC화할 수 있는 돌파구가 열린다고 인식한다(김양호, 2016: 3). 북한식 4차 산업혁명 대응 전략을 개념적으로 비교·고찰하면 다음과 같다.

먼저 북한이 건설하려고 하는 지식경제강국은 세계적인 첨단 수준의 과학기술과 인재의 핵심적 역할에 기초하고 첨단기술산업 부문들이 경제의 주도적 지위를 차지하고, 경제 전반을 선도해 나가는 경제강국이다(조영남, 2013: 9). 북한은 '지식경제'를 "지식이 정보의 생산 및 응용에 기초하는 발전하는 경제"라고 규정하고 있다. 여기서 지식은 객관적 세계에 대한 인식의 총체로서 정보의 중요한 내용을 구성한다. 지식과 정보를 얻고 그것을 응용해 움직이는 경제가 북한이 인식하는 지식경제인 셈이다. 북한은 과학기술의 시대, 정보산업시대에 북한 주민들의 지식수준을 끊임없이 높이는 것이 매우 절실한 문제라고 주장한다. 그들은 지식경제를 강조하면서 특히 정보를 개발하고, 서비스를 제공하는 정보통신산업을 경제발전의 필수적 요구로 간주한다. 또한 지식경제를 고도과학기술경제와 동일시한다. 예를 들면 태양에너지 기술, 위성 제작 및 통신 기술, 지능프로그램 기술, CNC 기술, 유전자조작 기술, 바다담수화 기술 등을 고도 기술로 분류하고, 이를 발전시키는 데 적잖은 공을 들이고 있다(김재서, 2014: 16). 북한은 수년 전부터 프로그램산업과 정보설비산업, 생물산업과 같은 첨단산업을 대대적으로 발전시켜 경제 전반에서 차지하는 비중을 높이며 기술서비스업도 적극 발전시키고 있다. 평양 안에 위치한 은정과학지구 등 과학기술 역량이 집중된 지구들에 첨단기술개발구들을 창설하는 사업도 적극 추진하면서, 이를 본보기로 해 경제 전반을 지식경제로 전환시켜 나가야 한다고 촉구해 왔다(오성금, 2014: 18).

여기서 눈여겨볼 대목은 북한 당국이 지식경제를 강조하고 있는 것은 경제의 질적 수준 제고에 초점을 맞추고 있기 때문이라는 점이다. 북한은 경제발전의 질적 수준은 양적 측면과는 달리 경제기술적 측면에서 일정 기간 해당 나라 경제발전 과정의 특성을 반영하고 있다고 본다. 물론 경제발전의 질적 수준도 경제발전의 양적 수준에 의해 평가되기도 하지만, 양적 지표의 성장 그 자체가 곧 경제발전의 질적 수준 제고를 의미하는 것은 아니라고 인식한다(오성금, 2014: 17). 북한 측 인식 체계에 따르면 지식경제시대에서 사회적 생산의 기술적 기초는 정보 기술, 첨단 기술이고, 생산 방식은 소품종 다량 생산 방식에서 다품종 소량 생산 방식으로 이행되고 있으며, 물질경제적 토대는 현대 과학기술에 의거한 정보 및 생물 산업 등 첨단산업이어야 한다. 여기서 경제발전의 질적 제고와 관련한 핵심 현안은 경제구조의 개선, 과학기술 발전, 인재 확보 등으로 요약된다.

새 세기 산업혁명을 실천하기 위한 전략적 과제들은 2012년 신년공동사설에서 가장 구체적으로 제시됐고, 이는 지금까지 김정은식 경제정책의 근간으로 유지되고 있다. 당시 신년공동사설은 '새 세기 산업혁명'이 최첨단 돌파전, 우리식 지식경제강국 건설 투쟁, 사회주의 건설의 전략적 노선(공동구호에는 '경제강국건설의 전략적 노선') 등의 의미를 지닌다고 전제하고, 그 전략적 과제들을 〈표 3-2〉와 같이 제시했다. 공동 구호에서 "새 세기 산업혁명의 불길을 따라 나라의 경제면모를 근본적으로 혁신"할 것을 주문하고 과학자, 기술자들에게 "자기 땅에 발을 붙이고 눈은 세계를 보라!"라고 촉구한 것에서도 산업혁명의 전략적 과제를 매우 중시하고 있음이 확인된다. 사실 이와 같은 과제들은 아버지 김정일 시대에 이미 나온 것들이 많다. 김정은의 경제정책과 전략은 선대의 과학기술 중시 정책을 계승·발전한 측면이 강하다고 평가할 수도 있다(임을출, 2017: 189). 북한 측 학자들은 김정일이 과학기술 중시 노선을 사회주의 강성국가 건설의 전략적 노선으로 제시했고, 그가 온 나라에 과학기술 중시 기풍을 세우고 지식경제강국 건설에서

〈표 3-2〉 새 세기 산업혁명의 전략적 과제

구분	내용
전략 과제	• 연하(최신식 CNC 공작기계 생산의 모범공장)의 개척정신, 창조 기풍에 의거한 전반적 기술·장비 수준의 획기적 제고 • 연하기계 개발자들의 지식경제강국 건설 주도와 고속화·정밀화·지능화된 고성능 CNC 설비 개발 증대 • 모든 경제 부문, 단위에서 자체의 신기술, 신제품 개발 능력 향상 • 현대화·과학화된 본보기 공장들의 설립 추진 • 기술집약형 경제구조로의 전환 • 정보 기술, 나노 기술, 생물공학 등 핵심 기초기술과 중요 부문 기술공학 발전 주력 (첨단기술산업 분야의 적극 개척) • 과학기술 발전에서의 주체 확립과 집단주의 구현 • 지식경제시대, 정보시대의 요구에 맞는 최신 현대화 추진 • 전자공업 발전의 일대 혁신 • 과학기술과 생산실천의 결합(과학기술과 생산의 일체화, 과학자·기술자들과 생산자들의 창조적 협조 강화) • 과학기술인재들에 대한 처우 개선 및 과학연구조건 보장 등
인재 개발	• 지식경제시대 요구에 적합한 교육내용과 형식, 조건과 환경 보장 • 현대 과학기술과 풍부한 지식을 소유한 지식경제시대의 유능한 일군 중시
군수 활용	• 국방공업의 잠재력 최대 발휘 • 국방공업 부문의 인민생활 향상 이바지

자료: 유영구(2012.1.3).

과학자, 기술자들의 역할을 높이도록 이끌었다는 점을 불멸의 업적으로 간주한다(김양호, 2016: 2).

사실 김정은 시대 들어와 보여주고 있는 과학기술 분야 성과들은 아버지 김정일 시대에 시작한 혁신 노력들이 축적되어 나타난 결과물이다. CNC는 새 세기 산업혁명의 상징이다(김철, 2014: 2). CNC는 Computerized Numerical Control(컴퓨터 수치 제어)의 줄임말이다. CNC는 컴퓨터로 기계의 작동을 자동 조종하는 기술을 지칭한다. 그래서 새 세기 산업혁명은 우선 지식경제시대의 요구에 맞게 모든 생산설비와 생산공정을 최첨단과학기술화하기 위한 기계제작 공업 분야의 근본적 혁신을 일컫는다. 이는 북한이 초기에 내세웠던 새 세기 산업혁명은 공작기계, 정밀기계를 중심으로 한 특정산업의 첨단화를 지향하고 있었음을 보여준다. 지역적으로는 '국방공업의 전략적 중심지'인 자강도를 최첨단돌파의 모범으로 삼았다. 김정일은 2011년 12월 17일 사망하기 50일 전인 10월 26일 강계뜨락또르종합공장, 27일에는 장자강공작기계공장, 28일에는 희천련하기계종합공장을 연속적으로 현지지도 했다. 그는 CNC 메카로 평가받는 희천련하기계종합공장에 대해서 "국보적 가치를 가지는 기업소"라고 극찬했다. 당시 김정일은 장자강공작기계공장에서 "우리가 건설하려는 경제강국은 지식경제형 경제강국"이라고 밝혔다. 그리고 지식경제형 경제강국은 적은 자원, 적은 노력, 적은 에너지로 더 많은 물질적 부를 창조할 수 있게 하는 CNC화, 무인화를 실현할 때에만 가능하다며 효율성 제고를 특별히 강조하기도 했다. 이러한 사실들은 지식경제형 및 기술집약형 경제강국의 건설에서 공장의 자동화, 현대화가 핵심 과제임을 사실상 '경제유훈'으로 남긴 것으로 볼 수 있다(유영구, 2012).

기계제작공업은 중공업의 핵심이며, 인민경제 모든 부문의 기술적 진보의 기초로 간주된다. 여기서 주목할 대목은 김일성 시대부터 강조한 기술혁명은 곧 기계혁명이라고 규정한 점이다. 또한 일찍이 기계제조공업기지를 창설하지 않았다면 전면적 기술혁명은 애초부터 가능하지 않았다고 주장하고 있다. 김일성 시대부터 기계공업, 특히 공작기계생산에 주력한 점은 적잖은 의미를 내포하고 있다. 김일성은 기계제작공업, 즉 공작기계생산을 전반적 인민경제의 기술발전과 확대·재생산을 위한 물질기술적 기초이며 자립적 민족공업의 핵으로 간주했다(사회과학출판사, 1975b: 161). 기계제작공업발전에서의 기본이 공작기계생산이라고 본 것이다. 기계제작공업을 발전시켜야 중공업의 우선적인 발전을 보장할 수 있으며, 경공업과 농업을 비롯한 인민경제 모든 부문을 빨리 발전시켜 인민들의 물질 문화적 생활을 향상시킬 수 있다고 본다. 이는 중공업에서 기본을 이루는 기계제작기술이 다른 여러 부문과 밀접한 연관

〈그림 3-1〉 **김정은 시대 과학기술강국 목표와 수단**

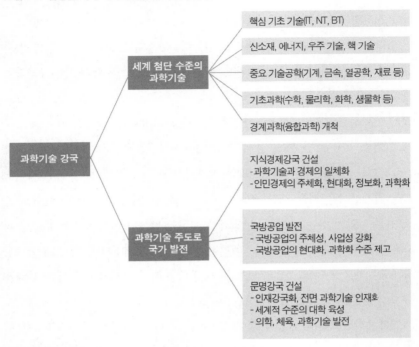

핵심 기초 기술(IT, NT, BT)

신소재, 에너지, 우주 기술, 핵 기술

중요 기술공학(기계, 금속, 열공학, 재료 등)

기초과학(수학, 물리학, 화학, 생물학 등)

경계과학(융합과학) 개척

세계 첨단 수준의 과학기술

과학기술 강국

지식경제강국 건설
-과학기술과 경제의 일체화
-인민경제의 주체화, 현대화, 정보화, 과학화

국방공업 발전
- 국방공업의 주체성, 사업성 강화
- 국방공업의 현대화, 과학화 수준 제고

문명강국 건설
- 인재강국화, 전면 과학기술 인재화
- 세계적 수준의 대학 육성
- 의학, 체육, 과학기술 발전

과학기술 주도로 국가 발전

자료: 변학문(2016.5.24).

을 맺으면서 발전하기 때문에 기계 제작 부문의 발전이 인민경제 여러 부문의 발전을 추동하게 되며, 이 부문들에서의 기술장비 수준을 높이는 데 기여하게 된다는 논리에 의해 뒷받침된다. 따라서 새 세기 산업혁명은 우선적으로 기계제작공업을 혁신하되, 점차 다른 전반적 기술장비 수준을 새로운 높은 단계로 발전시키려는 의도를 내포하고 있었다. 즉 새 세기 산업혁명은 기계공업뿐 아니라 전반적 공업 부문을 비롯해 인민경제 모든 부문을 첨단 과학기술로 장비해 나라의 전반적 기술장비 수준을 새로운 높은 단계로 올려세우는 것을 목표로 하고 있다.

새 세기 산업혁명전략은 2016년 5월, 36년 만에 개최한 제7차 당대회에서 제시된 과학기술강국 목표 달성을 위한 경제 건설 전략으로 발전한다. 김정은은 이 대회에서 사회주의 위업 완성을 주요 과제로 내걸고 과학기술강국 건설을 핵심 목표의 하나로 내세웠다. 김정은은 당대회 총화보고에서 경제 건설의 주요 방향으로서 "자력자강의 정신과 과학기술을 틀어쥐고 인민경제의 주체화, 현대화, 정보화, 과학화를 높은 수준에서 실현하며 인민들에게 유족하고 문명한 생활조건을 마련해 주는 것"이라고 밝혔다. 경제강국 건설을 과학기술을 기반으로 추진하며 이를 전면화하겠다는 것이다. 이어 당대회에서 정보 기술, 나노 기술, 생물공학을 비롯한 첨단기술 개발에 집중할 것을 주문했다. 지금까지 설명한 지식경제강국, 새 세기 산업혁명, 최첨단돌파 사상은 〈그림 3-1〉에서 보는 바와 같이 제7차 당대회에서 제시된 과학기술강국 목표와 이를 실현하기 위한 부문별 정책과 과제에 체계적으로 반영되어 있다.

2. 현대화·정보화 추진•

북한은 자신들의 경제를 지식경제로 전환하는 것을 21세기 사회주의 경제강국 건설에서 제기되는 높은 단계의 전략적 과업으로 규정하고 있다. 그리고 지식경제는 경제의 지식화에 의해 새로운 지식의 창조와 전파, 활용에 기초해 사회의 모든 경제 활동이 이뤄진다고 강조한다. 그리고 이 경제의 지식화는 경제의 현대화와 유기적인 통일 속에서 이뤄진다. 그러면서 지식경제는 "최신과학기술에 기초해 전반적인 경제가 고도로 현대화된 경제"라고 규정한다(김미화, 2016: 3). 북한 사회과학원의 후보원사인 리기성 교수는 인민경제의 현대화가 지식경제강국 건설을 위한 새 세기 산업혁명의 전략과업이라고 규

• 임을출(2019c: 256~268)을 수정·보완했다.

정했다(리기성, 2016: 6). 여기서 인민경제를 현대화한다는 것은 뒤떨어진 기술을 선진 기술로 재조해 인민경제의 기술장비 수준을 높이는 것을 지칭한다. 오늘날의 경제현대화는 지식경제시대의 요구에 맞게 인민경제의 기술장비 수준을 높일 것을 요구하고 있으며, 이는 새 세기 산업혁명에 의해 해결된다는 것이다. 북한 측 주장에 따르면 새 세기 산업혁명은 지능노동과 첨단 과학기술에 기초한 지식경제시대의 요구에 맞는 생산기술적 변혁(또는 혁신)이다. 이 변혁에서 기본은 사회적 생산의 기술적 기초가 되는 생산도구가 시대의 요구에 맞게 정밀화·고속화·다기능화·지능화되는 방향에서 질적으로 혁신되는 것이다. 결국 새 세기 산업혁명으로 인민경제 모든 부문의 설비와 생산공정들을 첨단설비와 기술로 장비하는 것이 지식경제시대 인민경제현대화의 경제기술적 내용이다.

여기서 주목할 대목은 북한이 말하는 인민경제의 현대화는 과학기술 수준의 발전추세와 현실적 조건에 맞는 우리식, 즉 북한식 발전 모델이라는 점이다. 북한 노동당은 주체적 입장에서 지식경제시대 사회주의 경제강국 건설의 현실적 요구에 맞는 '우리식'의 현대화 원칙을 과학적으로 정립했다고 주장하고 있다(리기성, 2016: 6). 즉, 북한이 주장하는 현대화 원칙은 첫째, 경제의 현대화를 북한의 주체적 역량과 기술에 의거해 추진하는 것이고, 둘째, 현대화를 북한의 원료·자재에 의거해 하는 것이다. 이런 원칙에 기초해 북한은 설비·연료·자재의 국산화를 공장·기업소 현대화의 핵심 지표로 내세우고 이를 실현하기 위해 노력하고 있다. 북한은 설비·연료·자재의 국산화를 현대화의 중핵, 기본 지표라고 지칭하고 있다. 이처럼 현대화는 결국 국산화, 주체화와 밀접한 연관이 있다. 설비·원료·자재의 국산화는 인민경제 주체화의 요구를 철저히 구현하고, 현대화에서 최상의 실용성과 높은 수준의 경제적 효과를 담보하며, 기계공업을 비롯한 전반적 경제 부문들의 발전을 추동하기 때문에 인민경제 현대화의 핵심 요소로 간주되고 있다. 이런 원칙을 수립한 배경에는 국제사회의 강력한 제재 부과라는 조건과도 무관치 않다. 즉 제재에 둘러싸인 환경에서는 불가피하게 자신의 힘과 기술, 자원에 의존하는 자체의 설비·원료·자재 생산기지를 조성하고 현대화에 필요한 설비·원료·자재를 국내생산으로 보장하는 데 집중할 수밖에 없는 것이다. 북한은 현대화의 우선순위 원칙도 수립해 놓고 있다. 우선 지식경제 건설에서 가장 핵심적이고 절실하며, 실리가 큰 대상부터 현대화를 실현한다는 것이다. 인민경제의 주도적 부문인 공업을 현대화하는 것도 주요 원칙으로 간주된다. 실제 북한은 주로 이미 마련되어 있는 자립적 공업의 생산 토대를 최대한 효과적으로 이용하면서 낙후된 설비들과 생산공정들을 최신 기술로 개선, 현대화하는 데 우선적으로 집중하면서, 여기에 첨단설비와 기술로 장비된 현대적 공장들을 건설하는 것을 결합시키는 방향으로 나아가고 있다.

현대화는 새 세기 산업혁명, 즉 최첨단돌파사상을 통해 구현된다. 새 세기 산업혁명으로 경제강국을 건설하고 있는 북한은 자기 땅에 발을 붙이고 눈은 세계를 보는 주체적이고 혁신적인 안목에서 세계적인 최첨단돌파전으로 남들이 걸어온 단계들을 대담하게 뛰어넘어 경제의 지식화를 촉진하고, 지식경제강국으로 비약할 것을 주문하고 있다. 일종의 압축성장, 단번도약 방식의 경제발전을 추구하고 있는 것이다. 북한은 과학기술에서 최첨단의 돌파를 통한 새 세기 산업혁명의 토대로서 선대 지도자인 김정일이 추진했던 북한식의 CNC 체계의 구축과 세계적인 수준의 CNC 기술의 발전을 지적하고 있다(리기성, 2016: 8). CNC는 공장생산설비의 조종자가 컴퓨터에 입력하는 수치에 따라 생산가공이 자동으로 이뤄지는, 즉 각 공정을 전산화된 형태로 운영하는 공장자동화 체계를 의미한다. CNC 기술은 1970년대 극소형 컴퓨터가 등장하면서 발명됐다. 당시 기계제작공업 분야에서 앞선 기술을 가진 나라들이 CNC 체계를 독점형·폐쇄형으로 만들어놓고 다른 나라들이 따라오지 못하게 하자 북한에서는 공장, 기업소들이 첨단기계설비들로 현대화하는 사업이 커다란 지장을 받게 됐다. 이때 북한의 과학기술자들은 자체적으로 북한식 CNC 체계와 선진기술을 개발해, 불과 10년 사이에 선진국 수준에 올려놓았다고 스스로 밝히고 있다.

김정일은 CNC 기술 개발 성과와 경험에 기초해 2009년 모든 분야에 이를 확산하고, 지식경제시대를 선도하기 위한 이데올로기로서 최첨단돌파사상을 제시했다. 즉 북한이 주장하는 최첨단돌파사상은 모든 분야에서 세계가 도달한 과학기술 수준을 최단 기간 내에 뛰어넘어 지식경제시대에 진입하고, 북한을 경제강국의 지위에 올려놓는 것이다. 그러면서 최첨단돌파의 기준선을 제시했는데, 이는 발전된 나라의 선진기술이 아니라 지식경제시대의 요구라고 밝히고 있다. 즉 발전된 나라들의 수준을 시대에 맞게 도약시켜 세계적으로 앞서나가는 것이 목표라는 것이다. 그래서 북한의 경제 주체들은 발전하는 지식경제시대의 요구를 기준으로 모든 분야에서 세계적 수준을 남보다 먼저 창조하고, 지속적으로 선두 자리를 고수해야 한다. 북한이 내세우는 최첨단은 혁신적인 것으로서 북한 주민들의 이상과 요구, 민족성을 반영해야 한다고 강조한다. 북한 측 주장에 따르면 이 같은 최첨단돌파 목표와 정신을 구현한 것이 'CNC화'이다. 북한 측에서는 CNC화를 첨단을 돌파하고자 하는 노동당의 사상을 집약화한 시대어라고 강조하고 있다. 즉 CNC화는 새 세기 산업혁명을 추동하고, 인민경제의 주체화, 현대화, 과학화를 이끈 핵심요소인 것이다. 이에 따라 북한은 그동안 당이 제시한 과학기술 중시 노선의 요구에 맞게 핵심 기초기술(정보 기술, 나노 기술, 생물공학)을 비롯한 첨단 과학기술 분야를 개척하고, 그 성과에 기초해 인민경제 모든 부문을 CNC화, 현대화하고 첨단산업을 만들어 과학기술강국, 지식경제강국을 건설하는 데 매진해 왔다.

경제의 현대화 개념은 그 시대의 지배적인 경제 유형의 요구에 맞게 달라진다. 북한에서 경제의 현대화는 "낙후된 기술을 선진기술로 개선해 경제의 기술장비수준을 높이는 것"을 의미하며, 그의 본질적 내용은 모든 생산설비와 생산공정을 첨단설비와 기술로 장비하는 것이다. 구체적으로 살펴보면 기계공업을 앞세워 고성능 CNC 설비들을 대량으로 개발생산하고, 전통산업의 현대화를 추진하며, 정보통신 인프라와 같은 지식산업혁명의 요구에 맞는 인프라를 건설해 온 나라 공장·기업소들이 과학기술과 지식으로 움직이고 발전하게 하려는 의도가 있다(김재서, 2015: 9). 즉 지식경제시대의 요구에 부응하는 현대화가 필요한 것이다. 따라서 여기서 말하는 경제의 현대화는 핵심 기초기술을 비롯한 첨단 과학기술 지식에 기초해야만 가능하다. 지식경제 건설의 요구에 부응하는 인민경제현대화의 목표는 경제 모든 부문의 기술장비 수준을 세계적 수준에 끌어올려 놓는 것이다. 세계적 수준의 기술장비의 경제기술적 내용은 무인화이다. 즉 인민경제현대화의 최종 목표는 경제 부문들에서 생산공정의 무인화를 실현하는 것이다(김미화, 2016: 4). 이는 첨단 과학기술의 활용 및 산업화를 최상의 수준에서 실현하는 것이기도 하다.

인민경제의 현대화 목표는 선대인 김정일 시대에도 추구되어 왔다. 북한은 2006년에도 공장, 기업소의 현대화를 경제 분야의 중요한 과제로 설정한 바 있다. 당시의 현대화 기준은 무엇보다 내부 네트워크에 의한 현대적인 정보관리시스템을 구축하는 것"이었다(연합뉴스, 2006.2.10). 즉 공장의 일간 및 주간 사업계획 통보, 각종 정보수집 및 처리, 재정 업무, 기술 자료와 설비 관리 등을 처리하는 컴퓨터시스템을 갖추는 수준이었다. 또 다른 목표는 생산설비 가동을 위한 전산화와 생산라인의 자동화였다. '유연생산체계'를 확립하는 것도 현대화의 중요한 요소였다. 유연생산체계란 공업로봇, 숫자조종(수치제어) 공작기계 및 조종장치, 조종감시용 컴퓨터 및 무인수송차 등으로 이뤄진 생산라인을 뜻한다.

반면, 정보화는 인민경제 모든 부문에서 생산과 경영 활동을 정보 기술에 기초해 진행하는 것을 의미한다. 북한은 사회주의강국 건설에서 중요한 과제는 모든 부문을 첨단 과학기술에 기초해 세계적 수준에서 정보화하는 것으로 간주한다. 공업·농업·운수·체신 등 인민경제 모든 부문을 정보설비로 갖추고 이에 의해 생산과 경영 활동을 진행해 나가는 것이다. 북한 기업들에게 정보화는 경제강국 건설에서 항구적으로 유지해야 할 전략적 과제이다(김희숙, 2016: 17). 특히 기업들이 정보화를 중시하는 것은 이것이 생산(설계 및 생산공정)의 정보화와 경영 활동 정보화의 기본 요소라고 보기 때문이다. 설계는 컴퓨터설계지원체계인 CAD, 생산공정의 정보화와 관련해서는 CNC 기술을 중시하고 있다. CNC 기술은 컴퓨터로 기계설비들을 제어하고 생산공정을 지휘하는 자동조종 기술로 규정된다. 경영 활동의 정보화와 관련해서는 통합경영정보체계(ERP) 구축을 목표로 삼고 있다.

1) 현대화·정보화의 목표와 추진 배경

북한은 현대화·정보화가 단순히 과학기술의 성과를 받아들여 기존 설비나 생산공정을 개선하고 제한된 부문에서 기술을 개건하는 문제가 아니라고 주장한다. 즉 현대화·정보화는 지식경제시대의 요구에 맞게 새로운 관점과 높이에서 나라의 경제를 단기간 안에 최신 과학기술의 토대 위에 올려놓아 경제강국 건설에서 결정적 전진을 이룩하기 위한 근본 문제라고 규정하고 있다(리기성, 2017: 50). 김정은 정권 아래에서 인민경제의 현대화·정보화는 반드시 관철시켜야 할 핵심 노선으로서 지식경제시대의 요구에 맞는 튼튼한 국가경제력을 마련하고 사회주의 경제강국 건설을 위한 가장 정당한 노선으로 간주되고 있다. 모든 생산공정을 자동화·지능화하고 공장, 기업소들을 무인화하는 것이 인민경제 현대화·정보화 실현의 전략적 목표이다(양춘길, 2018: 11). 논리적으로 공장, 기업소들을 현대화하게 되면 자동화·지능화·무인화된 생산공정을 통해 생산량을 획기적으로 늘려나갈 수 있게 된다(윤철준, 2017: 4). 현대화의 목표는 모든 공장, 기업소들에 있는 낡은 설비들을 CNC기계로 교체하고, 현대화된 유연생산구역을 형성하며, 통합생산체계를 구축하는 것이다. 궁극적으로는 무인화공장을 만드는 것이다.

현대화·정보화 추진에 대한 자신감의 토대이자, 기초는 앞서 설명한 CNC 기술 개발과 발전으로 볼 수 있다. 북한이 말하는 현대화는 그야말로 CNC에 의한 현대화이다. CNC 기계와 CNC 기술은 북한이 주창하는 새 세기 산업혁명의 본보기이기도 하다. 여기서 북한 측이 말하는 새 세기 산업혁명은 "경제가 지식의 힘으로 운영되고 발전하는 현대적인 지식산업으로 일신시키기 위한 경제기술적 변혁"이다(김재서, 2015: 9). 이를 위한 핵심 요소들은 지식, 과학기술, 인재. 새 세기 산업혁명을 성과적으로 수행하기 위해서는 지식을 더 많이 창조하고 과학기술을 발전시키며 과학자, 기술자들의 역할을 높여야 한다는 것이다. 그래서 새 세기 산업혁명을 위한 기업전략과 경영전략의 핵심은 과학기술 중시, 인재 중시가 되어야 한다.

북한은 2009년 4월 5일 인공위성 '광명성 2호' 발사 직후부터 CNC 기술을 부각시키기 시작했다. 정밀기계기술과 정보통신기술을 결합한 CNC 공작기계는 장거리 로켓과 인공위성의 정밀 부품을 제작하는 데 결정적인 역할을 수행한 것으로 알려지고 있다. 다단계로켓과 인공지구위성의 제작은 CNC 공작기계가 없이는 불가능하고, 특히 다단계로켓에 들어가는 부품들은 전부 CNC 기계로 가공하지 않으면 안 되는 것들이며, 그것도 일반표준형의 CNC 기계가 아니라 고성능급의 다축 CNC 기계로만 가공할 수 있다는 것이다(최수광, 2015: 4). 북한은 자체 역량으로 개발한 CNC 기술이 선군 경제 노선의 정당성을 입증하고 "최첨단을 돌파하는" 자국 과학기술의 발전을 상징한다고 주장했다(통일뉴스, 2019.1.23). '우리식 최첨단 CNC 기술'이 있었기에 미국의 끈질긴 제재 아래에서도 100% 자체의 자원과 기술로 인공지구위성과 다단계 운반로켓을 만들어낼 수 있었으며, 우주강국의 지위에 올라설 수 있었다는 주장이다(최수광, 2015: 3). 북한은 이미 김정일이 21세기 발전의 추이를 통찰하고, 북한 경제를 지식화된 경제로 발전시키기 위한 원대한 구상을 밝혔고, 이는 CNC 기계와 기술 개발의 성공 경험이 밑바탕이 됐다고 주장하고 있다 (김창림, 2015: 4).

CNC 기술 개발과 더불어 지식경제 건설 목표의 등장이 현대화·정보화 정책을 보다 적극적으로 추진하게 된 주요 배경이라 할 수 있다. 지식경제는 과학과 기술의 종합적인 발전과 경제의 집약적 발전, 과학기술과 경제의 발전과 더욱더 밀착되는 고등교육의 발전을 배경으로 공업경제를 대신해 출현했다. 특히 끊임없는 새로운 지식의 창조와 지식의 방대한 축적은 정보 기술과 정보산업을 발전시켰고, 이는 지식경제로의 이행을 추동하는 데서 결정적인 역할을 했다. 컴퓨터와 정보 기술, 통신 기술의 빠른 발전은 각종 지식과 정보의 수집·가공·축적·검색·전달·관리 등의 실현을 가능하게 했고, 지식과 정보의 생산 및 보급, 응용에 의해 발전이 좌우되는 지식경제의 출현을 가져왔다는 것이 북한 측의 인식이다(조연경, 2015: 12). 또한 북한은 지식 자원이 기본 생산 자원으로 되는 지식경제시대에는 교육기관 특히 고등교육기관들을 강화·발전시켜 첨단 수준의 새로운 지식 자원을 더 빨리, 더 많이 창조하고 보급하는 것이 중요하다고 인식하고 있다. 이런 맥락에서 북한은 김일성종합대학을 비롯한 주요 대학을 세계적인 일류 대학들과 당당히 겨룰 수 있는 교육과 과학연구의 중심 기지로, 국제 학술 교류의 거점으로 만들어야 한다고 주장하고 있다(장룡준, 2018: 18).

2) 현대화·정보화 추진 원칙

북한은 2018년 4월 20일 당 중앙위원회 제7기 제3차 전원회의를 열어 경제 건설 총력집중 노선이라는 새로운 전략노선을 발표했다. 이 노선을 실현하기 위한 투쟁의 전망목표로서 제시한 것이 현대적인 사회주의경제와 지식

경제를 세우는 것이었다. 여기서 언급한 사회주의경제, 지식경제는 인민경제의 현대화·정보화가 높은 수준에서 실현되는 경제로 규정된다(박동명, 2018: 34). 그러면서 현대적인 사회주의경제, 지식경제 형성을 위한 주요 과제로서 정보산업, 나노산업, 생물산업을 비롯한 첨단기술산업을 대대적으로 창설하고, 그 역할을 높여나갈 것을 주문했다. 그리고 과학기술의 급속한 발전이 당의 새로운 전략적 노선을 관철하기 위한 중요한 방안이라고 강조했다(박동명, 2018: 34).

북한은 기본적으로 지식경제시대에서의 생산의 기술적 기초는 정보 기술로 인식한다. 북한은 이미 2005년부터 "현대화 기준은 무엇보다 내부 네트워크에 의한 현대적인 정보관리시스템을 구축하는 것"이라고 밝혔다. 즉 공장의 일간 및 주간 사업계획 통지, 각종 정보 수집 및 처리, 재정 업무, 기술 자료와 설비 관리 등을 처리하는 컴퓨터시스템을 갖춰야 한다는 것이다(연합뉴스, 2006.2.10). 따라서 인민경제의 모든 부문, 공장, 기업소들에서 정보화가 실현될 때 지식경제시대 생산의 기술적 기초가 마련되게 되며 비로소 인민경제의 현대화·정보화가 실현됐다고 평가한다. 인민경제의 정보화와 관련한 우선 과제는 첨단 과학기술의 하나인 정보 기술을 경영 활동에 능동적으로 적용해 경영 활동의 정보화를 새로운 높은 단계로 격상시키는 것이다(박봉학, 2015: 32). 다만 정보화 사업은 국가의 통일적인 지도와 종합적인 설계 아래에서 추진해야 한다. 이는 정보화 사업과 관련한 국가의 과학기술발전계획에 따라 개별 기업소들이 추진해야 한다는 의미다. 이는 또한 매 시기 제기되는 인민경제의 현대화·정보화와 관련한 당의 경제정책을 정보화계획에 반영해 집행해 나가야 한다는 뜻이기도 하다. 두 번째 원칙은 선진 과학기술의 성과를 북한의 구체적 실정에 맞게 수용해야 한다는 것이다. 이는 사회주의경제 제도 틀 내에서 경제 관리에 효과적으로 활용할 수 있는 정보 기술을 받아들이겠다는 의미다. 북한에서 이미 확립되어 있는 경제 관리 체계와 경제 계산 절차에 부합하게 정보 기술을 받아들이겠다는 것이다. 세 번째 원칙은 정보기술 도입이 경제적 실리를 철저히 보장해야 한다는 것이다. 북한에서 실리 보장은 사회의 인적·물적 자원을 효과적으로 이용해 나라의 부강발전과 인민들의 복리 증진에 실제적으로 이득을 준다는 것을 지칭한다(박봉학, 2015: 32).

여기서 주목할 대목은 인민경제의 현대화·정보화 실현은 인민경제의 그 어떤 개별적 부문의 현대화·정보화로 실현되는 것이 아니라 인민경제 전반의 현대화·정보화가 실현되어야 비로소 완성된다는 것이다. 이를 위해 북한은 인민경제의 모든 부문에서 현대 과학기술 성과를 대대적으로 받아들여 기술개선을 촉진하고, 동시에 인민경제의 모든 부문의 기술 수준을 지식경제시대의 요구에 맞게 첨단 수준으로 올려놓기 위해 총력을 기울이고 있다. 인민경제의 현대화·정보화의 실현은 최종적으로 제품의 국제 경쟁력 확보로 나타난다고 본다. 제품의 국제 경쟁력을 확보하고, 지속적으로 강한 경쟁력을 유지하기 위해서는 제품생산과 관련한 중요한 경제기술지표들을 세계적 수준으로 올려놓을 것을 주문하고 있다. 동시에 경제기술지표들을 과학기술 발전 추세와 수요 변화에 맞게 지속적으로 개선시켜야 한다고 강조하고 있다(양춘길, 2018: 12). 그러면서 북한에는 당과 국가의 정책 실현에 기여할 수 있도록 새로 설정된 통계지표들을 신속, 정확하게 도입하고 그것을 이용해 경영과 생산 활동을 평가할 수 있는 우월한 통계 사업 체계가 수립되어 있다고 강조하고 있다(방미혜, 2018: 21). 북한은 최근 과학기술 발전에 대한 종합적 평가도 시도하고 있는데, 여기서 가장 중요한 점은 해당 평가 시기에 있어서 당의 경제정책에 의거해 평가 지표들과 평가 방법에서 당의 경제정책적 요구를 반영하는 것이다.

또한 인민경제의 현대화·정보화에 필요한 설비를 자체로 생산·보장하는 것이 첫 번째 원칙으로 강조되고 있다. 오늘날 북한에서는 인민경제의 현대화·정보화를 추진하면서 원료, 연료에 대한 수요가 늘어나고 첨단설비에 대한 요구가 높아지고 있다. 북한 당국은 늘어나는 원료, 연료에 대한 수요를 원만히 보장하기 위해서는 이것을 국내에서 자체로 생산·보장해야 한다고 강조한다(김명혁, 2018: 15). 이 원칙은 국제사회의 제재 국면을 고려한 것이기도 하다. 사회주의 경제강국 건설과 인민생활에 필요한 원료, 연료부터 주요 공장설비, 첨단기술에 이르기까지 거의 모든 분야에서 대외 거래가 막혀 있기 때문에 불가피하게 인민경제의 현대화·정보화에 필요한 설비들을 국내에서 생산·보장할 수밖에 없는 것이다. 따라서 현대화·정보화 추진 원칙에서 첫째로 강조하는 것은 주체적 입장이다. 지식경제 건설의 요구에 맞는 인민경제의 현대화는 지식경제시대의 과학기술 발전의 세계적 추세와 나라의 현실적 조건에 맞게 주체적 입장에서 우리식, 즉 북한식으로 해야 한다는 것이다(김미화, 2016: 4). 이와 관련해 북한은 자립경제강국 건설을 강조하고 있으며, 이를 위한 출로는 설비와 자재, 원료와 연료의 주체화를 실현하고 자신들의 힘과 기술에 기초한 공장, 기업소들의 현대화와 생산 정상화를 실현하는 데 있다고 지적한다(김경일, 2018: 7).

북한 측이 제시하고 있는 현대화의 두 번째 추진 원칙은 기존의 장점들과 비교우위를 활용하는 전략이다. 스스로의 판단과 평가를 기초로 일정한 토대가 마련되어 있고, 전망이 확고한 연구대상에 역량을 우선적으로 집중해 세계적 수준에 올려 세워야 한다는 것이다. 그러면서 이미 높은 수준에 오른 분야들로 정보 기술, 나노 기술, 생물공학, 소프트웨어 프로그램 개발 부문을 열거하고 있고, 이 부문들이 최첨단돌파의 앞장에 서도록 하는 것이 중요하다고 강조하고 있다. 북한은 새로운 첨단 과학기술 분야로 해양공학을 예로 들면서 세계적 경쟁력을 더욱 높여 나가야 한다고 주문하고 있다(김경일, 2018: 4). 북한은 기존 비교우위를 토대로 인민경제 현대화·정보화를 실현하는 방안으로 첨단기술산업의 대대적인 창설과 발전을 강조하고 있다. 여기서 첨단기술산업은 정보·나노·생물 산업, 새 재료사업(신소재산업), 새 에너지산업 등을 지칭한다. 정보·나노·생물 공학은 핵심 기초기술로, 새 재료기술, 새 에너지기술, 우주기술, 핵기술은 첨단 과학기술로 분류된다(박동명, 2018: 34). 첨단기술산업의 창설은 첨단 과학기술의 개발을 전제로 한다. 북한은 구체적인 사례로서 자신들이 스스로 개발한 CNC 기술이 CNC 공업의 기초가 됐다는 점을 강조하고 있다. 같은 맥락에서 정보 기술, 나노 기술, 생명과학 기술 등을 비롯한 핵심 기초기술과 새 재료, 새 에너지, 우주 및 해양 기술 등에서 세계적 경쟁력을 가진 기술들을 적극적으로 개발하면 이를 토대로 첨단기술산업을 대대적으로 세울 수 있다고 주장하고 있다(양춘길, 2018: 12).

세 번째 추진 원칙은 최대의 실용성과 경제적 효과성을 보장하는 방향에서 현대화를 실현하는 것이다. 이와 관련된 당면과제로 표준형·고성능 CNC 공장기계를 더 많이 생산하고 CNC화·지능화된 설비와 기술 공정들을 적극 개발해 모든 부문에서 경제의 현대화를 전면적으로 추진하는 것이다. 더불어 과학기술과 생산의 일체화를 인민경제의 현대화·정보화 실현의 중요한 원칙으로 강조하고 있다. 이는 현대적인 설비와 생산공정의 확립을 전제로 하며 생산과정이 과학기술지식의 응용 과정으로 전환되어야 비로소 실현된다. 그래서 북한 당국은 모든 부문, 공장, 기업소들에 현대 과학기술을 적극 받아들일 것을 권장하고 있다. 과학기술의 발전은 노동생산 능률을 높이고, 기계설비와 원자재 등의 지출 기준을 낮춰 생산의 효과성을 높여 생산을 양적·질적으로 증대한다고 본다. 과학기술이 발전하면서 새로운 기계설비와 생산기술 공정과 생산 방법을 지속적으로 창안·도입할 수 있다. 이는 보다 적은 원료와 자재를 소비하면서도 지난 시기에 비해 더 많은 제품을 생산하고, 제품의 질을 높여 더 많은 명품을 생산할 수 있다고 인식한다(김경일, 2018: 8).

북한 측의 주장에 근거해서 판단해 보면 공장, 기업소들은 CNC 설비를 받아들이는 동시에 자체의 힘으로 이전의 역학적 기계설비들을 CNC화해 설비를 현대적으로 개조하고, 이에 기초해 다품종 소량생산 체제, 유연생산 체제와 같은 지식경제가 요구하는 수준의 선진 생산공정을 수립해야 한다. 공업로봇, 숫자 조종(수치 제어) 공작기계 및 조종장치, 조종감시용 컴퓨터 및 무인수송차 등으로 이뤄진 생산라인, 즉 유연생산체계가 도입되면 기존 설계를 손쉽게 수정할 수 있고, 설계 내용대로 가공물의 형태와 수량을 쉽게 조절할 수 있다. 생산과 기술의 일체화를 위한 방안으로서 과학·기술·지식이 생산을 주도하는 경영관리체제 확립도 강조하고 있다. 모든 기업체가 생산경영 활동과 관련한 모든 지식·정보·자료들을 수집축적하고 지식기지화하며, 이에 기초해 생산경영 활동에서 제기되는 과학기술적·경제관리적 문제들을 해결하는 데 중점을 두고 모든 근로자들이 지식을 공유하고 광범위한 지식 교류를 실현하도록 해 새로운 과학기술적 방안, 경영관리적 책략들을 제안하고 실현해 나가도록 하는 경영관리체제를 수립해야 한다는 것이다(양춘길, 2018: 12).

과학기술과 생산의 일체화를 위한 또 다른 방안으로 제시하고 있는 것은 공장, 기업소들의 생산과 기술 관리 공정을 개발창조형으로 전환하는 것이다. 이는 이른바 자본주의 시장경제에서의 R&D를 연상시킨다. 즉 연구 개발단위를 조직해 신제품 및 신기술, 신생산공정 등을 기업 스스로 창조하라는 것이다. 다른 나라의 제품을 단순히 모방하는 것이 아니라 자력자강과 과학기술에 의거해 자체의 z힘, 자체의 기술로 국제경쟁력이 강한 제품을 개발하고 생산하는 창조형 기업으로 만드는 것을 목표로 삼고 있다(양춘길, 2018: 12). 북한은 과학기술과 생산을 일체화하기 위한 사업 체계 수립을 강조하고 있는데, 이는 바로 첨단기술제품 생산기지를 조직·운영하기 위한 사업 체계를 지칭하는 것이다. 과학기술과 생산의 일체화는 올바른 사업 체계를 통해서만 원만히 실현될 수 있다고 보는데, 이를 위해 인재 양성을 비롯해 연구·개발·생산·판매(수출)이 일체화된 지역적 거점이 첨단기술제품 생산기지와 연구형 대학의 설립을 추진하고 있는 것이다. 과학기술 역량이 집중되어 있는 과학지구와 과학 연구기관들에 생산기지를 조성해 과학기술적으로 가치 있는 제품을 생산하도록 하는 것을 과학기술과 생산을 하나로 결합시켜 빠르게 발전시키는 방안으로 인식하고 있다(류은경, 2018: 17). 연구형 대학은 과학 연구를 앞세우면서 교육과 밀접히 결합시키고 인재 양성의 중심을 박사원교육에 두며, 나라의 경제발전과 인민 생활 향상에서 비중 있는 역할을 수행하는 대학이다. 북한은 김일성종합대학을 비롯한 주요 대학을 연구형 대학, 세계 일류급 대학으로 건설해야 한다고 주장하고 있다(장룡준, 2018: 18).

마지막으로 현대화의 기본단위는 공장, 기업소들로서 이들이 연구 개발 능력을 강화하고 경제 부문별로 현대화의 모범 단위들을 창조·확산하는 것을 중요한 추진 과제로 제시하고 있다. 모든 근로자들이 새로운 기술 개발과 도입에 절실한 이해관계를 갖고 보다 적극적으로 나설 수 있도록 경영관리방법을 개선하라는 주문이다. 이와 관련해 북한이 강조하고 있는 정책이 과학기술인재 육성이다. 지식경제의 기둥인 첨단기술을 창설하기 위해서는 첨단기술을 개발하고 발전시켜 나갈 수 있는 과학기술 인재들이 많이 요구되기 때문이다. 이를 위해 교육과 재교육을 강조하고 있고, 지식형 근로자 육성도 강조하고 있다. 즉 생산의 현대화·정보화 수준이 높아질수록 첨단설비의 비중이 늘어나며, 이러한 첨단설비들을 능숙하게 다룰 수 있는 현대 과학기술 지식을 소유한 지식형 근로자들이 필요하다는 것이다. 그러면서 공장, 기업소들은 이들이 단순한 기술의 수요자가 아니라 창조자가 되기를 주문하고 있다(박동명, 2018: 34). 이는 북한 노동당의 전민과학기술인재화 정책의 핵심 내용이기도 하고, 당 중앙위원회 4월 전원회의에서 제시된 "과학으로 비약하고, 교육으로 미래를 담보하자"라는 구호를 내건 배경이기도 하다.

오늘날 북한의 기업들은 과학기술보급실을 과학기술 전당과 전문과학 연구기관, 기업소들과 망(network)을 통해 연결해, 현대 과학기술과 자기 부문과 단위의 현대화에 필요한 과학기술 자료를 수집하고 신속하게 보급함으로써 이를 생산경영 활동에 활용하고 있다. 또한 기업들은 기술 지능 수준이 높고, 발전 잠재력이 있는 유능한 근로자들을 선발하고 주요 대학에 파견해 위탁교육을 받도록 하고 있다. 또한 과학자, 기술자들도 주요 대학과 전문과학 연구기관에서 박사원교육을 받도록 해 이들이 기업체에서 기술혁신과 현대화 실현에서 핵심 역할을 수행하도록 하고 있다. 인재들의 과학기술적 자질과 능력, 기업 관리 운영과 현대화 실현에 기여한 실적을 정확하게 평가하며, 이에 기초해 전문과학 기술 인재, 기술 인재, 관리 인재 등으로 구분해 관리하고 공로에 따라 인센티브를 제공하고 있다(성은경, 2018: 20~21).

3) 현대화·정보화 실현 방안

북한은 인민경제 현대화·정보화의 구체적 실현 방안으로서 통합생산체계와 무인조종체계를 구축하고 녹색생산 방식을 비롯한 선진 생산 방법의 도입을 제시하고 있다. 따라서 인민경제의 현대화·정보화의 목표는 개별적인 공장, 기업소들에서 통합생산체계와 무인조종체계의 구축이 되는 것이다.

북한 당국은 인민경제 모든 부문, 모든 단위에서 통합생산체계를 확립하고 전반적 생산공정을 자동화·지능화(디지털화)해야 한다고 강조하고 있다. 이에 따라 오늘날 북한 공장, 기업소들은 정보 기술에 기초해 기업 관리의 정보화를 급속히 추진하고 있는 것으로 알려지고 있다(문병희, 2018: 9). 북한은 통합생산체계를 CNC화의 가장 높은 단계로 규정하고 있다(김정철, 2018: 5). 통합생산체계는 생산 관리, 실적 관리, 소재 관리, 기술 관리, 기대 관리, 제품 관리에 대한 경영관리 체계까지 하나로 통합된 것을 의미한다. 북한은 통합생산체계와 무인조종 체계의 수립은 CNC 공작기계를 비롯한 정보설비로 장비된 유연생산 체계와 경제관리정보 체계가 수립되어 생산과 경영 활동 전반이 정보 기술을 비롯한 현대적인 과학기술 수단들과 수법으로 관리·운영하게 만드는 높은 수준의 현대화·정보화 실현 방안이라고 설명하고 있다(양춘길,

2018: 12).

  '무인화'는 사람이 없더라도 생산 활동이 전개될 수 있게 '자동화된 기계설비들'로 생산 현장을 완전히 바꾸는 것을 뜻한다. 즉 CNC 기술을 도입해 생산 현장을 바꾸는 마지막 단계를 뜻한다(통일뉴스, 2017.1.18). 생산설비의 완전자동화를 의미하는 무인조종체계는 곧 생산공정의 무인화를 뜻하며, 이는 로봇생산과 밀접한 관련이 있다. 북한은 기본적으로 경제 관리를 노동력 절약형으로 하는 것이 실리보장을 위한 필수적 요구라고 강조하고 있다. 이는 과학기술의 힘에 의거해, 즉 지능노동력을 합리적으로 배치하고 노동력 조직과 노동력 관리를 개선해 적은 노동지출로 경제를 관리·운영한다는 것이다. 이는 인민경제 모든 부문의 현대화·정보화 실현을 통해 추진이 가능하다고 본다(문병히, 2018: 8). 북한은 공장 전체를 CNC 기술을 바탕으로 자동화·로봇화하면서 동시에 사람이 담당하던 경영, 판단 등도 컴퓨터가 대신 처리하는 '통합생산체계'를 갖춰, 궁극적으로 생산에서 사람의 개입이 없어도 될 정도의 '무인화'를 실현하는 것이 목표이다(통일뉴스, 2017.1.18).

4) 녹색생산 방식 등 선진 생산 방식 도입

  인민경제 모든 부문, 모든 단위에서 녹색생산 방식을 적극 도입하는 것은 노동당 제7차 당대회에서 제시된 현대화 실현을 위한 중요한 사업의 하나이다. 녹색생산 방식은 "첨단과학기술의 성과에 기초해 자원소비와 오염을 최소화하고 환경에 주는 부정적 영향을 줄이면서도 가장 높은 경제적 실리와 효과를 얻을 수 있게 하는 새로운 생산방식"으로 개념화되고 있다(방미혜, 2018: 20). 이 생산 방식은 환경 기술, 새 재료 기술, 새 에너지 기술, 나노 기술, 정보 기술과 같은 첨단과학 기술을 기초로 수립·운영하는 생산 방식이다. 한마디로 첨단과학 기술의 모든 성과가 집합되어 있는 것이다. 여러 기술 가운데 특히 환경과학 기술을 중시하면서, 생산공정 전체를 새로운 과학기술에 기초해 일신해야 하는 방대한 사업으로 인식하고 있다. 그러면서 이 사업을 성공적으로 추진하기 위해서는 점진적인 투자 증대, 평가를 위한 관련 통계지표의 설정 및 적용 등의 중요성을 지적하고 있다(방미혜, 2018: 21). 그러면서 녹색생산 방식 도입의 주체라고 할 수 있는 공장, 기업소의 책임과 역할을 강조하고 있다. 기업체들이 녹색생산 방식의 도입을 기업전략으로 삼고 집행하면 생산기술공정의 현대화와 국제적 경쟁력을 갖춘 신제품 개발, 생산품의 품질 제고, 원가절감 문제 등을 해결할 수 있다는 것이다.

이 새로운 생산 방식의 특징은 다음과 같이 몇 가지로 정리할 수 있다. 첫번째 특징은 원료·자재·에너지 소비를 줄이면서도 높은 경제적 실리를 얻고, 자연환경에 미치는 영향을 최소화한다는 점이다. 둘째, 생산의 전 과정에서 오염물질을 적게, 혹은 전혀 생성하지 않는다는 점이다. 셋째, 사람의 건강이나 환경에 해롭지 않은 녹색 제품을 생산한다는 점이다. 이 제품들은 그 이용과 소비과정에서 폐기되어도 쉽게 분해되거나, 재생 이용이 가능하다. 북한은 사람들의 건강과 환경에 부정적인 영향을 미치지 않으면서 지속 가능한 발전을 가능하게 하는 환경보호형 생산 방식, 녹색생산 방식 등을 비롯한 선진 생산 방법의 도입을 중요시하고 있다. 산업구조를 환경보호에 유리한 녹색산업 구조로 전환시켜 나가면서 환경보호사업에 적잖은 역량을 투입하고 있다. 예를 들면 백두산건축연구원에서는 녹색건축으로 나아가는 세계건축발전 추이와 나라의 실정에 부합하는 녹색건물의 평가 기준, 녹색건축과 지능건축의 설계기준, 건물의 에너지절약 설계기준을 확립하고, 이어 새로운 평가체계들을 세우기 위한 사업을 추진하고 있다. 그러면서 북한 내에 존재하는 원료로 친환경적이고 현대적 미감이 살아나는 색미장 재료, 환경보호형의 메움재를 비롯한 녹색 건재들을 개발·도입하고 있다. 이 외에도 가구와 장식재료, 외장재 등에서 발생하는 인체에 해로운 화학물질의 농도를 측정하

고 효과적으로 제거하기 위한 연구 성과를 달성한 데 기초해 그 경험과 방법
들을 일반화하고 있다. 김일성종합대학 첨단 과학기술 교류사에서도 처음으
로 노력절약형, 에너지절약형, 녹색형 주조 기술로 주목되고 있는 연소모형
주조 기술을 개발·도입해 기업체들의 녹색생산 방식 확립을 적극 지원하고
있다. 모든 부문과 단위에서 녹색기술에 기초해 나라의 실정에 맞는 녹색생
산 방식을 도입·발전시키는 사업을 강하게 추진하고 있는데, 이는 현 시기
국가가 내세우고 있는 중요 정책 가운데 하나로 간주되고 있다(조선중앙통신,
2013.8.21).

3. 비정상의 정상화, 국산화와 재자원화

김정은 집권 이후 자력갱생 전략에서 가장 주목할 내용이 국산화와 재자원
화 정책이었다. 국산화의 사전적 의미는 "필요한 물품을 수입에 의존하지 않
고 될 수 있는 한 자기 나라에서 생산하는 것"이다. 2017년 말까지 김정은 정
권이 핵보유를 선언하고, 핵미사일 개발을 고도화하면서 북한은 역사상 가장
강력한 대북 제재를 받아왔다. 전반적으로 제재가 강화되면서 여러 측면에서
어려움이 나타나고 있지만 또 다른 측면에서는 그에 적응 또는 대응하는 움
직임도 눈여겨볼 대목이었다. 그중 가장 대표적인 대응책이 국산화 정책이
다. 국산화 정책은 경공업 분야에서 먼저 시작됐다. 김정은 노동당 위원장 겸
국무위원회 위원장은 키리졸브 한미합동군사훈련 종료를 나흘 앞둔 2013년
3월 18일 일촉즉발의 첨예한 정세가 조성된 상황에서도 전국경공업대회를
열었다. 북한에서 전국 단위의 경공업 관련 대회가 열린 것은 2003년 3월
23~24일 '전국 경공업 부문 일군회의' 이후 10년 만이었다. 그는 이 대회에
직접 참석해 육성 연설을 통해 경공업 발전에 역량을 집중할 것을 지시하고,

경공업 원료, 자재의 국산화를 경공업발전의 종자로, 생명선으로 틀어쥐고 그 실현을 위한 투쟁을 끝장을 볼 때까지 완강하게 밀고나가야 한다고 역설했다(조선중앙통신, 2013.3.18).

사실 북한은 2010년 신년 공동사설에서 경공업을 농업과 함께 인민생활 향상을 위한 주공전선으로 선정하는 등 그동안 경공업에 꾸준히 관심을 보여왔지만 당시 한미군사훈련인 '키리졸브'와 유엔의 제재 움직임에 반발해 전쟁 가능성까지 거론하는 상황에서도 전국 경공업대회를 개최하고, 국산화 정책 방향을 구체적으로 제시한 적은 없었다는 점에서 눈길을 끌기에 충분했다. 김정은 정권 출범 이후 제시된 것으로서, 이전 정권과 차별화된 경제정책으로서 연구할 가치가 적지 않다고 판단했다.

국산화 정책은 전통적인 자력갱생 노선의 계승·발전이라는 맥락에서도 주목할 만하다. 김정은 시대의 자력갱생은 핵미사일 고도화 기술에 따른 자부심과 자신감, 이전보다 진일보한 과학기술에 근거한 자립성을 강조하고 있는 점에서 이전과의 차별성이 부각된다. 이는 김정은이 "우리가 건설하는 경제강국은 자립성과 주체성이 강하고 과학기술을 기본생산력으로 하여 발전하는 나라"라고 표현한 데서도 잘 드러난다(≪노동신문≫, 2017.7.21). 북한은 경제강국 건설을 비전으로 내세우면서 국산화는 경제강국 건설의 필수적 요구라고 규정하고 있다. 애초 북한의 자립적 민족경제 건설 노선은 경제적 합리성보다 정치적 자주성, 자기완결성 등을 강조하려는 데서 제기된 노선이었으나, 김정은 시대 자립적 민족경제 건설 노선은 경제적 합리성을 더 강조하는 점도 이전과 다르다.

또한 김정은 시대에서는 국산화라는 구체적인 정책으로 제시된 점도 선대 지도자와는 다른 점이다. 주목할 대목은 북한의 국산화 바람이 비정상의 정상화라는 것이다. 원래 자립적 경제구조는 제품의 생산과 소비가 국내에서 이뤄져야 하는데, 그동안 그러지 못했기 때문에 이제는 국내의 자재와 기술로 제품을 만들어 낼 수 있게 됐다는 것이다. 자립경제는 논리적으로 원료생산에서 완제품 가공에 이르는 자기 완결형 생산순환구조의 완비, 인민경제 모든 부분에서 현대 기술적 자립, 자체의 원료·연료·동력 기지 확보, 자체의 민족기술간부에 의한 경제발전을 통해 완성된다(조선의 오늘, 2017.10.5). 결국 모든 생산요소 공급을 자체적으로 보장하고, 생산과 소비과정에서도 독자적인 재생산구조를 실현하겠다는 것이다.

1) 경제발전 전략으로서의 순환경제·재자원화*

북한이 원자재의 국산화와 함께 원자재의 '재자원화'를 핵심 정책과 제도로 격상한 것은 김정은 정권 등장 이후부터이다. 2013년 이후 북한 매체에서 재자원화 용어가 간헐적으로 등장하기 시작하다가 조선중앙통신이 2017년 9월 29일 평양에서 깨끗한 생태환경을 마련하고 자원 이용률을 최대한 높이면서 경제적 이익이 큰 '오물이용'(쓰레기 리사이클링) 사업이 활발히 진행되고 있다고 보도하면서 이목을 끌기 시작했다. 이어 통신은 10월 5일 국가과학원 자연에너지연구소에서 도시생활 오수의 재자원화 기술을 개발해 전기와 식물 영양액, 비료생산 등을 하고 있다고 보도했다. 이어 2018년도에도 원료와 자재를 재자원화하는 리사이클링 사업이 활발히 진행되고 있다고 보도했다. "원료와 연료, 자재소비를 줄이면서 환경오염도 막고 경제적 효과성을 최대로 높이는 재자원화 사업은 인민경제발전에서 중요한 몫을 차지하고 있다"라고 강조하면서 제철소, 화학공장, 건재공장 등에서의 구체적인 사례들을 소개했다(조선중앙통신, 2018.10.18). 북한은 2019년 12월 28~31일까지 열린 당 중앙위원회 제7기 제5차 전원회의에서 정면돌파전을 선언하면서 경제전선에

● 임을출(2021c: 148~152)을 수정·보완했다.

서 뚜렷한 성과를 거두기 위해서는 최대한 적은 자금과 자재, 노력으로 최대한의 증산을 이루는 것이 중요하다며, 이를 위한 재자원화 사업을 강조했다. 원자재의 재자원화 정책은 대북 제재와 장기화로 인해 외부에 의존할 수 없는 상황에서 절약과 더불어 온갖 예비와 가능성을 총동원해 경제발전 목표를 달성하는 핵심 전략으로 선택된 것이다.

원자재의 재자원화는 1980년대 8·3인민소비품생산운동 시기부터 시작된 것으로 파악된다. 이 운동은 김정일이 1984년 8월 3일 평양시 경공업 제품 전시시장을 시찰하며 폐기물 및 부산물을 이용한 인민소비품생산 운동을 전 군중적으로 실시하라는 지시를 내리면서 본격화됐다(통일교육원, 2013: 642). 여기서 말하는 8·3인민소비품은 기관, 기업소, 협동단체와 가내작업반, 부업반 등에서 유휴 자재와 폐기물·폐설물·부산물을 이용해 만든 생활소비품으로 국가계획상에는 없는 제품을 의미한다. 8·3인민소비품생산운동과 재자원화 정책은 폐기물·폐설물·부산물을 재활용한다는 측면에서는 유사하다. 8·3인민소비품생산운동은 나중에 집안에서 소규모로 생산해 판매하는 개인수공업으로 변화했고, 북한의 자생적 시장형성의 토대가 됐다(통일교육원, 2013: 642). 재자원화를 하려면 우선 폐기물을 모아야 하므로 유휴 자재나 폐기물 수매사업을 필요로 한다. 수매는 국가기관에서 주민이나 협동경리로부터 농축산물, 소비품 등을 사들이는 행위를 말한다. 사회주의 수매는 협동경리와 주민들로부터 농산물·축산물·농토산물·낡은 물건들을 사들이는 것을 기본으로 한다(사회과학출판사, 1992: 1835). 재자원화와 관련한 수매사업이란 "여기저기 널려져 있는 자그마한 폐기물들을 모조리 회수해서 선별하고 이용해서 나라의 재부를 늘리는 사업"으로 규정된다. 그래서 북한 당국은 전 주민들의 참여를 견인하기 위해 수매 방식도 다각화해 왔다. 예를 들어 파지 회수 사업을 개선하기 위해서 '수매품교환소'를 만들었다. 북한의 재자원화 활동은 김일성 시절부터 진행된 수매 사업에서 시작됐고, 김정일은 재자원화 공업의 필요성을 역설하면서 그 일환으로 2005년 5월 12일 다이야(타이어)재생공장을 건설하기도 했다. 북한 매체들은 "자원은 땅 속에만 있는 것이 아니다. 그전에는 관심 밖에 뒀던 폐기물, 폐설물도 자원으로 전환시키면 보물도 될 수 있다"라고 강조했다. 광물자원은 지하에서 채취되지만 일부 금속자원은 지하에 묻혀 있는 매장량보다 이미 채굴되어 있는 제품이나 폐기물 형태로 우리 주변에 축적되어 있다는 설명이다(NKTech TV, 2020.4.25). 한마디로 폐기물이 무진장한 원료 원천이라는 것이다.

김정은 정권은 2019년 2월 베트남 하노이에서의 2차 북미 정상회담이 결렬된 이후 자력갱생을 강조하면서 재자원화 정책을 더욱더 강화해, 제도화하는 특징을 보여주고 있다. 2021년 1월에 개최된 제8차 당대회에서 경공업 부문에서 원자재의 국산화, 재자원화에 대한 문제가 특히 두드러지게 강조됐다. 재자원화는 모든 산업에서 추진하고 있지만 특히 주민들의 생활소비품을 생산하는 경공업 분야에서 우선적으로 요구된다. "경공업은 생산순환주기가 짧고 생산물이 빨리 소비되는 특성으로 상대적으로 많은 원료와 자재가 필요하다"라며 "현대적인 설비와 노력이 준비되어 있어도 원료, 자재보장을 떠나서는 경공업발전에 대해 생각할 수 없다"라고 강조됐다(≪노동신문≫, 2021.5.23).

북한 당국은 경공업 부문에서 항상 요구되는 많은 원료와 자재를 수입에만 의존한다면 제품생산에서 생기는 차질을 피할 수 없고 밑 빠진 독에 물 붓는 식으로 국가경제와 인민생활안정에 부정적 영향을 미치게 된다고 지적하고 있다.

경공업부문에서 제기되는 원료, 자재문제를 국경밖이 아니라 국내의 생산단위, 연구단위, 개발단위와의 긴밀한 협동으로 풀어나가고 새로운 기술과 좋은 경험들을 서로 공유하고 적극 활용해 나갈 때 실제적인 변화와 실질적인 성과들이 이룩될 수 있다(≪노동신문≫, 2021.5.23).

≪노동신문≫ 사설은 재자원화의 구체적인 전략과 추진 방향들을 잘 제시하고 있다. 예를 들면 북한 ≪노동신문≫은 2020년 11월 9일 자 사설 "자력갱생 대진군으로 80일전투에서 혁혁한 성과를 이룩하자"에서 경제발전 전략과 자력갱생, 재자원화 정책과의 관계를 잘 설명하고 있다(이기동, 2020: 7). 즉 국산화, 재자원화는 지속적인 경제발전과 인민 생활 향상의 항구적 전략으로서 원료, 자재의 국산화와 재자원화를 생명선으로 틀어쥐어야 하며, 경제사업에서의 애로 발생 시 국경 밖을 쳐다볼 것이 아니라 국내의 생산단위, 연구단위, 개발단위와의 긴밀한 협동으로 해결해야 한다는 것이다. 자기 지방의 특성을 최대한 살려나가면서 자기 단위의 구체적 실정에 맞게 증산 절약의 예비를 적극 탐구·동원해야 한다.

2) 과학기술에 기초한 자력갱생 전략으로서의 재자원화

국산화와 재자원화는 북한이 언급하는 자력갱생 혁명정신의 상징이다. 김정은 정권은 실효성이 높은 발전형 자력갱생의 체계화를 도모하고 있다. 북한은 스스로 자력갱생은 새로운 국가경제발전 5개년계획기간(2021~2025)에 새로운 높은 단계에서 수행되고 있다고 주장하고 있다. 그 징표가 국가적인 자력갱생, 계획적인 자력갱생, 과학적인 자력갱생이다. 여기서 자재의 국산화, 재자원화는 자립적 발전능력을 증대시키기 위한 핵심 과제이다(≪조선신보≫, 2021.2.11). 특히 김정은 시대의 자력갱생은 현대 과학기술에 기초한다. 과학기술을 기반으로 한 생산 정상화와 개건 현대화, 원료·자재의 국산화, 재자원화 적극 실현, 생산공정과 설비들을 개건하고 원료와 자재의 국산화, 재자원화를 실현하는 데서 가치 있는 창의 고안, 발명과 기술혁신 등이 요구되고 있다. 김정은이 제8차 당대회를 비롯해 당 중앙위원회 제8기 제3차 전원회의 등에서도 가장 강조한 것이 기술혁신이었다. 2021년 4월 8일 노동당 제

6차 세포비서대회를 마무리하는 결론에서도 당세포의 역할로서 과학기술혁신을 가장 많이 요구했다. 한마디로 오늘날 생산 장성의 가장 큰 예비, 최선의 방략은 기술혁신, 과학기술력 제고에 있다는 것이다. 과학기술에 의거하면 수입에 의존하던 원료도 우리의 자원으로 만들 수 있고 부족한 연료와 자재 문제도 풀 수 있으며 생산공정의 현대화도 가속화할 수 있다. 그리고 과학기술의 위력으로 실제적인 변화, 실질적인 전진을 가져오기 위한 사업은 생산자 대중이 누구나 과학기술의 주인이 될 때 힘 있게 추진될 수 있다는 것이 북한 측 주장이다(≪노동신문≫, 2020.7.9). 이에 따라 국가과학기술위원회에서는 각 도·시·군의 과학기술위원회와 함께 재생가능한 모든 원천을 탐구하는 재자원화(리사이클링) 기술 개발에 집중하고 있다(≪우리민족끼리≫, 2020.5.16).

북한이 주장하는 재자원화 방법에는 파철, 파고무, 파지, 파유리, 고포 등을 재생해 새 제품을 생산하는 방법, 회수해 가공 처리한 물질을 원료로 해 새로운 종류의 제품을 개발하는 방법, 전기·메탄가스와 같이 에너지 형태로 전환하는 방법 등이 있다. 이를 실행하기 위해서는 재자원화 기술, 즉 물리적 처리기술, 화학적 처리기술, 생물학적 처리기술 등이 뒷받침되어야 한다. 그래서 북한 당국은 당세포들에게 당원들과 근로자들이 당의 과학기술중시사상으로 무장하고 과학기술에 대한 관점과 태도를 올바르게 갖도록 하는 데 주력하라고 촉구하고 있다. 현대 과학기술 지식을 습득하고 기술을 혁신하는 운동이 대중 자신의 사업으로, 사회적 기풍으로 자리 잡도록 당세포들의 역할을 높여야 한다고 목소리를 높이고 있다. 또한 당세포들은 무의식적으로 기술학습에 빠지는 현상, 낡은 경험과 뒤떨어진 기술에 집착하면서 기술혁신을 외면하고 새 기술도입을 저해하는 경험주의, 보수주의를 배격하라고 촉구했다. 결국 과학기술 부문에 종사하는 과학자·연구사·기술자들의 재능과 지혜, 정신력을 최대한 발휘해 최단기간 내에 경제 건설과 인민 생활 향상에 이바지하는 과학 연구 성과들을 내놓아야 하는 상황이다(≪노동신문≫, 2021.4.9).

이는 과학기술에 기초한 자력갱생 전략으로서의 재자원화가 추진되고 있음을 분명하게 보여주고 있다. 이에 따라 북한의 국가과학원 산하 환경공학연구소, 김일성종합대학 화학부와 김책공업종합대학 열공학부 그리고 경공업성 등에서 폐기폐설물의 새로운 가공처리 기술 개발에 총력을 기울이고 있다. 특히 경공업 부문을 비롯해 인민경제 여러 부문에서 재자원화기술들을 실정에 맞게 적용하여 과거에는 쓸모없다고 버렸던 폐기폐설물과 생활 오물들로부터 각종 금속류와 건축재료, 비료, 에너지 등을 얻어내 귀중한 자원으로 전환시키고 있다(통일뉴스, 2021.3.2). 최근에는 단위별로 '과학기술보급소'를 만들어 자체적으로 재활용 기술을 개발하고 있기도 하다.

　　북한은 2020년 4월부터 재자원화를 제도화·체계화하는 방안 마련에 본격적으로 나서기 시작했다. 재자원화를 경제발전의 중요한 동력으로 만들기 위해 각종 폐기 폐설물, 생활 오물들의 회수와 재생산이 밀접하게 연계되도록 재자원화 체계를 구축한 것이다. 재자원화를 경제발전의 중요한 동력으로 만들기 위한 국가적인 체계를 세우는 사업이 진행됐으며 모든 부문과 단위에서 자체 실정에 맞게 현실적인 재자원화발전계획을 만들어 실행하고 있다. 예를 들면 구체적인 조치들로 각종 오물을 양적, 종류별로 파악해 분기별로 보고하고, 수매 가격을 현실에 맞게 책정할 뿐 아니라 각종 오물을 종류별로 선별해 회수할 수 있는 시설을 규격화해 접근성이 좋은 곳에 설치하는 것 등이 추진되고 있다(조선중앙통신, 2020.11.4). 사실 북한에서는 이미 오래전부터 수매소를 설치해 폐기물을 모아왔지만 수매 가격이 낮아 주민들이 관심을 보이지 않았다. 사상 교육만으로는 폐기물 수매가 원만히 이뤄지지 않자 생필품 교환이라는 '당근'도 제시하고, 법으로 이행을 강제하는 방안까지 마련한 것이다.

　　2020년 4월에 진행된 최고인민회의 제14기 제3차 회의에서는 재자원화 사업에서 제도와 질서를 엄격히 세우고 경제의 지속적 발전을 보장하며, 생태환경을 보호하는 데 이바지하기 위한 목적으로 재자원화법이 채택됐다. 이후

이 법에 기초해 전담 조직으로서 경공업성에 새로 재자원화국이 세워졌다. 전국적 범위에서 재자원화 사업을 통일적으로 장악·지도하기 위한 체계가 확립됐으며 중앙에 재자원화지도기관들이 설치됐다. 각 도·시·군 (구역) 인민위원회에도 재자원화 사업을 전문적으로 맡아보는 부서가 생겨 사업을 진행하고 있다(≪서울평양뉴스≫, 2021.2.28). 중앙재자원화지도기관이 국가적으로 생산과 건설, 경영 활동 과정에 산생된 폐기물, 부산물과 사람들의 생활 과정에서 나오는 오물 등 재자원화할 수 있는 원천들을 양적으로, 종류별로 이용하기 위한 연차별 계획을 세우고 있다. 또 북한의 성, 중앙기관들과 각 도 인민위원회에서 재자원화를 전문으로 하는 연구 단위를 내오고 폐기물과 부산물들을 재자원화하기 위한 단계별 연구 사업도 추진하고 있다. 공장, 기업소들은 생산공정들과 능력에 맞게 재자원화할 수 있는 지표와 세계적인 재자원화 추세 등 경영 활동의 조건들을 고려해 순환생산체계를 확립하기 위한 재자원화발전계획을 세우고 있다. 또한 유휴 자재 수매 체계와 관련해 수매 지표와 가격을 합리적으로 정해 누구나 수매 사업에 참가해 유휴 자재를 버리지 않고 모으는 작업도 진행하고 있다. 북한 전역에서 유휴 자재 수집이 이뤄지고 있는 것이다. 이에 따라 북한은 재활용 유인책으로서 동네마다 수매품교환소를 설치해 유휴 자재를 수집하고 있다. 예를 들면 빈병 등 폐기물을 모아오면 필요한 생필품으로 교환해 주는 식으로 재활용을 독려하고 있는 것이다. 주민들이 거주지에 있는 일용품 수매 상점 수매분점에 파지와 파수지(비닐), 파유리 등을 갖다 주면 이를 필요로 하는 공장의 생산물로 교환해 주는 것이 골자다. 재활용품에 돈을 조금 더 보태 원하는 제품을 살 수도 있다. 제공되는 생산물은 신발, 학습장, 벽지, 양동이, 과자류, 청량음료 등이다. 수매품 교환소에서는 주민들의 수요를 파악해 공장, 기업소들과 주문계약을 맺어 생산물을 확보한다. 평양맥주공장, 경련애국사이다공장, 평양종이공장 등 여러 공장은 이렇게 수집한 재활용품을 새로운 생산 활동에 쓴다(≪조선신보≫,

<표 3-3> 재자원화·순환경제 관련 법제 리스트

관련 법률 (제정·개정·수정보충 연도)	해당 조항	내용
재자원화법(2020)	4개 장, 46개 조문	• 모든 장, 조문 자체가 재자원화와 관련
유기산업법(2005)	제16~18조	• 포장재의 순환이용성, 재생에너지의 활용, 폐기물 배출의 최소화와 재활용, 재자원화 기술 도입
환경보호법(2021)	제24조 제49조 제50조	• 도시오물의 재자원화 • 재자원화기술의 도입 • 폐기·폐설물, 생활 오물의 재자원화
도시미화법(2015)	제31조	• 오물의 재자원화
사회주의재산관리법(1998)	제50조	• 부산물 폐기물의 회수 이용
폐기폐설물취급법(2007)	제3조 제29조	• 폐기폐설물의 취급 원칙 • 기관, 기업소, 단체의 폐기·폐설물 재이용
기업소법(2015)	제44조	• 폐수의 회수 이용
축산법(2015)	제27조	• 알곡먹이의 생산과 공급, 고리형순환생산체계 수립
농장법(2015)	제25조	• 농산과 축산의 고리형순환생산체계 확립
재생에너지법(2013)	제31조	• 생물질 이용 기술의 도입
자재관리법(2015)	제23조 제36조	• 부산물, 폐기·폐설물, 고자재의 회수 이용 • 행정적 책임

자료: 필자 작성.

2020.5.30). 국가는 재자원화 제품에 대한 가격과 규격승인, 생산 허가를 적기에 내주며 재자원화 제품 생산단위들을 우대해 주고 있으며 재자원화를 장려하기 위한 국가적인 조치도 진행하고 있다(≪NK경제≫, 2020.11.5).

북한은 다양한 법률을 제정해 이 같은 내용들의 시행을 강제하고 있다. 재자원화 사업을 법률로 규제함으로써 등한시하면 처벌도 할 수 있는 근거를 만들었다는 점에서 북한이 이 사업을 얼마나 중요시하고 있는지를 짐작할 수 있다. 조선중앙통신 보도(2020.5.26)에 따르면 재자원화법은 나라의 재자원화 사업에서 제도와 질서를 엄격히 세워 인민경제의 지속적 발전과 생태환경을 보호하는 데 이바지하는 것을 사명으로 하고 있다. 4개 장(재자원화법의 기본, 재자원화 계획, 폐기폐설물과 생활 오물의 관리, 재자원화 사업에 대한 지도통제)에 46개 조문으로 구성되어 있다(LH토지주택연구원, 2020: 8~9). 재자원화법의 전문은 아직 공개가 안 됐지만, 공개된 내용만 보고 판단하면 이는 우리의 폐기물관리법, 자원순환기본법, 자원의 절약과 재활용 촉진에 관한 법률 내용 등과 유사해 보인다.

북한 당국은 2020년 재자원법이 도입되기 이전에 이미 다양한 법률을 통해 환경 분야뿐만이 아니라 경제 전반에 걸쳐 재자원화, 자원 회수 이용, 순환형 생산체계를 강조했다(이승무, 2019: 1~17). 2005년 11월 23일에 채택된 유기산업법이 포장재의 순환이용성, 재생에너지의 활용, 폐기물 배출의 최소화와 재활용, 재자원화 기술 도입 등을 규율했다.

> 유기산업은 화학적인 방법으로 합성해 만든 비료, 농약, 사료, 수의약품, 원료, 자재, 가공첨가제 같은 것을 거의 쓰지 않고 인민들의 건강증진에 유익한 농산물, 수산물, 목제품, 식료품, 의약품, 화장품, 공예품, 방직 및 피복 제품 같은 것을 생산하는 경제 부문이다. 국가는 유기산업 부문에 대한 투자를 늘이고 그 구조를 개선·완비해 유기제품에 대한 수요를 원만히 보장하도록 한다(제2조)(국가정보원, 2017: 404).

이 법령은 경제 부문 자체를 순환경제의 원리에 따라 운영하는 것을 권장하고 있다. 예를 들면 해당 기관, 기업소, 단체는 생산한 유기제품을 정해진 기간까지 그 질과 위생안전성을 보장할 수 있고 재순환과 재이용할 수 있거나 생물학적으로 분해할 수 있는 포장재로 포장하며 '유기'라는 문구가 있는 상표를 붙여야 한다(제16조). 해당 기관, 기업소, 단체는 유기제품의 생산에서 석탄, 원유 같은 화석에네르기 소비를 극력 줄이고 자기 단위의 자연지리적 특성에 맞게 태양열, 풍력, 생물가스 같은 재생에네르기를 적극 개발·이용해야 한다(제17조). 해당 기관, 기업소, 단체는 재자원화기술을 적극 받아들여 생산과정에 폐설물이 극력 나오지 않도록 해야 한다. 생산 과정에 나오는 폐설물은 무독화·정화해야 한다(제18조).

환경보호법도 재자원화 관련 조항을 다루고 있다. 특히 북한 최고인민회의 상임위원회는 가장 최근인 2021년 6월 17일 환경보호법 제50조(폐기폐설물, 생활 오물의 재자원화) 등을 수정·보충했다(조선중앙통신, 2021.6.17). 2011년 8월 23일 수정·보충된 환경보호법 제49조(재자원화기술의 도입)에서는 기관, 기업소, 단체는 생산과정에서 나오는 부산물과 폐기폐설물들을 재자원화하기 위한 기술을 적극 받아들여 환경오염을 막고 원료, 자재의 소비를 줄이며 재자원이용률을 높여야 한다고 규정한 바 있다(법률출판사, 2012: 594). 제24조에서도 도시오물의 재자원화를 규정하고 있다. 지방인민위원회와 해당 기관, 기업소, 단체는 도시오물을 탄재, 파지, 파수지, 교포, 파유리, 파철, 유기질비료 생산용 오물 같은 것으로 분류해 최대한 재자원화해야 한다(국가정보원, 2017: 185). 도시미화법(2015년 1월 17일 수정보충) 제31조(오물의 재자원화)에서도 도시경영 기관은 선진 과학기술의 성과를 적극 받아들여 오물을 재자원화해야 한다고 규정하고 있다(국가정보원, 2017: 84). 1998년 수정·보충된 사회주의 재산관리법에도 "기관, 기업소, 단체는 부산물, 폐기폐설물, 고자재 같은 것을 최대한 회수리용 해야 한다"(제50조)라고 명시되어 있다. 북한 당국은 이미 오래전부터 재자원화에 관심을 갖고, 지속적으로 확대·발전시키는 노력을 기울여 왔음을 확인할 수 있다.

북한의 폐기물관리를 규정하고 있는 법령은 폐기폐설물취급법이다. 이 법은 이미 2007년 4월 26일에 채택됐다(국가정보원, 2017: 253). 이 법의 제3조(폐기폐설물의 취급원칙)에서는 폐기·폐설물 취급을 바로 하는 것은 나라의 환경과 인민들의 건강을 보호하기 위한 근본 요구라고 규정하고 있다. "국가는 폐기폐설물을 방사성폐기폐설물, 유독성폐기폐설물, 일반폐기폐설물로 구분해 취급처리하며 폐기폐설물의 배출량을 최대로 줄이고 재리용하도록 한다"라고 하여 환경과 건강을 보호하기 위한 법의 목적을 밝히고 있고, 배출량최소화와 재이용을 원칙으로 삼고 있다. 기관, 기업소, 단체는 배출된 폐기폐설물을 재이용해야 한다. 이 경우 국토환경 보호기관과 위생방역 기관의 합의를 받아야 한다(제29조). 2015년 수정·보충된 기업소법에서는 특히 폐열의 회수·이용을 규제했다. 즉 "기업소는 연료소비기준을 부단히 낮추며 폐열을 회수이용하는 체계를 엄격히 세워야 한다"(제44조)라는 것이다.

북한은 '재자원화'와 '고리형순환생산체계', 즉 순환경제를 근간으로 지역 내 생산시스템과 환경 관리를 연계해 관리·강화하고 있다(유재심, 2021: 3). 축산법, 농장법, 재생에너지법 등에서도 순환경제 관련 조항을 명시하고 있다. 2015년에 수정·보충된 축산법에서는 '고리형순환생산체계'를 규정해 순환경제의 개념을 도입하고 있다. 예를 들면 제27조(알곡먹이의 생산과 공급)는 "부침 땅을 리용해 축산을 하는 기관, 기업소, 단체는 토지의 면적과 비옥도, 기상기후조건, 집짐승의 사양 관리 기준에 맞게 집짐승먹이작물을 합리적으로 배치하며 축산과 농산의 고리형순환생산체계를 세워 생산을 늘려야 한다"라고 규정하고 있다. 여기서 고리형순환생산체계는 한국에서는 보통 '자원순환농업'이라고 하며, 북한에서는 집짐승 배설물로 메탄가스를 생산하고 여기서 나오는 발효액과 찌꺼기로 채소 재배, 양어, 버섯, 먹이풀 기르기, 축산 등을 효과적으로 진행할 수 있는 것이라고 설명한다. 고리형순환생산체계에서 무엇보다 중요한 것은 유기질 비료의 생산과 이용이다. 유기질 비료는 농부산물과 사람이나 가축의 배설물과 같은 재생 가능한 자원을 이용해 만든 비료로, 농작물의 영양분이 될 뿐 아니라 지력을 높여 식량 생산을 기대할 수 있게 한다. 또한 알곡과 채소, 고기, 알, 축산물, 버섯, 생선 등의 부업 생산물이 생기고 가축 배설물, 지렁이, 메탄가스 발효찌꺼기 등이 토양에 반입되는데 이는 토양의 지력을 높이는 데 매우 큰 역할을 함으로써 농산물의 정보당 수확고를 높일 수 있게 한다(통일부 북한정보포럼, 2021.7.5). 역시 2015년에 수정·보충된 농장법 제25조는 아예 농산과 축산의 고리형순환생산체계 확립을 "농업지도기관과 농장은 집짐승을 길러 물거름을 생산하고 물거름을 쳐서 알곡 생산을 늘이며 그 알곡을 먹이로 해 고기를 생산하는 농산과 축산의 고리형순환생산체계를 세워야 한다"라고 명시하고 있다(국가정보원, 2017: 876). 2013년 채택된 재생에너지법에서도 순환을 강조하고 있다. 제31조는 생물질이용기술의 도입에 관한 규정으로서 이에 따르면 해당 기관, 기업소, 단체는 생물질의 재순환을 철저히 보장하며 에너지 수요 보장과 산림 보호, 논밭의 지력 개선을 다 같이 만족시키는 생물질 이용 기술을 적극 발전시키고 확대·도입해야 한다. 2015년에 수정·보충된 자재관리법 제23조에도 부산물, 폐기폐설물, 고자재의 회수 이용에 대한 규정을 두고 있는데, 이에 따르면 기관, 기업소, 단체는 자재를 이용하는 과정에 나오는 부산물, 폐기폐설물, 고자재 같은 것을 망탕 버리지 말고 재생해 이용할 수 있는 것은 모조리 회수·이용해야 한다. 만약 자재 이용 과정에 나오는 부산물, 폐기·폐설물, 고자재 같은 것의 회수 이용 체계를 세우지 않아 자재를 낭비했을 경우 기관, 기업소, 단체의 책임 있는 일군과 개별적 공민에게 정상에 따라 해당한 행정처벌을 내린다(제36조).

김정은 정권이 지향하는 목표는 사회주의 경제강국, 더 정확하게는 자립경제강국의 건설이다(리기성 외, 2017: 47). 대내외적 상황 변화와 무관하게 일관성 있게 달성하고자 하는 목표가 자립경제강국의 건설이다. 대외 개방 정책도 자립경제강국 건설이라는 목표를 달성하기 위한 수단일 뿐이다(임을출, 2018: 87~88). 이런 맥락에서 국산화와 재자원화는 일시적·한시적 정책이 아니라 자립경제를 구축하기 위한 중장기적 핵심 정책으로 평가할 수 있다. 이는 북한이 기간공업 등 핵심 분야의 원료와 연료를 북한의 국내 자원으로 보장해 지속적인 생산과 경제성장을 가져오는 종합적인 경제구조를 구축하는 데 집중하고 자재, 설비의 국산화를 통해 외화를 절약하고, 최대한 경제적 효과를 창출하고자 하는 의도를 통해서도 확인된다(이유진, 2017: 120~123).

자립경제강국은 "자립성과 주체성이 강한 나라, 국방건설과 경제 건설, 인민생활에 필요한 물질적 수단들을 자체로 생산보장하는 나라"로 규정되고 있다. 김정은은 이런 나라를 건설하기 위한 중핵적인 문제가 원료와 연료, 설비의 국산화의 실현이라고 강조했다. 이는 북한 자체의 힘과 기술, 자원으로 경제강국 건설에 필요한 원료, 연료, 설비에 대한 수요를 기본적으로 자체적으로 보장하는 것을 의미한다. 북한 측은 스스로 이런 국산화 노선이 새로운 노선이라고 강조하고 있으며, 이 노선이 북한 경제를 안전하고 전망성 있게 발전시키게 만드는 가장 정당한 노선이라고 강변하고 있다. 원료, 연료, 설비를 자체적으로 보장할 때만이 외부적 요인의 영향을 받지 않고 경제의 자립성을 물질적으로 확고하게 담보할 수 있다고 인식하고 있는 것이다(이유진, 2017: 47). 오늘날 자립경제강국 건설의 비전은 자강력제일주의라는 새로운 이데올로기에 의해 체계적으로 뒷받침되고 있기도 하다. 국산화를 발전시키는 것은 자강력제일주의의 중요한 요구로 간주되고 있다. 그래서 북한 내 모든 기업체는 자강력제일주의 기치를 높이 들고 현대 과학기술의 성과를 널리 받아들여 기업체의 물질경제적 조건을 지식경제시대의 요구에 맞게 일신시키고 원료, 자재의 국산화를 적극적으로 추진해 생산을 높은 수준으로 끌어올려 자립경제강국 건설에 기여하기를 요구받고 있다(권길복, 2017: 12).

국산화와 재자원화는 과학기술 발전에 의해 뒷받침되고 있다(임을출, 2018: 93~97). 다른 측면에서 보면 국산화와 재자원화는 과학기술 발전이라는 목표 달성을 위한 수단으로 활용되고 있기도 하다. 과학기술자들은 대규모로 생산 현장에 투입되어 국산화 과정에서 직면하는 각종 문제점을 해결해 주고 있다. 북한은 지난 1970년대부터 이른바 '2월 17일 과학자·기술자 돌격대'를 각지의 공장과 기업소 등에 파견해 신기술 연구와 기술혁신 방안을 지원해왔다. 김정은 시대 들어와 이 같은 과학기술자 조직의 활동이 더욱 강화됐는데, 이는 생산 지원 수입에 의존하지 않고 과학자들의 '역량'으로 핵심 산업현장의 기술적 난관을 돌파하겠다는 의도로 분석된다. 북한 당국은 2013년부터 경제강국 건설을 위한 전략으로서 새 세기 산업혁명을 강조하는데, 이는 본질적으로 과학기술혁명으로 규정되고 있다. 북한은 사회주의 경제강국의 중요한 징표는 주체성과 자립성이며, 경제적 자립은 기술적 자립에 의해 담보된다고 인식한다. 과학기술적 예속은 경제적 예속을 낳고, 경제적 예속은 곧 정치적 예속을 낳는다는 것이다. 따라서 스스로의 과학기술에 의거해야 경제의 자립성을 확고히 보장할 수 있으며 그 어떤 국제경제 변동에도 끄떡없이 경제 건설을 추진할 수 있다는 논리다(김영홍, 2017: 7).

김정은은 2018년 신년사에서 자립경제발전의 지름길은 과학기술을 앞세우고, 경제작전과 지휘를 혁신하는 데 있다고 강조했다(조선중앙TV, 2018.1.1). 북한은 최고의 이공계 대학인 김책공업종합대학 연구진 등을 경제현장에 투입해 국산화 성과를 올리는 데 기여하도록 하고 있다. 김책공대는 최근 인민경제의 자립성과 주체성을 강화하기 위해 수십 개 대상에 400여 건의 과학연구 과제를 수행하겠다는 목표를 세웠다. 연구 사업의 한 사례가 북한식 산소열법 용광로의 시운전에 제기되는 과학기술적 문제들을 해결한 것으로 북한매체는 소개하고 있다(≪노동신문≫, 2018.2.11).

사실 핵과 미사일 분야에서의 개발 성과들과 자신감 상승이 민수 분야 국산화 정책을 북한이 보다 적극적으로 추진하게 된 배경으로 볼 수 있다. 사실상 국산화가 국방·공업 분야에서 먼저 시작된 셈이다. 북한은 지금도 1998년에 발사한 자칭 인공지구위성 '광명성 1호'를 100% 자체의 힘과 기술로 만들었다고 주장하고 있다. 이뿐만 아니라 2009년 4월에 발사한 '광명성 2호', 2012년 12월 발사한 실용위성 '광명성 3호', 2016년 2월에 발사한 지구관측

위성이라는 '광명성 4호' 모두를 국산화 성과로 주장하고 있다(리기성, 2017: 93). 김정은은 2013년 1월 1일 처음으로 육성으로 신년사를 발표하면서 두 기의 인공위성 제작과 발사 성공이 100% 자체 힘, 기술과 지혜로 가능했다고 직접 언급하기도 했다(조선중앙TV, 2013.1.1). 나아가 북한은 2013년 채택된 경제·핵개발 병진 노선에 따라 자립적 핵동력공업의 발전에 돌입했다.

국산화 정책의 본격적인 실행은 인민경제의 현대화·정보화 등 과학기술의 발전과 직접 연관되어 있다. 과학기술이 국산화 정책 추진의 핵심 동력으로 작용하고 있는 것이다. 오늘날 북한에서는 '과학기술과 생산의 일체화'를 부쩍 강조하고 있는데, 이는 생산을 과학기술적 토대 위에서 발전시켜 나간다는 것을 의미한다(김종철, 2017: 18). 이때 생산은 국산화 제품 생산과 무관치 않다. 북한은 원료, 연료 및 설비의 국산화 노선은 인민경제의 현대화·정보화 추진에 발맞춰 생산을 정상화하고, 빨리 확대할 수 있게 만드는 가장 정당한 노선이라고 강조하고 있다(리기성, 2017: 48). 북한은 원료, 연료 및 설비의 국산화가 생산을 정상화하고 확대하는 데서 중요한 물질적 조건으로 간주하고 있다. 김정은 정권은 국산화 정책과 관련해 경공업 공장, 기업소들의 현대화를 적극 추진하고 있는데, 이 또한 자강력제일주의 아래 국산화를 진전시키고자 하는 의도가 내포되어 있다(홍성남, 2017: 23).

또한 김정은 정권 시대 출범 이후 첨단 과학기술의 성과에 기초해 인민경제의 개건 현대화가 적극 추진되고 생산의 기술장비 수준이 빠르게 높아지면서 원료, 연료, 설비에 대한 수요가 선순환적으로 높아지고 있는 것도 국산화 추진의 주요한 배경이 된다. 김정은은 원료 투입으로부터 생산, 포장, 보관, 운반에 이르는 모든 공정을 자동화·무인화하는 정책을 추진해 왔는데, 공장 현대화의 핵심은 국산화라고 규정했다(조선중앙통신, 2015.11.15).

북한은 기본적으로 늘어나는 원료, 연료와 설비의 국산화를 실현해야 세계적 경제파동과 무관하게 또한 경제제재에도 불구하고 급증하는 수요를 원만히 보장할 수 있다는 인식이다. 김정은 시대 출범 이후 과학기술은 원료와 연료 설비 국산화에 중심을 두고 공장 기업소들의 현대화와 생산 정상화에 기여하는 역할이 갈수록 강조됐다(조선중앙TV, 2017.1.1). 또한 국산화된 인민소비품 질 제고와 관련해 첨단 과학기술의 도입이 불가피함을 역설하고 있다. 현시대는 과학기술의 시대인 만큼 인민소비품의 질 제고는 현대적인 과학기술을 도입하지 않고서는 실현할 수 없다는 인식이다(김시남, 2010: 20~21). 이런 인식은 김정일 시대부터 강조된 것이기도 하다.

4. 시장화에 의존한 자력갱생

한편 김정은 정권은 새 세기 산업혁명, 지식경제시대, 국방과학기술의 발전과 더불어 시장화도 더욱 촉진하는 정책을 폈다. 김정은 정권 출범 이후 시장화는 더욱 촉진됐다. 2012년 공식 출범한 김정은 정권은 2011년 화폐개혁의 실패를 교훈으로 삼아 오히려 시장을 적극 활용해 북한 경제를 활성화하고 체제 내구력을 강화하려는 정책을 폈다. 화폐개혁의 실패는 북한 경제가 이제는 결코 계획경제체제로 회귀할 수 없고, 시장이 북한 경제 내에 구조화되어 있음을 보여주는 사건이었다(통일교육원, 2021: 188).

특히 주목할 대목은 각자도생식 자력갱생을 견인하는 주체로 김정은 시대에 돈주가 본격적으로 등장한 점이다. 국가공급체계가 붕괴되면서 주민들은 국영 상점망이 아니라 시장을 통해 생필품을 구매하게 되고, 이에 따라 재정으로 화폐가 환류되지 않은 채 개인의 호주머니에 축적(저축)되면서 개인 보유 화폐가 증가했고, 이 과정에서 돈주가 등장한다. 북한은 1990년대 중반 이후 재정이 파탄나면서 국가은행을 통한 자금융통을 대폭 축소하거나 중단하게 됐다. 재정 수입을 받아들이고 지출하는 역할을 담당하는 중앙은행의 재정 관리 역할 수행이 어려워지자 기업에 대한 자금 제공을 예산으로부터 신용대출로 전환했다(윤덕룡, 2013: 11). 특히 독립채산제 기관은 필요한 자금을 은행의 대부 자금을 이용하도록 했다. 그 결과 기업에 대한 자금 보장 책임이 국가재정에서 기업과 은행으로 전환됐으나 이들이 제 기능을 하지 못하면서 기업을 비롯한 각 생산 주체는 비공식 시장에서 독자적 생존을 모색하게 됐고, 이 과정에서 돈주에 의존하게 됐다.

사금융이 가장 활성화된 계기는 2012년 김정은 정권이 공식적으로 출범하자마자 취한 새로운 경제관리개선 조치, 즉 '우리식 경제관리방법'으로 보는 것이 타당해 보인다. 당시 김정은 당 제1비서는 2012년 새로운 경제 관리 체계인 이른바 '6·28조치'를 실시하면서 주민들의 장롱 속 달러를 끌어내기 위해 "돈의 출처를 따지지 말고 투자하게 하고, 이윤도 보장해주라"라는 지시를 내린 것으로 알려졌다. 이에 따라 부를 축적한 북한의 돈주들은 부동산을 비롯한 다양한 사업에 투자를 시작하고, 이를 통해 적잖은 사적 자본을 축적하는 현상이 보편화된다. 김정은은 2011년 말에 이 방향을 제시했으며, 경제 부문 일군, 학자들이 개선안을 검토하고 일부 단위에서 시범 도입한 후 그 폭을 넓혀오다가 2014년 5월 김정은이 '우리식 경제관리방법의 확립'에 관한 원칙적 문제들을 다 밝혀주었다고 북한 사회과학원 경제연구소 연구사인 리기성 교수는 밝히고 있다(≪조선신보≫, 2015.1.26). 이 방법에 따라 북한에서는 "내각책임제, 내각중심제가 강화되고 모든 기업체들이 기업활동을 주동적이고 창발적으로 해나갈 수 있게 일련의 권한들(계획권, 생산조직권, 제품개발권, 노력관리권, 재정권, 합영합작권 등)이 조정됐다"라고 주장한다.

≪조선신보≫는 2015년 2월 11일 '광명성절경축 재일본조선사회과학자들의 연구토론회' 소식을 전하면서 "특히 2013년 8월 15일에 공업부문과 농업부문에 이미 도입된 새로운 경제관리방법을 '사회주의기업책임관리제'로 정식화하고 이를 전면적으로 실시할 데 대한 방침이 제시된 것이 큰 전환점으

로 됐다'라고 보도했다. 김정은이 2014년 '5·30담화'에서 제기한 '사회주의기업책임관리제'가 2013년 8월 15일 정식화되고 전면 실시됐음을 확인할 수 있다. 당시 재일본조선사회과학자협회(사협)중앙 부회장인 박재훈 조선대학교 경영학부 부학부장은 이같이 전하고 '사회주의기업책임관리제'의 내용에 대해 기업이 자기 실정에 맞게 독자적인 경영 활동을 벌일 수 있도록 하며, 사회주의분배를 옳게 실시해 노동 의욕을 높임으로써 근로자들의 책임과 역할을 강화할 목적 아래 기업에 일정한 권한을 부여하는 것이라고 설명했다. 박재훈 부회장은 이 같은 북한의 '우리식 경제관리방법'은 김정은 제1위원장의 "직접적인 발기아래 2011년 말부터 진행되어 온 것"이라고 확인했다.

현재 북한의 대내 경제정책은 김정은이 당, 국가, 군대기관 책임 일군(간부)들을 대상으로 2014년 5월 30일 진행한 이른바 '5·30담화'에 집약되어 있다. 이 담화의 제목은 '현실 발전의 요구에 맞게 우리식 경제관리방법을 확립할 데 대해'이다. '우리식 경제관리방법'이 핵심이고, 이는 본문에서 '사회주의기업책임관리제'로 제시되고 있다. 김정은은 담화에서 "사회주의기업책임관리제는 공장, 기업소, 협동단체들이 생산수단에 대한 사회주의적 소유에 기초해 실제적인 경영권을 가지고 기업활동을 창발적으로 해 당과 국가앞에 지닌 임무를 수행하며 근로자들이 생산과 관리에서 주인으로서의 책임과 역할을 다하게 하는 기업관리방법"이라고 규정했다. 기업체들은 "제품개발권과 품질관리권, 인재관리권을 행사"하고, "근로자들이 담당책임제를 실정에 맞게 제시"하며, "일한 것만큼, 번 것만큼 보수를 공정하게 받도록"하자는 것이다.

사회주의 원칙을 훼손하지 않는 한 기업소가 '실제적인 경영권'을 제품 개발에서 보수 분배까지 모두 행사할 수 있도록 큰 폭의 자율성을 부여한 것이 특징이다. 결국 '사회주의기업책임관리제'는 '독립채산제'와 '차별임금제'로 표현되고, '지배인 책임경영제'로 실현되는 제도로 볼 수 있다. 지배인이 자신의 기업소에서 일하는 근로자들에게 기본급 외에 얼마만큼의 수당(상금, 장려금, 가급금)을 보장해 줄 수 있는지에 따라 능력 유무를 평가받게 된다(통일뉴스, 2015.1.13). 이 같은 '5·30담화'는 이전의 여러 경제관리개선 조치와 경제관리방법을 실시한 결과물을 평가한 토대 위에서 나온 조치라 할 수 있다. 북한은 2012년 초부터 농촌 부문에서 포전담당책임제를 실시했으며, 산업 부문에서는 '12·1조치'를 통해 기업소의 독립채산제 실시와 경제개발구 개발을 추진했다. 2013년에는 '3·1조치'를 통해 기업소들에 독립채산제를 확대·실시하고 협동화폐제를 도입했다. 12·1조치는 기업소가 원자재 대금 등을 계약에 따라 지불하고 수입 중 토지 이용료와 설비 사용료, 전기료 등을 국가에 납부하고 남은 수익금을 성과급 중심으로 노동(공분)에 따라 분배한다. 이는 사실상 '차등임금제'의 성격을 내포하고 있었다. 실제로 이 같은 독립채산제가 시범 실시된 기업소에서는 지배인이 임금을 결정함에 따라, 자주 모범 기업소로 소개되고 있는 '3·26전선공장'의 경우 2012년 8월부터 월급을 단계적으로 인상해 2013년 4월 현재 종전보다 20~30배 수준에 달하고 일부 노동자는 100배 이상으로 뛰었다고 보도되기도 했다.

그러나 유의할 대목은 북한 당국이 2014년 본격 시행 중인 것으로 알려진 사회주의기업책임관리제(5·30조치)의 근간이 된 '김정은 노작'도 여전히 국가가 결정하는 국가계획 이외의 부분에서만 기업의 자율권을 인정하고 있다는 점이다. 구체적으로 예를 들면 기업이 생산계획을 만들 계획권, 어떤 생산조직으로 하는지 결정하는 생산조직권, 분배를 어떻게 할까 하는 분배권, 무역 또는 합영할 권리 등을 기업에 부여했다는 것이다. 다만 국가전략에 관한 기본계획, 국가계획은 국가가 결정하고 그 외에는 기업이 자유롭게 그런 권리를 행사할 수 있다. 그러나 이 제도도 시장 기능의 확대에 상당한 기여를 할 것으로 보인다. 일본 내에서 손꼽히는 북한 경제 전문가인 고마키 데루오(小牧輝夫) 전 고쿠시칸 대학 교수가 실제 2013년 국산 내의를 생산하는 북한 공장 견학 후에 한 경험담은 주목할 만하다(자유아시아방송, 2014.12. 15). 즉 방문

〈표 3-4〉 **우리식 경제관리방법의 내용**

구분	우리식 경제관리방법(2012년 6월 28일 발표)
방향	• 시장 활용 및 외자 유치를 통해 농업·경공업 정상화
농업	• 분조 내에서 구획(포전) 중심 운영 - 구획 규모는 3~5명 수준 • 국가계획 달성 시 작물 자율선택 가능 • 초과 생산물 현물 분배 및 자율 처분 허용 - 단, 국가가 50여 가지 생활필수품을 공급하고 식량을 매입
기업	• 초과 수익 자율 처분 허용 - 국가납부금 납부 후 수익 자율처분 - 임금 현실화 • 국가계획 달성 시 자체 생산 판매 가능 • 생산 조직(잉여인력 조정 요청), 무역, 합영·합작 권한 부여
유통, 가격, 금융	• 국영 상점망 강화 - 주문제 상품공급체계 정립 - 계획 초과분, 계획 외 상품 취급 • 기업소 외화 계좌 개설

자료: 필자 작성.

공장에서는 국가계획을 초과 달성하고 그 외에 생산한 것은 자유롭게 처분할 수 있었다. 그리고 그 국가계획에 없는 제품도 평양 시내에 있는 백화점과 계약하고 따로 그 백화점을 위해서 생산하고 가격은 서로 상의해서 결정할 수 있다. 다만 기업이 이처럼 비록 부분적이나마 자율적으로 제품을 생산한 뒤 처분하고 그 이윤을 자유롭게 분배함으로써 노동자들의 급여가 높아져 결국 시장에서 물건을 살 수 있게 되는 등 시장 기능이 강화되는 데 기여하게 된 것이다.

2013년 4월 4일 자 ≪조선신보≫에 실린 "경제관리개선조치 1년"이라는 기사에서 "우리식 경제관리방법을 연구 완성하는 사업이 추진되고 있다"라며 "작년(2013) 3월부터는 전국의 모든 생산단위들이 경영활동을 독자적으로 벌여나가도록 하는 조치가 취해졌다"라고 보도했다. 12·1조치에 이어 3·1조치를 거쳐 '우리식 경제관리방법'이 확대 실시됐음을 확인한 것이다. 북한 경제

정책의 흐름을 보면 초기의 경제관리개선 → 경제관리방법의 연구 완성 → 경제관리방법 확립으로 발전되어 왔음을 확인할 수 있다. 이런 변화는 아버지 김정일 시대에 경제관리개선을 거쳐, 김정은 시대에 들어와서는 새로운 경제관리방법에 대한 시범적 운영과 토의, 연구 과정이 마무리되고 '우리식 경제관리방법'이 전면 실시 단계로 진입하면서, 2015년 신년사에서 밝힌 대로 우리식 경제관리방법의 확립을 목표로 달려가고 있는 것으로 분석된다.

결국 김정은 시대에 더욱 적극적으로 채택되고 있는 '독립채산제', '차별임금제', '지배인 책임경영제' 등은 기업소가 원자재를 비롯해 필요한 토지나 설비 등 물적 자원뿐만 아니라 인적 자원까지 스스로 구하지 않으면 안 되는 상황으로 몰아가고 있는 것이다. 지배인으로서는 기업소의 실적 제고를 위해 결국 외부로부터 필요한 것들을 공급받으려고 사력을 다할 수밖에 없게 된다. 지배인은 독립채산제에 기초한 경영자율권을 부여받고, 원료의 조달과 생산물 제조와 판매, 심지어 대외 무역권한까지 갖게 됐지만 이에 상응하는 책임과 부담을 떠맡게 된 것이다. 이 같은 김정은 체제가 내건 새로운 경제관리 조치는 북한 돈주들의 사회적 지위와 역할을 더욱 강화하는 결과를 불러왔다. 기업소의 당비서나 지배인들은 돈주들을 끌어들여 기업소 곳곳에 배치해 중책을 맡기면서 사실상 돈주들이 기업과 경제를 주도하는 주역이 된 것이다. 김정은 정권이 경제 분야에 대한 자율권을 부여하면서 북한 경제는 자금력을 갖춘 시장 돈주들에 의해 대부분 좌지우지되고 있는 것이다(자유아시아방송, 2014.12.15). 예를 들면 북한 내륙 지방에서 무역업에 종사하는 40대 한 남성은 "지금 신의주시에 주재하고 있는 무역회사와 상품 유통회사들은 미화 수십~수백만 달러를 가진 돈주들이 대부분 장악하고 있다"라면서 "이 사람들이 빠지면 사실상 국가경제가 돌아가지 않는다"라고 밝히기도 했다. 이 돈주들은 노동당과 군부 산하의 무역회사에 소속되어 북한의 원자재 수출과 중국으로부터 완제품 수입까지 도매와 유통을 장악하고 있다는 것이다(자

<표 3-5> **우리식 경제관리방법 추진의 경과**

시기	내용
2012.01.28	• 김정은: 노동당 간부들과의 대화에서 경제활성화를 위한 다양한 정책 모색 지시
2012. 2월 초	• 2004년 '확대된 개선조치'안을 작성한 상무조였던 노두철·곽범기를 중심으로 한 내각 상무조 구성
2012.04.06	• 김정은 담화: 선군시대 경제 건설 노선의 요구대로 국방공업에 선차적 힘을 넣으면서 강성국가 건설과 인민생활 향상을 총적 목표로 한 '변화', 즉 기존 경제정책의 계승과 변화 주문 • 7·1조치 주역 박봉주 경공업부장으로 복귀
2012.06.28	• 6·28방침: 새로운 경제 관리 체계 하달
2012.07	• 새로운 경제 관리 체계 일부 지역, 일부 협동농장·기업소 시범 추진 시작
2012.12.01	• 12·1조치: 기업소 독립채산제 추진, 경제개발구 추진
2013.03	• 3·1조치: 협동화폐제(기업소 외환 계좌 개설 허용) 실시, 기업소 독자경영체제 전면 실시
2013.03.31	• 경제·핵무력 건설 병진 노선 당 중앙위원회 전원회의에서 채택
2013.04	• 박봉주 내각총리로 복귀
2013.05.29	• 경제개발구법 제정
2013.08.15	• 8·15방침: 사회주의기업책임관리제 정식화, 전면 실시
2013.11.21	• 13개 경제개발구 발표
2014.02.06	• 전국 농업분조장대회 김정은 담화문: 분조관리제 안에서 포전담당책임제를 전면화하는 내용
2014.5.30	• 5·30담화: 김정은 사회주의 원칙 고수하의 사회주의기업책임관리제 공식 언급
2014.11.5 2015.5.21	• 사회주의기업책임관리제 도입에 따른 '기업소법' 수정·보충
2016.05	• 김정은 노동당 제7차 당대회에서 경제강국 건설을 위한 하나의 과제로서 '우리식 경제관리방법'을 전면화 지시

자료: 필자 작성.

유아시아방송, 2014.12.15).

　　북한 측 입장을 대변하는 ≪조선신보≫는 "우리식 경제관리방법을 연구 완성하는 사업이 추진되고 있다"라며 "작년(2013) 3월부터는 전국의 모든 생산단위들이 경영활동을 독자적으로 벌여나가도록 하는 조치가 취해졌다"라고 보도한 바 있다(≪조선신보≫, 2014.4.4). 이러한 독자 경영체제 도입은 "국가 계획을 벗어난 생산을 자체의 결심으로 조직하고 판매하며 종업원들의 보수, 복리후생 등도 자체의 실정에 맞게 실시하도록 하는 내용"이라고 설명했다. 독자 경영체제를 2013년 3월부터, '전국의 모든 생산단위들'에 실시한 것이 공식적으로 확인된 것이다. 이런 정책의 변화가 사금융의 확대·발전에 적잖은 기여를 한 것으로 판단된다. 각 경제 주체들의 자율 경영을 금융적으로 뒷받침할 수 있는 수단으로서 사금융이 존재하기 때문이다. 김정은 정권이 추진하고 있는 '새로운 경제관리방법'은 김정일 시대의 경제관리개선 조치와 비교하면 다음과 같은 점들에서 차별성을 보이고 있다.

첫째, "경영권한을 현장에 보다 많이 부여"했다. 김정일 시대와 달리 지금은 공장·기업소에 "경영전략"이라는 이름 아래 기업 스스로의 계획에 따른 원자재 거래, 생산품목·가격·임금의 결정, 수익금의 사용 권한, 생산물의 자율 판매 권한 등을 부여해 주고, 기업소 자체의 현금 계좌 및 외화 계좌 개설도 허용하고 있다(≪조선신보≫, 2013.5.10). 즉 기업소·공장의 국가계획 외에 기업 자체 계획의 수행 및 업종 전환도 허용해 줌으로써 이미 관행화되어 있는 기업소·공장들의 시장 지향 경영 활동을 수용하고 있다. 이는 1980년대 초반 중국이 시행했던 기업의 자율성과 권한을 늘려주고 국가납부금을 제외한 사내 유보 몫을 늘려 인센티브를 제고하는 개혁 조치와 상당히 유사한 것으로 평가받고 있다.

2013년 4월 24일 자 ≪조선신보≫는 2012년과 2013년에 여러 차례 평양시에 자리 잡고 있는 '3·26 전선공장'의 모범 사례를 통해 공업 분야에서의 '우리식 경제관리방법'의 시범 운영 상황에 대해 소개했다. 한마디로 계획 수립에서부터 생산, 제품 및 수익의 처분과 관련해 기업의 권한을 크게 확대하는 방향으로 '우리식 경제관리개선조치'가 진행되고 있음을 확인해 준 것이다. 또한 계획을 수행해 벌어들인 수입의 일부를 국가에 납부하고, 나머지 기업분배 몫에 대해서는 설비 투자, 생활비 인상, 후방(사내 복지) 시설 확장 등 용도를 기업이 결정할 수 있게 했다. 게다가 확대·재생산 관련 계획과 수출에 관한 업무도 기업 스스로 결정할 수 있게 됐다는 점도 눈에 띄는 대목이다.

둘째, 생산성을 높이기 위해 사회주의 분배 원칙에 따라 노동자들이 노동성과만큼, 생산한 것만큼 받아가도록 임금을 현실화하고 있다. 기업의 생산실적에 따라 기본급의 10배 이상 100배까지도 지급하는 것을 허용해, 근로자들의 임금이 시장물가 상승에 조응하도록 하고 있다. 기업 이윤의 처분에 대한 권한이 확대된다는 것은 기업의 경영상 자율성 및 인센티브가 확대되는 것을 뜻한다. 더욱이 3·26전선공장의 사례에도 나타나 있듯이 무엇보다도 기업이 자율적으로 노동보수의 몫을 늘릴 수 있고, 개인당 임금의 상한도 규제하지 않는다면 노동자들에 대한 인센티브는 크게 확대될 수밖에 없다. 물론 개별 노동자의 임금은 자신의 소속 직장 및 작업반의 실적과 연계되어 있다.

한편 2013년 4월 24일 자 ≪조선신보≫는 3·26전선공장의 경우, 2012년 8월부터 임금을 단계적으로 인상해 2013년 4월 기준으로 이전보다 20~30배 수준으로 임금이 늘었다고 밝히기도 했다. 북한 사회과학원 경제연구소 연구사인 리기성 교수는 "지난 2년간 많은 기업체들에서 생산이 장성하고 그에 따라 종업원들의 생활수준도 올랐고, 지방의 공장들에서도 생산자들에게 종전의 수십배에 달하는 생활비를 보장하는 사례가 많다"라고 밝혔다. 특히 낙원기계처럼 수출 제품을 가진 단위들에서는 인상폭이 더욱 크다고 덧붙였다(≪조선신보≫, 2015.1.26).

여기서 주목할 대목은 북한이 경제관리개선을 추진하면서 오르는 임금을 현금이 아니라 물건으로 지불하는 점이다. 이는 인플레이션 발생을 우려한 대응 조치로서, 예를 들면 '우리식 경제관리방법'의 성공 사례로 꼽히는 북한 편의점인 '황금벌상점'의 경우 "'사회주의기업체'는 국내에서 생산된 일용품과 식료품 등을 구입해 노임의 일부로서 노동자에게 배급하고 있"기 때문에 (인플레이션을 막으면서) '황금벌상점의 선순환'이 이뤄진다는 것이다(≪조선신보≫, 2015.2.22). 이는 농업 부문에서도 마찬가지이다. 황금벌상점과 같은 자금 순환 구도가 가능한 것으로 "'포전담당책임제' 도입에 의한 생산증가가 현저한 협동농장"을 꼽았다. 즉 신문은 "눅은 가격의 상품들이 진열된 '구매소'가 있어 분배된 농산물과 교환할 수 있게 되어 있다"라면서 "농민들이 농산물을 현금화하고 시장에 자금이 유출되는 것을 방지할 수 있다"라고 보았다.

또한 이른바 국가지표라 하여 국가계획에 의해 지시를 받은 품목 이외의 새로운 제품, 품종에 대해서는 생산, 판매에 대해 기업 스스로 결정할 수 있게 됐다. 나아가 기업이 국가로부터 공급받은 원자재가 아니라 기업 스스로 원자재를 확보해, 즉 "자체적으로 원천을 찾아내어" 생산한 제품, 품종에 대해서는 생산자와 수요자 사이에 합의해서 가격을 정하도록 했다. 이 가격은 시장가격이라 할 수 있다. 이처럼 자력갱생 측면에서 보면 시장화의 진전과 자율성의 확대로 이전보다 유리한 환경과 조건 아래에서 다양한 경제주체의 생존이 가능해졌다. 특히 김정은 정권은 제도적으로 협동농장과 기업들의 자율성을 확대하는 조치를 취했기 때문에 자력갱생 기반이 튼튼해졌다. 이른바 '우리식 경제관리방법'이라는 경제관리개선 조치를 도입해 이것이 국영기업소, 국가기관들의 시장과 연계된 활동을 일부분 뒷받침하고 있는 것이다. '우리식 경제관리방법'이란 2013년 5월 10일 자 ≪조선신보≫에 의하면, "경영권한을 현장에 부여하고", "노동자·농민의 일 욕심을 돋우는" 조치, 즉 경제단위에 대폭 자율성을 부여해 주고 물질적 인센티브제를 적극 도입한 조치라는 것이다.

북한 당국은 이 조치를 공식적으로 선포하고 있지 않지만, 김정은이 2014년 경제 일군과 담화한 이른바 '5·30담화' 그리고 2016년 제7차 당대회에서 김정은이 경제강국 건설을 위한 하나의 과제로서 '우리식 경제관리방법'을 전면화

하라는 언급을 통해 확인됐다. '우리식 경제관리방법'은 농업 분야에서는 '분조
관리제하의 포전담당책임제', 국영 기업 분야에서는 '사회주의기업책임관리
제', 상업 분야에서는 상업기관의 운영 자율권을 확대하는 방향으로 시행되고
있다. '포전담당책임제'는 협동농장의 최종 노동단위를 3~5명으로 구성하
고, 1인당 약 1정보씩 토지를 분배해 당국이 제공한 농자재 비용과 국가 몫 납
부 후 초과 생산물을 국가와 농민 간에 일정 비율로 현물 분배를 시행하는 것을
내용으로 하고 있다. '사회주의기업책임관리제'는 공장·기업소에 국가계획 외
'기업소 자체 계획'을 허용해 생산량, 생산물의 품질, 가격·임금과 인력 규모 결
정 등 일부 권한을 부여하고, 초과 생산품의 시장 판매를 허용한 조치이다. 또
한, 소매상점과 생산단위 간의 직거래를 허용하고, 상품 거래 시 현금 사용을
허용하며, 각 상업기관에 수요·공급에 따른 상품 가격 조절 권한을 부여하는
등 상업기관의 운영자율권을 확대한 바 있다. 김정은 시기 시장화 정책은 '우리
식 경제관리방법', '사회주의기업책임관리제', '상업기관의 운영자율권 확대',
'포전담당책임제' 등 시장을 관리하기 위한 광범위한 조치라고 할 수 있다. 김
정은 정권은 2014년 이른바 '5·30담화'를 통해 '사회주의기업책임관리제'를 도
입하고, '사회주의기업소법'도 2014, 2015년 두 차례 개정해 사실상 시장을 활
용해 이뤄졌던 계획지표 달성 활동을 제도적으로 부분 공식화하고 있다. 즉 지
배인의 자율적 경영 지표를 확대해 주고 시장을 활용한 기업 자체의 계획도 부
분 인정하는 분권적 조치를 취하고 있는 것이다(통일교육원, 2021: 157).

5. 국가적·계획적·과학적인 자력갱생

　시장화에 의존한 자력갱생은 2018~2019년 남북 정상회담, 북미 정상회담
등 정세가 급변하는 와중에도 지속됐다. 자력갱생 기조의 변화에 가장 큰 영

〈표 3-6〉 새로운 자력갱생 전략의 목표, 추진 배경, 과제

구분	내용
목표	• 국제사회의 제재 무력화 • 국가경제발전 5개년계획 목표 달성: 경제를 그 어떤 외부적 영향에도 흔들림 없이 원활하게 운영되는 정상궤도에 올려 세우는 것
추진 배경	• 국제사회의 제재 장기화, 사회주의 체제 고수를 위한 자립경제 기반 구축
5개년계획 추진 방안	• 내적 동력의 강화, 즉 자력갱생하면서 경제사업 체계와 부문 사이의 유기적 연계를 복구·정비하고 자립적 토대를 강화 • 내각이 나라의 경제사령부로서 경제사업에 대한 내각책임제, 내각중심제를 제대로 감당하며 국가경제의 주요 명맥과 전일성을 강화
자력갱생 실효성 제고 비결	• 내각이 담당하는 경제 부문 사이의 균형 보장 • 모든 경제단위의 국가 계획 수행(어느 한 단위라도 국가계획을 수행하지 못할 경우 차질 불가피) • 개별적인 부문과 단위들이 오직 국가적·집단적 이익을 위해 활동
자력갱생 기본 방향	• 여러 단위가 같은 문제 해결에 노력과 자재, 자금을 투하하는 것과 같은 낭비를 근절 • 과학기술에 기초해 그 집행 담보가 확실하고 구속력이 있는 계획 수립 • 이 계획에 따라 자재의 국산화·재자원화 등 나라의 자립적 발전 능력을 증대
자력갱생 계획수립 시 고려 사항	• 주요 경제 부문을 담당한 내각의 여러 성에서는 원료, 자재 보장 조건, 설비들의 상태와 능력, 연관 단위들과의 유기적 연계 등 자력갱생의 과제와 생산의 정상화, 지속적인 경제장성에 작용하는 모든 요소를 구체적으로 타산해 실현 가능한 목표 수립
자력갱생 기본정신	• 집단주의: 온 나라의 경제주체가 전략적인 작전과 지휘 밑에 하나와 같이 움직이는 집단주의의 힘이 발휘

자료: 필자 작성.

향을 미치는 요소가 대북 제재라고 할 수 있는데, 이는 북미 간 비핵화 협상 결과에 의존할 수밖에 없다. 결국 2019년 2월 베트남 하노이에서의 2차 북미 정상회담이 결렬되면서 북한은 자력갱생 외에는 대안이 없다는 결론을 내리게 된다. 수없이 닥쳐왔던 생사를 판가름하는 운명적인 고비마다 혁명의 명맥을 이어주고 비약의 원동력이 된 것은 자력갱생뿐이라는 것이다(평양출판사, 2020: 143). 이런 맥락에서 북한에게 자력갱생은 혁명 전통이며 사회주의 강성

국가 건설의 원동력인 것이다. 국제사회의 경제적 압박에 대해 자력갱생의 창조 방식으로 대응하고, 주체적 힘을 무한히 증대시키는 것이 최선의 전략이고, 막연히 제재 해제를 기다리며 자강력을 강화하지 않는다면 적대 세력들의 군사, 경제적 압박 공세는 더욱 거세지는 악순환이 끊임없이 계속될 것이라는 인식이다. 결국 자력갱생의 위력으로 적대 세력들의 제재·봉쇄를 무력화하기 위한 정면돌파전에 매진하는 것이 최선의 선택이 되는 것이다(평양출판사, 2020: 151).

다만 김정은 정권은 이전과 다른 발전된 자력갱생을 지향하게 된다. 이런 측면에서 2021년 1월에 열린 노동당 제8차 대회는 자력갱생 추진 전략 측면에서 중요한 변곡점이라 할 수 있다. 제재의 장기화를 기정사실화한 가운데 코로나19라는 이전에 경험하지 못한 전염병이 범세계적으로 확산되고 장기화되고 있는 혹독한 환경이지만 지금의 자력갱생은 이전과는 다른 발전형·중앙집권형 자력갱생이라고 주장하고 있다. 이는 노동당 제8차 당대회에서 밝힌 새로운 개념으로, 국가적인 자력갱생, 계획적인 자력갱생, 과학적인 자력갱생으로 발전해야 한다는 것이다. 그래서 자력갱생의 성격과 수준은 제8차 당대회 이전과 이후로 구분해 봐야 한다. 즉 제8차 당대회 이후 과거의 것과 구별되는 자력갱생, 좀 더 개선되고 실효성이 높은 발전형의 자력갱생을 체계화·제도화해 나가겠다는 것이다(≪조선신보≫, 2021.2.11). 이를 위해서는 모든 경제사업에 대한 국가의 통일적인 지도가 불가피해진다.

1) 국가적인 자력갱생

북한 당국은 적대 세력들의 제재와 봉쇄가 지속되는 상황에서 국가적 차원에서 자력갱생의 실효성을 제고할 필요가 있고, 이를 위해서는 사회주의 계획경제 원칙에 충실해야 한다고 강조한다. 그래서 오늘날 자력갱생은 국가의 통일적 지도와 전략적 관리 밑에 계획적으로 주도면밀하게 진행하는 중앙집권적인 자력갱생으로 지칭된다. 모든 부문이 계획적으로 서로 맞물려 돌아가는 사회주의경제에서는 부문 사이의 균형을 올바로 보장하고 모든 단위들이 국가계획을 철저히 수행해야 경제 전반이 활력 있게 움직일 수 있게 된다. 모든 부문, 모든 단위에서 국가적 이익을 우선시하고 생산과 경영 활동을 국가의 통일적인 장악과 통제, 전략적인 작전과 지도 아래 진행할 때 나라의 자립적 발전 능력, 주체적 힘은 비상히 증대된다고 인식한다(≪노동신문≫, 2021.1.30b).

　국가적인 자력갱생의 핵심은 정비 보강 전략으로 설명이 가능하다. 북한은 제8차 당대회에서 현 단계의 경제전략을 정비전략, 보강전략으로 규정한 것은 앞으로 5년간 우리의 경제구조를 더욱 완비하고 자체의 내적 잠재력을 비상히 증대시켜 나가려는 의도로부터 출발한 것이라고 주장하고 있다(≪노동신문≫, 2021.1.30b). 정비 보강이라는 용어는 이전에도 수시로 강조되어 온 것이다. 예를 들면 생산공정의 정비 보강 등이 수시로 언급됐다. 그러나 제8차 당대회 이후 공식적이고 전면적인 핵심 전략으로 내세운 점이 이전과 다르다고 할 수 있다. 여기서 주목할 점은 정비 보강 전략 실현에서 가장 중요하게 언급한 것이 인재와 과학기술의 역할이라는 점이다. 모든 것이 어렵고 부족한 상황에서 의지할 수 있는 무진장한 전략 자산은 과학기술이라는 것이다(≪노동신문≫, 2021.6.29a). 그래서 당의 전민과학기술인재화 방침을 관철해 대중을 지식형의 근로자, 과학기술 발전의 담당자로 준비시키며 맡겨진 혁명과업이 방대할수록 인재와 과학기술에 의거해 수행할 것을 계속해서 주문하고 있다. 구체적인 과제로서 원료, 자재를 국산화하기 위한 사업과 함께 원가와 질 경쟁에서 다른 나라의 것을 앞서기 위한 노력을 기울여야 한다고 강조했다. 국내의 생산단위, 개발단위, 연구단위들과의 긴밀한 협동으로 제기되는 문제를 자체로 풀어나가며 수입병을 비롯한 사상적 병집(깊이 뿌리박힌 잘못이나 결점)을 제거할 것을 촉구했다(≪노동신문≫, 2021.1.30a). 정비 보강 전

《표 3-7》 **정비 보강 전략의 주요 내용**

	주요 내용
정비 보강 전략의 의의	• 내부적 힘을 전면적으로 정리 정돈하고 재편성하며 그에 토대해 모든 난관을 정면 돌파하면서 새로운 전진의 길을 열어나가려는 우리 당의 혁명적 의지가 응축된 경제전략 • 경제발전의 합법칙적인 요구를 가장 정확히 반영하고 있는 과학적인 경제전략 • 조성된 대내외 형세하에서 우리 경제를 그 어떤 외부적 영향에도 흔들림 없이 원활하게 운영되는 정상궤도에 올려 세울 수 있는 방도를 밝힌 현실적인 경제전략 → 객관적 환경의 유리함과 불리함에 관계없이 자립경제의 지속적인 발전을 보장할 수 있는 확고한 담보
정비 보강의 필요성	• 수시로 조성되는 불균형을 바로잡고 경제발전을 다그치기 위해서는 부분적인 정비 보강을 정상적으로 진행 필요 • 경제를 새로운 발전단계에 올려 세우자면 반드시 모든 부문과 단위들의 능력이 충분히 발휘되도록 정리 정돈 사업을 전면적 진행 필요 • 모든 부문과 단위들의 역할을 높여 경제를 새로운 목표 달성에로 활력 있게 전진시키기 위한 중요한 방도
현 단계 경제 문제 해결 관건	• 현 단계에서 경제 문제를 풀기 위한 열쇠는 인민경제 전반을 정비·보강하는 것 • 경제사업 체계와 질서를 정리·정돈하고 부문들 사이의 유기적 연계를 복구·정비하는 것과 함께 생산공정을 보다 완비하고 현대적으로 개건하며 설비와 원료, 자재의 국산화를 적극 실현해야 경제 건설에서 실제적인 변화, 실질적인 전진 가능

정비 보강 전략
관철을 위한
선행 과제
	• 경제사업을 지도하고 관리하는 체계와 방법을 개선
	  - 경제를 관리·운영하는 체계와 방법을 사회주의 원칙에 맞으면서도 객관적인 경제법칙과 변화된 현실적 요구에 부합되게 개선
	  - 이 조건을 갖춰야 필요한 자금과 노력, 원료와 자재 문제도 성과적으로 풀 수 있고 나라의 경제를 최단 기간에 회복 가능
	  - 경제사업 체계와 질서를 정리·정돈하고 경제사업과 관련한 문제들은 철저히 내각에 집중시키는 규율을 엄수하며 내각의 주도적 역할을 강화하기 위한 강력한 대책 수립
	  - 경제 관리 기구들을 사업 내용과 기능에 맞게 재편성하고 생산과 관리를 밀접히 결합시키며 사업 효율 제고

경제사업 체계와
질서를 개선하는 데서
관건적 고리
	• 계획화 사업 체계와 방법을 혁신
	  - 국가계획위원회를 비롯한 계획 기관들이 경제사업의 객관적 조건과 생산 가능성, 잠재력에 대한 과학적인 타산에 기초해 현실성 있는 계획을 작성 시 달해 경제활성화를 힘 있게 추동
	  - 통계의 기능과 역할을 높이는 것은 나라의 경제 형편을 속속들이 알고 경제 관리를 개선하기 위한 올바른 대책을 세우며 사회적 생산물을 국가가 빠짐없이 장악하기 위해 나서는 필수적 요구
	  - 모든 부문과 단위들에서 통계사업에 대한 관점을 바로 가지고 정연한 통계 체계를 세우는 것이 새로운 5개년계획기간 경제관리개선을 위한 중요한 과업

정비 보강 전략 관철에서의 중요한 문제	• 국가경제의 명맥을 추켜세우기 위한 사업을 올바로 추진 - 나라의 전반적 경제발전에 결정적 영향을 미치는 금속과 화학, 전력공업 부문의 기업소들은 국가적인 관심 속에서 필요한 조건들을 보장 - 내각과 국가계획위원회를 비롯한 경제지도 기관들에서는 나라의 경제발전과 인민생활 향상에서 차지하는 중요성에 따라 핵심적인 공장, 기업소들에 생산과 경영 활동상 필요한 조건을 보장 - 내각과 성, 중앙기관들은 오늘의 환경에 맞게 공장, 기업소들에 유리한 조건을 충분히 보장해 주면서 생산과 경영활동 전반을 빠짐없이 장악할 수 있는 과학적인 방법론을 세우고 사업하며 경제활성화에 실지 절실하고 하나의 성과로 열 가지를 얻을 수 있는 부문과 단위에 역량을 집중 - 전 인민경제적 범위에서 경제적 효율을 높일 수 있도록 생산력을 합리적으로 재배치 - 원료 원천지와 생산지를 최대한 접근시키며 경제 부문들의 약한 고리들을 찾아내고 경제의 균형적 발전에 절실한 부문들을 보강 → 전반적인 균형을 보장하여 경제활성화를 적극 추동

자료: 필자 작성.

략의 구체적인 내용은 〈표 3-7〉과 같다.

2) 계획적인 자력갱생

계획적인 자력갱생은 경제발전 전략과 계획을 정확하게 수립하고, 철저히 계획에 따라 집행되도록 하는 것을 의미한다. 2016년의 제7차 당대회에서 결정한 국가경제발전 5개년전략을 거쳐 2021년 1월 제8차 당대회에서 제시한 국가경제발전 5개년계획은 오늘날 김정은 정권이 계획적인 자력갱생을 추진하고 있음을 입증하는 것들이다. 사회주의 아래에서 국가는 당의 사상과 정책이 경제 전반에 구현될 수 있게 경제발전 전략과 계획을 정확하게 세우며, 그것이 바로 집행될 수 있게 경제 전반을 통일적으로 장악하고 지도·관리해야 한다. 전략과 계획을 통해 당의 결정과 지시가 경제사업에 철저히 관철될 수 있어야 한다. 전략과 계획을 수행하기 위해서는 당 정책과 객관적 경제법칙의 요구에 맞게 경제 전반에 대한 전략적 관리를 실현하여 계획과 재정, 금융과 가격 등 모든 경제적 공간이 나라의 경제발전 전략과 계획 실현에 기여하도록 작전을 수립하고, 지휘해야 한다(리장혁, 2017: 7).

북한에서는 최고 지도자의 유훈과 지침이 더해져, 당의 유일적 영도체계 또는 당의 유일한 지도적 지침으로서의 당의 방침에 따라 국정이 운영된다. 즉 모든 사업을 당의 구상과 의도에 맞게 추진해야 하는 것이다. 특히 당의 노선과 정책을 관철하는 것이 절대적으로 요구된다. 당의 노선과 정책은 인민들의 의사와 요구를 집대성한 북한 혁명의 전략과 전술로 규정된다(김정은, 2015: 7). 이에 따라 모든 사업은 국가의 통일적이며 계획적인 지도와 개별적 단위의 창발성을 올바르게 결합시킬 것을 요구받는다. 통일적이며 계획적으로 관리하는 것은 사회주의의 본성적 요구이고, 생산수단이 사회적 소유로 되어 있고, 인민경제의 모든 부문이 서로 밀접히 연관되어 있는 사회주의 사회에서는 모든 사업을 통일적으로 장악하고 계획적으로 관리해야 경제발전을 촉진할 수 있는 것이다. 김정은 시대에 들어와서는 국가의 통일적 지도가 중요하다고 해서 개별적 단위의 창발성이 무시되어서는 안 된다고 강조한다(김정은, 2015: 7). 예를 들면 기업들은 당 정책과 노선, 국가의 경제발전 전략에 따라 경영전략과 기업전략에 기초하여 사업체를 운영해야 한다. 당의 노선과 정책에 기초해 국가경제발전 전략과 단계별 계획이 수립된다. 북한의 계획은 기본적으로 2년 이상의 중장기적인 경제발전 방향과 경제 과업들을 규정하는 종합적 성격의 '전망 계획'에 의거한다. 그리고 이 전망 계획의 수행을 위해 시기별·부문별·요소별로 세부적 집행 계획인 다수의 '현행계획'들이 수립된다(홍성국, 2005: 73). 북한에서 계획은 국가 규율로서 엄격한 법적 성격을 내포하고 있기 때문에 준수해야 할 의무가 있다. 북한 문헌에 따르면 북한에서의 계획은 단순한 '예측'이 아니라 중앙 당국의 '지령'이므로 무조건적으로 지켜야 할 의무로 규정되어 있다. 다만 그동안 북한 당국이 발표한 경제계획과 관련된 실적 통계는 신뢰성이 결여되어 있다는 평가를 받고 있다. 즉 북

〈표 3-8〉 **과거 경제계획의 목표와 과제**

구분	기간	주요 목표와 과제
제1차 7개년계획	1961~1970	• 중공업 발전 • 경공업·농업의 동시적 발전 • 전국적 기술혁신 • 문화혁명과 국민생활 향상 • 국방·경제 병진
6개년계획	1971~1976	• 사회주의 물적·기술적 토대 공고화 • 산업설비 근대화 • 기술혁명 촉진 • 노동자를 힘든 노동에서 해방
제2차 7개년계획	1978~1984	• 인민경제의 주체화, 현대화, 과학화 • 생산원가 인하 • 절약운동 강화 • 수송의 근대화 • 주민생활 향상 • 독립채산제 강화 • 대외무역 증대
제3차 7개년계획	1987~1993	• 인민경제의 주체화, 현대화, 과학화 • 기술혁신 • 대외무역 및 경제협력 확대
국가경제발전 5개년전략	2016~2020	• 인민경제의 주체화, 현대화, 과학화·정보화·국산화

자료: 제4차 당대회 보고(1961.9.1); 제5차 당대회 결정서(1970.11.12); 최고인민회의 제6기 제1차 회의(1977.12.5); 리기성 외(2017)를 토대로 필자가 작성.

한의 계획 집행기관들은 실제 계획 수행 실적이 목표에 도달하지 못했음에도 불구하고 계획을 초과 수행한 것으로 보고하고, 이를 실적처럼 통계화하는 것이 관행처럼 이어져 온 것이다.

계획적인 자력갱생은 선대의 자력갱생과 가장 차별화되는 부분으로 평가된다. 김정은은 2016년 5월, 36년 만에 제7차 당대회를 열어 처음으로 국가경제발전 5개년전략을 발표했다. 북한은 1990년 초 경제난이 악화되면서 제3차 7개년계획(1987~1993)을 마지막으로 국가경제발전 5개년전략이 수립될 때까지 거의 23년 동안 전망계획을 수립하지 못했다. 한마디로 전망계획을 세우지 못하고 당면과제 해결에 급급하면서 단편적인 '현행 계획'에만 의존해 온 것이다. 이는 사회주의 계획경제의 퇴조 현상으로 평가됐다(홍성국, 2005: 74). 북한은 1993년 12월 8일 당 중앙위원회 제6기 제21차 전원회의를 개최해 제3차 7개년 경제계획의 주요 지표들의 목표를 달성하지 못했음을 처음으로 인정했다. 북한은 1994~1996년 3년을 완충기로 설정하고 이 기간에 추진할 새로운 경제전략으로 '농업, 경공업, 무역제일주의'를 제시했지만 더 심각한 경제난에 봉착하면서 실패로 마무리됐다. 북한 정권 스스로 경제계획 실패를 인정한 후 완충기를 설정한 것은 이때가 처음이었다(홍성국, 2005: 87).

이처럼 계획경제 복원의 신호탄으로 간주된 국가경제발전 5개년전략은 당의 노선과 정책을 관철하는 데 '당면과제'로 규정됐다. 가장 우선적으로 해결해야 할 단기 과제라는 점을 의미하면서, 추가적인 전략이 아닌 정식 계획이 수립될 것임을 시사한 것이다. 북한은 역대 당대회에서 인민경제발전 제1차 5개년계획(3차 대회), 인민경제발전 7개년계획(4차 대회), 인민경제발전 6개년계획(5차 대회), 사회주의경제 건설 10대 전망 목표(6차 대회) 등 '계획'을 발표했지 당면과제로서 '전략'을 발표한 적은 없었다. 김정은 당시 노동당 제1비서는 2016년 5월 6~7일 이틀 간 진행한 제7차 당대회에서는 이전과 같은 '계획'이나 '전망 목표'를 제시하지 않고 경제전략을 제시한 것이다.

그렇다면 이전과 달리 김정은은 왜 경제발전계획이 아닌 경제발전 전략을 제시한 것일까. 북한 학자 서성철은 학술지에 기고한 글에서 경제발전 전략과 계획의 공통점과 차이점을 이렇게 설명한다. 국가경제발전계획과 경제발전 전략은 모두 나라의 경제발전을 예견하는 사업이라는 점에서 공통점이 있으나, 그 내용과 수단, 성격에서 서로 구별되는 점이 있다. 경제발전 전략은 나라의 경제발전에 대한 개괄적인 설계도로서 경제발전의 방향과 목표, 방도를 제시해 준다. 반면 경제발전계획은 경제전략에서 제시된 전략목표 실현을 위한 단계별 목표와 과업을 제시하고 그 실현을 위한 실질적인 균형보장을 기본내용으로 하고 있다는 설명이다(서성철, 2013: 12). 이 같은 경제발전 전략의 개념 규정은 북한 측이 "국가경제발전 5개년전략은 사회주의경제건설의 합법칙적 요구와 현실적 조건에 맞게 경제강국 건설에서 일대 앙양을 일으켜 나갈 수 있게 하는 과학적이고 혁명적인 전략이며 사회주의강국 건설의 지름길을 밝힌 설계도"라고 규정한 내용과 일치한다(조선중앙통신, 2016.6.29). 즉 경제발전 5개년전략은 경제강국 건설을 위해 당이 펼친 휘황한 설계도라는 것이다. 여기서 설계도는 비전을 포함한 청사진을 뜻하는 것으로 풀이된다. 김정은 정권은 기본적으로 경제강국 건설은 전 인민적인 애국사업이고, 당이 제시한 국가경제발전 5개년전략이라는 청사진에 따라 사회주의 경제강국 건설에 매진하자는 화두를 던진 것이다. 또한 5개년전략은 자립경제가 강화되고 주체 생산체계가 확립된 상황에서 인민경제 전반을 활성화하여 경제 부문 사이 균형을 보장하는 전략이다(≪노동신문≫, 2016.6.28).

국가적인 자력갱생, 계획적인 자력갱생을 위해서는 내각의 역할이 중요하다. 사회주의경제에 대한 국가의 통일적 지휘는 주로 계획화 사업을 통해 실현되는데, 이를 위해서는 경제사업 체계와 질서를 정돈해야 하고, 이때 무엇보다 중요한 것은 '내각책임제, 내각중심제 강화'라는 것이다(≪노동신문≫, 2020.3.7). 사회주의 기업의 경우, 생산된 생산물은 주로 공급의 형태로 실현되는 만큼 계획화 사업에서 생산과 공급의 균형을 맞추는 것이 중요하다. 생산수단과 물자들을 공급할 때 생산 규모에 맞게 공급 계획을 수립하며 공급을 통해 생산에 지출된 비용을 충분히 보상할 수 있어야 인민경제 부문들 사이의 균형을 보장하고 기업체들의 생산을 정상화할 수 있다는 논리다. 이때 생산과 공급의 균형을 위해서는 광범위한 군중 토의를 거쳐 생산자 대중이 반드시 수행해야 하며 또 수행할 수 있다는 자신감을 갖고 작성된 계획이 필요하다. 한마디로 대중이 신뢰하고 경제활성화에 이바지하는 계획이 필요하다는 주장이다. 또한 계획 지표를 정확히 구분하고 책임 한계를 명백히 해 중앙경제와 지방경제가 다 같이 원활하게 움직이도록 해야 한다. 특히 국가의 전략지표, 중앙 지표들을 집행하지 않고서는 못 견디게 강한 규율을 세워 어떤 일이 있어도 국가계획이 흔들리지 않도록 하는 것이 강조됐다. 이 외에도 국가적인 자력갱생을 위한 내각의 역할과 관련해 경제사업과 관련한 문제들을 모두 내각에 집중시키고 내각과 합의해 해결해 나가는 규율과 질서를 엄격히 확립하는 문제 외 나라의 모든 자원을 내각이 통일적으로 장악하고 국가의 승인 밑에 개발·이용하기 위한 대책을 세우는 문제, 대외무역에서 중앙집권적 규율을 세우는 문제 등이 시급한 과제로 제시됐다. 사회주의 기업들에 대한 경제 관리와 관련해서는 '가격제정'과 관리를 현실 변화에 맞게 능동적으로 하여 가격균형을 보장·분산된 재정 금융체계를 정비하고 노력과 물자, 자금을 경제계획 체계에 철저히 반영해 통제, 국가 상업 체계, 사회주의 상업을 시급히 복원해 국영상업망을 통한 상품유통을 활성화, 이를 통해 인민들의 편의를 보장하면서도 국가의 수중에 자금이 원활하게 흘러들게 할 것, 불필요한 수속 절차와 승인제도 정리, 생산 활동에 제동을 걸고 사업 능률을 저하하는 요소 개선, 사회주의기업책임제의 현실성 있는 실시 등을 내놓았다. 내각제 강화를 통한 국가적인 자력갱생 추진 방안들은 이미 지난 제7차 당대회에서 이미 제시된 내용이기도 하다.

3) 과학적인 자력갱생

과학적인 자력갱생은 지난 정권에서도 지속적으로 강조해 온 과학기술에 의거한 자력갱생을 지칭한다. 새로운 국가경제발전 5개년계획 수행의 지름길도 과학기술을 확고히 앞세우는 데 있다고 역설한다. 과학기술은 국가경제의 주요 발전 동력이며, 과학기술 발전을 촉진시키는 것은 자력으로 사회주의경제 건설을 힘 있게 다그쳐나가기 위한 근본 방도로 간주된다(≪노동신문≫, 2021.6.9a). 그래서 믿을 것은 과학 기술력이며 생존의 유일한 출로도 과학기술에 기초한 자력갱생에 있다고 강조한다(≪노동신문≫, 2021.6.15). 현 시기 인민경제를 정비 보강하고 새로운 5개년계획을 수행하기 위한 기초를 공고히 다지려면 원료와 연료, 설비와 자재와 같은 물질적 조건을 보장하는 것이 중요한데, 이 문제를 해결할 수 있는 가장 효과적인 방안이 바로 과학기술력을 키우는 것이라고 강조한다. 과학기술에 의거해서만 자립경제의 쌍기둥인 금속공업과 화학공업을 중심고리로 틀어쥐고 인민경제 모든 부문에서 생산을 추켜세울 수 있게 된다. 수입의존도를 결정적으로 낮추고 원료와 자재·설비의 국산화, 재자원화를 실현할 수 있는 방안도 과학기술을 중시하고 확고히 앞세우는 것이다(≪노동신문≫, 2021.4.23a). 그래서 김정은 정권은 지금의 자력갱생은 과학적인 자력갱생이라고 주장하고 있는 것이다.

북한은 과학적인 자력갱생을 추진하기 위해서는 과학기술 성과를 최대한 많이 도출하는 것이 필요하고, 이를 위해서는 과학기술 개발자와 도입자에 대한 인센티브가 중요하다고 인식하고 있다. 이에 따라 인센티브를 법으로 정해놓고 있는 점이 눈여겨볼 대목이다. 이것이 바로 2020년 12월에 열린 최고인민회의 상임위원회 제14기 제12차 전원회의에서 채택된 과학기술성과도입법이다. 이 법에는 개발자와 도입자에 대한 특전 즉 상금, 국가납부면제, 명예칭호와 훈장, 메달 수여 등을 규정해 놓고 있다(≪조선신보≫, 2021.4.26). 이는 과학기술 발전의 관건은 우수한 과학기술인재의 확보에 있다는 인식에 기초한 것이다. 현 시기 과학의 미래, 국력경쟁에서의 승패는 누가 더 많은 과학기술 인재를 가지고 있는가, 그들의 능력을 어떻게 발양시키는가 하는 데 달려 있다고 보는 것이고, 이는 당이 인재 관리와 인재 육성을 중요하게 강조하고 있는 핵심 이유이기도 하다(≪노동신문≫, 2021.6.15). 그래서 북한은 2021년 제8차 당대회 직후인 2월에 개최한 당 제8기 제2차 중앙위원회 전원회의에서 과학기술과 관리인재 육성을 국가경제발전 5개년계획의 중요 과제로 제시했다(≪노동신문≫, 2021.4.3). 결국 북한은 자력갱생의 위력은 과학기술과 인재를 떠나서 생각할 수 없다고 확신한다(≪노동신문≫, 2021. 3.13). 김정은은 제8차 당대회 사업총화보고에서 과학기술 발전을 촉진시키는 것을 사회주의 건설에서 나서는 중핵적인 과제, 기적에 기적을 낳게 하는 최선의 방략으로 규정했다(≪노동신문≫, 2021.1.30a). 나아가 그는 과학적인 자력갱생을 이렇게 설명했다.

우리의 자력갱생은 또한 선진과학기술에 의거해 비약적인 발전을 이룩해 나가는 과학적인 자력갱생으로 되여야 한다. …… 당 제8차 대회가 제시한 새로운 5개년계획은 과학기술의 힘으로 생산 정상화와 개건 현대화, 원료, 자재의 국산화를 적극 추동하는 것을 전제로 하고 있다. 과학기술이 경제발전을 견인하는 기관차가 되고 실지 나라의 경제사업을 추켜세우는데서 선도적인 역할을 수행해야 새로운 발전단계에로 급속히 이행할 수 있다(≪노동신문≫, 2021. 1.30a).

이에 따라 김정은 정권은 국가의 이익을 우선시하고 과학기술에 의거해 만사를 해결해 나가는 기풍을 세우려 안간힘을 쓰고 있다. 과학자, 기술자들은 가시적인 과학연구 성과들을 내놓아야 하고, 과학기술 연구 성과들을 공유·보급·도입하는 기풍을 철저히 확립해야 한다. 전민과학기술인재화의 구호를 높이 들고 모든 근로자들을 지식형의 근로자로 준비시키기 위한 사업도 줄기차게 밀고나가야 한다(≪노동신문≫, 2021.1.30a).

과학적인 자력갱생은 또한 철저히 계획에 기초한다. 즉 모든 부문과 단위에서 과학기술발전계획을 현실성 있게 세우고 철저히 집행해 나갈 것을 요구하고 있다. 모든 일꾼들은 과학기술발전계획을 인민경제계획처럼 여기도 무

〈표 3-9〉 **과학기술 중시 노선과 논리**

구분	주요 내용
과학기술의 전략적 가치와 의의	• 사회주의 건설에서 나서는 중핵적인 과제, 기적에 기적을 낳게 하는 최선의 방략 • 사회주의 건설을 견인하는 기관차이며 국가경제의 주된 발전 동력이자 자립경제 발전의 동력, 자력으로 사회주의경제 건설을 힘 있게 다그쳐 나가기 위한 근본 방도 • 지식경제시대의 전략적 자원 • 자기 나라에 없는 것을 자기의 자원으로 대용하기 위한 과학기술적 문제들을 풀면 그 어떤 외부적 영향에도 흔들림 없는 원활하고 안정된 경제, 지속적이며 빠른 발전을 이룩해 나가는 경제 건설이 가능
실증적 사례	• 유전자에 대한 해명과 그 조작기술의 발전은 작물육종을 가속화해 농업생산을 빠른 속도로 늘려나갈 수 있는 전망을 가능 • 생산공정의 정보화와 무인화 실현 등 과학기술과 생산과의 유기적 결합은 많은 시간과 노력, 자금을 절약하게 해 생산을 비약적으로 성장 • 첨단 과학기술의 성과가 경제생활에 광범위하게 도입
중점 추진 방안	• 있는 자원을 최대한 효과적으로 개발·이용, 자기 나라에 없는 것을 자기의 자원으로 대용하기 위한 과학기술적 문제들을 해결 • 현존 경제 토대를 공고히 하고, 금속공업과 화학공업을 비롯한 인민경제 여러 부문 앞에 절박하게 나서는 경제기술적 문제들을 원만히 풀어나가는 데 총력 집중
우선 해결 과제	• 나라의 경제 전반을 정비 보강하고 자립적 토대 위에 확고히 올려 세우며 최대한 생산하고 건설해 인민생활을 안정 향상 • 자립경제의 쌍기둥인 금속, 화학공업을 추켜세우고 발전시키는 데 선차적인 힘을 부여
세부 과제	• 주체철 생산공정들에 합리적인 예열 기술들을 도입 • 북부지구의 갈탄으로 선철을 생산하기 위한 기술 준비 • 탄소하나화학공업 창설에 필요한 여러 종의 촉매를 국산화하기 위한 기초연구를 촉진 • 나라의 과학기술 전반을 첨단 수준에 올려 세우기 위한 사업에서 실질적인 전진: 정보 기술과 나노 기술, 생물공학 기술, 새 재료 및 새 에너지 기술 부문, 세계적인 기초과학 연구 성과 도출 • 과학연구 역량, 과학기술인재 역량 강화
과학연구 및 과학기술인재역량 강화 방안	• 성, 중앙기관들과 각 도 과학기술위원회들에서는 국가통합인재 관리 체계를 통해 자기 부문, 자기 지역, 자기 단위의 인재 정보 등록 완료 • 과학자, 기술자들에 대한 원격 재교육 체계와 자질 향상 체계 수립 • 지적소유권보호제도를 강화 • 과학자, 기술자들이 오직 연구 사업에만 전념할 수 있게 사업 조건, 생활 조건을 최대한 보장
과학기술발전계획 수립과 집행	• 공장, 기업소들이 새 기술도입계획을 의무적으로 세우고 실속 있게 집행 • 부문연구원과 연구소, 공장, 기업소의 과학기술역량을 동원 • 대학, 과학연구기관과의 공동연구, 협동연구 강화 • 모든 단위들이 과학기술발전계획을 법적 의무로 간주하고 무조건 집행하는 강한 규율과 질서를 수립

당적 지도 과제	• 당 제8차 대회와 당 중앙위원회 제8기 제2차 전원회의의 사상과 정신으로 튼튼히 무장 • 과학자, 연구사들에게 새로운 것을 많이 보여주어 눈을 틔워 주고 보다 발전된 것을 지향해 나가도록 개발 • 내각과 국가과학기술위원회는 다른 부문에 파급해 연쇄적인 효과를 나타낼 수 있는 핵심적인 기술들을 개발하는 데 작전과 지도를 집중
과학기술 발전 촉진의 정치군사적 기대효과	• 정치군사적 힘을 백방으로 다져나가기 위한 근본 요구: 누구도 감히 범접할 수 없게 국가방위력을 강화하기 위해 국방과학기술을 발전 • 국가의 정치사상적 위력을 더욱 강화하는 데서도 중요한 역할: 비약적으로 발전하는 과학기술과 그에 기초해 강화되는 경제·군사적 위력은 인민들에게 자기 조국의 강대성, 자기 제도의 우월성에 대한 자긍심을 고취

자료: ≪노동신문≫, 2021.1.30, ≪노동신문≫, 2021.4.5 등을 토대로 재구성.

조건 철저히 집행해야 한다. 과학기술이 곧 생산이고 경제발전이라는 것이다. 그래서 과학기술발전계획을 바로 세우는 것은 단위의 전망과 관련된 사활적인 문제라고 강조할 정도로 중요한 과제로 간주되고 있다. 이에 따라 경제지도 일꾼들과 모든 생산단위 일꾼들은 과학기술발전계획 수행 정형에 대한 총화를 인민경제계획 수행과 밀접히 결부해 현실성 있게 진행해야 한다(≪노동신문≫, 2021.6.9a). 여기서 또 강조되는 것은 과학기술자들의 준법 의식도 중요하지만 실력과 경쟁력이 반드시 뒷받침되어야 한다는 점이다. 과학기술의 시대인 오늘날 아무리 준법 의식이 높고 자기 앞에 부과된 인민경제계획을 넘쳐 수행하려는 자각과 열성이 높아도 아는 것이 부족하고 실력이 따라서지 못하게 되면 사업에서 응당한 성과를 거둘 수 없고 당과 국가 앞에 지닌 자기의 의무를 다할 수 없게 된다는 것이다(≪노동신문≫, 2021.2.21b). 이는 결국 과학기술의 성패는 과학기술인재에 달려 있다는 인식과 맥락이 닿아 있다. 그래서 북한은 자력갱생의 위력은 과학기술과 인재를 떠나서 생각할 수 없다고 주장한다. 이와 관련해 성공 사례를 먼저 만들어내고, 인재 발굴, 인재 등용, 인재 육성을 단위 발전의 사활적인 과제, 전략적인 과업으로 삼기를

〈표 3-10〉 **과학기술 발전 전략 수립의 방향**

구분	주요 내용
기술 발전 전략 수립 의의	• 기술경쟁은 곧 기술발전 전략 수립 경쟁: 기술역량과 지식 자원, 자금을 얼마나 효과적으로 활용하는가에 따라 단위 발전을 추동하는 성과가 차이
기술 발전 전략 수립 방향	• 생산과 경영 활동 전반에서 최량화, 최적화 실현 지향 - 공장, 기업소들에서 기술역량과 자재, 자금을 분산시키지 말고 최량화, 최적화 실현에로 집중 - 생산 정상화와 개건 현대화, 원료, 자재의 국산화를 위한 과학기술 연구도 보다 적은 원가로 보다 큰 실리를 얻는 방향에서 진행 • 부단히 새로운 것을 창조 - 자기 부문, 자기 단위 실정에 맞는 새로운 기술과 제품을 개발·도입하기 위한 사업을 추진, 경쟁력 제고와 생산활성화 촉진 • 중장기적으로 지속적인 발전 상승을 이룩
가장 중요한 고려 사항	• 당의 과학기술 중시 노선을 철저히 관철하기 위해 사상적으로 발동

자료: ≪노동신문≫, 2021.1.26.

주문하고 있다. 일군(간부)들과 종업원들 모두가 현대 과학기술에 정통하고 실천에 적극 활용할 줄 아는 지식형의 근로자, 발명가, 창의고안 명수로 만들라는 요구다(≪노동신문≫, 2021.3.13a). 인재도 모든 사업을 대담하게 혁신할 수 있는 새로운 형태의 인재를 키우는 것이 무엇보다 절실한 과제로 제기되고 있다. 인재 육성 사업에서부터 변화가 일어나야 당과 국가사업, 경제사업과 인민생활 향상에서 뚜렷한 전진을 이룩할 수 있다는 논리다(≪노동신문≫, 2021.3.17a). 북한이 이처럼 인재 육성에 목을 매는 것은 대북 제재 장기화로 경제난이 지속되자 자력갱생의 핵심 전략으로 인적 자원에 기대고 있다는 것을 의미한다.

요약하면 김정은 정권은 높은 수준의 과학기술이 뒷받침되어야 제8차 당대회가 내세운 새로운 경제전략인 정비 보강 전략도 원만히 수행할 수 있으며 경제사업에서 특별히 중시하고 혁신적으로 구현해야 할 문제인 국가적인 자력갱생, 계획적인 자력갱생, 과학적인 자력갱생도 잘 해나갈 수 있다고 인식하고 있다.

6. 개방적인 자력갱생

　김정은은 자력갱생 기조를 유지하면서도 다소 파격적인 개방정책을 동시에 추진했다. 2020년 초부터 코로나19 팬데믹이 등장하고, 확산이 장기화되면서 김정은이 적극적으로 추진해 왔던 관광사업은 중단됐지만 김정은은 관광을 자력갱생 전략을 뒷받침하는 중요한 수단으로 간주했다. 2019년 말까지 북한은 삼지연, 양덕온천지구, 원산갈마해안관광지구 등 3대 지역에 대규모 관광리조트 시설을 완비하고 대규모 관광객을 유치할 계획을 수립했다. 5개년 경제발전 전략 수행을 위해 제시된 과제들 가운데 강조된 것도 대외 경제 관계의 확대발전이었다. 김정은은 2016년 5월 열린 당 7차대회에서 "대외경제관계를 확대 발전시켜야 한다"라면서 "대외무역에서 신용을 지키고 일변도를 없애며 가공품 수출과 기술무역, 봉사무역의 비중을 높이는 방향에서 무역구조를 개선해야 한다"라고 강조했다(《노동신문》, 2016.5.9). 이를 위해 "합영, 합작(사업)을 주체적 립장에서 실리 있게 조직해 선진 기술을 받아들이고 나라의 경제를 발전시키는데 이바지 하도록 해야 한다"라면서 "경제개발구들에 유리한 투자환경과 조건을 보장해 그 운영을 활성화하며 관광을 활발히 조직해야 한다"라고 제시했다. 즉, 대외 경제 관계 발전을 위해 무역구조 개선, 합영·합작을 통한 선진기술 도입, 경제개발구 운영 활성화, 관광 활성화 등을 적극적으로 추진해야 한다는 것이다.

　그리고 김정은은 외자유치와 수출 확대, 지방경제 활성화 등을 위해 경제개발구 중심의 경제발전 전략을 추진했다.• 경제개발구법••을 통해 경제

•　엄밀한 의미에서 경제특구와 경제개발구의 개념은 약간의 차이가 있으나, 일반적으로 내지 (內地)와 구분되는 경제체제로 운영되는 특수경제지대를 '경제특구'로 불러도 무방하며, 경제개발구도 경제특구에 포함된다고 할 수 있다.

••　조선민주주의공화국 경제개발구법은 2013년 5월 29일 최고인민회의 상임위원회 정령 제3192호로 채택됐다.

개발구의 사명(경제개발구법 제1조)을 대외 경제협력과 교류를 발전시켜 나라의 경제를 발전시키고 인민생활을 높이기를 기대했다. 경제개발구는 김정은 시대 대외 경제정책의 가장 두드러진 특징이기도 하다. 북한은 스스로 경제개발구 개발은 '북한의 대외경제발전을 위한 중심사업'이라고 규정했다(≪조선신보≫, 2015.2.23). 중앙에서는 물론 지방 단위에서도 새로 추진하고 있는 경제개발구 사업은 북한이 이미 개발 중인 개성공단이나 나선경제무역지대, 위화도·황금평특구 등과 함께 김정은 시대 대외 개방정책의 핵심 사업으로 평가할 만하다.

북한은 2013년 기본법인 '경제개발구법'의 채택에 이어 같은 해 11월에 각도(道)에 13개의 경제개발구와 신의주 특구 설치에 대한 최고인민회의 상임위원회 정령을 발표했다. 그리고 2014년 7월에 6개의 경제개발구를 추가로 지정했다. 김정은은 2015년 신년사에서 "대외경제관계를 다각적으로 발전시키며 원산-금강산국제관광지대를 비롯한 경제개발구개발사업을 적극 밀고나가야 한다"라고 언급한 바 있다(조선중앙통신, 2015.1.1). 이런 맥락에서 경제개발구 정책은 김정은의 대외개방정책의 상징이다(임을출, 2015b: 202~203). 북한은 지방급 경제개발구를 2013년 13개로 시작해 20여 개로 확대했다. 전국 각지에 첨단기술개발구, 국제관광특구, 국제경제지대, 국제녹색시범구, 경제·공업·농업 개발구, 수출가공구 등 다양한 개발구 혹은 특구를 지정했다. 나아가 2021년에도 중국과 국경을 마주하고 있는 지역으로, 북한 최대의 철광산 중 하나이자 노천 철광산인 무산광산이 자리 잡고 있는 무산군을 수출가공구로 지정했다. 특히 북한은 2014년에 최초로 은정첨단기술개발구를 지정했는데, 김정은은 2016년 36년 만에 개최한 제7차 당대회에서 중앙위원회 사업총화보고를 통해 대외 경제 관계를 발전시켜나가는 것을 국가경제발전 전략 수행의 중요한 과업으로 제시하고, 여기서 대외 경제 관계 발전의 핵심 과제가 첨단기술개발구 등 경제개발구 활성화라고 밝힌 바 있다. 이 개발구는 산업구조의 고부가가치화, 지식집약화를 위해 공업집적도가 현저하게 높은 지역 및 그 주변 지역에 조성한, 산·학·연이 결합된 첨단산업단지 성격을 내 포하고 있었다. 또한 첨단기술개발구는 김정은 정권이 기존의 노동 집약적 단순 가공형 외자 기업 유치보다는 지식경제기반 구축과 산업구조 고도화에 필요한 외국 선진기술 기업의 유치를 희망했음을 보여주는 상징이기도 했다. 실제 북한은 선진 기업 유치를 위해 첨단기술개발구 입주 기업에 대한 우대 조치로서 수출 제한 및 국내 시장 진입에 대한 규제를 없애고, 기술 개발 및 첨 단 상품 생산에 대한 각종 지원책을 제시해 놓은 바 있다(임을출, 2019d: 31~32). 이는 은정첨단기술개발구의 개발을 담당하고 있는 회사인 은정첨단기술산업 회사의 리문호 부사장이 북한 매체(조선중앙통신, 2015.3.13)와의 인터뷰에서 밝힌 내용에서도 재확인됐다. 즉 그는 은정첨단기술개발구에 세계적 수준의 첨단기업들을 설립하고, 다른 나라의 첨단기술기업들을 유치해 북한 지식경 제 건설 시범지구로, 동북아시아 지역에서 경쟁력이 높은 첨단기술개발구로 발전시키겠다는 구상을 밝혔다.

북한 측은 지금 국제사회의 대북 제재가 높은 수준에서 유지되고 있지만, 이런 악조건 아래에서도 하루 빨리 경제강국 목표를 달성하기 위해서는 자립 적 경제 건설을 강력하게 추진하면서 동시에 이미 마련된 경제 토대에 기초 해 대외 경제 관계를 더욱 확대·발전시켜야 한다고 인식했다. 북한은 대외 경제의 다각화를 중요한 대외 경제정책의 목표로 설정해 놓고 있다. 대외 경 제사업을 담당하고 있는 김천일 국가경제개발협회 처장은 재일총련 기관지 ≪조신신보≫와의 인터뷰에서 "이미 완성된 경제개발구 개발총계획에 따라 세계 여러 나라들의 투자를 대대적으로 끌어들이기 위한 사업을 힘있게 벌려 나가려고 한다"라고 밝혔다(≪조선신보≫, 2015.2.23). 즉 경제개발구는 중국 등 특정 국가에 의존적인 대외협력 파트너들을 다양화하는 수단으로 활용하려 는 것이다. 북한은 교류와 협력의 형태도 다각화를 지향하고 있는데, 특히 경

〈표 3-11〉 **경제개발구 추진 일지**

일자	경제개발구 관련 주요 조치
2012.12.01	기업소 독립채산제 실시, 경제개발구 추진(12·1조치)
2013.03.01	기업소 독립채산제 전면 실시, 협동화폐제 실시(3·1조치)
2013.03.31	당 중앙위 전원회의, 김정은 경제개발구 추진 언급
2013.05.29	최고인민회의, 경제개발구법 제정
2013.10.16	국가경제개발총국을 국가경제개발위원회로 승격, 민간급 단체인 조선경제개발협회 설립
2013.11.06	경제개발구 관련 운영규정 3건 발표
2013.11.11	개성고도과학기술개발구 착공식
2013.11.21	신의주 특수경제지대와 13개 지방급 경제개발구 발표
2014.06.11	원산~금강산 국제광광지대 발표
2014.06.18	무역성을 대외경제성으로 확대 개편(합영투자위원회, 국가경제개발위원회 통합)
2014.07.23	'은정첨단기술개발구' 등 6개 경제개발구 추가 지정
2015.01.01	김정은 신년사, 경제개발구 적극 추진 언급
2015.01.14	13개 지방급 경제개발구 개발총계획 작성 공개
2015.07	경제개발구 부동산규정과 경제개발구 보험규정 채택 공개
2021.4.29	최고인민회의 상임위원회가 함경북도 무산군 새골리 일부 지역들에 무산수출가공구를 내온다는 내용의 '정령'을 채택

자료: 필자 작성.

제개발구와 같은 특수경제지대에서의 외국인 단독 기업을 비롯한 여러 가지 기업 창설·운영을 장려하고 있다. 특히 주목할 부문은 북한이 지역경제발전 차원에서 경제개발구를 개발한 점이다. 북한은 현 시기 지방경제를 종합적으로 발전시키는 것은 사회주의 경제강국 건설의 필수적인 요구라고 강조했다. 지방경제를 종합적으로 발전시켜야 나라의 모든 잠재력을 최대한 동원하고 효과적으로 이용해 사회주의 경제강국 건설을 힘 있게 추진하며, 주민들의 늘어나는 물질문화적 수요를 더욱 원만히 충족시킬 수 있다는 것이다. 지방 경제를 현대화하고 나라의 경제 전반을 균형적으로 발전시키며 가까운 시일에 주민생활을 획기적으로 높이기 위해서는 각 도마다 자체의 실정에 맞게 경제개발구를 건설하고, 부족한 상품과 기술, 자금 문제를 해결하는 것이 중요하다. 따라서 북한에서 특수경제지대로서 경제개발구를 설립한 목적은 대외 경제 거래의 확대를 통해 지방경제를 활성화하고, 주민생활을 개선하는 데 필요한 상품 공급과 기술 도입, 자금 부족 문제를 해결하는 데 있다. 또한 수출 구조를 빠른 시일 안에 개선하고 대외 경제 관계를 확대·발전시키는 것이다. 이런 목적 아래 북한은 〈표 3-11〉에서 보는 바와 같이 나름대로 경제개발구 건설 구상을 실현하기 위해 지속적으로 구체화하는 조치를 내놓았다.

04 계승과 특징

1. 자력갱생의 계승

1) 천리마 시대

　김정은 시대의 자력갱생도 선대를 계승하는 측면이 많다. 집단주의, 천리마와 만리마속도전, 3대혁명소조 강조 등이 선대를 빼닮았다. 과거를 불러와 전후복구건설 시기와 천리마 시대를 지속적으로 소환하며 당시 선배들의 정신도덕적 풍모를 적극 따라 배우고 실천에 구현해 나가야 한다고 강조하고 있다(≪노동신문≫, 2021.6.14a). 전후복구건설 시기와 천리마 시대에 인민은 그처럼 어려운 조건에서도 "하나는 전체를 위해, 전체는 하나를 위해!"라는 집단주의 구호를 높이 들고 빈터 위에서 사회주의공업국가를 건설했다는 것이 핵심 주장이다. 김일성 시대, 김정일 시대, 김정은 시대를 관통하는 우선순위는 주체적 힘에 의한 국방력 강화였다. 자력갱생에 의한 중공업-선군정치-경제·핵개발 병진 노선 등은 모두가 사실상 국방력 강화에 우선순위를 둔 자력갱생 노선들이었다. 막강한 핵무력을 완성해 적대국들을 압도할 만한 자위적 국방력을 강화한 이후 인민생활 향상에 집중하는 식이다. 새로운 주체 무기인 개발 사업을 적극 다그쳐 국방공업 발전에서 첨단돌파의 새 역사를 열었다는 것이 북한 측 주장이다. 예를 들면 북한은 두 차례의 수소탄시험에서의 완전 성공과 '3.18혁명'(신형 고출력 로켓엔진 지상분출시험 성공, 2017년 3월 18일), '7·4혁명'('화성-14'형 시험발사 성공, 2017년 7월 4일), 7·28의 기적적 승리('화성-14' 형 2차 시험발사 성공, 2017년 7월 28일), 11월 29일의 위대한 대승리('화성-15'형 시험발사 성공, 2017년 11월 29일) 등을 주체 무기 개발사업의 성공 사례로 들고 있다(통일뉴스, 2017.12.12). 주체 무기는 자력갱생의 군사 분야에서의 산물이기도 하다.

2013년 3월 31일 김정은 자신이 직접 주재한 노동당 중앙위원회 전원회의에서 채택된 경제·핵개발 병진 노선은 2012년 말 장거리 미사일 발사와 2013년 초 3차 핵실험 성공을 바탕으로 나온 것이다. 병진 노선은 "새로운 병진노선의 참다운 우월성은 국방비를 추가적으로 늘이지 않고도 전쟁억제력과 방위력의 효과를 결정적으로 높임으로써 경제건설과 인민생활향상에 힘을 집중할 수 있게 한다는데 있다"(조선중앙통신, 2013.3.31)라는 데 초점이 맞춰졌다. 이는 곧 핵무기 개발을 통해 재래식 무기 의존도를 줄임으로써 국방비를 줄이고 이로 인해 가용자원을 주민 생활과 관련된 경제 분야에 투자하겠다는 의도라고 스스로 밝힌 바 있다. 이 병진 노선은 핵보유를 통해 주변 '위협국'들과 군비경쟁을 종식하고, 그 기술과 재원으로 인민생활 향상에 복무하는 '경제 건설'에 좀 더 초점을 맞추고 있음을 시사한다. 북한의 대외 홍보 책자인 『100문 100답으로 보는 오늘의 조선』에서도 "병진노선은 원자력 공업에 의거해 핵무력을 강화하는 동시에 부족한 전력문제도 풀어나갈 수 있게 하며, 국방비를 늘리지 않고도 적은 비용으로 방위력을 강화하고 경제건설과 인민생활 향상에 도움을 준다"라고 밝혔다(통일뉴스, 2016.3.31). 병진 노선을 재정 수요 측면에서 보면 '경제·핵무력 병진 노선'을 통해 안보에 문제가 생기지 않으면서도 기존 군 경제에 우선해 온 자원의 투입을 인민경제로 재분배하겠다는 정책적 구상으로 '시장화' 이후 합법, 비법, 탈법적 시장 활동을 통해 수입을 얻고 있는 주민들의 부담과 시장 의존도를 줄이겠다는 의도로 해석할 수 있다. 1999년 4월 26일 자 ≪중앙일보≫가 평양방송을 인용해 보도한 기사에서 그 사정을 엿볼 수 있다. 그 보도 기사에 따르면, 김정일은 1999년 1월 1일 당정 간부들에게 이렇게 말했다고 한다.

적들은 우리가 인공지구위성을 쏴올리는데만 몇 억 달러가 들었을 것이라고 하는데 그것은 사실이다. 나는 우리 인민들이 제대로 먹지도 못하고 남들처럼 잘 살지 못하는 것을 알면서도 나라와 민족의 존엄과 운명을 지켜내고 내일의 부강조국을 위해 자금을 그 부문으로 돌리는 것을 허락했다. 그 돈을 인민생활에 돌렸으면 얼마나 좋겠는가"라는 생각을 가지기도 했다(≪중앙일보≫, 1999년 4월 26일 자).

1956년부터 1960년대 중반까지로, 6·25전쟁 직후의 어려운 환경을 딛고 경제성장과 내부 결속을 이뤄낸 대중운동 시기인 천리마 시대는 2021년 1월 제8차 당대회 이후 유난히 더 자주 강조됐다. 1950년대 전후복구건설 시기와 천리마 시대 영웅들처럼 살며 투쟁하자, 이것이 현 시기 당의 요구이며 혁명의 새 승리를 쟁취하기 위한 근본 담보라는 주장이고, "바로 이 시대의 정신이 지금 우리에게 그 어느 때보다 절실히 필요하다"라는 것이다(≪노동신문≫, 2021.4.23c). 김정은 시대에서 천리마 시대는 전후복구 시기와 함께 "가장 가혹한 시련속에서 가장 경이적인 승리를 이룩한 시대"로 불리고 있다. 북한은 낙후한 농업국가에서 사회주의공업농업국가로 전환한 시기로도 평가하고 있다. 천리마 시대의 집단주의정신을 강조하는 이유는 오늘날 자력갱생의 정신과 목표가 과거와 연결되어 있음을 분명히 시사하고 있다. ≪노동신문≫은 2021년 2월 24일 자 "하나는 전체를 위해, 전체는 하나를 위해!"라는 특집 기사에서 북한 사회의 본태는 '집단주의'라고 강조했다(≪노동신문≫, 2020.2.24). 신문은 수도 평양에 있는 천리마 동상을 바라볼 때마다 "우리 인민은 세인을 놀래운 기적과 위훈을 창조한 천리마 시대를 눈앞에 그려보곤 한다"라며 자재가 귀하고 먹을 것과 입을 것이 넉넉지 못했던 "천리마 시대 사람들은 자신과 가정에 앞서 집단의 이익, 나라를 먼저 생각했다"라고 말했다. 이어 첫 천리마 작업반운동이었던 강선제강소 진응원작업반, 황철의 용해공, 어로공 등 과거 헌신했던 이들을 거론하며 "혼자 앞서는 것은 수치다, 뒤떨어지는 것은 더더구나 창피하다고 하면서 조국과 인민, 집단과 동지를 위해 개인의 이익과 공명을 바라지 않은 것이 바로 천리마 시대 사람들이었다. 이런 집단주의 정신이 바로 세인의 경탄을 불러일으키며 잿더미 위에서 천리마를 떠올린 것"이라고 설명했다.

2021년 3월 18일 자 ≪노동신문≫에도 "하나는 전체를 위해, 전체는 하나를 위해!"라는 제목의 정론을 1면 전체를 할애해 실었다. 신문에 따르면 김정은은 김일성이 과거에 내세운 구호로 전 인민적인 운동이 확산돼야 한다고 강조했다. 이 구호는 위대한 수령님께서 지펴주신 천리마작업반운동의 봉화를 들고 강선의 노동계급이 강철로 수령님을 받들던 시기에 나왔는데 정말 좋은 구호이라고, 구호가 나온 지 오래됐지만 오늘의 시대적 요구에도 맞는다고, 개인주의를 깨버리고 집단주의정신을 심어주며 공산주의사회에로 가자면 이 구호를 들고나가야 한다고 언급했다. 천리마대고조는 최악의 시련 속에서 공칭능력을 타파한 12만 톤이라는 강철 증산으로부터 시작됐지만 이 위대한 시대를 탄생시키고 떠밀어 온 것은 강선 노동계급이 지펴 올린 천리마작업반운동의 봉화였고 바로 "하나는 전체를 위해, 전체는 하나를 위해!"라는 투쟁 구호였다. 세기적인 낙후와 빈궁을 털어버리고 새 시대의 문명과 비약에로 나래 쳐 오른 전설적인 천리마의 기적 밑에는 바로 공산주의적인 사상 개조, 인간 개조의 위대한 혁명이 있었다고 설명했다(≪노동신문≫, 2021. 3.18).

김정은 시대의 자력갱생은 이런 집단주의정신을 기초로 한 만리마속도창조운동으로도 설명할 수 있다. 하루에 만 리를 달린다는 '만리마'인데, 북한 매체에는 2015년 4월쯤 처음 등장했고, 2016년 만리마 시대 선포 이후 고강도의 속도전은 북한 전역, 모든 분야를 다시 한번 휩쓸었다. 2019년까지도 북한 매체에 만리마운동을 자주 언급하며 속도전을 부각시켰다. 2016년 제7차 당대회를 자축하며 열린 북한의 군중 시위에서도 여러 선전 문구 가운데 유독 강조된 구호가 만리마였다. 제7차 당대회 준비를 위한 '70일전투'에서의 동원 구호도 '만리마속도'였다. 김정은 정권은 만리마속도의 상징적 건물로 여명거리를 내세웠다. 당시 여명거리를 건설하면서 '전민총동원'과 '만리마속도창조운동'을 독려했다(≪노동신문≫, 2017.2.20). 여명거리는 2016년 4월 3일 착공식을 하고 20여 시간에 한 층씩 올라가는 '만리마속도'를 자랑하며 2017년 4월 13일 김일성 주석 탄생일에 즈음해 예정대로 준공식을 진행했다. 제재를 극복하면서 자력으로, 또 그해 9월 함경북도 북부 지방의 대규모 수해 복구를 병행하면서도 1년 내 완공하겠다는 약속을 지킨 성과라고 하여 '일심단결과 자력갱생'의 상징으로 내세우고 있다(≪노동신문≫, 2021.3.17b). 북한은 2019년 2월 북미 간 하노이 정상회담에 나선 김정은을 칭송하면서 "이런 분위기가 세인을 놀래우는 만리마속도창조운동으로 이어져야 한다"라고 강조하기도 했다(≪노동신문≫, 2019.2.27). 2020년 새해에는 북한은 자력갱생과 과학기술을 보검으로 틀어쥐고 만리마속도창조운동을 계속 힘차게 벌여 사회주의강국 건설을 앞당겨 나가자고 강조했다. 김정은 시대의 만리마속도창조운동은 이전과 조금 다른 점도 발견된다. 북한 매체가 만리마 시대의 성과를 언급할 때 빼놓지 않는 것이 바로 과학, 정보의 발달이다. 정보화를 도약대로 해 전진하는 것이 오늘날 만리마 시대의 특징이라는 것이다. 제조업은 물론 농업, 양식업에까지 접목된 전자결제카드 등 현대화 설비는 이제 주민들의 일상생활에까지 반영되고 있다고 선전했다(KBS 남북의 창, 2019.8.17).

7차 당대회 이전에 실시한 70일전투는 당대회 이후 200일전투로 다시 등장했다. 북한은 2016년 5월 26일부터 28일까지 '7차 당대회 과업 관철을 위한 당, 국가, 경제, 무력기관 일군 연석회의'에서 국가경제발전 5개년전략 수행을 위한 200일전투를 선포했다. 당 중앙위는 2016년 12월 18일 보도문을 내고 "200일전투는 70일전투에서 이룩된 승리를 확대발전시켜 당 제7차 대회 정신을 보위하고 2016년을 혁명의 최전성기로 빛내이기 위한 전인민적인 연속공격전, 강행돌파전이었으며 자력자강의 창조대전, 만리마속도 창조대전이었다"라고 의미를 부여했다(통일뉴스, 2016.12.19). 2016년 '만리마속도' 표어를 제시하면서 '70일전투', '200일전투'로 경제 건설에 박차를 가한 북한은 2017년 들어서는 1월 25일 당 중앙위원회 보도문으로 연말 평양에서 '만리마선구자대회'를 소집할 것을 알리면서 '전민총돌격전'에 불을 붙였다(≪노동신문≫, 2017.1.26).

당시 ≪노동신문≫은 사설을 통해 "오늘의 시대는 만리마를 탄 기세로 내달려 위대한 수령님들의 유훈을 현실로 꽃피우고 사회주의강국 건설의 최후 승리를 이룩해 나가는 노동당 시대의 새로운 대번영기, 만리마시대"라고 규정했다(≪노동신문≫, 2017.3.8). 특히 2017년에는 '만리마선구자대회'라는 대규모 집회를 기획했다. 이를 위해 3월 6일 강원도군중대회를 시작으로 군중대회가 광역 시·도를 넘어 시·군 단위로 확대된 바 있다. 새로운 시대정신으로 내세우고 있는 '강원도정신'을 중심으로 사회적 동원을 극대화하기 위한 '만리마선구자대회'가 2017년 12월 말 평양에서 소집될 예정이었으나 공식적으로 이유는 밝히지 않은 채 취소됐다. 그 대신 제8차 군수공업대회(12.11)가 열렸다. 북한이 군수공업대회와 관련해 공개한 것은 이번이 처음으로, 지난

1~7차까지 대회 개최 시기와 내용, 규모 등에 대해서는 알려진 바 없다. 만리마선구자대회의 취지가 각 분야별로 성과를 낸 사람들을 내세우기 위해 노력 동원을 독려하는 성격이라는 점에서 군수공업대회는 국방 분야에서의 미사일·핵 개발자 등을 격려한 자리라는 비슷한 성격을 보여준다.

2) 3대혁명, ○○전투, 속도전의 계승

김일성·김정일 시대에 시작된 3대혁명도 오늘날 김정은 시대에서 여전히 강조되고 있는 자력갱생 기조이다. 특히 농촌에서의 사상, 기술, 문화의 3대혁명이 주체적 힘, 내적 동력을 비상히 증대시키고 혁명의 전진 속도를 가속화하기 위한 중요한 방도라고 주장하고 있다. 3대혁명은 사회주의 농촌 건설의 중요한 요구인 것이다(≪노동신문≫, 2021.4.6). 또한 오늘날 제8차 당대회에서 제시된 과업을 반드시 수행해야 하는 오늘날의 투쟁은 그 어느 때보다도 3대혁명 소조원들이 단위의 생산 성과를 이룩하기 위한 기술혁신 사업에서 본분을 다해 나가는 것이 절박하게 요구되고 있다는 주장이다. 김정은은 "3대혁명 소조원들은 과학기술의 위력으로 경제강국 건설을 다그쳐나가는 새 세기 산업혁명의 척후병, 기수가 되여야 한다"라고 강조했다(≪노동신문≫, 2021.4.7b). 또한 "3대혁명 소조원들은 두뇌전, 기술전을 과감하게 벌려 기술혁신과 창의고안의 명수, 최첨단돌파전의 선구자가 되여야 합니다"라고도 언급했다(≪노동신문≫, 2021.6.8). 당 제8차 대회가 밝힌 새로운 5개년계획 수행을 과학기술 성과로 담보해 나가는 데서 3대혁명소조의 역할을 거듭 강조하고 있는 것이다.

인민경제 중요 단위들에 파견된 3대혁명소조원들이 기술혁명 수행의 앞장에서 돌파구를 열고, 자신들의 임무를 훌륭히 수행해 나간다면 새로운 5개년계획 수행을 위한 전진은 더욱 가속화될 것이라는 것이라는 주장이다(≪노동신문≫, 2021.2.1a). 실제 3대혁명소조원들은 기계설비와 생산공정의 현대화,

과학기술 발전의 핵심 역할을 하고 있는 것으로 파악되고 있다. 북한 매체들은 예를 들어 지방에서 나오는 공업폐설물을 재자원화해 기계제품들에 대한 착색공정기술을 원만히 해결한 사례, 석탄생산 정상화에서 절실히 필요되는 원료와 자재의 국산화비중을 높이기 위한 소조원들의 기술혁신활동 등을 계속 소개하고 있다(≪노동신문≫, 2021.4.7b).

3대혁명소조원들의 활동과 함께 3대혁명붉은기쟁취운동도 여전히 활발히 추진되고 있다. 이 역시 당 제8차 대회와 당 중앙위원회 제8기 제2차 전원회의 결정 관철을 위한 목적이다. 김정은은 "3대혁명붉은기쟁취운동이 온 사회를 김일성·김정일주의화할 데 대한 우리 당의 최고강령을 직접 투쟁구호로 제기하고 있는 가장 높은 형태의 운동이며 온 나라 전체 인민이 참가하는 전인민적대중운동"으로 정의했다(≪노동신문≫, 2021.4.22b). 특히 북한은 수령의 유훈관철전, 당정책옹위전에서 집단주의 위력을 힘 있게 떨치기 위한 사상사업을 3대혁명붉은기쟁취운동 결의 목표에 구체적으로 반영할 것을 주문하고 있다. 과학기술에 의거한 생산공정과 경영관리의 현대화·정보화의 적극 추진을 기술혁명 수행의 중요한 과제로 내세운 단위들의 성과도 결국 3대혁명붉은기쟁취운동의 결과라고 그 정당성을 주장하고 있다. 이에 따라 지금 그 어느 단위에서나 3대혁명붉은기쟁취운동이 추진되고 있다. 그리고 이 운동이 대중 자신의 운동으로 확고히 전환되도록 안간힘을 쓰고 있다. 대중이 이 운동에 어떤 관점과 태도를 가지고 참가하는가에 따라 대중운동성과 여부와 단위의 발전 속도가 결정된다는 것이다. 당 조직에서는 3대혁명붉은기쟁취를 위한 결의 목표를 달성하기 위해 사상전을 펼치고, 일군들과 종업원들에게 새 설비, 새 공법을 받아들이는 것이 단순히 생산을 위한 실무적인 사업이 아니라 선대의 유훈을 관철하기 위한 중요한 정치적 사업이라는 것을 다양한 형식과 방법으로 깊이 인식시키는 노력을 전개하고 있다(≪노동신문≫, 2021.8.17a).

속도전, 80일전투 등 각종 전투 방식도 과거의 전통을 그대로 계승하고 있다. 북한은 2021년 연초 제8차 당대회에서 5개년계획 기간에 평양시에 5만 세대의 살림집을 건설하며 이를 위해 매해 1만 세대씩 건설할 것을 결정했다. 북한은 평양시 1만 세대 건설에서 자주 회자되는 '새로운 평양속도'가 사실은 '전 세대들의 빛나는 전통'을 잇고 있다고 밝히고 있다. ≪조선신보≫는 2021년 4월 19일 자 기사에서 전 세대들의 전통으로 1956년 12월 강선제강소(현재의 천리마제강련합기업소)에서 지펴 올라 대중적 혁신운동의 불길로 퍼진 '천리마속도', 1958년 수도 건설에서 14분 만에 한 세대씩 살림집을 조립한 '평양속도', 2·8비날론공장(1961년 5월 준공)을 1년 남짓한 기간에 일떠세운 '비날론속도', '1980년대속도' 등을 열거했다. 또한, 신문은 새 세기 들어 희천발전소(2012년 4월 완공) 건설에서 발휘된 '희천속도', 마식령스키장(2013년 12월 완공)을 건설한 '마식령속도', 이 밖에도 '70일전투속도', '200일전투속도' 등 시기마다 불린 속도들이 있다고 덧붙였다(통일뉴스, 2021.4.19).

김정은은 2013년 6월 4일 전체 군대와 인민에게 "마식령속도를 창조해 사회주의건설의 모든 전선에서 새로운 전성기를 열어나가자"며 호소문을 보내기도 했다(조선중앙통신, 2013.6.5). 김정은은 "마식령스키장 건설은 남들 같으면 10년이 걸려도 해낼 수 없는 대공사"이지만 "군인건설자들이 불굴의 정신력과 완강한 돌격전으로 '마식령속도'를 창조해 스키장 건설을 올해 안으로 끝내며 온 나라 전체 군대와 인민이 그 정신, 그 기백으로 사회주의건설의 모든 전선에서 대 비약, 대 혁신을 일으키리라는 것을 굳게 확신하면서 이 호소문을 보낸다"라고 밝혔다. 그가 전체 군인과 주민들에게 호소문을 보낸 것은 처음이며, 경제건설 속도를 지칭하는 '마식령속도'라는 표현도 처음 등장했다. 2020년 사상 초유의 재난과 재해 속에서 전개된 2020년의 80일전투도 자력갱생을 체질화·습벽화한 우리 인민만이 실행 할 수 있는 것이라고 주장했다(≪우리민족끼리≫, 2021.2.6).

북한에서는 국가적인 주민 노동력 총동원운동을 '전투'라고 지칭한다(≪조선신보≫, 2016.12.22). 전투는 기본적으로 대규모 증산과 건설을 통해 사회주의 강국을 과시하고, 경제개발 계획 등의 목표 달성을 위한 수단이다. 특히 생산이나 건설 실적이 부진할 경우 노력 동원을 통해 단기간 내 생산과 건설 성과를 최대화하는 것이 목표이다. 전투는 곧 사회주의 노력경쟁이며, 생산자 대중에게 동기를 부여하고 생산성을 높이기 위한 대표적인 수단인데, 이 노력경쟁은 대부분 집단적인 노력경쟁 운동을 지칭한다(홍성국, 2005: 68). 노력경쟁의 목표는 대부분 증산과 건설이었는데, 이후 종래의 노력경쟁 운동에 속도전의 의미가 추가됐다. 즉 속도전은 사회주의 경제생산성 향상과 생산 기간 단축이라는 대중운동의 성격을 내포하고 있다. 북한은 1974년 10월 시작된 '70일전투' 등을 대표적인 속도전 운동으로 규정하고, "모든 사업을 전격적으로 밀고 나가는 사회주의건설의 기본전투형식"이라고 정의하고 있다(통일교육원, 2016: 436). 속도전은 양뿐만 아니라 질과 함께 사상, 조직 혁신도 중시하고 있음을 눈여겨볼 필요가 있다. 그리고 사회주의 건설의 기본 전투 형식으로 최단기간에 질과 양을 함께 보장하고, 혁명 발전의 합법칙적인 사업 전개의 원칙으로, 전격전과 섬멸전의 방법에 의해 담보되며, 사상·기술 혁명, 옳은 조직 지도 사업의 기본이라고 규정하고 있다. 또한 "혁명과 건설의 전진운동을 저해하는 소극과 보수, 침체와 답보를 배격하고 혁명과업을 가장 빠른 기간 내에 완수하게 하는 사회주의건설의 기본전투형식이며, 혁명적인 사업전개원칙"이라고 설명한다. 즉 속도전은 사상 사업을 앞세워 모든 역량을 총동원해 사업을 최대한 신속히 추진하고, 그 질을 가장 높게 보장하는 전투적 사업 방식인 것이다(통일교육원, 2016: 409). 80일전투는 그동안 코로나19 사태, 연이은 수해와 태풍 등으로 경제건설 목표 달성에 차질이 생겼기 때문에 2020년 말까지 대중동원 혹은 속도전 방식을 통해 경제건설 성과를 최대한 도출하고, 이를 토대로 제8차 당대회에서 새로운 경제건설 비전을 보여주기 위한 목적으

〈표 4-1〉 **주요 계기와 전투 착수 사례**

주요 계기(연도)	주요 전투(연도)	목적
인민경제발전 6개년계획(1971~1976)	100일전투 (1971)	석탄공업 증산에 초점
사회주의경제 건설 10대 전망목표(1975년 목표)	70일전투 (1974)	요령주의, 형식주의, 보신주의, 보수주의를 배격하고 행정경제사업의 당적 지도를 강화
제2차 7개년계획 (1978~1984) - 건국 30돌(1978) - 제6차 당대회(1980)	2차 100일전투 (1978)	건국 30돌을 성대히 맞이하자는 취지
3차 100일전투 (1980)	제6차 당대회(1980)를 앞두고 북한은 '승리자의 대축전'을 목표로 1980년도 계획달성을 1개월 앞당기기 위해 실시	
제13차 세계청년학생축전(평양축전)과 건국 40돌	200일전투 (1988) 2차 200일전투 (1988~1989)	주요 시설 공사를 기한 내 완공 목적
고난의 행군	200일전투 (1998)	고난의 행군 시기 경제성장 목표
당 창건 60돌(2005)	100일전투 (2005)	농업과 전력, 석탄공업, 경공업, 수도 건설에 총력
김일성 주석 생일 100년인 2012년 기념	150일전투(2009)	'강성대국건설의 역사적 분수령'을 이루기 위한 목적
당 창건 65돌(2010)	100일전투(2009)	2012년을 강성대국의 문을 열기 위한 도약대로 삼기 위한 목적
제7차 당대회(2016)	70일전투(2016)	7차 당대회를 노력적 성과를 가지고 맞이하기 위한 목적
국가경제발전 5개년전략(2016~2020)	200일전투(2016)	국가경제발전 5개년전략 수행의 돌파구를 열기 위한 목적
제8차 당대회(2021)	80일전투(2020)	8차 당대회를 높은 정치적 열의와 노력적 성과로 맞이하기 위한 목적, 국가경제발전 5개년전략 수행

자료: 필자 작성.

로 진행됐다. 동시에 체제 단속과 내부 결속 강화도 도모하고자 했다.

전투는 1971년 100일전투가 처음 시작된 이래 이번 80일전투까지 모두 13차례 등장했다. 〈표 4-1〉에서 확인할 수 있듯이 대부분의 주요 전투는 당대회, 당 창건 기념일, 주요 경계개발계획 목표 달성 등을 위해 시작했다. 전투 기간은 최단기 70일에서 최장기 200일까지로 다양하다. 김정은 정권 등장 이후에는 2016년 제7차 당대회를 앞두고 70일전투가 처음 등장했고, 곧 이은 200일전투에 이어 이번 80일전투까지 포함하면 모두 세 차례 실시됐다. 2016년 12월 22일 자 ≪조선신보≫는 "2016년 2월에 시작된 70일전투는 당대회를 노력적 성과를 가지고 맞이하기 위한 것이었고 이어서 벌어진 200일전투는 당대회에서 제시된 국가경제발전 5개년전략 수행의 돌파구를 열어 넣기 위한 것"이라고 의미를 부여했다.

2021년 1월 제8차 당대회 개최를 앞두고 국가경제발전 5개년전략 목표를 조금이라도 더 달성하기 위해 시작한 80일전투는 이전 유사 전투와 그 목표, 성격, 추진 방식 등에 있어 별다른 차이가 없는 것으로 판단된다. 북한은 이번 80일전투에 대해 "당대회를 맞이할 때마다 거창한 사회주의 대건설전투를 벌여 위대한 전변의 역사를 안아오고 눈부신 기적을 창조해온 것은 우리인민의 자랑스러운 투쟁전통"이라고 언급했다(조선중앙통신, 2020.10.5). 이는 과거의 경제건설 방식을 그대로 반복하고 있음을 스스로 시인하는 것이다. 또한 주요 경제 건설 계획 수행, 즉 성과 극대화를 도출하기 위한 수단으로서 주요 전투를 발기하고 있는 점도 이전과 동일한 패턴을 반복하고 있음을 드러낸다. 다만 김정은 시대의 전투는 이전과 달리 국산화 품질 향상, 과학기술혁신과 업종 전문화 등에 초점을 맞추며 실리 극대화를 도모하고 있는 점이 차별화된 특징으로 평가된다.

80일전투의 재등장은 제8차 당대회를 통한 정책 추진 방향 모색이 현시점에서 얼마나 중요한지를 시사하고 있다. 현실적으로 어려운 경제 사정을 돌파할 수 있도록 집중적 노력을 촉구하는 것이다. 북한은 지난 2016년 5월에 개최된 제7차 당대회를 앞두고도 70일전투를 추진했다. 김정은은 2016년 제7차 당대회에서 높은 수준의 경제건설 목표들을 제시했지만 이 목표들은 북한의 핵무력 고도화에 따라 2017년부터 본격적으로 강화된 대북 제재를 고려하지 않고 설정됐다. 강화된 대북 제재의 영향에다가 2020년 초부터 등장한 코로나19, 수해와 태풍 피해 등으로 인해 계획 수행은 심각한 차질을 빚었다. 과거와 같은 집단적인 사회주의 노력경쟁은 주민들의 피로감 증대 등으로 인해 생산 활동에 대한 충분한 동기를 유발하기 어렵다는 한계가 있다. 또한 전투 방식의 경제건설은 단기적인 목표에만 매달린 총력전 방식으로 경제를 운영함으로써 중장기적인 경제계획 수행에는 적잖은 문제점을 노출시켰다. 다만 과거 사례를 보면 기념비적인 건축물들은 대부분 속도전 방식으로 건설된 것들이 대부분이었기 때문에 이번에도 80일전투를 통해 평양종합병원, 백두산 삼지연 3단계 건설 등에서 부분적 성과가 나타났다.

과거의 성과와 업적을 홍보하는 것도 같은 맥락에서 봐야 한다. 오늘날 ≪노동신문≫은 유난히 자주 전후 경제건설 시기와 천리마 시대를 조명하면서 과거의 투쟁기풍을 강조하고 있다. 2021년 2월 27일 자 ≪노동신문≫은 황해제철련합기업소(황철)의 과거를 조명하며 그 '업적'을 부각했다. 신문은 1950년대 후반 김일성 시절 이행된 5개년 경제발전 계획에서는 철강재 생산이 중요했다며 당시 '황철'의 활약으로 자체적 기술에 의한 용광로를 건설할 수 있었다고 전했다. 신문은 과거 보도했던 황철 관련 사진(≪노동신문≫, 2021.2.27)을 공개하기도 했다. 2021년 5월 4일 자 ≪노동신문≫은 1959년 공작기계새끼치기운동을 상기시켰다. 공작기계새끼치기운동이란 기계 설비 수요를 충족하기 위해 생산 현장에서 공작기계로 또 다른 공작기계를 만들어내는 것을 말한다. 신문은 당시 김일성이 자체적으로 필요한 기계를 만들어낸 한 공장을 보고 이를 모범사례로 따라야 한다며 운동을 광범위하게 전개했다고 설명했다(≪노동신문≫, 2021.5.4f). 또한 북한은 청년들이 전후복구건설 시기와 천리마 시대 청춘들의 정신도덕적 품성을 적극 따라 배워야 한다고 강조하고 있다. 1950년대, 1960년대 청년들은 자본주의가 흉내 낼 수도 없는 훌륭한 미덕과 미풍, 아름다운 문화를 창조했다는 것이다(≪노동신문≫, 2021.5.3a). 5월 9일 자 ≪노동신문≫은 1950년대 전후 복구건설 시기와 천리마 시대의 투쟁 모습을 담은 사진을 다수 공개하며, "우리 조국 역사에서 가장 격동적이고 영웅적인 시대라고 할수 있는 전후 복구건설 시기와 천리마 시대는 상상하기 어려운 조건에서 불사신처럼 떨쳐일어나 불가능을 가능으로 전환시키던 기적의 창조자들의 과감한 투쟁의 역사"라고 의미를 부여했다. 또한 5월 11일 자 ≪노동신문≫에는 "전 세대들의 투쟁정신, 투쟁기풍을 따라배우자"는 제목의 특집 기사를 싣고 어지돈관개 건설자들을 소개했다. 6월 1일 자 ≪노동신문≫에서도 1950년대 북한의 최초 트랙터 '천리마호'와 자동차 생산 등을 조명하며 전후복구기와 천리마 시대 '자력갱생 정신의 계승'을 주문했다. 그야말로 수시로 천리마 시대의 성과를 벤치마킹 대상으로 부각시키고 있는 것이다.

북한은 자력갱생의 혁명정신이 항일혁명투쟁 시기 백두의 혁명정신에 뿌리를 두고 있다며 백두의 혁명정신 역시 강조하고 있는데, 이 역시 자력갱생의 맥락과 일치한다(≪노동신문≫, 2021.6.27). 항일혁명투쟁 시기 유격대원들은 공고한 국가적후방도, 정규군의 지원도 없는 상태에서 일제를 타격하고, 빼앗긴 나라를 되찾았고, 밀림 속에서도 맨손으로 폭탄을 만들어 일제 침략자들을 전율케 하고 자체로 부대 살림살이를 꾸려나간 자력갱생의 투쟁정신이 있어 항일 유격대원들은 싸움마다 승리의 개가를 올렸다는 것이다. 같은 맥락에서 김정은 정권은 집권 초기인 2014년에 연길폭탄정신을 내세우기도 했다. 2014년 3월 24일 자 ≪노동신문≫ 1면 사설 "자력갱생의 역사와 전통을 줄기차게 이어나가자"에서는 '연길폭탄정신'을 항일대전의 승리 비결로 부각하며 1950년대 '자력갱생의 대진군'으로 북한이 사회주의 공업화의 대문에 들어서게 되었다고 강조하며 자력갱생의 역사와 전통을 줄기차게 이어나가자고 했다. 연길폭탄이란 옌지(延吉)의 우리 식 한자음인 연길에 폭탄이라는 말은 합성한 것으로 항일 활동 초기 김일성의 지도 아래 앞을 못 보는 폭탄 제조자 손원금이 변변한 도구도 없이 전투 현장에서 만든 수류탄을 일컫는다. '연길폭탄'은 북한에서는 자력갱생을 일컫는 상징으로 통한다. 김일성은 생전에 폭탄 제조자 손원금을 '자력갱생의 산 교과서'로 불렀으며, 북한에서는 연길폭탄정신을 혁명적 군인정신의 기초, 난관 결사 돌파의 정신, 혁명에 대한 충실성을 가늠하는 기준 등으로 표현해 왔다. 자력갱생 정신을 발휘하는 것에 "자본주의가 흉내낼 수도 가질 수도 없는 우리식사회주의의 우월성과 위력을 고도로 발양시키는 근본비결이 있다"라고 신문은 역설했다.

요약하면 항일유격대 정신, 백두의 혁명정신이 곧 자력갱생의 혁명정신이었으며 이런 정신들이 진화해서 전화의 군자리정신, 천리마정신, 강계정신으로 이어졌고, 새로운 정신들이 창조되면서 자력부강, 자력번영의 활로를 따라 줄기차게 전진해 올 수 있었다는 주장이다. 그러면서 오늘날 백두밀림에서 높이 발휘됐던 연길폭탄정신을 빛나게 계승하기 위해서는 과학기술을 발전시켜야 하고, 현대 과학기술에 철저히 의거하며, 하나를 내놓아도 우리의 것이라고 당당히 자부할 수 있는 첨단제품을 내놓아야 진정한 의미에서 자력갱생의 혁명정신을 계승해 나간다고 할 수 있다는 것이다(≪노동신문≫, 2021. 6.27). 즉 자력갱생 정신은 과거의 것들을 상당 부분 계승하면서도 철저히 현대 과학기술에 근거해야 한다는 점이 가장 두드러진 차이점이라 할 수 있다. 현 시대는 과학기술의 시대이기 때문에 과거처럼 망치로 두드려서라도 만들면 된다는 식의 관점을 가지고 일하던 때는 지나갔다는 것이다. 이처럼 강조하는 현대 과학기술에 기초한 자력갱생의 결과로 나타난 것이 신형첨단무기 개발, 국산화, 재자원화 진전이었다. 김정은 정권은 집권 초기부터 "오늘의

〈표 4-2〉 **정권별 자력갱생 추진 방식과 특징**

시대	명칭	성격
김일성 시대	천리마운동(1956~)	• 노력 동원과 속도 경쟁을 통한 대중적 운동
	천리마작업반운동(1959~)	• 기술혁신을 통한 질적 성장을 위한 대중운동
	청산리정신, 청산리방법(1960~)	• 대중의 지혜와 창조력을 최대한 동원해 내는 혁명적 군중 노선
	민주주의중앙집권제	• 민주주의적으로 아랫사람들의 의견을 존중하면서도 동시에 중앙집권적으로 실시하는 것
	3대혁명(1970~) 3대혁명소조운동(1973~)	• 대중노선을 통한 증산과 절약 - 3대혁명소조원들이 일군(간부)들과 군중을 적극적으로 도와줌으로써 사상, 기술, 문화의 3대혁명을 힘 있게 밀고 나가기 위한 혁명적 운동 • 사상 교양을 통한 현대 과학기술 학습 도모
	3대혁명붉은기쟁취운동 (1975~)	• 천리마작업반운동의 심화 발전으로서 대중운동의 높은 단계이며 더욱 발전된 형태
	70일전투(1974~)	• 천리마운동을 구현하고 심화·발전시킨 사회주의 건설의 기본 전투 형식, 노력경쟁운동이자 사상전
	80년대속도, 200일전투	• 대중의 정치도덕적 동기, 즉 사상을 강화 또는 자극해 대중이 더 적극적으로 생산에 참여하도록 하는 대중 동원식 증산·절약 운동
	우리식 혁명적 경제전략(1993~)	• 농업·경공업 위주 경제로의 전환 공식화
김정일 시대	사회주의붉은기쟁취운동 (1995~)	• 사회주의 고수 및 건설을 위한 천리마작업반운동의 새로운 높은 형태의 대중운동으로서 온 사회의 주체사상화의 요구에 맞게 사상, 기술, 문화의 3대혁명을 추진하기 위한 전 민중적 대중운동
	고난의 행군(1997~) 사회주의강행군(1998~)	• 군인 건설자들의 혁명적 군인정신을 따라 배우자는 일종의 노력경쟁운동
	강계정신(1998~)	• 1950년대 '천리마정신'과 유사, 국가의 지원 없이 모든 것을 자급해 공업 부문의 모범으로 꼽히는 자강도 사례 강조
	성강의 봉화(1998~), 낙원의 봉화(2000~)	• '강계정신'을 기본정신으로 한 일종의 노력경쟁운동
	제2의 천리마대진군(1999~)	• 1950~1960년대의 '천리마운동' 정신을 재점화
	준마속도(2000~)	• 2000년에는 달리는 말처럼 강성대국 건설을 향해 달려가자는 의미
	대홍단정신(2000년대)	• 감자 농사에서 결정적인 전환을 추구

김정은 시대	새 세기 산업혁명, 최첨단돌파사상 (2012~)	• 오늘의 자력갱생은 과학기술의 기관차를 앞세우고 세계를 압도해 나가는 최첨단돌파의 정신이라고 강조
	현대화와 정보화	• 현대화는 새 세기 산업혁명=최첨단돌파사상을 통해 구현. 모든 부문을 첨단 과학기술에 기초해 세계적 수준에서 정보화하는 것 목표
	국산화(2013~)와 재자원화	• 수입의존도를 낮추고, 과학기술에 기초한 자력갱생 전략
	경제개발구(2013~) 및 관광특구개발을 통한 개방형 자력갱생 추구	• 대규모 관광특구 개발과 동시에 외국 자본 유치를 위한 20여 개의 경제개발구를 전국 각지에 지정
	국가적·계획적·과학적 자력갱생(2021~)	• 과거의 것과 구별되는 자력갱생, 보다 개선되고 실효성이 높은 발전형의 자력갱생의 체계화, 제도화 지향
	마식령속도(2013)	• 마식령스키장 건설을 위한 노동력 총동원운동
	만리마속도창조운동(2016)	• 여명거리 건설을 위한 노동력 총동원운동
	70일전투, 200일전투(2016)	• 전 인민적인 연속공격전, 강행돌파전이었으며 자력자강의 창조대전, 만리마속도 창조대전으로 표현
	만리마선구자대회(2017)	• 강원도정신을 내세운 강원도군중대회를 시작으로 군중대회가 광역 시·도를 넘어 시·군 단위로 확대
	3대혁명소조운동	• 농촌에서의 사상, 기술, 문화의 3대혁명이 주체적 힘, 내적 동력을 비상히 증대시키고 혁명의 전진 속도를 가속화하기 위한 중요한 방도
	3대혁명붉은기쟁취운동	• 온 사회를 김일성·김정일주의화할 데 대한 우리 당의 최고강령을 직접 투쟁구호로 제기하고 있는 가장 높은 형태의 운동
	80일전투	• 8차 당대회를 높은 정치적 열의와 노력적 성과로 맞이하기 위한 목적

자료: 필자 작성.

자력갱생은 과학기술의 기관차를 앞세우고 세계를 압도해 나가는 최첨단돌파의 정신"이라고 강조해 왔다(≪노동신문≫, 2014.3.24).

2. 김정은 시대 자력갱생의 특징

　김정은 정권이 현 단계에서 내세우고 있는 자력갱생 정신의 주요 특징을 정리하면 다음과 같다. 이 중 상당수는 선대의 자력갱생 전통과 추진 방식을 계승하면서도 변화된 시대 상황을 반영하고 있다.

1) 사상교육 강조

　자력갱생에서 사상은 매우 중요한 요소다. 자본주의 사회에서는 돈이 모든 것을 결정하지만 사회주의 사회에서는 사상이 모든 것을 결정한다. 김일성은 사상, 기술, 문화 3대혁명을 주장하면서 이들은 서로 밀접하게 연관되어 있다며, 특히 사상혁명을 앞세우는 원칙을 견지할 것을 강조했다. 사람들을 공산주의적으로 교양·개조하는 것은 사회주의·공산주의 건설에서 가장 중요한 과업의 하나라는 것이다(사회과학출판사, 1975a: 54~55). 이런 기조는 김정은 시대에도 그대로 계승되고 있다. 이는 사회주의 건설에서 가장 위력한 무기는 사상이기 때문이다(≪노동신문≫, 2021.6.29b).

　북한 측 주장은 이렇다. 혁명의 전 기간 당은 사상 사업을 첫째가는 중대사로 내세웠고, 사상 사업에서 전환이 일어날 때마다 큰 산을 하나씩 넘어왔다. 전후 천리마의 기상으로 변혁을 이룩할 수 있었던 것도, 1970년대와 1980년대를 노동당 시대의 일대 전성기로 만들 수 있었던 것도 사상전을 떠나서 생각할 수 없다. 당은 유례없이 어려웠던 고난의 행군 강행군도 사상의 힘으로 견뎌낼 수 있었다. 역사적 사실들은 사상전이 곧 우리식사회주의 위업의 활력이라는 것을 뚜렷이 실증해 주고 있다는 것이다. 지금도 무시할 수 없는 도전들이 쌓여있지만 달성하려는 웅대한 투쟁 목표는 혁명과 건설의 주인인 인민대중의 사상정신력을 발동하면 가능하다고 본다. 닭알에도 사상을 재우면 바위를 깰 수 있고, 보총에도 사상을 만장약하면 그 어떤 현대적인 무장장비보다 더 큰 위력을 낼 수 있다는 것이다. 사상전은 대중의 정신력을 발휘시켜 당 정책 관철에서 끊임없는 기적을 창조하게 하는 원동력이 된다. 사상전의 관점에서 보면 가장 배격해야 하는 장애물은 패배주의, 형식주의, 보신주의를 비롯한 낡은 사상 관점과 자세가 된다. 사상전은 곧 집단적 혁신이다. 사회의 모든 성원이 하나의 지향을 안고 공동으로 노력해야만 목적을 달성할 수 있다고 본다. 이런 맥락에서 개인주의적 생활 풍조는 철저히 반대·배격되고 있다. 모든 당원들과 근로자들은 우리의 사회주의 생활양식, 집단주의적 생활 기풍이 세상에서 제일이라는 긍지와 자부심을 깊이 간직하고 온갖 이색적인 생활 풍조에 절대로 물젖지 말아야 한다. 모든 사업을 국가적 이익에 철저히 지향·복종시켜 나가는 것을 철칙으로 삼아야 한다(≪노동신문≫, 2021.6.14a).

그래서 북한에는 고위 간부들의 계급 강등 등 경질, 문책성 인사 조치가 이뤄지는 등 간부혁명과 더불어 사상혁명이 일상적으로 추진된다. ≪노동신문≫ 7월 11일 자에 실린 전면에 총 1만 자 분량의 사설 "혁명적 수양과 당성 단련을 더욱 강화하자"를 실었다. 제재와 코로나19의 장기화, 이에 따른 경제난과 주민 생활고의 심화 등 '유례없이 혹독한 도전과 난관'과 '시련'을 강조하며 사상 결집과 간부의 역할 강화를 거듭 주문했다. 특히 최근 이른바 '장마당 세대'의 느슨한 충성심을 경계하며 젊은 간부들에 대한 사상 교육이 필요하다고 강조하고 있다. 이들 세대를 두고 "가열한 전화의 불 속도 헤쳐보지 못했으며 잿더미 위에서 모든 것을 새로 일떠세워야 했던 간고한 시련도 겪어보지 못했다"(≪노동신문≫, 2021.7.11)라며 우려의 목소리를 냈다. 북한 당국은 코로나19 방역으로 그 어느 때보다 장기간 고립 상태를 이어가고 있다. 이런 상황에서 광범위한 세대교체로 체제 유지의 근간이 된 당 간부들의 사상이 해이해진다면 그야말로 사면초가 처지에 빠질 수 있음을 경계하고 있는 듯하다.

사실 상당수 당 간부들뿐 아니라 북한의 신세대 젊은이들이 한류에 빠진 것은 이미 오래전부터 있어온 일이다. 다만 최근 북한 당국이 이른바 'MZ 세대'(밀레니얼 세대+Z세대를 가리키는 말로, 현재 10~30대를 일컫는다)를 중심으로 퍼지고 있는 남한식 말투와 옷차림 단속에 더 공을 들이는 것으로 비칠 뿐이다. 청년층에 파고드는 남한식 옷차림과 머리단장, 언행 문화를 더욱 엄격히 단속하고 있는 것이다. 이는 국정원의 최근 국회 보고를 통해서도 확인되고 있다. 예를 들면 길거리에서 남녀의 포옹을 '혁명의 원수'라며 금지하고, 젊은이들 말투 하나하나까지 통제한다. 남편을 남한식으로 '오빠'라고 부르거나 남자 친구를 '남친'이라고 불러선 안 된다. 또 남한 젊은이들이 즐겨 쓰는 '쪽팔리다', '글고'와 같은 표현도 금지 대상이다. 김정은은 당 중앙위원회 전원회의, 당세포비서대회 등 주요 회의에서 더 공세적으로 사회주의 수호전을 전개할 것을 지시했고, 이에 따라 당국은 청년들의 옷차림과 남한식 말투 등 언행을 집중 단속하고 있다.

북한은 2020년 12월엔 남한의 영화·TV드라마 등 영상물을 유포할 시 사형에 처하고, 시청자는 최대 15년의 징역형에 처한다는 내용을 담은 '반동사상문화배격법'까지 제정했다. 북한이 이렇게 사상 통제에 사활을 거는 것은 당면한 최대 과제인 경제건설과 주민생활 안정화에 모든 것을 집중하려는 의도가 숨어 있다. 북한 매체들이 늘 언급하듯이 "최악의 조건에서 방대한 과제를 수행해야 하는 상황에서 전 세대들처럼 무에서도 유를 창조하고 불가능도 가능으로 전환시키면서 혁명을 전진시키고 조국 번영의 새 시대를 펼쳐나가는 강력한 혁명정신이 절실히 필요한 시기"이기 때문이다. 북한 정권이 내걸고 있는 자력갱생에서 사상은 매우 중요한 요소다. 자본주의 사회에서는 돈이 모든 것을 결정하지만, 사회주의 북한 사회에서는 사상이 모든 것을 결정한다. "닭알에도 사상을 재우면 바위를 깰 수 있다"라며 사회주의 건설에서 가장 위력한 무기는 사상이라는 것을 강조, 또 강조하고 있다.

또한 청년들을 대상으로 사상 교육이 강조되고 있는 점도 눈에 띈다.

혁명의 시련을 겪어보지 못한 새 세대들이 주력으로 등장하고 우리 당의 사상
진지, 혁명진지, 계급진지를 허물어보려는 제국주의자들의 책동이 날로 더욱
우심해지고 있는 현실에서는 혁명전통교양이 나라와 민족의 운명과 장래를
결정하는 사활적인 문제로 된다(≪노동신문≫, 2021.6.27).

사람들의 사상만 발동되면 세상에 무서울 것이 없으며 이뤄내지 못할 일이
없다고 강조한다(김재호, 2000: 202~203). 그래서 김정은 시대의 자력갱생도 사
상 무장이 우선적으로 요구된다. 특히 당이 제시한 과업 관철을 위해 사상적
으로 무장해 최대한의 성과를 도출하고, 자신의 모든 것을 헌신하는 집단주
의 기풍을 발휘해야 한다. 2021년 3월 29일 자 ≪노동신문≫에서는 "주체 조
선의 첫째가는 힘은 단결의 힘, 집단주의의 위력"이라며 집단주의 기풍이 "끊
임없는 승리를 아로새기게 한 근본원천"이라고 짚었다. 그러면서 천리마 시
대의 이 구호는 "집단주의를 생명으로 하고 있는 가장 우월한 우리의 사회주
의 제도에서만 나올 수 있는 구호"라고 의미를 부여했다.

북한에서 사회주의 위력은 곧 집단주의 위력으로 간주된다. 인민대중의 힘
은 곧 사상의 힘이며 집단주의의 위력이라는 것이다(≪노동신문≫, 2021.5.4c).
집단주의는 혁명의 정치사상 진지를 백방으로 강화할 수 있게 하는 근본 담
보라고 주장한다. 여기서 말하는 '집단'이란 단순히 개별적 성원들의 결합체
가 아니라 전체 인민이 수령의 두리에 하나의 사상과 뜻, 의지로 결합된 사회
정치적 생명체를 의미한다. 수령은 혁명의 최고 뇌수이며 사회정치적 생명체
의 중심이다. 인민대중의 지향과 요구는 수령에 의해 집대성되고 투쟁의 강
력한 무기로 전환되며, 혁명가들이 지닌 고귀한 정치적 생명도 수령이 안겨
준 것이다. 사회정치적 집단에 충실하다는 것은 수령에게 충실하다는 것을

의미하며 수령에 대한 충실성은 집단주의의 최고 표현으로 된다(≪노동신문≫, 2021.5.4f). 이런 맥락에서 "오직 수령만을 믿고 따르는 충성의 한마음, 바로 이것이 우리 인민이 영원토록 안고 살며 세세년년 대를 이어 물려주어야 할 억 척불변의 신념"이라고 그 어느 때보다 수령에 대한 충성을 강조하고 있다(≪노 동신문≫, 2021.6.9d).

북한 측 주장에 따르면 오늘의 총진군은 수령에 대한 인민들의 절대적인 신 뢰심에 의해 추동되는 충성의 대진군이다. 그러면서 이 세상에서 제일 강한 힘은 수령의 두리에 전체 인민이 사상의지적으로, 도덕의리적으로 굳게 뭉친 일심단결이라고 강조하고 있다. 이런 맥락에서 북한의 경제건설에서 최대로 경계해야 하는 것은 단위특수화와 본위주의이다. 단위특수화와 본위주의는 북한이 지향하는 '전진'을 가로막는 장애물이다. 모든 부문, 모든 단위에서 자 기의 이익만을 추구하는 협소한 관점을 대담하게 타파하고 국가와 혁명의 이 익을 먼저 생각하고 실천해 나가는 기풍을 철저히 확립해 나갈 때 경제건설에 서 실제적인 전진이 이룩될 수 있다고 주장한다(≪노동신문≫, 2021.5.4c).

북한은 국가경제발전 5개년계획 수행을 위한 창조성, 창발성을 적극 발휘 하라고 주문하고 있는데, 이는 단순히 일꾼의 실무 능력과 자질에 관한 문제 만이 아니라 당과 혁명에 대한 충실성, 자력갱생 정신을 평가하는 척도라고 강조하고 있다(≪노동신문≫, 2021.3.15a). 또한 사상혁명만 강조하고 기술혁명 을 소홀히 해서는 안 된다고 강조하고 있다. 근로자들을 고된 노동에서 해방 시키는 것도 혁명적 과업으로 중시하고 있는 북한으로서는 기술발전 없이는 사상의식을 높은 수준에서 계속 유지시키기는 어렵다고 인식하고 있다. 결국 사람들의 사상의식도 물질적 조건에 의해 규정되며, 따라서 사회주의 사회에 서도 사상의식은 기술을 발전시키고 인민들의 생활수준을 높이는 데 기초해 개변되는 것이라고 말한다(사회과학출판사, 1975a: 61). 여기서 기술혁명은 현대 적 과학기술을 생산에 도입하는 과정이다(사회과학출판사, 1975a: 64).

2) 국가와 집단 이익 중시

이처럼 집단주의를 강조하는 것은 자력갱생을 통한 경제건설 성과를 극대화에 그 목적이 있다. 이른바 자력갱생의 추동력으로 집단주의가 자리 잡고 있는 것이다. 개별적 이익만 챙기는 방식은 자력갱생 방식이 아니라고 역설하고 있다. 그래서 "기관본위주의는 국가경제의 전일성보장에서 암과 같다"라고 하며 자기 부문, 자기 단위만 생각하는 기관본위주의를 암으로까지 규정하고 있다.

> 자기 부문, 자기 단위의 리익만을 우선시하면서 전반적인 국가경제의 발전은 안중에도 없이 제멋대로 국가적으로 맞물려놓은 계획지표들을 뜯어고치거나 얼마든지 생산할수 있는 협동생산품도 보장하지 않는다면 국가경제 전반이 흔들리게 된다(≪노동신문≫, 2020.3.28).

일군이라면 자기 단위 사업을 당과 국가 앞에 전적으로 책임져야 한다. 그러나 이것은 결코 자기 단위의 이익을 절대시하라는 것이 아니다. 설령 자기 단위에는 이익이 적다고 해도 국가적 이익에 부합되고 연관 부문, 연관 단위의 발전을 추동할 수 있는 것이라면 그것을 감수할 줄 아는 것이 일군의 전략적·정책적 안목으로 간주된다(≪노동신문≫, 2021.6.9d). 또한 "경제건설에서 국가적 요구와 이익을 무시하고 자기 부문, 자기 단위의 이익만 추구하는 본위주의는 경제건설에서 국가의 통일적 지도를 보장하는데 저해를 주고 사회주의 경제 관리 질서를 헝클어뜨리는 해독적 작용을 한다"면서, "본위주의를 철저히 극복해야 경제건설에서 힘을 집중할 부문에 집중할 수 있고 앞세워야 할 부문에 앞세울 수 있다"라고 주장한다. 또 "개별적인 단위들이 어떤 방법으로든 제각기 벌어서 살아나가는 것이 결코 자력갱생이 아니며 이런 관점과 일본새(태도)로는 국가 발전에 이바지할 수 없다"라고 간주한다. 그래서 "생산과 경영활동에서 나서는 모든 문제를 국가적 입장에서 보고 대하는 관점부터 철저히 세워야 한다"라고 하면서(≪노동신문≫, 2021.4.1), "부닥치는 난관을 자력갱생의 위력으로 뚫고 나가기 위한 정면돌파전이 힘 있게 벌어지고 있는 오늘의 현실은 국가적 범위에서 경제사업을 치밀하게 조직하고 활성화할 것을 더욱 절박하게 요구하고 있다"라고 강조한다(≪노동신문≫, 2020.1.22).

김정은 시대의 자력갱생, 자급자족은 개별적인 기관, 기업소, 단체, 주민들이 어떤 방법으로든 제각기 벌어서 살아가는 것을 의미하지 않는다. 기본은 국가적 범위에서 경제사업을 추진하고 활성화해 경제발전과 인민생활 향상에 필요한 것을 최대한 국내에서 생산 보장하는 것이다(≪노동신문≫, 2020.1.22). 따라서 오늘날 단위특수화, 본위주의는 허용되지 않는다. 계획규율을 무시하고 자기 단위의 협소한 이익만을 추구하면서 국가적으로 수립한 계획지표들을 제멋대로 수정하고 협동생산 규율을 어길 경우 경제사업에서 무질서와 혼란이 조성되며 이는 가시적인 성과를 얻어내는 것을 어렵게 만든다고 본다. 이는 북한 당국이 전 당적·전 국가적·전 사회적으로 단위특수화와 본위주의에 종지부를 찍기 위한 투쟁을 강도 높게 추진하는 이유이다(≪노동신문≫, 2020.2.21b). 사업을 추진할 때도 국가와 집단의 이익을 앞에 놓고 국가의 통일적 지휘에 따라 진행하고 사회생활에서도 집단주의적 원칙을 지켜야 한다. 이 원칙 아래에서 모든 부문, 모든 단위에서 따라 앞서기, 따라 배우기, 경험교환운동을 통한 대중적 기술혁신운동이 벌어지고 있다(≪노동신문≫, 2020. 12.24). 대중적 기술혁신운동은 원료와 자재, 설비의 국산화, 재자원화실현에 초점이 맞춰지고 있다. 대중적기술혁신운동은 과학자, 기술자들과 노동자, 농민들이 함께 참가하며 그들 사이의 창조적 협조를 강화할 것을 요구한다. 이런 맥락에서 자기 부문, 자기 단위만 생각하는 기관본위주의적 경향은 철저히 배제될 수밖에 없다. 부문 사이, 기관·기업소 사이의 협력을 강화할 때만 인민경제의 모든 부문, 모든 단위에서 대중적 기술혁신운동을 강력하게 추진할 수 있다고 본다.

사실 본위주의는 김일성 시대부터 비판의 대상이 되어 왔다. 특히 김일성은 기술혁명 추진과 관련해 기관본위주의를 철저히 경계했다. 『김일성저작선집』 2권(551)에 따르면 그는 이렇게 교시했다.

> 기술혁명을 촉진하기 위해 모든 부분, 모든 기관, 기업소들 사이의 호상협조를 백방으로 강화해야 하며 전국가적 입장에서 온갖 예비를 남김 없이 동원해야 합니다.

인민경제의 모든 부문과 모든 고리는 유기적으로 연관된 통일체를 이루고 있으며, 이러한 밀접한 관계는 사회주의 건설이 진척되고 경제 토대가 커질수록 더 다양하고 복잡해진다. 따라서 어느 한 부문, 어느 한 고리가 잘못되어도 그것은 다른 부문, 다른 고리들에 장애를 주게 된다. 이는 자기 부문, 자기 단위만 생각하는 기관본위주의적 경향을 철저히 없애고 부문 사이, 기관, 기업소 사이의 협력을 강화할 때만 인민경제의 모든 부문, 모든 단위에서 대중적 기술혁신운동을 힘 있게 밀고 나갈 수 있다는 것을 의미한다는 것이다 (사회과학출판사, 1975a: 170~171).

3) 따라 앞서기, 따라 배우기, 경험교환운동

북한의 자력갱생 역사에서 먼저 모범단위를 만들고, 그 성과와 경험을 일반화하는 것은 오래된 관행이다. 본보기를 창조하고 그 모범을 일반화해 혁명과 건설 전반에서 끊임없는 앙양을 일으켜나가는 것은 당 고유의 사업 방법이라는 것이다(≪노동신문≫, 2021.5.10). 이에 따라 노동당은 모든 부문, 모든 단위에서 3대혁명붉은기쟁취운동과 함께 따라 앞서기, 따라 배우기, 경험교환운동을 추진하고 있다. 이 운동들은 사상, 기술, 문화의 3대혁명 노선과 함께 사회주의 건설에서 견지해야 할 중요한 방침이다. 이 운동은 전형(모델케이스)을 창조하고 일반화하는 방법과 집단적 경쟁을 유기적으로 결합시킨 새로운 대중운동으로 규정되고 있다. 이 운동에는 모든 부문과 단위들이 사상, 기술, 문화의 3대 영역에서 부단한 개선·발전을 도모하려는 의도가 있다. 전 사회적으로 따라 앞서기, 따라 배우기, 경험교환운동을 추진하는 것은 국가의 저력, 내부적 힘을 최대로 증폭시켜 번영의 일대 전성기를 펼칠 수 있게 하는 가장 효과적인 방도로 간주된다. 역사를 돌이켜보아도 천리마 시대를 비롯한 우리 혁명의 고조기는 집단적 경쟁 바람이 세차게 휘몰아치던 시기와 언제나 일치했다고 주장한다(≪노동신문≫, 2021.5.10). 또한 선진 경험과 기술을 가르쳐주고 배우며 새로운 경험을 창조해 나가는 과정은 현대 과학기술을 소유하고 적극 활용해 나가는 재능 있는 근로자들을 육성하는 계기로 작용하고 있다.

따라 앞서기, 따라 배우기, 경험교환운동을 추진하는 과정에서 가장 높은 장애물은 기관본위주의이다. 세계가 분초를 다투며 새 기술, 새 제품 개발 경쟁을 벌이는 시대에 자기 단위의 이익만 추구하며 선진 경험과 기술을 공유하지 않는 것은 시대착오적인 행위이며 그렇게 해서는 나라의 진보와 발전을 이룩할 수 없다는 것이다(≪노동신문≫, 2021.5.10). 또한 이 운동은 인재와 과학기술에 의해 추동되는 경쟁운동이다. 그래서 북한의 과학기술자들은 늘 세계적인 과학기술 발전 추세를 잘 알아야 한다고 주문하고 있다. 기술자, 기능공들의 역할을 높여 질 제고와 설비·개조 과정에서 생기는 여러 가지 기술적 문제도 자체로 풀어나가야 한다. 이때 중요한 것이 핵심 과제인 재자원화 사업의 성과와 경험을 관련 공장들에서 서로 공유하고 적극적으로 일반화하는 사업을 추진하는 것이다. 즉 우선적으로 재자원화 분야에서 모범사례 창출과 이를 일반화하는 과정을 통해 전반적인 생산을 활성화하려 하고 있는 것이다. 재자원화 사업에서는 새로운 기술적 문제들이 많이 등장한다. 따라서 서로의 경험을 널리 공유하고 확대·발전시키는 것은 현 시기에 매우 절박한 요구라고 강조한다. 생산단위와 과학 연구기관들 간, 생산단위들 간의 협동을 강화하는 것은 빠른 기간에 재자원화 사업에서 성과를 거둘 수 있는 중요 방안의 하나이기 때문이다. 특히 주목할 대목은 정보통신망을 이용해 재자원화 사업에서 거둔 경험과 제기되는 문제를 광범하게 교환하고 토론하는 것을 중요한 문제의 하나로 간주하고 있는 점이다(≪노동신문≫, 2020.3.23). 현실적으로 재자원화 사업을 전개해 시작부터 성과를 거둔 단위들을 보면 거의 모두가 정보통신망을 통해 재자원화 경험과 기술을 배우고 실천에 도입한 단위들이라고 밝히고 있다. 가장 중요한 문제는 모든 단위가 본위주의 울타리를 벗어나 국가적 입장에 서서 우수한 경험을 널리 공유하는 것이다. 이전에는 사람들의 관심 밖에 있던 폐설물들을 보물로 전환시키는 것도 좋지만, 그에 못지않게 중요한 것은 매 단위들이 그 과정에서 거둔 성과를 상호 통보하고 서로 공유하는 것이라고 강조한다(≪노동신문≫, 2020.3.23).

이에 따라 새로운 국가경제발전 5개년계획 수행 첫해인 2021년에도 북한은 연일 '혁신'을 강조하면서 따라 앞서고, 배우고, 경험 교환하는 것을 중요한 방안으로 제시했다(≪노동신문≫, 2021.4.19). 한 단위에서 모범을 창조하고 그것을 일반화해 모든 단위가 따라나서도록 하는 국가정책을 이행하기 위해서는 사회의 모든 구성원이 '하나는 전체를 위해, 전체는 하나를 위해'라는 집단주의 사상으로 무장되어 있어야 한다. 그래야 서로 도우면서 본보기들을 끊임없이 창조해 모든 부문, 모든 단위가 다 같이 기적을 이뤄낼 수 있는 셈이다(≪노동신문≫, 2021.4.19). 여기에 혁신을 창조하는 사회주의 집단경쟁의 본질적 특징과 우월성이 집약되어 있다는 것이 북한 측 논리다. 북한이 70일전투의 성과로 선전하고 있는 삼지연시, 중평남새온실농장, 양묘장 건설장 등에서도 따라 앞서기, 따라 배우기 투쟁을 강조했고, 이 운동에 따라 농업, 건설 부문, 강원도와 평안북도를 비롯한 여러 도가 눈에 띄게 변모하고, 사회주의 애국공로자들이 수많이 배출됐다고 북한 측은 선전하고 있다(≪노동신문≫, 2021.5.10).

4) 내각의 통일적 지도를 통한 국가경제의 명맥과 전일성 강화

내각의 통일적 지도는 이전에도 지속적으로 강조되어 왔다. 특히 김정은은 2019년 12월에 열린 당 중앙위원회 제7기 제5차 전원회의에서 장시간 연설 중 "경제사업에서 제기되는 모든 문제를 내각에 집중시키고 경제사업을 내각의 통일적 지도밑에 진행하라는 것은 위대한 장군님의 유훈이며 당의 일관한 방침"이라고 언급한 대목을 주목할 필요가 있다(≪노동신문≫, 2020.3.28). 북한에서 말하는 국가의 경제명맥이란 나라의 경제발전에서 주도적 역할을 수행하는 경제 부문 또는 생산단위를 말한다. 경제의 전일성이란 바로 경제 현상과 과정들, 경제 부문과 단위들이 하나의 유기체와 같은 통일적 연관을 이루고 있는 성질이다. "국가경제의 명맥과 전일성을 고수한다는 것은 국가가 나라의 주요 자원과 기간공업 부문들을 통일적으로 틀어쥐고 앞세워나가며 하나의 고리로 연결시켜나간다"라는 것을 의미한다. 따라서 현 조건에서 국가경제의 명맥과 전일성을 고수하기 위한 사업을 소홀히 하게 되면 나라의 전반적 경제가 혼란에 빠지게 되고 막대한 경제적 손실을 입게 되며 그 결과 사회주의강국 건설이 그만큼 지연되게 된다. 구체적 방법론으로 우선 중요하게 강조되는 주문이 내각이 기간공업 부문들을 통일적으로 장악하고, 선행해 나가는 것이다. 기간공업으로는 전력공업과 석탄공업, 금속공업, 화학공업, 기계공업, 광업 등을 적시하고 있다. 북한은 전력공업과 석탄공업, 금속공업을 철도운수와 함께 인민경제의 선행 부문으로, 금속공업과 화학공업을 경제강국 건설의 쌍기둥으로 규정해 놓고 있다.

사회주의경제 건설의 생명선으로 일컬어지는 기간공업 부문은 생산과 건설에서 필수적인 원료와 연료, 동력, 기본 자재, 기계설비를 맡고 있기 때문이다. 그래서 기간공업 부문이 활성화되어야 나라의 경제발전과 인민생활 향상에서 획기적인 전환을 이룩할 수 있다. 실제 북한 경제건설에서 선행 부문, 첫 공정이 걸리면 연쇄적으로 2차, 3차 공정이 다 걸리게 되며 기초공업 부문이 제대로 역할을 하지 못하면 모든 부문이 제대로 움직이지 못하게 된다. 그래서 북한은 엄혹한 환경과 조건에서도 국방건설과 경제건설에서 자랑찬 성과들을 이룩했지만 아직도 나라의 경제가 정상적인 궤도에 올라서지 못하고 전반적인 경제 형편이 여전히 어려운 것은 기간공업 부문이 자기의 역할을 수행하지 못하고 있는 것과 관련이 있다고 평가한다. 결국 기간공업 부문의 성과에 따라 경제강국 건설의 성과 여부가 결정되는 것이다.

따라서 기간공업 부문에서 근본적인 전환을 이루기 위해서는 그에 대한 통일적 지도와 지휘가 필수적 요구이며, 이는 경제사령부인 내각을 통해서만 실현될 수 있다고 본다. 내각은 나라의 자원과 기간공업 부문의 모든 공장, 기업소들을 통일적으로 장악하고 그 부문에 대한 지도와 지휘를 하면서 기간공업 부문들을 다른 부문에 확고히 앞세워 발전시켜 나가야 한다. 또한 국가경제의 명맥과 전일성을 고수하는 데서 중요한 내각의 역할은 인민경제 모든 부문, 모든 단위 간의 생산소비적 연계를 보장해 주는 것이다. 이때 국가경제의 전일성 보장은 인민경제계획의 일원화 사업을 통해 실현된다. 내각은 나라의 모든 자원과 공장, 기업소들을 관장하면서 생산소비적 연계를 조직해 주어야 한다. 특히 전력, 석탄, 금속공업과 화학공업, 기계공업 부문들 간의 생산소비적 연계와 협동이 보장되도록 그에 대한 통일적 지도와 지휘를 제대로 해야 한다. 이런 맥락에서 보면 자기 부문, 자기 단위의 이익만을 우선시하는 기관본위주의는 국가경제의 전일성 보장에서 최대 장애물이 될 수밖에 없게 된다. 기관들이 제멋대로 국가적으로 잘 조직해 놓은 계획지표들을 일방적으로 수정하거나, 얼마든지 생산할 수 있는 협동생산품도 보장하지 않는다면 국가경제 전반이 흔들리게 된다. 그래서 당 간부들은 당면한 이익만 보고 전망적인 이익을 보지 못하는 협소한 관점, 땜 때기식, 하루살이식 투자를 하면 안 되며, 국가적 입장에서 모든 것을 생각하며 모든 사업을 국가의 이익에 절대적으로 복종하는 기풍을 철저히 세워나가야 한다고 강조한다(≪노동신문≫, 2020.3.28).

5) 사회주의 우월성과 경제혁신

북한이 주장하는 사회주의경제는 시장경제가 아니라 계획경제이며 예속경제가 아니라 자립경제다. 사회주의경제는 나라의 모든 경제적 잠재력을 통일적으로 장악하고 계획적으로 동원·이용해 최대의 경제적 실리를 보장할 수 있는 시스템으로 간주된다. 사회주의경제에서도 경제혁신은 매우 중요하다. 이는 사회주의 원칙의 구현이며 실천이다. 사회주의 북한의 힘은 정치사상적 측면에서는 영도자를 중심으로 굳게 결속한 일심단결이며, 경제적으로는 국가의 통일적 지도와 관리에 기초하고 있다고 말할 수 있다. 2021년 1월의 제8차 당대회에서 가장 중요하게 강조된 경제혁신 과업이 바로 그러한 체계와 질서를 복원해 계획경제 본연의 발전 잠재력을 되찾아야 한다는 것이다(≪조선신보≫, 2021.3.15). 경제적 자립은 자주적인 국가건설의 물질적 담보이고 전제로 된다는 노선을 일관하게 견지해 온 경제혁신은 외부의 힘이 아니라 자기의 힘, 즉 국가경제발전의 주체를 강화하고 그 역할을 높이는 것을 기본으로 한다. 나라의 인적·물적 자원을 합리적으로 동원·이용해 생산과 분배, 축적과 소비를 통일적으로 추진하고 실현하는 사회주의계획경제의 우월성과 생산자 대중의 의욕과 창조성을 발전의 동력으로 삼는다. 내각의 통제력 복원을 위한 대책들이 보여주듯이 현존하는 결함과 폐단을 극복하는 과정에 내부적 힘을 전면적으로 정리 정돈, 재편성함으로써 주체를 강화하고 내적 동력을 증대시켜 난관을 돌파해 경제발전을 이룩한다는 것이 현재 북한이 추진하는 혁신의 방법론이다(≪조선신보≫, 2021.3.15).

결국 북한이 현재 추구하고 있는 '경제혁신'의 핵심은 사회주의 계획경제를 되살리는 것이며 이를 위해 내각의 지휘·통제력 복원에 집중하고 있는 점이 두드러진다. 2021년 3월 17일 자 ≪조선신보≫는 "사회주의 조선의 힘은 경제적으로는 국가의 통일적 지도와 관리에 기초하고 있다"라며 "노동당 제8차 대회에서 가장 중요하게 강조된 경제혁신의 과업이 바로 그러한 체계와 질서를 복원해 계획경제 본연의 발전 잠재력을 되찾아야 한다는 것"이라고 설명했다(≪조선신보≫, 2021.3.15). 신문은 현재 경제발전을 가로막는 폐단으로 '질서문란'을 꼽고 "그 원인의 하나는 나라의 경제사령부인 내각의 집행력·통제력이 미약한 데 있다"라고 진단했다. 이에 따라 경제 문제와 관련한 모든 사업을 내각에 집중시키고 내각의 통일적인 작전과 지휘 밑에 진행해 나가기 위한 사회적인 기강을 바로 세우고 이에 대한 법적 통제도 강화해 나가고 있다.

경제난 정면 돌파를 위해 국가경제의 성장 동력을 회복하는 일이 시급하며, 그 방안으로 '계획경제'를 현실에 맞게 개선할 것을 주문하고 있는 것이다. 지난 시기의 과도적이며 임시적인 사업 방식에서 탈피하고 국가경제의 발전 동력을 하루 빨리 회복하는 것은 절박한 문제가 된다. 이 같은 상황에서 "계획경제의 우월성을 높이 발양시키는 것"이 중요하며 이를 위해 우선 필요한 것은 "현실적 요구에 맞게 계획화 사업을 개선하는 것"이다(≪조선신보≫, 2021.3.15). 이런 맥락에서 나라의 자원을 통일적으로 장악하고 동원 이용하는 것은 계획경제의 특징이라며 자원 관리의 중요성도 강조했다. 계획화 사업 개선에 대한 강조는 지속되어 왔다. 다만, 경제계획을 "객관적 조건과 가능성, 잠재력을 타산해 작성함으로써 그 자체가 움직일 수 없는 과학적인 수자(숫자)에 기초한 집행 담보가 확실하고 구속력 있는 계획"으로 수립할 것을 주문했다. 이전과 달리 정확한 숫자(통계)에 기초한 계획화 사업을 강조하는 것이 차이점으로 읽힌다. ≪노동신문≫, 2019년 7월 6일 자를 인용한 선행 연구에 따르면(강채연, 2020: 1~2), 2019년 6월부터 북한에서 '숫자'가 애국이고 증산이고 충정이라는 메시지가 등장한다. 숫자 중시가 경제정책에서의 새로운 논조로 등장한 것이다. 최고인민회의 제14기 제3차 회의(2020.4.12)를 앞두고 '숫자(디지털)경제'의 구축은 인적·물적 자원의 최적화 수단이고 경제발전의 핵심 목표라고 강조했다(≪노동신문≫, 2020.4.8b). 이어 최근까지도 증산 절약과 재자원화의 과학기술적 지도에 따른 기업전략·경영전략의 최적화는 숫자 중시에 있음을 지속적으로 강조하고 있다.

6) 경제관리개선으로 뒷받침되는 자력갱생

자력갱생 효과를 극대화하기 위해서는 경제관리개선이 필수적으로 요구된다. 과거 김일성 시대의 자력갱생은 명령형 통제경제체제의 핵심인 대안의 사업 체계에 기초했다면 김정은 시대의 자력갱생은 사회주의기업책임관리제에 기반하고 있다. 북한은 2016년의 제7차 당대회에서도 국가경제발전 5개년전략 수행과 함께 우리식 경제관리방법, 사회주의기업책임관리제를 제시했다. 그리고 이를 집행하는 내각의 역할을 특히 강조했다. 이 맥락에서 보면 사실상 우리식 경제관리방법과 이를 제도화한 사회주의기업책임관리제, 그리고 이를 집행하는 내각의 역량이 5개년전략뿐 아니라 제8차 당대회에서 제시한 5개년계획의 성패를 좌우하는 요소라고도 볼 수 있다. 실제 김정은은 주체사상을 구현한 '우리식 경제 관리' 방법을 5개년전략 목표 달성에 중요한 방법론으로 제시했다(리장혁, 2017: 7). 북한 학자들은 '우리식 경제 관리' 방법은 경제사업에 대한 당의 영도를 확고히 보장하면서 국가의 중앙집권적·통일적 지도를 원만히 실현해 기업체들이 실제적인 경영권을 가지고 생산과 관리를 주동적으로, 창발적으로 해나가는 사회주의 경제 관리 방법으로 규정하고 있다. 제7차 당대회 직후 열린 2016년 5월 26~28일에 열린 '당, 국가, 경제, 무력기관 일군연석회의'에서도 박봉주 당시 총리는 "국가의 경제조직자적 기능을 강화하고 주체사상을 구현한 우리식 경제관리방법을 전면적으로 확립해야 한다"라고 강조했다(조선중앙통신, 2016.5.28). 경제관리개선은 불합리한 경제사업 체계와 질서를 정비·보강하기 위한 사업에 초점을 맞추고 있다. 국가경제의 자립성과 계획성, 인민성을 강화하고, 이를 위해 국가의 경제조직자적 기능을 높이고 경제사업의 결과가 인민들의 복리증진에 기여해야 한다는 원칙하에서 생산물에 대한 통일적인 관리를 실현하는 것이 목표다.

김정은은 '우리식 경제 관리' 방법에 대해 이렇게 규정했다.

주체사상을 구현한 우리식의 경제 관리방법은 생산수단에 대한 사회주의적 소유를 확고히 고수하면서 국가의 통일적 지도 밑에 있는 모든 기업체들이 경영활동을 독자적으로, 창발적으로 해나감으로써 생산자 대중이 생산과 관리에서 주인으로서의 책임과 역할을 다하도록 하는 것이다(당경호, 2014: 15).

'우리식 경제관리' 방법은 경제사업에 대한 당의 영도를 확고히 보장하면서 국가의 중앙집권적·통일적 지도를 원만히 실현해 기업체들이 실제적인 경영권을 가지고 생산과 관리를 주동적으로, 창발적으로 해나가는 사회주의 경제 관리 방법이다. 여기서 '우리식 경제관리방법'을 구현하는 핵심 제도가 사회주의기업책임관리제인 것이다. 이 제도는 기업체들이 생산수단에 대한 사회주의적 소유에 기초해 실제적인 경영권을 가지고 기업 활동을 주동적으로, 창발적으로 해 당과 국가 앞에 주어진 임무를 수행하며, 근로자들이 생산과 관리에서 주인으로서 책임과 역할을 다하게 하는 기업 관리 방법이다(당경호, 2014: 8).

이는 북한의 기업들이 맡은 바 임무를 다하기 위해서는 자강력제일주의 기치를 높이 추켜들고 나가야 함을 의미한다. 또한 현대적 과학기술에 의거해 자강력을 키우며, 이에 따라 생산과 경영활동을 해나가는 원칙을 확고히 견지해야 함을 뜻하기도 한다. 북한 당국은 이를 위해서는 무엇보다도 기업들이 자기 것이 제일이고 자강력이 제일이라는 확고한 신념을 간직해야 한다고 강조한다. 기본적으로 자강력제일주의정신이 없으면 기업들이 경영권을 바로 행사할 수 없으며 사회주의강국 건설에 이바지할 수 없다고 주장한다. 모든 기업체들이 사대주의와 수입병을 없애지 못하면 자기의 것이 제일이며, 모든 문제를 자기의 힘으로 풀어나가겠다는 신념을 갖기가 어렵다는 것이다(권길복, 2017: 11~12). 이는 기본적으로 5개년전략 수행 방법과 관련해 자강력제일주의라는 이데올로기를 중심으로 자립경제 기반에 기초한 접근을 하겠다는 뜻으로 해석된다.

여기서 주목할 대목은 인민대중, 생산자 대중이 경제의 주인이라는 점인데, 이는 경제 관리와 생산물 처분에 대한 권한을 함께 행사하는 것을 의미한다. 북한은 기업체들의 책임성과 창발성을 높이는 것을 비중 있게 강조하고 있다. 생산물을 직접 생산하는 것도 기업체들이고 국민소득을 창조하고 효과적으로 이용하는 것도 기업체들이기 때문이라는 것이다(정영섭, 2014: 5). 기업들의 책임성과 창발성을 높이기 위해 나온 제도가 사회주의기업책임관리제이다. 이 제도는 계획권, 생산조직권, 관리 기구 및 노동력 조절권, 새 제품 개발 및 품질관리권, 판매권, 무역 및 합영·합작권 등 기업에 대해 자율성과 인센티브를 대폭 부여했다. '우리식 경제 관리' 방법과 사회주의기업책임관리제는 계획지표의 대폭 감소, 일부 기업에 대한 지령형 계획화 폐지, 기업 자율성 확대와 인센티브 제공 등과 같은 사회주의국가들의 경제개혁적 요소들을 포함하고 있다.

'우리식 경제 관리' 방법과 사회주의기업책임관리제를 집행하는 핵심 주체는 내각이다. 김정은은 제7차 당대회에서 '내각'이 경제사령부라면서 요령주의, 형식주의, 패배주의와 단호히 결별하고 당과 인민 앞에 경제사업을 책임진 주인답게 당의 노선과 정책에 기초해 국가경제발전 전략과 단계별 계획을 현실성 있게 세울 것을 주문했다. 5개년전략 목표를 달성하기 위해서는 내각을 비롯한 국가경제기관들이 경제발전 전략과 부문별·단계별 목표를 현실성 있게 세우고, 철저히 집행해 나가야 한다는 것이다(조웅주, 2014: 4). 내각은 이 목표들을 집행하기 위해 계획화 사업을 통해 경제작전을 전개한다. 물론 내각은 당적 지도를 지속적으로 받는다. 북한은 경제사업에 대한 당적 지도를 강화하는 것은 당의 노선과 정책을 무조건 철저히 관철하기 위한 결정적 담보로 간주한다(정영섭, 2014: 13). 북한은 당 정책과 과학적 계산에 기초해 나라의 경제발전 목표를 설정하고, 그 실현을 위해 국가경제의 모든 구성 요소를 조화롭게 결합시켜 이끌어가는 중앙집권적이며, 통일적인 지휘 기능이라 할 수 있는 국가경제 관리 활동을 중시한다(김광철, 2014: 15). 또한 내각은 사회주의기업책임관리제를 바로 실시해야 하며, 국가적으로 기업체들이 부여된 경영권을 원활하게 활용할 수 있도록 조건을 충분히 보장해 줘야 한다. 나아가 자강력제일주의, 과학기술 중심 등을 기반으로 국가경제기관과 공장, 기업소, 협동농장 일꾼들의 책임성과 역할을 높이도록 환경과 조건을 만드는 것이 내각의 중요한 과제이다(≪노동신문≫, 2016.6.28). 결국 내각은 그 어느 때보다 높은 수준의 계획 수립 능력, 경제 관리 능력, 현장 집행 능력을 두루 갖출 것을 요구받고 있는 셈이다.

제8차 당대회 이후 경제적 효율을 높이며 경제의 균형적인 발전을 보장하기 위한 구체적인 방법론도 수립되고 있으며 경제 관리를 부단히 혁신해 경제기관, 기업체들이 경영활동을 주동적으로, 창발적으로 해나가도록 하기 위

한 사업을 적극적으로 추진 중이다(≪노동신문≫, 2021.3.13c). 여기서 기업체의
역할은 원료와 자재를 스스로 확보하는 등 자기 단위를 자력갱생하는 기업체
로 변모시키는 것이다(≪노동신문≫, 2021.3.19). 2021년 5월 3일 자 ≪조선신
보≫에서는 북한의 경제혁신은 자력자강의 노선, 스스로의 힘으로 강해지고
내적 동력의 발양으로 국력을 향상시켜 온 실천적 경험에 근거하고 있다며,
외국의 자본과 자원, 기술의 도입을 전제로 하는 개혁·개방과 근본적으로 차
이 난다고 해석하고 있다. 객관적 조건보다 사람의 지위와 역할을 중시하고
강조하는 주체사상의 원리를 구현한 사회주의 기업 관리 방법이라는 것이다.
그러면서 이 제도는 시장경제시스템의 도입과 무관하다는 것이고, 국가의 통
일적 지도를 강조한다고 해서 개혁을 부정하는 것은 아니라는 식으로 외부의
평가에 대해 반박하고 있다(≪조선신보≫, 2021.5.3b).

여기서 사회주의기업책임관리제의 실효성을 강화하는 사업의 성과 여부는
국가경제지도 기관들이 제도의 설계와 운영, 지도 관리를 어떻게 진행하는가
에 달려 있다. 기업들이 경영활동을 주동적으로, 창발적으로 벌여나가도록
추동하는 주체가 국가경제지도 기관들이기 때문이다. 그래서 내각에서는 천
리마제강련합기업소를 비롯한 기간공업 부문의 여러 단위를 시범 단위로 정
하고 사회주의기업책임관리제를 현실성 있게 실시하는 사업을 추진해 왔다.
그 과정에 축적된 경험을 일반화해 나라의 전반적인 경제 부문들이 다 같이
일어나도록 하기 위한 토의가 당대회를 계기로 활발히 진행되고 있다(≪조선
신보≫, 2021.5.3b). 농업 분야에서도 포전담당제, 분조관리제 안에서 포전담당
책임제를 자체 실정에 맞게 적용하는 데 주력하면서 농장원들의 생산 열의를
높여왔다(≪노동신문≫, 2021.2.6b).

김정은은 국가경제발전의 새로운 5개년계획 수행의 성패는 경제 관리를
어떻게 개선하느냐에 달려 있다고 규정했다. 중앙당 경제부서들과 내각, 국
가계획위원회, 공장, 기업소를 비롯한 모든 부문이 합심해 경제 관리를 개선

하기 위한 결정적인 대책을 마련할 것을 지시했다. 시범적으로 연구·도입되고 있는 방법들과 경영 관리, 기업 관리를 잘하고 있는 단위들의 경험들을 결부하는 것을 비롯해 북한의 실정에 부합되면서도 최량화, 최적화의 효과를 볼 수 있는 경제관리방법들을 연구·완성하기 위한 사업을 적극 추진할 것을 주문했다(≪노동신문≫, 2021.1.13). 여기서 최량화는 생산의 최량화를 의미하는 것으로 이전부터 지식경제강국의 필수적 요구로 강조되어 왔다. 즉 생산의 최량화는 가능한 조건들을 충분히 이용해 가장 합리적인 생산방법을 선택함으로써 최대한의 생산적 결과를 얻는 것이다. 생산의 최량화는 그 목적에 있어 지식 자원을 최대한 이용해 최대의 생산적 결과를 얻는 것이다. 북한은 지식경제시대 최량화가 우선 첨단 과학기술에 의해 북한에 없거나 부족한 원료와 연료를 비롯한 생산 자원을 남에게 의존하지 않고 자체 생산이 원만히 이루어지도록 보장해야 인민경제의 주체화를 진전시킬 수 있다고 본다. 또한 이를 실현하는 과정에서 인민경제의 현대화, 정보화, 과학화를 실현하는 과정으로 된다고 평가하고 있다.

7) 계획화와 균형성을 위한 통일적 지도

국가경제지도 기관들에서는 사회주의 경제관리개선의 근본 요구, 근본 방향에 입각해 경제를 정비하고 보강하기 위한 사업을 실속 있게 추진해야 한다. 경제사업에 대한 국가의 통일적 지도를 실현하기 위한 기강을 바로세우고 국가적인 일원화 통계 체계를 강화하며 국가경제의 명맥을 추켜세우기 위한 사업을 올바로 전개하고 공장, 기업소들의 경영 활동 조건을 개선하고 있다. 일원화 통계 체계도 김정일 시대부터 강조된 것이다. 2010년 당시 최승호 북한 중앙통계국 부국장은 2010년 1월 21일 자 ≪조선신보≫와의 인터뷰를 통해 "중앙을 비롯해 도·시·군 통계기관들에서는 일원화통계체계의 생활

<표 4-3> **사회주의 경제관리개선 추진 기본 방향**

분류	주요 내용
국가경제 성격	• 자립경제이고 계획경제이며 인민을 위해 복무하는 경제(자립성, 계획성, 인민성)
원칙	• 경제사업의 결과가 인민들의 복리 증진에 돌려지게 하는 원칙하에서 생산물에 대한 통일적인 관리를 실현
근본 요구와 근본 방향	• 사회의 주인인 인민대중을 중심에 놓고 인민들의 요구와 이익을 우선시
경제관리개선의 기본	• 원가저하와 질 제고
국가경제지도 기관들의 역할	• 사회주의 경제관리개선의 근본 요구, 근본 방향에 입각해 경제를 정비하고 보강하기 위한 사업을 실속 있게 추진 - 경제사업에 대한 국가의 통일적 지도를 실현하기 위한 기강을 바로세우고 국가적인 **일원화통계체계**를 강화하며 국가경제의 명맥을 추켜세우기 위한 사업을 올바로 전개하고 공장, 기업소들의 경영 활동 조건을 개선 - 전 인민경제적 범위에서 경제적 효율을 높일 수 있도록 생산력을 합리적으로 재배치하며, 경제 부문들의 약한 고리들을 찾아내고 경제의 균형적 발전에 절실한 부문들을 보강 - 계획화 사업을 개선하고 재정과 금융, 가격을 비롯한 경제적 공간들을 옳게 이용해 경제를 합리적으로 관리

자료: ≪노동신문≫, 2021.2.12a에 근거해 재구성.

력을 발휘하며 통계의 과학성과 객관성, 시기성을 철저히 보장하고 있다"라고 밝혔다(통일뉴스, 2010.10.21). 이를 위해서 전 인민경제적 범위에서 경제적 효율을 높일 수 있도록 생산력을 합리적으로 재배치하며 경제 부문들의 약한 고리들을 찾아내고 경제의 균형적 발전이 절실한 부문들을 보강해야 한다. 이에 따라 계획화 사업을 개선하고 재정과 금융, 가격을 비롯한 경제적 공간들을 올바르게 이용해 경제를 합리적으로 관리하기를 주문하고 있다.

당 제8차 대회에서는 경제사업에 대한 국가의 통일적 지도를 실현하기 위한 기강을 바로세울 데 대한 문제가 중요하게 강조됐다(≪노동신문≫, 2021. 4.24). 당이 제시한 새로운 국가경제발전 5개년계획을 성과적으로 수행하기 위해서는 경제사업에 대한 국가의 통일적 지도를 강화해야 한다고 보는 것이다. 경제 분야에 대한 사회주의국가의 통일적 지도는 사회주의경제를 그 본성적 요구에 맞게 관리하고 끊임없이 높은 속도로 발전시켜 인민들에게 유족한 물질 생활을 보장하는 데 목적이 있다. 같은 사회주의국가라 하더라도 각자의 경제지도 방법은 다르다. 북한에서 경제에 대한 사회주의국가의 통일적 지도 관리는 곧 당이 제시하는 경제정책을 수행하기 위한 사업을 전국적 범위에서 조직하며 필요한 경제기술적 조건들을 책임지고 보장해 주는 활동을 지칭한다. 북한 측 주장에 따르면 생산수단이 사회적 소유로 되어 있는 사회주의경제에는 인민경제의 계획적·균형적 발전 법칙이 작용한다. 이 법칙은 경제의 계획성과 균형성을 보장할 것을 요구한다.

경제의 균형성을 보장하는 문제도 마찬가지이다. 경제에 대한 국가의 통일적 지도를 실현해야 경제 균형을 보장할 수 있게 된다. 국가적으로 이뤄지는 축적과 소비 사이의 균형, 생산수단과 소비재 사이의 균형, 지출과 수입 사이의 균형과 같은 것은 말할 것도 없고 채취공업과 가공공업 사이의 균형, 생산과 수송 사이의 균형들도 다 국가의 통일적 지도 밑에서만 제대로 실현될 수 있다. 국가는 나라의 모든 인적 및 물적 자원을 통일적으로 장악하고 합리적으로 분배·이용해 경제 균형을 보장하게 된다. 국가가 나라의 경제를 통일적으로 지도하지 못하면 불균형이 초래되는 현상을 장악할 수 없으며 설사 장악하더라도 불균형을 해소하도록 하는 자원분배를 제대로 할 수 없게 된다. 그러므로 국가가 경제 전반에 대한 통일적 지도를 실현해야 경제 균형을 보장할 수 있게 된다.

북한은 계획성과 균형성을 경제의 빠른 발전을 이룩할 수 있게 하는 방안으로 간주한다. 그것은 경제발전 속도가 계획성과 균형성을 전제로 하기 때문이라고 설명한다. 계획성과 균형성이 보장되어야 경제 부문, 단위들 사이의 밀접한 경제적 연계를 원만히 실현할 수 있으며 그에 기초해 경제의 빠른 발전을 이룩할 수 있다. 하나의 전일체를 이루는 사회주의경제는 경제 부문,

단위들이 밀접하게 연계되어야만 빨리 발전할 수 있다. 경제사업에 대한 통일적 지도가 사회주의국가의 기본 임무의 하나로 되는 것도 그것이 사회생산물을 통일적으로 장악하고 합리적으로 분배·이용하기 위한 중요한 담보로 간주되기 때문이다. 국가에 의한 사회생산물의 통일적 관리는 생산수단을 합리적으로 분배해 사회주의적 소유의 경제적 기초를 강화할 수 있게 할 뿐 아니라 생산으로부터 소비에 이르는 경제활동이 국내에서 계획적으로 진행시킴으로써 경제의 계획성과 자립성을 강화할 수 있게 한다. 이와 함께 안정적인 인민 생활을 보장하도록 모든 소비품을 계획적·합리적으로 공급할 수 있게 한다는 것이 북한 측 주장이다. 반대로 국가가 경제 전반에 대한 통일적 지도를 실현하지 못하면 일부 단위들이 단위특수화와 본위주의의 울타리를 치고 국가의 통제 밖에서 경제활동을 하게 되며, 이렇게 되면 사회생산물을 통일적으로 장악하고 합리적으로 분배·이용할 수 없게 된다. 북한 당국이 시장화 진전을 경계하는 배경이다. 따라서 북한의 모든 경제 관리 일군들은 경제사업에 대한 통일적 지도가 사회주의국가의 기본 임무라는 점을 깊이 자각하고 내각책임제, 내각중심제의 요구에 맞게 경제지도 관리를 수행해야 한다 (≪노동신문≫, 2021.4.24a).

　사회주의경제에 대한 국가의 통일적 지휘는 주로 계획화 사업을 통해 실현되며, 부단히 변화·발전하는 현실은 계획화 사업을 끊임없이 개선할 것을 요구한다. ≪노동신문≫은 2020년 3월 7일 자 "현시기 경제사업 체계와 질서를 정돈하는 데서 나서는 중요한 문제"라는 제목의 논설에서 "오늘 경제사업 체계와 질서를 합리적으로 정돈하는 것은 자립적 경제토대를 확대 강화하고 국가경제의 발전 동력을 하루빨리 회복하기 위한데서 나서는 절박한 요구"라고 하면서 낡은 사업 방식에서 벗어날 것을 강조했다. 경제사업 체계와 질서를 정돈하는 데서 무엇보다 중요한 것은 '내각책임제, 내각중심제 강화'이다. 내각이 현존 경제 토대를 효과적으로 이용해 국가재정을 강화하고 생산단위들도 활성화할 수 있도록 경제작전을 제대로 하고 조직사업을 치밀하게 추진하는 것이 중요하다. 특히 모든 것이 부족한 조건에서 정면돌파전을 벌여야 하는 상황에서는 다양한 난관과 부족한 점, 발전 잠재력을 정확히 찾고 그에 맞게 현실적이고 실현 가능한 계획을 작성하고 집행하는 것이 필요하다. 사회주의 기업들은 생산된 생산물이 주로 공급의 형태로 실현되는 만큼 계획화 사업에서 생산과 공급의 균형을 맞추는 것이 중요하다. 생산수단과 물자들을 공급함에 있어서 생산 규모에 맞게 공급 계획을 수립하며 공급을 통해 생산에 지출된 비용을 충분히 보상할 수 있게 되어야 인민경제 부문들 사이의 균형을 보장하고 기업체들의 생산을 정상화할 수 있다. 그래서 계획은 수립 단계에서부터 광범위한 군중 토의를 거쳐 생산자 대중이 반드시 수행해야 하며 또 수행할 수 있다는 신심을 가질 수 있게 작성된 계획이어야 한다. 그래야 대중이 신뢰하고 경제활성화에 이바지하는 실효성 있는 계획이 될 수 있다.

계획이 중요하다 보니 계획지표를 정확히 구분하고 책임의 한계를 명백히 해 중앙경제와 지방경제가 다 같이 원활하게 움직이도록 해야 한다. 특히 국가의 전략지표, 중앙지표들은 반드시 집행해야 한다. 이를 위해서는 강한 규율이 필요하고, 이를 통해 어떤 일이 있어도 국가계획이 흔들리지 않도록 해야 한다. '경제사업 체계와 질서를 정돈'을 강조하는 배경이다. 이를 위해서는 경제사업과 관련한 문제들을 모두 내각에 집중시키고 내각과 합의해 해결해 나가는 규율과 질서를 엄격히 확립하고, 나라의 모든 자원을 내각이 통일적으로 장악하고 국가의 승인 밑에 개발·이용하기 위한 대책을 수립해야 한다. 대외무역에서 중앙집권적 규율을 시급히 세우는 것도 중요한 과제이다. 또 간부들의 역할을 높일 수 있도록 전반적인 기구 체계를 정비하는 차원에서 위 단위와 중간 단위를 최소한으로 간소화하고 집행 단위를 강화하며, 매개 관리 기구들이 기업체들의 경영활동에 필요한 조건과 환경을 편리하게 보장하고 감독하는 것을 기본 직능으로 삼도록 해야 한다.

경제관리개선 영역과 관련해서는 가격 문제를 원만히 해결하는 것이 경제관리개선과 인민생활 향상의 관건적인 고리로 규정된다. '가격 제정'과 관리를 현실 변화에 맞게 능동적으로 해 가격균형을 보장해야 생산과 유통이 활성화되고 인민생활도 향상시킬 수 있다고 본다. 또 분산된 재정 금융 체계를 정비하고 노력과 물자, 자금을 경제계획 체계에 철저히 반영·통제해 국가의 재정 토대를 강화하고 경제 관리도 건전하게 진행한다. 국가 상업 체계, 사회주의 상업을 시급히 복원해 국영상업망을 통한 상품유통을 활성화하는 것도 중요한 과제다. 그래야 인민들의 편의를 보장하면서도 국가의 수중에 자금이 원활하게 흘러들 수 있다는 것이다. 경제관리개선의 일환으로 불필요한 수속 절차와 승인제도 정리, 생산 활동에 제동을 걸고 사업 능률을 저하하는 요소 개선 등 규제 해소책도 내놓고 있다. 이는 모두 생산 열의를 높이기 위한 방안으로 제안된 것이다(≪노동신문≫, 2020.1.19c). 노동에 따른 분배 원칙을 철저히 지키고 사회주의기업책임관리제를 현실성 있게 실시하는 것도 경제관리개선의 중요한 문제임은 여러 차례 언급된 것이다.

8) 시군강화발전, 지방경제발전, 지방균형발전

김정은 시대의 자력갱생 과제로서 지방 균형발전도 강조되고 있다. 북한은 제8차 당대회에서 지방경제 발전을 비중 있게 강조한 바 있다. 지방경제 주체의 자체적 발전을 강조하는 북한의 기조는 계속되는 경제난 속에서 이른바 '자력갱생'으로 이를 타개하겠다는 시도로 읽힌다. 각 지역이 당이 제시한 목표를 자체적으로 달성하게 추동함으로써 전국의 균형발전을 이끌겠다는 의도다. 제8차 당대회에서는 구체적으로 시·군의 자립적이며 다각적인 발전을 위해 지방경제를 추켜세우는 것을 중요한 과업으로 제시했다. 특히 지방공업공장의 현대화가 중요한 과제로 지적됐다. 지방공업공장들을 현대화하는 것은 발전하는 시대의 요구에 맞게 지방공업의 물질·기술적 토대를 튼튼히 다지기 위한 중요한 고리의 하나로 인식되고 있는 것이다. 성공 사례, 즉 현대화 본보기 사례를 창조하고 그 경험을 널리 일반화하는 방식으로 지방공업공장들의 현대화가 추진되고 있다(≪노동신문≫, 2021.4.7d). 2021년 3월 3일부터 6일까지 4일간 역사상 처음으로 개최한 제1차 '시·군 당 책임비서 강습회'라는 일종의 지방당 간부 워크숍은 북한이 지방 균형발전에 많은 공을 들이고 있음을 보여준다. 2021년 3월 4일 조선중앙통신은 이 시·군 당 책임비서 강습회가 "우리 당 역사에서 처음"이라고 소개하며 "시·군 당조직들의 기능과 역할을 비상히 높여 전당의 전투력을 다지고 지방 경제와 인민생활을 발전향상시키는 데 중요한 계기"라고 강조했다(임을출, 2021a: 1). 강습회는 제8차 당대회 이후 처음으로 '지방경제발전', '전국의 균형적 동시발전 촉진' 과제를 내걸고 진행되는 첫 부문별 회의라는 점, 그리고 당 역사에 없던 형식으로 진행된 점에서 눈길을 끌었다. 지금까지 북한의 지방경제는 중앙정부의 재정 부족으로 사실상 각자도생 방식으로 발전해 왔는데, 국가가 이를 더욱 독려하면서 가시적인 성과를 도출하겠다는 의지를 행동으로 보여주려는 것으로 판단된다. 지역 균형발전이라는 목표를 중요한 국가적 의제로 공식화하고 본격적으로 추진하겠다는 김정은의 강한 의지를 반영하고 있다.

지방경제는 지금까지 자력갱생에 의존한 자립경제를 추구해 온 만큼 이를 강조하는 것은 새삼스러운 현상이 아닐지도 모른다. 북한에서 지방경제는 지방적 수요를 자체적으로 해결하는 방향에서 지방경제의 종합적 발전을 추구하는 것이었기 때문에 지방재정은 주로 지방에서의 경제활동에 의해 결정된다(박후건, 2015: 52). 북한의 지방경제는 정치적으로 당적 통제를 받았으나, 경제·행정적으로는 상대적 독자성을 갖고 운영됐으며 계획이라는 통제적인 틀보다는 대중을 동원해 내비와 유휴 자재를 찾아내고 활용하는 좀 더 자율적인 틀에서 경제가 운영됐다. 중앙집권적인 계획의 틀 밖에서 운영됐기 때문에 과도기적인 성격을 갖고 있었다고 할 수 있다(박후건, 2015: 58). 김정은 정권은 특히 더 각 도가 자력갱생을 생명선으로, 강력한 발전 동력으로 틀어쥐고 지방경제발전과 인민생활 향상을 위한 물질적 토대를 튼튼히 다지며 도의 면모를 일신할 것을 요구하고 있다(≪노동신문≫, 2021.1.18b). 이에 따라 2021년 1월 17일에 열린 최고인민회의 제14기 제4차 회의에 참석한 대의원들은 최고인민회의에서 지방경제발전과 인민생활 향상을 위한 토대를 더욱 튼튼히 다지면서 자기 힘으로 도의 살림살이를 꾸려나가기 위한 투쟁을 힘 있게 전개하겠다고 다짐했다. 또한 '우리식 사회주의'의 전면적 발전을 이룩하기 위한 오늘의 역사적 진군에서 우리 당은 제1차 시·군 당 책임비서 강습회를 소집하고 시·군 강화의 중요성에 대해 재천명했으며 시와 군을 자립적으로, 다각적으로 발전시킬 데 대한 전략적 과업을 제시했다(≪노동신문≫, 2021.3.28).

북한에서 지방경제의 분권화는 이미 1950년대 후반 시작됐고 도에서 군으로 더욱 세분화됐다. 예를 들면 대부분의 지방재정 자립도가 1960년에는 92%로 급증했고, 1962년 8월에 개최된 '지방당 및 경제일군 연석회의' 이후부터는 군당위원회가 군내의 모든 사업을 통일적으로 장악·지도하는 기능을 수행하게 됐다. 이때부터 지방경제는 군을 중심으로 재구성된다(박후건, 2015: 53). 군은 당적 통제와 지도 그리고 천리마운동을 기반으로 한 군중 노선의 실현이 도 단위와 비교해 더 현실적으로 가능한 단위가 된다. 제8차 당대회에서 밝힌 지방경제 발전 기조는 국가 주도 자력갱생의 방향성을 보여주고 있다는 점에서 눈길을 끈다. 전국의 시·군들을 자립적·다각적으로 발전시키기 위한 주요 정책 기조와 주요 과제는 〈표 4-4〉와 같다.

비슷한 맥락에서 북한은 지방공업 발전을 위해 중앙공업이 적극 도와야 한다고 주장하고 있다(≪노동신문≫, 2020.2.23a). 그러면서 노동당 창건 75돌인 2020년 구체적으로 196개의 지방공장을 현대화할 계획이라며 이를 위해 중앙공업이 지방공업을 적극 도울 것을 촉구했다(≪노동신문≫, 2020.2.23a). 김정

구분	시·군 발전 목표와 과제
시·군 강화 정책의 총적 목표	• 모든 시·군들을 문명부강한 사회주의국가의 전략적 거점으로, 자기 고유의 특색을 가진 발전된 지역으로 만들자는 것
시·군 발전 의미와 목표	• 시·군의 발전은 인민생활 향상의 중요한 요구: 인민생활을 획기적으로 높이자면 먹는 문제, 식량 문제를 해결하는 것과 함께 인민소비품을 원만히 생산 보장
시·군 인민생활 향상을 위한 과제	• 지방공업과 농촌경리의 발전 - 지방공업: 수요가 적은 제품을 생산하는 데도 편리할 뿐 아니라 기술이 비교적 단순하므로 생산조직을 기동적으로 개편해 끊임없이 높아지는 인민들의 다종다양한 수요를 충족 - 농촌경리: 인민들의 먹는 문제 해결을 위한 선차적 과업이며 지방경제 발전에서 중요한 자리를 차지
지방공업 발전 과제	- 기초식품과 같은 1차 소비품 대량생산 - 단추, 옷솔, 구두솔, 옷걸개, 빈침과 같은 세소상품들도 능히 자체로 만들어 사용 - 고기와 물고기 가공품, 남새 가공품, 당과류와 청량음료 등 여러 가지 식료 가공품 생산
농촌경리 발전 과제	• 농업, 축산업, 과수업, 잠업, 공예작물 등의 생산을 늘려 인민들의 먹는 문제와 식료 가공업, 의약품, 기호품 등의 원료 문제도 원만히 해결
시군의 위상과 발전 조건	- 지방경제를 지도하는 지역적 거점: 시·군에는 식료공업, 일용품공업, 방직공업, 종이공업, 건재공업, 기계공업을 비롯한 여러 부문의 공장들이 건설되어 있으며 자연부원과 예비도 풍부 - 정치적 거점이며 문화발전의 종합적 단위: 당의 노선과 정책은 시·군을 통해 전체 인민들에게 전달되고 집행되며 중앙과 지방, 도시와 농촌 간의 연계도 시·군을 통해 이뤄진다. 지방의 교육, 보건, 문화사업도 시·군을 중심으로 해 발전

자료: ≪노동신문≫, 2021.3.28 보도를 중심으로 재구성.

은은 2019년 말 당 중앙위원회 제7기 제5차 전원회의에서 "중앙과 지방공업자들 사이 협력은 당 경공업 정책의 일관된 요구라고 했다"라며 "지방공업에서 해결하기 힘든 설비와 부속품, 원료와 자재 등을 중앙 공업공장들과 긴밀한 연계를 맺고 제때 보장해주기 위한 작전도 세워나가고 있다"라고 밝힌 바 있다. 지방공업 활성화는 평양과 지방의 격차를 줄여 나라의 전반적 지역을

<표 4-5> 제8차 당대회에서 밝힌 시·군 발전 정책 기조와 주요 과제

구분	주요 목표, 방침과 과제 내용
시·군 발전	• [전략적 방침] 시·군을 거점으로 해 혁명 진지를 다지고 농촌경리와 지방경제 발전, 인민생활 향상을 추진하는 것은 당이 사회주의 건설에서 일관하게 견지
	• [시·군 정의] 시·군은 당 정책의 말단 집행 단위이고 농촌경리와 지방경제를 지도하는 지역적 거점이며 나라의 전반적 발전을 떠받드는 강력한 보루
	• [총적목표] 모든 시·군들을 문명·부강한 사회주의국가의 전략적 거점으로, 자기 고유의 특색을 가진 발전된 지역으로 개발 - 자기의 지역적 특성에 부합되는 발전 전략과 전망 목표를 현실성 있게 잘 세우고 목적의식적으로, 계획적으로, 연차별로 실행 - '새로운 승리를 향해!'라는 구호를 높이 들고 사회주의농촌건설에 힘을 넣어 농촌 특유의 문화발전, 우리식의 새로운 발전 이룩
농촌 건설	• (전망목표) 농촌에서 3대혁명을 다그치고 사회주의농촌 테제를 철저히 관철함으로써 노동계급과 농민 간의 차이, 공업과 농업 간의 차이, 도시와 농촌 간의 차이를 해소
	• (당면과업) 농업근로자들을 혁명화·노동계급화하기 위한 사업을 앞세우고 농촌에 대한 국가적 지원을 강화하며 농촌마을들을 지역적 특성이 살아나게 균형적으로 건설
	• (일관한 정책적 요구) 지방경제를 해당 지역의 특성에 맞게, 해당 지역의 원료와 자재를 이용해 발전 - 시·군 소재지들의 면모를 일신시키는 사업을 밀고 나가며 도시경영사업과 치산·치수, 환경보호사업을 개선하는 데 주력

자료: ≪노동신문≫, 2021.2.12a에 근거해 재구성.

고르게 발전시키려는 의도다. 또 지방공업 상당 부분이 경공업인 만큼 생필품, 식료품 공급 확대로 주민 생활의 향상을 꾀하는 것으로 보인다.

9) 자력갱생의 선봉대: 군대 및 청년 중시 사상

조선로동당은 청년운동을 강화하는 것을 당과 국가의 최대의 중대사, 혁명의 전략적 요구로 내세우고 청년들을 당의 후비대, 척후대로 튼튼히 키우며 근로단체들의 역할을 높여 광범한 군중을 당의 두리에 묶어세우고 사회주의 건설을 위한 투쟁에로 조직동원한다(≪노동신문≫, 2021.5.10).

    2021년 1월 노동당 제8차 당대회에서 개정된 당 규약 전문에 나오는 내용
이다. 이는 사실상 자력갱생의 선봉대로 군대와 함께 청년이 자리하고 있음
을 시사한다. 노동당은 해방 초기부터 청년들을 당의 사상체계로 무장시켜
인민대중에게 당의 노선과 정책을 전파하는 데 선봉에 서게 하고 천리마운동
전개, 돌격대 운동의 주된 역할을 부여해 왔다. 대표적으로 1960년대 청년선
봉대운동, 1970년대 사상혁명, 기술혁명, 문화혁명을 의미하는 '3대혁명소조
운동', '속도전' 등 각종 명칭의 청년돌격대 운동이 그 사례이다(≪노동신문≫,
2021.5.10). '마대전', '돌베개', '흙포단' 등이 노동당의 '청년중시사상'에 따라
각종 경제건설 현장에 동원된 청년돌격대들의 활동을 구체적으로 나타내 주
는 말들이다. 특히 이 말들은 1998년 11월 공사를 시작해 2000년 10월 11일
완공된 청년영웅도로(평양·남포 고속도로) 건설 현장에서 유행한 말로 청년돌격
대원들이 마대로 공사 현장의 잡석이나 흙을 나르고(마대전), 돌을 베개 삼고
(돌베개) 흙을 담요(흙포단) 삼아 자면서 공사에 열중했음을 강조하고 있다(연합
뉴스, 2000.12.30).

    김정은 시대 들어와 청년 중시 노선은 더욱 두드러지고 있다. 북한은 청년
중시를 인민중시, 군대중시와 함께 조선노동당의 일관한 방침, 전략적 노선
으로 간주하고 있다. 김일성은 "일찍이 청년들 속에 들어가시어 그들을 생사
를 같이하는 동지로 투쟁대오에 묶어세우는 것으로부터 혁명활동을 시작"했
으며, 김정일은 "청년들을 사랑하라!"라는 구호를 제시하며 "노동당의 역사를
청년중시의 역사로 꿋꿋이 이어놓으시었다"라고 평가했다(≪조선신보≫, 2021.
4.30). 김정은은 2012년 1월 청년동맹 일꾼들에게 "청년들의 힘찬 발걸음에
의해 강성할 내일은 더욱 앞당겨지게 될 것이다. 언제나 곧바로, 당을 따라
앞으로!"라는 친필을 보냈다. 북한은 1993년 제8차 대회 이후 23년 만인

2016년 8월 '김일성사회주의청년동맹'(청년동맹) 제9차 대회를 개최했다. 당시 북한은 '백두산영웅청년정신'을 김정은 시대를 대표하는 시대정신'이라며, '혁명 승리의 위력한 원동력'이라고 강조했다. 백두산영웅청년정신이라는 표현은 2016년 4월 28일 백두산영웅청년 3호 발전소 준공식에 참석한 김정은이 당초 청년절인 같은 해 8월 28일을 목표로 한 공사를 청년동맹 돌격대가 나서 당 제7차 대회 전에 끝낸 데 감동해 "새로운 시대정신을 웅변으로 보여주는 교양거점"이라고 치하한 데서 비롯된 것으로 알려졌다(통일뉴스, 2016. 8.26). 김정은은 2016년 8월에 열린 김일성사회주의청년동맹 제9차 대회에 참석해 "혁명 1세대의 항일운동, 한국전쟁, 천리마운동, 백두산영웅청년발전소 건설 등을 꼽으면서 "청년들의 영웅적 투쟁과 위훈은 우리 당의 역사와 주체의 청년강국건설사에 길이 빛날 것"이라고 평가하면서 청년동맹조직들과 청년들은 사회주의강국 건설에서 선봉대, 돌격대가 돼야 한다고 주문했다. 2021년 8월 28일 청년절을 앞두고는 집단주의정신으로 사회를 선도하는 청년의 의무라고 강조하며 수많은 청년들이 농촌과 탄광, 광산 등 인민경제 주요 부문으로 적극 탄원·진출하고 있다며 이들의 활동을 독려한 바 있다(≪노동신문≫, 2021.8.22).

현재 500만 명이 회원으로 있다고 알려진 청년동맹의 뿌리는 1926년 당시 김일성이 결성한 것으로 알려진 타도제국주의동맹으로 거슬러 올라간다. 이 동맹은 북한 당과 국가건설의 뿌리라는 의미와 함께, 현재 북한 청년 중시와도 연결된다. 1927년 '조선공산주의청년동맹(공청)'으로 확대·개편되고, 1946년 '민주청년동맹'(민청), 1964년 '사회주의노동청년동맹'(사로청), 1996년 '김일성사회주의청년동맹'(청년동맹)으로 이어졌다(통일뉴스, 2016.10.17). 북한은 "그때처럼 우리가 살고 있는가"라는 선동적인 2021년 5월 9일 자 ≪노동신문≫ 기사를 통해서도 1950년대 전후복구건설 시기와 천리마 시대는 "가장 혹독한 시련 속에서 경이적인 성과들을 날에 날마다 이룩하던 기적과 변혁의 시대"

였다고 소개하며 이러한 기상을 닮아야 한다고 촉구하고, 전쟁 이후 당의 부름을 듣고 탄광을 개발한 '역사의 기적창조자 청년'처럼 "철의 기지들과 탄광, 광산, 사회주의농촌으로 달려간 오늘의 청년들이 어제 날의 빛나는 전통을 꿋꿋이 이어갈 것"이라고 기대했다. 2021년 4월 30일 자 ≪조선신보≫를 보면 북한은 2021년 4월 27일부터 29일까지 열린 김일성-김정일주의청년동맹 제10차 대회에서 청년동맹의 명칭을 '사회주의애국청년동맹'으로 변경했다. 북한은 1990년대에 시작된 고난의 행군, 강행군이 승리적으로 결속됐음을 노동당이 선포한 것은 2000년 10월이라면서 "그 이후에 태어난 세대가 앞으로 20대의 청년동맹 주력으로 되어나간다"라고 환기시켰다.

1. 김정은 시대 자력갱생의 변화

1) 자력갱생을 위한 국산화와 재자원화

김정은 정권은 국산화 정책 추진과 관련해 이전 김정일 시대와는 다른 특징을 보여주고 있다. 우선 김정일 시대까지의 국산화 정책이 내부예비의 동원 방식에만 의존했던 것과는 달라 보인다. 즉 김정일 시대에는 자급적 경제건설 방법론으로 모든 것을 아끼고 예비를 최대한 찾아내어 더 많이 생산하는 방식을 제안했지만, 김정은 시대에서는 내부예비와 동원을 여전히 활용하면서도 과학기술을 적극 활용해 효율성과 생산성을 극대화하는 방식으로 추진하는 것이 가장 큰 특징으로 분석된다. 김정은은 "인민경제의 자립성과 주체성을 강화하는 데 총력을 집중해야 한다"라고 강조하고 있는데, 이런 상황에서 자립경제의 토대를 강화하고 생산을 늘리는 데서 원료·자재와 설비의 국산화, 재자원화에 힘을 넣는 것은 매우 중요한 의의가 있다. 그래서 모든 부문, 단위에서 국산화·재자원화는 자력갱생을 기조로 하는 제8차 당대회 결정을 위한 필수적 요구로 등장해 있다(《노동신문》, 2021.8.17b).

국산화 노력과 성과는 초기 단계에는 경공업에서 시작됐지만 과학기술 발전에 힘입어 에너지와 생산재, 원유 개발, 원자재 등의 분야에까지 적용·확산되고 있는 점은 특히 눈여겨볼 대목이다. 김정은의 지시에 따라 풍력과 조수력, 생물질과 태양에너지에 의한 전력 생산을 늘리며, 자연에너지의 이용 범위를 계속 확대하고 있다. 북한은 자체 과학기술 역량에 의해 자연에너지를 개발하고, 에너지 절약 기술 개발에 총력을 쏟고 있다. 예를 들면 지열 냉난방 체계 개발과 관련해 모든 구성 요소를 100% 자체의 힘, 기술, 원료와 자재로 연구·개발하고 있다고 강조하고 있다(림금숙, 2017: 38). 또한 국제사회의 대북 제재가 장기화될 것으로 전망하고 중국 등으로부터 원유 수입이 중단될 것을 가정해 수년 전부터 석탄에서 원유를 추출하는 기술 개발을 시작한 점도 주목할 만하다(림금숙, 2017: 41).

품질 제고를 통한 국제경쟁력 제고를 엄격히 시행하고 있는 점도 주목할 대목이다. 김정은은 경공업대회에서 생산량에만 치중하고, 품질을 등한시하는 잘못된 경향을 철저히 경계해야 한다고 강조했다. 이에 따라 국산품을 생산하는 경공업 공장, 기업들은 소비제품의 질을 높여 주민들의 호평을 받고, 나아가 대외시장 수출품으로 내놓아도 손색이 없는 제품들을 생산하려 노력하고 있다. 이른바 세계적 추세에 부합하고, 국제적 경쟁력이 있는 제품 생산에 총력을 기울이고 있는 것이다. 오늘날 국산화를 주도하고 있는 북한 경공업 발전의 중요한 과제가 세계적인 경쟁력을 가진 명제품, 명상품을 많이 생산하는 것이다(홍성남, 2017: 24). 북한은 국산 제품의 품질 제고를 위해 다양한 제도를 도입하고 있는데, 예를 들면 북한에서 최우수 제품들에 수여하는 '12월 15일 품질메달', 국제적 규격에 부합되는 식품안전관리체계인증(ISO22000) 제도 등이 대표적인 사례들이다. 이에 따라 북한 매체들은 품질 경쟁에 나서고 있는 북한 내 공장들과 국산 제품들을 집중으로 소개해 왔다(통일뉴스, 2016. 1.28). 예를 들면 대동강맥주는 12월15일 품질메달, ISO9001 품질관리체계인 증과 HACCP 식품안전관리체계를 모두 획득한 것으로 소개되고 있다. 현재 북한은 ISO9000인증(품질관리체계인증)을 진행하기 위해 품질 인증과 관련한 국가의 법 규정과 시행세칙, 국가규격과 지도서들을 제정·발표했다(홍철남, 2014: 39). 더불어 국산 제품들의 포장 등 디자인이 크게 개선된 것도 눈길을 끈다.

국산화가 시장 내 기업 간 경쟁을 촉진하는 점도 눈여겨볼 특징이다. 북한 내 경공업 공장들은 사회주의기업책임경영제에 따라 국산원료와 자재를 활용해 경영전략을 자체적으로 수립해 국산 제품 생산에 박차를 가하고 있다. 여기서 주목할 대목은 북한 당국은 자율성을 부여하는 대신 기업 간 경쟁 유도해 국산화를 촉진하고 있는 점이다(≪노동신문≫, 2017.6.24a). 또한 북한 내 시장화 진전에 따라 다양한 기업이 시장에서 생산에 필요한 각종 원부자재를 조달하고, 또 이를 활용해 생산한 제품들을 시장에 시장가격으로 판매할 수 있는 환경이 조성되어 있는 점도 국산화의 성과를 높이는 요인으로 지적된 다. 이는 특히 경공업 제품들의 국산화를 가장 촉진하고 있는 배경이 되고 있 기도 하다. 북한의 기업들은 국산 제품들을 소비자들에게 적극 홍보하기 위해 상품박람회 등 다양한 전시회에 참여해 공격적인 마케팅 활동을 펼치고 있기도 하다. 국산 제품들이 갈수록 늘어나면서 이 제품들을 유통하는 다양한 상점이 등장하면서 도소매 유통시장이 확대·발전하고 있는 것으로 파악되고 있다.

북한은 자립적 경제발전 전략을 추구해 왔으나 원유를 포함한 공업용 원자 재 및 생산설비는 구소련, 중국 및 일본 등으로부터 지원 및 수입에 의존해 온 것이 주지의 사실이다. 체제의 비효율성으로 인한 만성적 부족 현상과 기 술 낙후로 인해 해외로부터의 안정적인 산업기술 및 원자재 수입 가능 여부가 경제성장의 관건이 됐다. 북한은 지속적으로 자력갱생을 위한 자급적 경제체제 건설을 추구해 왔지만 부존자원의 한계, 기술·설비 낙후 등의 제약요인으로 실질적 대외 경제의존도는 매우 높았다(오승렬, 2002: 18~19).

북한이 중소분쟁 이후 1960년대부터 정책적으로는 내부자원 동원을 통한 자급적 축적 전략을 펼 수밖에 없었으나 실질적으로는 북한 경제의 구조적 한계로 인해 대외 의존 전략을 추구해 왔다고 할 수 있다. 그러나 북한의 지속적인 핵미사일 능력 고도화 추구로 말미암은 국제사회의 초강력 제재로 인해 2016년 이후 무역은 크게 위축된 상황인데, 앞으로 수입을 하지 않고 국산화를 지속적으로 추진할 수 있을지에 대해서는 의구심이 든다. 생산지표상으로는 국산 제품의 생산 실적이 갈수록 늘어나는 것으로 파악되고 있지만, 자체의 원료와 기술에 주로 의존하다 보니 품질이 조악할 뿐 아니라 제품 수명도 길지 않은 단점이 있을 것으로 추측된다. 특히 앞으로 국제사회의 대북 제재가 완화되면 상품 수출 능력을 향상하기 위해서는 산업 특화 및 기술 개발을 통한 비교우위 제품을 개발해야 한다. 제재 아래에서도 북한은 국산화를 통해 나름대로 비교우위 제품을 개발하려 시도한 것으로 파악되지만 실제 성과는 나타나고 있지 않아 현 단계에서 비교우위를 평가하기는 쉽지 않다. 특히 국제사회의 초강력 제재 부과로 인해 국산화 제품들의 대외 수출은 거의 이뤄지지 못했다.

북한 당국은 국산화, 재자원화가 자립경제의 근간을 다지는 항구적인 전략이라고 강조하고 있다(≪노동신문≫, 2020.5.31). 재자원화는 공장, 기업소들의 생산과정과 사람들의 생활과정에서 나오는 폐기폐설물, 생활 오물들을 수집·가공 처리해 재생·이용함으로써 적은 원가로 더 많은 물질적 재부를 창조하고 경제발전을 적극 추동하기 위한 중요한 사업이다(≪노동신문≫, 2020.3.23). ≪노동신문≫은 "절약정신을 체질화하면 폐기물도 귀중한 원료로 전환할 수 있다"라면서(≪노동신문≫, 2020.5.7), "유휴자재 수매를 비롯한 회수, 재생사업을 적극 장려해 재자원화가 경제발전의 중요한 동력으로 되도록 해야 한다.…… 어디서나 실정에 맞게 예비와 가능성을 남김없이 찾아내고 더 많이 절약하기 위한 경쟁 열풍을 일으켜야 한다"라고 언급했다(≪노동신문≫, 2020. 1.19b). 이처럼 원료, 자재, 설비의 국산화는 타국에 대한 의존심을 없애고 민족경제의 주체성을 강화하는 유력한 수단으로 강조되고 있다(≪노동신문≫, 2021.3.13a). 김정은은 2019년 4월 12일 최고인민회의 제14기 제1차 회의 시정연설에서 경공업공장들의 원료, 자재의 국산화 및 재자원화를 중요한 전략으로 제시한 바 있다. 이를 법제적으로 뒷받침하기 위해 북한은 2020년 4월 12일 열린 최고인민회의 제14기 제3차 회의에서 첫 번째 의안으로 '재자원화법'을 채택했다.

2) 외부 문화 유입 차단: 비사회주의·반사회주의와의 투쟁

북한 당국은 자력갱생을 추진하면서 비사회주의·반사회주의 문화 근절을 특별히 강조하고 있다. 제8차 당대회에서 당 중앙위 전원회의, 청년동맹대회, 여성동맹대회 등 주요 회의 때마다 가장 강도 높게 외치는 것이 인민의 이익을 침해하는 온갖 '비사회주의·반사회주의적 현상'과의 투쟁이었다. 비사회주의·반사회주의적 현상이란 "사람들의 정신을 침식하고 사회를 변질타락시키는 온갖 불건전하고 이색적인 현상들"을 의미한다. "사회주의원칙에 어긋나는 온갖 불건전한 것"(『조선말대사전』, 2007: 425), "사회주의원칙, 사회주의본태와 배치되는 온갖 불건전하고 이색적인 현상"(≪노동신문≫, 2019.5.31)으로도 설명된다. 비사회주의(적 현상)와 반사회주의(적 현상)가 의식적으로 구별되기도 하며, 이 경우 반사회주의 현상은 "사회주의를 의식적으로 반대하는 현상"으로 정의된다(박서화, 2021: 1). 사실 처음부터 비사회주의나 반사회주의 같은 용어가 사용된 것은 아니었지만 1990년대에 들어 소련을 중심으로 한 사회주의권의 붕괴와 함께 체제 유지 위기감이 고조되면서 비사회주의적 현상에 대한 검열이 이뤄졌고 비사회주의·반사회주의라는 용어가 일상어로 정착된 것으로 분석되고 있다. 김정은 통치 초기에도 비사그루빠에 의한 검열은 계속됐으나, 2017년 하반기 북한의 핵실험에 이은 국제사회의 대북 제재 강화가 비사회주의 투쟁이 첨예화하는 본격적인 계기가 된 것으로 보인다. 2017년 12월 말 제5차 당세포위원장 회의에서 비사회주의 현상에 대한 섬멸전을 선포한 데 이어, 김정은은 2018년 신년사에서 "온갖 비사회주의적현상을 뿌리뽑기 위한 투쟁"을 촉구했다. 그러다가 제8차 당대회 이후 비사회주의·반사회주의의 투쟁은 이전과는 다른 차원에서 강력하게 추진되고 있다.

즉 북한은 2020년 12월 '반동사상문화배격법'을 새로 채택한 후 2021년에 당대회와 당 전원회의를 잇달아 열고 외부 문물 유입 같은 이른바 반(反)사회주의 행위를 묵인한 간부의 처벌 등을 경고하며 사회 통제의 고삐를 바짝 조여 왔다. 북한은 4월 6일 노동당 제6차 세포비서대회를 열고 당세포가 반사회주의 현상을 뿌리 뽑는 핵심이 돼야 한다고 강조했다. 조용원 당 조직비서는 보고를 통해 "당세포가 반사회주의, 비사회주의를 쓸어버리는 발원점이 되어 맹렬한 투쟁을 벌이며 도덕 기강을 확립하기 위한 된바람을 일으켜나가야 할 것"이라고 역설했다(≪노동신문≫, 2021.4.7c). 또한 2021년 6월 15일 당 중앙위원회 제8기 제3차 전원회의를 열어 반사회주의, 비사회주의와의 투쟁을 강도 높게 주문했다. 김정은은 "우리식사회주의의 전도와 인민들의 운명이 걸려있는 반사회주의, 비사회주의와의 투쟁을 더욱 공세적으로 실속 있게 전개해 나가는 데서 지침으로 삼아야 할 원칙적 문제들"을 천명했다(≪노동신문≫, 2021.6.16b). 연이어 개최된 여맹대회에서도 조직들은 반사회주의, 비사회주의와의 투쟁을 강도 높이 벌여야 한다고 강조했다.

고난의 행군 시절 북한은 무분별한 외부 문물 유입으로 골머리를 앓았다. 유입 자체가 문제라기보다는 주민들 사이에 외부 세계에 대한 동경이 생겨

'사상적 이탈' 문제가 발생한 것이 더 큰 문제였다. 북한은 예정된 경제난 속에 이와 같은 '이탈'의 발생을 우려하는 것으로 보인다. 일련의 자본주의 비판 보도는 '우리는 해낼 수 있으니' 이탈하지 말고 내부 결속해 경제난을 해결하고 어려움을 버텨나가자는 의지를 강조하기 위한 조치이기도 하다. 2021년 2월 16일 국가정보원은 국회 정보위원회 업무보고를 통해 북한 내 한류 콘텐츠 등을 경계하는 동향이 파악됐다고 전했다. 일명 '비(非)사회주의적 현상'으로 불리는 외래문화 유입에 대한 우려가 커졌다는 관측이다(뉴스1, 2021.2.19). 국정원에 따르면 북한은 지난해 '반동사상문화배격법'을 제정해 한류 콘텐츠 소지·유포 관련 처벌 수위를 높였다. 남한 영상물 유입·유포 시 최대 사형, 단순 시청 시엔 기존 5년 이하의 징역에서 15년까지로 형법이 강화됐다고 한다. 또 비사회주의적 현상을 타도하기 위해 중앙부터 각 도·시·군에 '연합지휘부'를 조직했다는 사실도 함께 전했다.

북한이 '반동사상문화배격법'을 공표한 것은 2020년 12월 최고인민회의에서다. 당시 회의에선 국가가 통신 사업을 총괄한다는 내용의 '이동통신법' 등도 함께 제정돼, 북한이 내부 통제에 집중하고 있다는 신호로 읽히기도 했다. 이러한 분위기는 2021년 2월 8일 개최된 당-중앙위원회 제8기 제2차 전원회의에서도 감지됐다. 김정일은 전원회의 보고를 통해 비사회주의적 현상을 '악성종양'에 비유하며 "비사회주의적 현상에 대한 투쟁을 그 어느 때보다 강화할 것"을 지시하고 나섰다. 북한 매체들은 세계사회주의운동사를 언급하며, 국가의 법적 통제 기능이 약화되고 사람들의 준법 의식이 흐려지면 제국주의자들이 퍼뜨리는 이색적인 사상과 생활 풍조에 물젖게 되고 국가와 인민의 이익을 해치는 비사회주의·반사회주의 현상들이 조장되어 결국은 사회주의에 대한 신념이 흔들리고 피 흘려 쟁취한 혁명의 전취물마저 잃게 된다는 것을 새겨주고 있다고 주장하고 있다(≪노동신문≫, 2021.2.21a). 북한은 특히 외부 비사회주의적 문화에 민감한 청년들을 교양시키기 위해 '청년교양법'을 채택하는 등 외부 문화 차단에 안간힘을 쓰고 있다(조선중앙통신, 2021.8.26).

3) '우리 국가제일주의'를 여는 자력갱생

김정은 시대의 자력갱생은 새로운 통치이념인 우리 국가제일주의와도 연관된다. "자체의 힘으로 나라와 민족의 존엄을 지킨다"라는 정신은 우리 국가제일주의 시대에도 일관하던 노선과 정책이라는 것이다. 즉 자력갱생 정신은 우리 국가제일주의 시대를 연 원동력이라고 설명하고 있다. 아울러 자력갱생 기조가 우리 국가제일주의 시대의 기본 투쟁 방식이며 현재의 난관을 극복하고 획기적 전진을 위한 길이라고 강조했다(≪조선신보≫, 2021.2.21). 또한 우리 국가제일주의의 본질에 대해 "역사의 풍파 속에서도 주체의 항로를 변경시키지 않았던 조국에 대한 긍지와 자부심, 그런 나라의 전반적인 국력을 최고의 높이에 올려세우려는 강렬한 의지"라고 밝히고 있다. 또한 우리 국가제일주의는 다른 나라와 민족을 깔보고 배척하며 자국만을 위한 세계질서를 수립하려는 패권주의적인 사고방식, 민족이기주의와 인연이 없으며 자기의 자주적 존엄과 이익뿐만 아니라 다른 나라들의 자주권과 이익도 존중하는 국가라고 강조한다. 그러면서 북한은 2021년 1월에 열린 제8차 당대회는 지난 5년간에 쟁취한 승리가 우리 국가제일주의 시대를 열어놓았다고 주장했다.

김정은은 대회 보고에서 "우리 국가제일주의시대는 노동당이 인민을 위함에 일심전력하고 자체의 힘을 완강히 증대시킨 결과로써 탄생한 자존과 번영의 새시대"라고 언명했다. 그리고 당대회 이후에는 앞으로 15년 안팎에 전체 인민이 행복을 누리는 융성·번영하는 사회주의강국을 세워야 한다는 구상을 밝혔다(≪조선신보≫, 2021.2.21). 이런 상황에서 자력갱생은 우리 국가제일주의 시대를 끝없이 빛내어 나가기 위한 전진 방향, 기본 투쟁 방식으로 간주된다. 자력갱생의 기치를 더 높이 들고나가는 것이 현존하는 난관을 정면 돌파하고 사회주의 건설에서 획기적 전진을 이룩하며, 나라의 전반적 국력을 최고의 높이에 올려 세우는 길이 된다는 것이다(≪노동신문≫, 2021.4.2).

우리국가제일주의시대는 자체의 힘을 최대로 증대시켜 사회주의건설의 비약적 전진을 촉진해 나가는 거창한 변혁의 시대라면서 국가와 인민을 완전히 질식붕괴시키려는 적대 세력들의 책동은 해가 바뀔수록 더욱 가중되고 있는 상황에서 현상 유지만도 기적이고, 이룩된 값진 성과들은 자력갱생의 고귀한 산아"(≪노동신문≫, 2021.4.2).

4) 대외 지원·원조에 의존하지 않는 자력갱생

2021년 5월 3일 자 ≪조선신보≫의 주장에 따르면 북한의 경제 혁신은 자력자강의 노선, 스스로의 힘으로 강해지고 내적 동력의 발양으로 국력을 향상시켜 온 실천적 경험에 근거하고 있다. 따라서 외국의 자본과 자원, 기술의 도입을 전제로 하는 개혁·개방과 근본적으로 차이가 난다고 주장한다. 이전의 자력갱생, 국가가 주민들에게 배급조차 줄 수 없었던 시기의 자력갱생은 각자도생을 할 수밖에 없었고, 따라서 외부 지원에 상당 부분 의존해야 했다. 그러나 현재 김정은이 내세우는 자력갱생은 외부 지원이나 원조에 의존하지 않겠다는 선언이다. 이는 국산화를 적극 추진하는 핵심 이유이기도 하다. "국산화를 위한 사업을 중도반단(中途半斷)하면 의존밖에 남을 것이 없으며 의존은 곧 정치 경제적 예속이라는 것을 오늘의 세계가 현실로 보여주고 있다"라는 것이다(≪노동신문≫, 2020.3.12). 그러면서 경제 간부, 과학자, 기술자, 근로자들이 설비들과 자재, 요소들의 국산화 비중을 높여야 남에 대한 의존성을 없애고 우리의 힘과 기술로 무엇이든지 만들 수 있다고 강조한다.

자력갱생의 강조는 대외 관계까지 어느 정도 규정하고 있다. 사회주의 건설의 발전 동력은 그 어떤 외적 요인이 아니라 주체적 힘이다. 남의 지원이나 방조에는 한계가 있고 대가가 따르기 마련이라고 인식하고 있다(≪노동신문≫, 2021.4.22a). 따라서 "애로가 제기되면 국경 밖을 넘겨다보면서 협소한 당면 이익만을 추구할 것이 아니다"라며 내부에서 문제를 해결하는 기풍을 세워야 한다고 역설한다(≪노동신문≫, 2021.4.23). 2020년에 제8차 당대회를 앞두고 전개한 80일전투 과정에서도 의존심이나 수입 등 손쉬운 방법으로 문제를 해결하려 하지 말고 자체적으로 해법을 찾으라고 강하게 요구하기도 했다(≪노동신문≫, 2020.10.19). 이는 기본적으로 자력갱생은 자체의 힘, 자원, 기술로 온 세계에 앞서나가는 민족자존의 정신이며 최첨단돌파의 정신이라는 인식과 연관되어 있다. 공장을 개건 현대화하는 것도 철저히 자력으로 열어나가야 한다는 것이다. 남의 것을 그대로 가져다 놓을 바에는 애당초 현대화를 할 필요가 없다는 것이고, 공장 지배인들도 철저히 당에서 가르쳐준 대로 우리의 기술, 우리의 설비에 의거한 현대화를 실현해야 한다고 강조하고 있다(조선의 오늘, 2021.4.8)

심지어 외부 의존심은 외부로부터의 위협보다 더 위험하다고까지 지적한다. ≪노동신문≫은 '오늘의 정면돌파전에서 주되는 투쟁 대상'이라는 제목의 기사에서 "오늘 우리의 전진 발전에 지장을 주는 걸림돌, 적들의 책동보다 더 위험한 것은 남에 대한 의존심과 수입병, 패배주의와 회의주의, 본위주의와 특수화, 무능력과 무책임성"이라고 주장했다(≪노동신문≫, 2020.2.11b). ≪노동신문≫은 남에 대한 의존심은 자력갱생의 주된 장애물이고 의존심을 뿌리 뽑지 않고서는 그 어떤 일도 마음먹은 대로 내밀 수 없고 생산과정이 파동을 면할 수 없다고 주장하고 있다(≪노동신문≫, 2021.2.6a). 특히 수입 원료에 의존하는 생산 방식에서 대담하게 벗어나지 못한다면 언제든 생산을 활성화할 수 없다는 것은 명백하다는 것이다. 남에 대한 의존심이 있으면 자기 힘을 믿지 않게 되고 언제(댄) 및 가도 원료·자재의 재자원화를 실현하려는 당 정책을 관철할 수 없다는 것이 북한 측의 인식이다. 따라서 "과업을 수행해 나가는 과정에서 애로가 제기되면 국경 밖을 넘보거나 위만 쳐다볼 것이 아니라 생산·연구·개발 단위를 찾아가 긴밀한 협조 밑에 모든 문제를 해결해 나가야 한다"라고 강조했다(《노동신문》, 2021.2.24a). 2020년 5월 31일 자 《노동신문》에서는 자존과 의존을 비교하며 "자존은 어렵고 힘겨운 것이지만 국력을 강화시키는 보약과 같고, 의존은 쉽고 일시적인 향락을 누릴 수는 있지만 국력을 쇠퇴·몰락시키는 사약과 같다"라고 설명하면서 "남을 쳐다보며 그에 의존하려는 것은 스스로 제 무덤을 파는 자멸 행위"이며 "목숨은 버려도 버릴 수 없고 시련 속에서도 더욱 굳세게 벼려야 하는 것이 민족자존"이라고 목소리를 높였다.

2020년 8월 19일 자 《노동신문》 "조국과 인민의 운명에서 위대한 전환을 안아온 조선노동당" 논설에서는 "사회주의강국 건설은 갖은 압박과 비방, 유혹에도 끄떡하지 않는 신념의 강자만이 끝까지 추진할 수 있는 의지전"이라며 "정세 완화나 외부의 원조에 대한 사소한 미련도 배격하고 자력부강, 자력번영의 기치를 더 높이 추켜(들고 있다)"라고 강조했다. 신문은 외부의 지원을 받지 않는 자력갱생을 통한 경제성장이 험난할 것임을 인정하면서도 "불가피한 도전이며 반드시 넘어야 할 고비"라고 다독였다. 이어 "경제적 수익이 크고 당면한 난관을 타개할 수 있는 길이라고 해도 장래를 망치는 길이라면 단호히 배격했다"라며 "어려운 인민생활 형편을 알면서 광명한 내일을 위해 용단을 내려야 했던 순간들은 우리 당에 있어서 참으로 고통스럽고 힘든 고비들이었다"라고 호소했다.

이처럼 북한이 전 주민이 보는 《노동신문》 논설 등을 통해 외부의 지원이나 원조에 의존하지 않는 자력갱생에 방점을 찍은 것은 대북 제재 장기화에 코로나19 사태로 인한 국경 봉쇄, 수해 등의 어려움이 겹치더라도 기존 노선을 고수하겠다는 의지를 천명한 것으로 풀이된다. 북한은 2019년 12월 노동당 중앙위원회 제7기 제5차 전원회의에서 유엔과 미국의 대북 제재를 자력 갱생으로 정면 돌파한다는 노선을 천명하고 정책을 펴왔다. 여기서 주목할 만한 대목은 자격갱생의 대상이 원료, 자재 확보에 초점이 맞춰져 있다는 점이다. 현대적인 설비도 중요하지만 원료와 자재를 수입에 의존하는 경제는 진정한 의미의 자립경제가 아니라고 주장한다. "우리의 원료·자재에 철저히 의거하는 것은 인민경제의 자립성과 주체성을 보장하는 문제"라며 "아무리 현대적인 설비를 차려놓았다고 해도 원료·자재를 수입에 의존한다면 그러한 경제는 남에게 목줄을 매인 예속경제이지 결코 자립경제라고 할 수 없다." 아울러 "우리의 설비, 우리의 원료, 자재로 운영되는 경제, 이것이 우리가 건설하는 자립적 민족경제의 실체"라고 강조했다(≪노동신문≫, 2020.8.2). 결국 설비, 원료, 자재 모두의 국산화를 추구하고 있는 것이다.

5) 경쟁과 원가절감을 통한 자력갱생: 선질후량 원칙

자력갱생에 의거한 국산화 추진은 반드시 품질이 뒷받침되어야 한다. 국산 제품의 품질이 낮으면 주민들이 외국산 제품을 찾게 되고, 결국 국산화에 실패하게 된다. 그래서 경제관리개선의 기본으로 원가저하(절감)와 질 제고를 특별히 강조하고 있다. 지금의 조건에서 질 제고 사업을 보다 심화해야 경제의 자립성과 계획성, 인민성을 더욱 강화할 수가 있다고 본다. 경제가 발전할수록 생산과 건설에서 질 제고의 중요성은 더욱 부각되고 질 제고 사업이 부단히 심화되어야 기업체들의 생산과 경영활동이 보다 효율적으로 진행되고 경제 전반이 활력 있게 전진할 수 있다. 주요 경제 부문들 사이의 유기적 연계를 강화하자면 모든 부문과 단위에서 제품의 질을 높여야 한다. 북한 측 논리에 따르면 제품의 질이 상당한 높이에서 보장되지 못하면 그 제품을 필요로 하는 다른 부문과 단위의 생산에 지장을 주고 나아가서 우리 경제의 내적 잠재력을 발양하는 사업에 영향을 미치게 된다. 인민경제 모든 부문과 단위에서 질 제고 사업을 힘 있게 추진해 품질이 철저히 담보되는 훌륭한 국산품을 더 많이 생산한다면 수입병이라는 말 자체가 없어질 것이며, 인민경제 부문들 사이의 생산적 연계가 더욱 강화될 수 있다(≪노동신문≫, 2021.2.1b).

김정일 집권 당시 북한은 강성대국 건설을 위한 중점 과제의 하나로 '품질 제고'를 내세우면서 그 중요성을 강조했다. 2004년 8월 15일 자 ≪노동신문≫ 사설 "강성대국 건설의 요구에 맞게 제품의 질을 높이자"를 통해 "현 시기 나라경제발전은 제품의 질 문제 해결에 달렸다"라면서 질 제고를 촉구했다. "질 제고는 곧 증산이며 실리이고, 제품 질은 나라의 얼굴"이라며 "경제를 활성화하고 인민생활을 향상시키기 위한 중요한 고리가 제품의 질을 결정적으로 높이는 것"이라고 설명했다. 또 질에 대한 요구가 과거와는 근본적으로 다르다면서 "경험이 아닌 현대 과학기술에 기초해 질을 비약적으로 높여야 할 것"이라고 촉구했다. 이를 위해 우선 각급 경제지도 기관과 공장·기업소는 과학적인 품질관리 질서를 세우고 제품 규격화·표준화를 실현해야 한다고 말했다. 이와 함께 "질 제고의 결정적 담보는 생산기술공정의 현대화와 인민경제의 정보화에 있다"라면서 생산의 전문화·집중화 구현, 신기술 도입, 대중적 기술혁신운동 확산 등을 요구했다. 이어 모든 경제지도 기관과 공장, 기업소 일꾼들은 질 제고를 우선순위에 놓고 경제 과업 수행을 평가하는 제도와 질서를 세워야 한다며 품질관리 사업에 대한 감독과 통제를 철저히 할 것을 당부했다. 이런 기조는 오늘날 김정은 시대에도 그대로 계승·발전되어, 김정은은 2019년 12월에 개최된 당 중앙위원회 제7기 제5차 회의에서 특히 품질 제고를 강조하고 있다. 이에 따라 인민경제 여러 부문의 공장과 기업소에서 제품 인증과 관리체계인증을 받기 위한 사업이 활발히 전개되어 왔다.

품질 제고는 우리 국가제일주의가 요구하는 과제이기도 하다.

우리 나라 사회주의제도는 인민의 이익과 편의를 최우선, 절대시하고 모든 것이 인민을 위해 복무하는 가장 우월한 사회제도이다. 우리의 것이 다른 나라의 것보다 실제로 좋아야 우리 국가제일주의, 우리 제도제일주의가 생활에 바탕을 둔 진실하고 공고한 것으로 될 수 있다(≪노동신문≫, 2021년 5월 30일 자).

이에 따라 공세적인 자력갱생 전략은 우리 국가제일주의, 인민대중제일주의와 결합하면서 생산의 국산화, 생산의 과학화 등의 모습으로 나타나고 있다. 그래서 생산과 건설의 모든 공정에서 질적 지표에 따르는 과학기술적 요구를 엄격히 지켜야 한다. 모든 공장, 기업소에서 기술규정과 표준조작법, 공법 같은 질적 지표들을 올바로 제정하고 생산자들과 건설자들이 철저히 지키도록 요구하고 있다.

북한 당국은 주민들의 물질문화적 수요가 이전과 달리 크게 높아졌기 때문에 제품의 질을 우선시하는 '선질후량'의 자력갱생 원칙이 중요하다고 하면서, 자력갱생, 자급자족의 기본 요구에 대해 올바로 인식하는 것이 중요하다고 역설하고 있다.

개별적인 단위들이 계획 수행이나 양적 장성에만 치우치면서 선질 후량의 원칙을 어긴다면 반복 시공, 체화품(재고품)이 생기는 것을 피할 수 없고 그렇게 되면 향유자, 소비자들은 물론 생산자들의 생활이 윤택해질 수 없게 된다.……
국가적으로 경제사업을 짜고 들고 실질적인 대책을 강구해 나간다면 인민들이 즐겨 찾고 선호하며 국제시장에 내놓아도 손색이 없는 명제품, 명상품들이 꽝꽝 생산되어 인민들의 복리가 체계적으로 증진될 수 있다.……
우리 당이 현시기 국가의 경제 조직자적 역할을 강화할 데 대해 강조하는 중요한 이유의 하나가 여기에 있다(≪노동신문≫, 2020.1.22).

북한은 국산품뿐 아니라 평양시 1만 세대 살림집 건설 등을 추진하는 점을 고려해 오늘날 생산물과 건설물의 질을 높이는 것은 새로운 국가경제발전 5개년계획 수행을 힘 있게 추진하고, 경제발전과 인민생활 향상에서 실질적인 개선을 위한 중요한 요구라고 강조하고 있다. 따라서 생산과 건설 담당자들은 인민들이 환영하는 성과를 거두기 위해서 모든 부문, 모든 단위에서 질 제고를 주요 과제로 삼아야 한다. 생산물과 건설물의 질을 높이는 것은 당의 인민대중제일주의 정치를 경제건설에서 실천적 성과로 받들기 위한 필수적 요구로 간주된다. 질 제고 사업이 끊임없이 심화되어야 기업체들의 생산과 경영 활동이 보다 효율적으로 진행되어 지속적 발전을 위한 토대가 만들어지고 경제 부문들 사이의 유기적 연계가 강화되어 자립경제 전반이 활력 있게 전진하게 된다는 것이다(≪노동신문≫, 2021.4.27b). 북한 당국은 질 제고를 위해 품질 인증 사업, 과학적인 품질관리체계의 수립, 품질감독규율과 질서의 준수를 특별히 강조하고 있다.

품질 강조는 자연스레 사회주의 경쟁을 부추기는 분위기와 연결된다. 생산 공정과 제품의 질적 지표가 요구 기준에 도달했음을 인정하고 증명해 주는 품질 인증 사업은 인민경제 모든 부문과 단위에서 질 제고 사업을 적극 추동하는 요소로 간주된다. 실제 북한의 여러 단위의 생산공정이 품질관리체계인증, 의료기기 품질관리심사(GMP) 인증, 식품안전관리체계인증 등을 도입한 상태다(≪노동신문≫, 2021.4.27b). 국제적인 품질 인증과 '2월2일제품등록증'을 받기 위해 여러 단위가 치열한 경쟁을 벌이기도 한다. 경쟁 속에 발전하고 경쟁 속에 도약을 기대할 수 있기 때문에 국내 여러 공장이 품질 경쟁을 활발히 벌이고 있다(≪노동신문≫, 2020.8.27). 북한 매체는 "사회주의 경쟁은 집단주의 위력을 과시하는 과정"이며, '인민경제 부문별·직종별 기능공 경기대회 2020' 개최를 통해 "우수한 기능공들이 서로 승부를 다투고 지혜를 합치니 어려운 작업 과제도 막힘없이 수행할 수 있었다"라고 전했다. 기능공 경기대회가 단순 경쟁의 장이 아닌 기능공들의 기술·기능 수준을 높일 수 있는 계기라는 점을 강조했다(≪노동신문≫, 2020.6.30). 각 도는 매년 소비품전시회를 열어 공장별 품질을 겨루고 경험과 기술을 공유한다. 예컨대 도별 가방 공장은 해마다 '학생가방 질 평가회'에 참여해 자체생산 제품을 전시한다. 이런 경험이 쌓여 최근에는 지방공업 공장 제품들도 '2월2일제품'으로 등록됐으며, 품질 인증 기준인 '12월15일 품질메달'을 받은 공장도 평양가방공장·강계고려약가공공장 등 여러 곳 있다. '2월2일제품'은 1981년 2월 2일 김일성이 참석한 '전국품질감독일군대회' 이후 북한이 최우수 상품에 주는 품질 인증 기준이다. '12월15일 품질메달'은 2015년 제정한 새로운 기준인데 기존 '2월2일제품'보다 한 단계 높은 것으로 알려졌다.

질 제고와 함께 강조되는 것이 원가절감이다. 이는 2000년대 초반부터 강조되어 온 목표다. 내각 기관지 ≪민주조선≫ 2003년 3월 14일 자 해설기사 "생산물의 원가와 실리보장"에 "사회주의경제건설에서 가장 큰 실리를 얻기 위한 기본담보는 생산물의 원가를 낮추는 데 있다"라고 하면서 경제지도 일군들은 원가절감 투쟁을 실속 있게 벌여야 한다고 주장했다. 원가를 절감하면 공장, 기업소의 순소득이 늘어나고 축적과 소비를 큰 규모에서 실현할 수 있으며 상품 가격을 낮춰 근로자들의 실질소득을 높일 수 있다는 것이다. 즉 생산 제품의 원가를 절감하기 위해서는 경제지도 일군들의 과학적인 경영 마인드, 첨단 과학기술 적극 수용, 원자재 절약 등이 필수적으로 요구된다(통일뉴스, 2003.3.25). 이에 따라 경제지도 일군들은 노력과 설비, 자재를 얼마나 투입하고 그것을 어떻게 효과적으로 이용할 것인지를 세밀히 계산하여 적은 지출로 최대한의 경제적 결과를 얻어야 한다. 특히 원가절감에서 경제지도 일군들의 역할이 가장 중요하며 이들은 변화된 환경과 경제 현실을 토대로 과학적인 기업 관리 활동에 나서야 한다. 제품의 질 향상과 원가절감은 결국 과학기술의 발전에 의존할 수밖에 없다. 선진 과학기술을 빨리 발전시키고 이에 의해 생산을 늘리고 제품의 질을 높일 수 있으며 원가를 낮출 수 있게 된다. 이 밖에 공장, 기업소에 원가계획과 원자재 및 노동력 등에 대한 절약 과제를 제시해 그 결과를 평가하는 것도 원가절감 대책 중 하나로 간주된다. 공장과 기업소에 단위(생산라인)당 원가계획과 총원가계획, 원가저하률계획을 시달하고 기업소에서는 순별·월별로 생산계획 수행과 함께 원가계획을 전반적으로 평가해야 한다. 특히 지배인들은 경영활동 과정을 일상적으로 기록 계산하고 평가하는 자세를 갖춰야 한다.

6) 계획규율, 준법에 기초한 자력갱생

법제화에 기초한 자력갱생은 경제관리개선 사업과 연결된다. 이는 선대의 자력갱생과의 차이점이기도 하다. 김정은 정권은 경제조직 사업과 지휘를 실속 있게 잘하기 위해서는 계획규율을 철저히 세우는 것이 관건이라고 인식하고 있다. 그래서 "계획규율을 철저히 세우는 것은 사회주의경제건설의 방대한 투쟁과업을 훌륭히 수행하기 위한 확고한 담보"라고 주장한다(≪노동신문≫, 2021.6.7). 사회주의경제는 계획경제이며, 사회주의사회에서는 인민경제의 모든 부문, 모든 단위가 서로 긴밀하게 맞물려 있기 때문에 어느 한 단위라도 계획규율을 어기면 연관 단위들이 영향을 받게 되고 나아가 전반적 경제발전에 커다란 지장을 주게 된다는 인식하고 있다. 북한은 경제계획 목표 달성과 관련해 계획 수립도 중요하지만 그 집행을 위한 과학적이며 구체적인 작전과 지휘가 중요하다고 본다. 그러면서 경제조직 사업과 지휘를 실속 있게 잘하기 위해 무엇보다 중요한 것은 계획규율을 철저히 세우는 것이라고 밝혔다. 이는 사회주의경제 건설의 방대한 투쟁 과업을 훌륭히 수행하기 위한 확고한 담보라는 것이다(≪노동신문≫, 2021.6.7). 북한 측 논리에 따르면 사회주의경제는 계획경제이다. 사회주의사회에서는 인민경제의 모든 부문, 모든 단위가 서로 치차와 같이 맞물려 있다. 이 때문에 어느 한 단위라도 계획규율을 어기면 연관 단위들이 영향을 받게 되며, 나아가서는 전반적 경제발전에 커다란 지장을 주게 된다. 모든 부문, 모든 단위에서 엄격한 계획규율을 세워 인민경제계획을 일별·월별·분기별·지표별로 어김없이 수행해야 나라의 경제를 계획적으로, 균형적으로 빨리 발전시키며 주체적 힘, 내적 동력을 비상히 증대시켜 나갈 수 있다는 뜻이다.

이에 따라 북한은 제8차 당대회에서 제시한 새로운 국가경제발전 5개년계획을 당의 지령, 국가의 법으로 규정했다. 그래서 인민경제계획은 누구도 어겨서는 안 되며, 오직 집행할 의무밖에 없다. 인민경제계획을 무조건 집행하는 것은 당 제8차 대회가 제시한 새로운 5개년계획을 빛나게 완수하기 위한 선결 조건이며 사회의 모든 성원이 국가 앞에 지닌 법적 의무이다(≪노동신문≫, 2021.2.21c). 흥미로운 대목은 계획을 달성하지 못하는 것도 문제지만, 계획을 초과 달성해서도 안 된다고 주장하는 점이다. 계획규율에 대해 흥정하거나 형식적으로 집행하는 현상도 용납이 안 된다. 모든 일꾼들은 인민경제계획을 수행하기 위한 투쟁이 곧 당의 지령, 국가의 법을 집행하는 영예로운 사업이라는 것을 자각하고 새로운 5개년계획을 책임지고 무조건 집행해야 한다. 이 맥락에서 강조되는 것이 생활총화이다. 생활총화를 바로 하는 것은 계획규율을 강화하고 인민경제계획을 정확히 수행하기 위한 중요 방도로 간주된다(≪노동신문≫, 2021.2.21b). 생활총화에서는 나름대로 과학적이며 객관적이라는 자료에 근거해 신상필벌 원칙을 집행하고 있다. 북한은 인민경제계획을 정치적 문제로 간주한다. 인민경제계획을 수행하는가 못하는가 하는 것은 단순한 경제실무적 문제이기 전에 당 정책의 정당성과 생활력을 뚜렷이 실증하기 위한 중요한 정치적 문제라는 것이다(≪노동신문≫, 2020.1.19c). 이런 맥락에서 북한은 인민경제계획은 당의 지령이고 국가의 법이라고 주장한다. 그래서 일단 세워진 인민경제계획에 대해서는 그 누구도 흥정할 권리가 없으며 오직 무조건 수행할 의무밖에 없다. 이는 김정은 시대의 자력갱생의 차별적인 특징 가운데 하나다. 즉 철저히 법에 기초한 자력갱생이라는 점이다.

북한은 자력갱생을 강력히 추진해 경제건설 분야에서 가시적인 변화와 실제적인 성과를 가져오는 데서 중요한 것은 전 사회적인 준법 기풍을 확립하는 것으로 인식하고 있다. 특히 경제·건설 분야에서 "사회주의 법의 규제적·통제적 역할을 높이고 법질서를 철저히 세우는 것은 당의 경제 정책을 관철해 나가는 데서 필수적 조건으로 된다"라고 강조하고 있다. 자력갱생 이행 과정에서 경제회복을 방해할 수 있는 위법 현상을 막고 주민들을 결속하려는 의도다. 예를 들면 건설 사업 과정에서 법 규정대로 자재나 재정을 관리하지 않고 낭비한다면 국가에 큰 손실을 끼친다는 것이 ≪노동신문≫의 지적이다 (≪노동신문≫, 2020.4.8a). 이어 "당의 의도대로 경제사업을 빨리 치켜세우자면 결정적으로 경제 관리 운영사업을 개선해야 한다"라고 촉구하면서 "자재 관리, 재정 관리를 국가의 법과 규정대로 하지 않고 망탕(마구잡이로) 유용하거나 낭비하며 사장시키는 것은 당과 혁명, 조국과 인민 앞에 죄를 짓는 것"이라고 역설했다. 또 사법검찰 기관들은 경제지도 기관 일군들이 경제조직 사업과 지휘를 하지 않고 경제 관리 질서를 어기는 현상, 국가 재산과 사회 협동 단체 재산을 낭비하는 현상과의 법적 투쟁을 강화해야 한다고 강조했다.

북한은 특히 준법 의식의 습성(버릇처럼 된 성질)화, 습벽(굳어진 버릇)화를 주문하고 있다. 즉, 준법 기풍이 전 사회적인 기강으로 확립되어야 사회주의 건설을 저해하는 부정적 요소들을 철저히 극복하고 주체적 힘, 내적 동력을 비상히 확대·강화해 모든 분야에서 새로운 승리를 쟁취할 수 있다는 것이다. 온 사회에 혁명적 준법 기풍을 철저히 확립하는 것은 또한 자력갱생의 기치높이 새로운 국가경제발전 5개년계획을 빛나게 수행하기 위한 절실한 요구로 간주된다. 자립경제의 토대를 튼튼히 다지고 그 잠재력을 남김없이 발양시켜 사회주의경제 건설에서 실질적인 전진을 이룩하자면 모든 근로자들이 국가의 법규범과 규정을 무조건 철저히 지켜나가야 한다(≪노동신문≫, 2021.2.21a). 북한은 그동안 경제 관리와 관련한 부문법과 그 시행규정들을 만들어왔으며, 변화하는 시대적 환경과 현실발전의 요구에 맞게 법규범과 규정을 더욱 세분화·구체화하기 위한 사업을 심화시켜 왔다. 북한 당국은 법규 제정보다 이를 실천하는 것이 더 중요하다고 강조하고 있다. 법제 부문에서 생산과 건설의 효율을 높일 수 있는 새로운 부문법들을 제정·완비해도 그것이 제대로 준수되지 않는다면 경제를 활성화할 수 없고, 인민생활도 향상시킬 수 없다고 인식하고 있는 것이다.

북한은 새로운 5개년계획의 성과는 전체 사회에 혁명적 준법 기풍을 확립하는 사업과 불가분 관계에 있다고 본다. 경제사업과 관련한 법규범과 규정들을 철저히 지켜야 국가경제의 주요 명맥과 전일성을 강화하기 위한 사업을 강하게 추진할 수 있다는 것이다. 북한이 현 단계에서 집중하고 있는 과학기술에 의거한 생산 정상화와 개건 현대화, 원료·자재의 국산화와 재자원화 정책과 관련해서도 국가적인 규율과 질서 확립 없이는 성공적으로 추진할 수 없다고 본다. 대외 경제활동을 자립경제의 토대와 잠재력을 보완·보강하는 데로 지향시키자고 해도 그에 대한 법적 감시와 통제의 도수를 높이는 것과 함께 모든 부문, 모든 단위들에서 국가의 법을 존엄 있게 대하고 자각적으로, 의무적으로 준수한다고 강조한다. 인민경제계획은 혁명의 요구와 인민들의 이익을 반영한 당의 지령이며 국가의 법으로 간주된다. 법적 과제인 생산계획을 수행하지 못하는 것은 이유와 조건을 불문하고 계획규율 위반으로 국가의 법을 어기는 셈이다. 인민경제 모든 부문, 모든 단위에서 시달된 계획을 일별·월별·분기별·현물지표별로 무조건 수행하며 국가적인 입장에서 협동생산 규율을 철저히 지키는 엄격한 규율을 확립해야 경제발전과 인민생활 향상을 위한 투쟁에서 획기적인 전환이 이루어질 것이라고 한다(≪노동신문≫, 2021.2.21c).

7) 부정부패 척결, 경제범죄 엄벌을 통한 자력갱생

준법을 강조하면서 북한 당국은 자력갱생의 암적 요소로 세도, 관료주의, 부정부패 행위를 꼽고 있다. 북한은 일관되게 세도와 관료주의, 부정부패, 단위특수화, 본위주의를 비롯해 당과 인민의 일심단결을 해치는 현상에 대해서는 그 사소한 요소와도 비타협적으로 투쟁해야 한다고 강조하고 있다. 여기서 세도는 자기의 사회적 지위나 권력을 이용해 부당하게 권세를 행사하는 것을 일컫는다(사회과학출판사, 1992: 1974). 세도와 관료주의, 부정부패 행위는 인민의 심부름꾼 당 건설에서 가장 경계하고 투쟁 과녁으로 삼아야 할 첫째가는 대상이며, 인민대중의 권익을 침해하고 주관적 의사를 망탕 내리먹이는 행위는 당의 본태와 인연이 없다고 하면서 '당과 인민의 혈연적 유대를 약화시키고 대중의 창조력을 마비시키는 자그마한 요소도 비상사건화하여 철저히 뿌리 뽑아야 한다'고 역설한다(≪노동신문≫, 2021.7.19).

부정부패 척결은 집단주의, 즉 동지적 사랑으로 고락을 같이하며 난관을 함께 타개해 나가는 사회주의조선 특유의 국풍을 높이 발양시키는 핵심 요소로 간주하고 있다(≪노동신문≫, 2021.4.25). 나아가 북한은 자립경제의 토대를 강화하는 데서 주요 걸림돌, 장애물은 다름 아닌 단위특수화와 본위주의라고까지 강조하고 있다. 단위특수화와 본위주의는 자급자족, 자력갱생의 구호를 도용한 치외법권적 행위이며 이를 방심하게 되면 경제건설 전반이 혼란에 빠지게 되고 나아가 사회주의경제가 자기의 본성적 요구에 맞게 계획적으로, 균형적으로 발전해 나갈 수 없게 된다는 것이다(≪노동신문≫, 2021.6.4). 이는 노동당이 당대회 결정 관철을 위한 첫해 사업을 전개하면서 전 당적, 전 국가적, 전 사회적으로 단위특수화와 본위주의에 종지부를 찍기 위한 투쟁을 강도 높이 추진하는 이유이기도 하다.

당조직들과 당일군들은 우리 당의 인민대중제일주의정치실현에 저해를 주고 당과 인민대중을 리탈시키는 위험한 독초인 세도와 관료주의, 부정부패행위를 뿌리뽑기 위한 투쟁을 계속 완강히 벌려나가야 한다. 나라의 경제발전과 인민생활향상에 지장을 주는 단위특수화와 본위주의를 쓸어버리기 위한 전쟁에서 모든 당조직들과 당원들이 주체가 되어야 한다. 모든 당일군들은 그 누구보다 고지식하고 겸손하며 청렴결백하게 사업하고 생활하는 것을 체질화해야 한다(≪노동신문≫, 2021.6.28).

북한은 일반 당 간부뿐 아니라 군 간부들에 대한 부정 비리와 부패들을 엄격하게 다루고 있다. 인민군에 대한 다양한 통제 시스템을 구축하고 있다. 2020년 4월에는 당 중앙위원회 제7기 제5차 전원회의에서 '군정지도부'가 신설된 것으로 알려져 있는데, 이에 따르면 군정지도부는 인민무력성 권력 기관들의 부정 비리와 군부대 간부들의 생활을 통제하면서 해당 실태를 최고사령부에 직접 보고하는 조직이다. 그동안 북한군에 대한 검열·통제 기능을 하던 군총정치국도 검열 대상으로 포함된 것으로 알려진다(자유아시아방송, 2020.4.3). 김정은은 2021년 2월 8일부터 11일까지 나흘간 열린 노동당 중앙위원회 제8기 제2차 전원회의에서 전 당적, 전 국가적, 전 사회적으로 단위특수화와 본위주의를 쓸어버리는 투쟁을 강도 높게 벌여나가야 한다고 강조하며 당권과 법권, 군권을 발동해 단호히 대처하겠다고 밝혔다.

세도와 관료주의, 부정부패가 개별적인 사람들이 저지르는 반당적, 반인민적 행위라면 단위특수화와 본위주의는 부문과 단체의 모자를 쓰고 자행되는 더 엄중한 반당적, 반국가적, 반인민적행위이며 우리 당의 인민대중제일주의정치를 실현하고 주체적 힘, 내적동력을 다지는데서 제일 장애로 된다(자유아시아방송, 2020.4.3).

8) 절약에 의한 자력갱생

현재 김정은이 추진하는 자력갱생은 과거 김일성 시대에 추진했던 자력갱생과 유사점이 적지 않다. 김일성은 1950년대 소련뿐 아니라 그 어느 나라에서도 자금을 지원받을 수 없게 되자 내부 축적에서 그 해답을 찾았다. 여기서 내부 축적이란 협상가격차에 의해 농촌을 수탈하는 방식보다는 절약과 혁신을 통해 증산을 하는 방식이었다(박후건, 2015: 48). 오늘날 김정은 정권이 가장 강조하는 것이 절약과 혁신이다. 김정은 정권에서도 자력갱생을 언급하면서 동시에 절약을 특별히 강조하고 있다. 이 과업은 항구적으로 틀어쥐고 나가야 할 중요한 정책적 과업으로 자리매김되었다(≪노동신문≫, 2021.7.16). 오늘날 우리의 내적 잠재력을 최대한 발휘해 경제건설과 인민생활 향상에서 진전을 이루기 위해서는 절약 기풍을 확고히 세워야 한다는 것이다. 그러면서 절약 사업에서도 과학기술을 중시하는 것이 필수적이라고 강조한다. 금속, 화학 공장들을 비롯한 인민경제의 많은 단위를 에너지절약형, 노력절약형, 부지절약형 기업체로 발전시키기 위해서는 선진기술에 의거해 생산공정을 현대화하고 경영활동의 과학화 수준을 높여야 한다는 것이다. 건설 부문에서도 자재와 노동력을 절약하려면 선진기술을 도입해야 한다. 그래서 북한 당국은 모든 일군들과 근로자들이 절약의 가장 큰 예비는 기술혁신에 있음을 인식하고 새 기술의 개발·도입과 대중적 기술혁신운동을 더욱 강력하게 추진할 것을 요구하고 있다.

결국 모든 부문, 모든 단위에서 예비와 가능성, 잠재력을 최대한 탐구·동원하며 증산하고 절약해 인민경제계획을 지표별로 완수해야 한다. 이런 방침은 경공업부분에서의 국산화, 재자원화 사업 강조로 이어진다. 재자원화는 예비와 가능성을 최대한 탐구 동원해 더 많은 물질적 부를 창조하기 위한 대표적인 사업이기 때문이다. 재자원화는 더욱더 적은 자금과 자재를 갖고 더 많은 물질적 부를 창조할 수 있게 하고 나라의 귀중한 자원을 절약하면서도 지속적인 경제발전을 안아올 수 있게 한다고 주장한다(≪노동신문≫, 2021. 5.27a). 북한이 스스로 주장하듯이 재자원화가 오늘날에 와서 새롭게 제시된 당 정책은 아니다. 당에서는 오래전부터 생산과정과 생활 속에 나오는 폐기 폐설물과 부산물들을 회수·재생함으로써 더 많은 물질적 부를 창조해야 한다고 강조해 왔다(≪노동신문≫, 2021.5.4a). 이런 맥락에서 재자원화는 오늘의 난관을 모면하기 위한 일시적인 대응책이 아니라 항구적인 전략노선으로 간주된다.

재자원화를 위해 인센티브 제도도 도입하고 있고, 특히 재자원화 제품이 주민들로부터 외면받지 않도록 하기 위해 특별히 질 제고를 주문하고 있기도 하다. 재자원화의 목적은 단순히 원가를 줄이고 제품을 많이 생산하자는 데 있는 것이 아니라는 인식이다. 경제발전에 실질적으로 이바지하지 못하고 인민들이 선호하지 않는 제품, 시대의 요구에 따라서지 못하는 제품은 아무리 많이 만들어도 의의가 없다고 본다. 재자원화 사업에서도 질 제고를 첫자리에 놓는 것, 이것은 모든 생산단위에서 놓쳐서는 안 될 중핵적 문제로 강조되고 있다(≪노동신문≫, 2021.5.4a). 재자원화는 경공업 부문을 포함해 의약품 생산까지 광범위하게 진행되고 있다. 특히 북한은 주민들의 생활과 직결된 인민소비품 생산을 중시하고 있는데, 소비품 생산을 위해서는 원료, 자재의 보장이 가장 중요하다. 소비품에 대한 인민들의 수요를 충족하려면 경공업 공장들의 현대화를 다그치고 약한 부분과 공정들을 보강하며, 없는 부분과 공정들을 갖추는 것과 함께 원료, 자재 문제를 결정적으로 해결해야 한다. 경공업 부문의 생산을 정상화하기 위한 근본 방도는 원료와 자재의 국산화, 재자원화를 실현하는 데 있다(≪노동신문≫, 2021.1.19).

특히 기업들은 노력절약형, 에너지절약형, 원가절약형, 부지절약형 기업이 될 것을 요구받고 있다. 북한의 논리와 주장은 이렇다. 증산도 중요하지만 이는 절약을 전제로 해야 한다. 아무리 계획을 넘쳐 수행했다고 하더라도 생산 원가가 높고 실리가 맞지 않는다면 그것은 사실상 생산 성장이라고 할 수 없으며, 경제발전의 견지에서는 오히려 손해라는 것이다. "모든 부문, 모든 단위에서 그리고 모든 공민들이 최대한으로 증산하고 절약해 우리의 것을 더 많이 창조하고 극력 아껴 쓸 때 적대 세력들이 아무리 제재를 해도 우리의 경제는 끄떡없고 우리의 살림은 보다 윤택해질 것"이며, "한 W(와트)의 전기, 한 g(그램)의 석탄, 한 방울의 연유도 극력 아껴 쓰는 근로자들과 노력절약형, 에네르기절약형, 원가절약형, 부지절약형 기업체들은 바로 이러한 시대의 요구, 혁명의 요구를 깊이 새기고 실천행동에 구현해 나가는 참다운 애국자, 애국 집단"이라고 하면서 전기 및 연료 절약을 특히 강조했다(≪노동신문≫, 2020.1.14). 특히 전기를 많이 쓰는 단위들에서 기술 개조의 주요 목표를 전력 소비를 줄이는 데 두고 기술혁신운동을 활발히 전개해야 하며, 주요 건설 사업 현장에서는 절전형 설비 구축 등을 통해 절약해야 한다고 강조했다(≪노동신문≫, 2020.1.19a). 그러므로 전력을 낭비하고 원가 대 실리가 맞지 않아 경제건설에 손해를 주는 설비와 공정들을 대담하게 없앨 것은 없애고 정리 정돈할 것은 재정리해야 한다는 것이다(≪노동신문≫, 2020.1.30).

9) 인재 발굴, 인재 육성, 인재 관리에 의한 자력갱생

인재 육성도 제8차 당대회에서 가장 강조된 정책이며 자력갱생의 성패를 좌우하는 요소로 간주된다. 현재는 물론 미래의 생존과 경제발전의 담보는 인재 육성 사업에 달려 있다는 인식이다. 북한은 기본적으로 현 시대는 인재들에 의해 모든 것이 결정되는 인재 중시의 시대라고 인식한다. 당과 국가의 전반적 사업을 새로운 혁신, 대담한 창조, 부단한 전진을 지향하는 오늘날 자금이나 자재보다도 더 절실히 필요한 것이 바로 인재라고 보는 것이다(≪노동

〈표 5-1〉 **인재 관리, 인재 육성 사업(노선과 전략) 방향**

기본 방향	주요 내용

당의 정책적 요구	• 제8차 당대회 결정 사항 관철하기 위한 필수적 과제
	• 인재를 중시하며 각 분야의 과학기술인재와 관리인재, 당 일군들을 육성하는 데 특별히 주목
	  - 현 시기 국가경제발전 5개년계획을 철저히 수행하는 데서 제일 절실한 것, 걸린 것도 자금이나 자재가 아니라 바로 인재
	  - 유능한 과학기술인재, 관리인재, 당 일군들을 많이 육성해 자체의 역량을 재정비·보강해야 노동력과 자금 문제, 원료, 자재의 국산화와 재자원화 문제도 성과적으로 해결

당의 구상	• 새로운 5개년계획 기간 인재 관리, 인재 육성 사업에서 혁명적 전환을 일으켜 나라를 인재강국으로 전변시키는 데서 분수령을 마련
그동안의 성과	• 전민과학기술인재화, 인재강국화 • 전반적12년제 의무교육 실시 • 교육 내용과 방법, 교육조건과 환경을 부단히 개선 • 전국 각지에 현대적인 과학기술보급기지 건설
인재 관리 육성 사업의 성격	• 강국의 천년미래를 담보하는 숭고한 애국사업 • 인재강국건설은 우리나라 사회주의제도하에서만 전면적으로, 빛나게 실현될 수 있는 위대한 혁명사업
인재 육성 전략	• 각 분야의 과학기술인재뿐만 아니라 착상력과 조직전개력, 장악력이 우수한 경영인재, 관리인재들, 사람과의 사업을 능숙하게 할 줄 아는 당 일군들을 대대적으로 양성하는 것

인재 관리와 육성 방안	• 국가의 통일적이고 전략적인 지도 밑에 인재 관리, 인재 육성 사업을 심화
	  - 부문별·지역별 인재수요를 정확히 타산한 데 기초해 인재를 전망적으로, 과학적으로 양성
	  - 국가적으로 매 분야에서 특출한 재능과 실력을 가진 과학기술인재, 전문가들을 빠짐없이 장악·등록하고 그들의 능력을 국가사업에 효율적으로 동원하기 위한 조치들을 강구
	• 중장기적인 관점을 갖고 인재 육성을 위한 아낌없는 투자
	• 인재 육성을 위한 교육사업에 집중, 이를 위한 중요한 원칙을 준수
	  - 교수 내용과 방법을 선진 수준에 올려 세우며 교육을 철저히 과학화해 정치사상적으로뿐 아니라 다방면적이며 실용적인 지식과 높은 창조 능력, 건장한 체력을 겸비한 인재들을 육성
	  - 교육의 질에서 도시와 농촌 간의 차이를 없애는 데 초점
	  - 국가적인 비상방역사업이 계속되는 데 맞게 교육 내용과 형식, 방법을 새롭게 탐구 적용

과학연구 부문의 과제	• 과학연구 역량, 과학기술인재 역량을 잘 꾸리고 그들의 책임성과 역할을 높이는 데 주력
	  - 전문과학 연구 부문의 과학자, 연구사 역량을 강화하는 것과 함께 각 경제부문에서 응용기술연구 역량, 설계 역량을 튼튼히 꾸리는 것이 중요
	  - 과학자, 기술자들이 연구 과제, 기술혁신 과제를 똑바로 선정하고 마력을 내도록 하며 그들의 자질과 수준을 높여주기 위한 여러 가지 실용적인 조치들을 중단 없이 추진

필요한 인재 유형 지원	• 당이 준 과업을 그 어떤 조건에서도 결사 관철하는 실천형 인재, 숫자를 중시하고 모든 일을 과학기술에 의거해 풀어나가는 과학형 인재, 자기 두뇌로 일감을 찾고 한계에 도전하며 새로운 착상을 내놓는 창조형인재, 집단과 마음과 지혜를 합쳐 첨단을 돌파해 나가는 집단주의정신이 강한 인재를 대대적으로 육성 • 과학기술인재들이 제 땅에 발붙이고 눈은 세계를 내다보며 하나를 내놓아도 우리식의 새롭고 발전된 것, 주체조선의 독점 제품을 내놓도록 적극 지원 • 우리식 경제관리방법의 요구대로 자기 부문, 자기 단위를 추켜세우고 경제를 활성화해 나갈 수 있는 유능한 경영인재, 관리인재들을 발굴 육성 • 당의 사상과 의도를 최상의 수준에서 관철하며 당사업, 사람과의 사업을 참신하게 해나갈 수 있는 당 일군들을 많이 양성

당 조직들의 과제	• 자기 단위, 자기 지역의 발전을 담보해 나갈 인재들을 더 많이 키워내는 데 힘을 집중
	  - 발전하는 현실에 따라설 수 있는 인재들을 적극 찾아내고 적재적소에 배치하며 실력가형의 충실한 인재들로 일군 대열을 정간화
	  - 과학자, 연구사, 경영관리 일군들에게 새로운 것을 많이 보여주어 눈을 틔워주고 보다 발전된 것을 지향해 나가도록 개발
	• 사업 실적을 보기 전에 인재들을 먼저 보고 그들이 맡은 일에 전념할 수 있게 건강과 사업 조건, 생활 조건을 마련
	  - 현행 생산에만 급급하면서 인재 육성을 소홀히 하거나 인재들을 타 사업에 망탕 동원시키는 것과 같은 현상들을 개선

자료: ≪노동신문≫, 2021.3.30에 근거해 작성.

신문≫, 2021.5.18). 그래서 북한은 제8차 당대회를 비롯해 당 중앙위원회 제8기 제2차 전원회의 등에서도 경제사업 추진과정에서 인재를 중시하며 특히 각 분야의 과학기술인재와 관리인재, 당 일군들을 육성하는 데 집중할 것을 요구하고 있다. 이는 5개년계획의 중요한 과제로 설정했다. 인재 육성 사업을 등한시하면 아무리 훌륭한 물질적 토대를 갖추었다고 해도 가시적 성과를 내기가 어렵다고 생각한다(≪노동신문≫, 2021.4.24b).

김정은 정권은 등장 초기부터 이른바 새 세기 산업혁명의 핵심 역량으로 인재를 지목했다. 인재가 모든 것을 결정하며, 최첨단돌파전의 위력도 인재 확보에 달려 있다고 인식한 것이다. 이런 문제의식 아래 지식경제시대의 요구에 맞게 교육체계를 지속적으로 개선하고, 교육 내용과 교수 방법의 혁신을 추진해 왔다. 이런 혁신을 통해 연구 개발 능력이 뛰어나고 다방면적인 지식과 방법론을 소유한 인재들을 양성해 지식의 생산과 확산, 응용을 일치시키고자 했다(김영홍, 2013: 8). 구체적으로 김정은 정권은 새 세기 산업혁명의 추진과 관련해, 지능형 노동력과 지식 자원 확보를 위한 전민과학기술인재화 정책과 인재강국화 정책을 내세웠다.

북한이 4차 산업혁명과 관련해 자신감을 갖게 된 이유는 우주와 국방과학 부문에서 이룩한 성과와 밀접한 관련이 있다. 이는 핵과 미사일 개발 등에 종사한 과학자, 기술자들이 주축이 되어 북한식 4차 산업혁명을 추진하고 있을 가능성을 시사한다. 김정은 정권은 오늘날 경제발전의 질적 수준을 높이는 가장 중요한 과제로 과학기술 인재 육성과 그들의 자질을 높이는 사업으로 간주한다(오성금, 2014: 17). 특히 과학기술자 집단을 지도·관리하는 인재들과 첨단 과학기술 부문의 과학기술자들을 양적으로 확대하는 것을 목표로 제시하고 있다. 북한은 모든 경제지도 일군들과 과학자, 기술자들은 전략적 안목에서 세계를 내다보면서 경제강국 건설을 위해 필요한 모든 문제를 지식경제시대의 요구에 맞게 설계하고 해결해 나감으로써 나라의 경제발전 수준을 세계적 수준으로 올려놓아야 한다고 독려했다(오성금, 2014: 19).

북한은 인재강국화, 전민과학기술인재화를 실현하는 데서 중요한 것은 교육체계 정비, 교육 내용과 방법의 개선과 더불어 과학기술 보급 사업의 개선·강화할 것을 강조해 왔다(윤진아, 2018: 12). 정보통신망의 구축과 컴퓨터의 활용은 지식경제의 주요 자원인 지식 자원을 확보하는 방안으로 인재 양성과 더불어 선진 과학기술 관련 서적 및 자료를 수집하고 이를 가공해 데이터베이스를 구축하는 것과 연계된다. 북한은 각 단위에서 지식 자원의 확보를 위해 기업소 내에 과학기술보급실을 개설해 자료를 축적하고 이를 국가적인 과학기술정보 기관들과 컴퓨터 통신망으로 연계할 계획을 수립하면서 도·시·군 등 북한 전역에서 활용할 수 있는 인터넷망 구축에 큰 관심을 보였다(김룡류, 2016: 20).

　김정은 시대의 자력갱생에서 모든 부문, 모든 단위에서 인재 관리, 인재 육
성 사업을 혁신하는 것은 새로운 국가경제발전 5개년계획을 철저히 수행하
기 위한 최선의 방략으로 간주되고 있다(≪노동신문≫, 2021.3.30). 인민경제의
모든 부문과 단위들에서 유능한 과학기술 인재, 관리 인재, 당 일군들을 많이
육성해 자체의 역량을 재정비·보강해야 노력과 자금 문제, 원료·자재의 국산
화와 재자원화 문제도 성과적으로 해결할 수 있으며, 높이 세운 투쟁 목표도
점령할 수 있다는 것이다(≪노동신문≫, 2020.2.21a). 따라서 당의 사상과 의도,
노선과 정책으로 무장하는 것이 간부들의 첫째가는 실력이라면, 현대 과학기
술을 습득하는 것은 필수적인 제2의 실력으로 간주된다(≪노동신문≫, 2020.
2.21a). 이를 위해 우선 북한은 대학을 연구형 대학과 현장형 대학으로 구분해
놓고 있다. 명문대는 연구형 대학으로 삼아 세계적인 수준의 연구 성과를 내
놓는 데 초점을 맞추는 한편, 나머지 기술·전문대학들은 실무에 투입할 수
있게 인재를 양성하는 현장형 대학으로 육성하는 방식이다. 북한 최고 명문
대 김일성종합대학의 경우 '연구형 대학'으로의 전환을 모색하고 있다. 이에
따라 김일성대학교는 대학 사업을 연구형으로 전환하기 위해 새 학부와 연구
소, 강좌를 개설하고 과정안 갱신을 추진 중이며, 신소재·신에너지·첨단·핵
심기초기술에 대한 연구 심화 사업에도 관심을 쏟고 있다. 국제학술지에 논
문을 게재하는 건수도 계속해서 증가하고 있다. 대외 선전 매체 조선의 오늘
은 2021년 3월 10일 김일성대학교 과학부총장과 대담 형식 기사에서 "대학
교원(교수), 연구사(연구원)들은 두뇌전, 기술전을 맹렬히 벌여 지난 1년 동안
에만도 130여 건에 달하는 연구논문을 권위 있는 국제 학술 잡지에 발표했
다"라고 소개했다(연합뉴스, 2021.3.10).

10) 첨단기술 개발이 견인하는 자력갱생

2021년 과업들 가운데 핵심 사항으로 과학기술 발전을 강조했다. 새로운 5개년계획 수행을 위한 올해의 과업들 가운데서 핵심 사항은 과학기술력을 키우고 과학기술의 실제적인 발전을 이룩해 나가는 것이다. 믿을 것은 과학기술력이며 살아나갈 유일한 출로도 과학기술에 기초한 자력갱생에 있다는 것이다. 과학기술력은 국가의 가장 중요한 전략적 자원이며 사회발전의 강력한 추동력으로 간주된다. 그래서 주체적 힘, 내적 동력을 강화하기 위해 모든 부문을 빨리 발전시키려면 과학기술을 생명선으로 틀어쥐고 나가야 한다고 강조한다. 특히 인민경제를 정비 보강하고 새로운 5개년계획 수행의 기초를 공고히 하는 데서 원료와 연료, 설비와 자재와 같은 물질적 조건 보장 문제가 중요하다고 판단하고 있다. 이 문제를 해결할 수 있는 가장 효과적인 방안이 바로 과학기술력을 키우는 것이다(≪노동신문≫, 2021.6.15).

이런 맥락에서 보면 당 결정 관철에서의 성과 여부는 과학기술에 기초한 자력갱생의 위력을 얼마나 발휘하느냐에 따라 좌우된다. 자체의 과학기술 역량을 튼튼히 꾸리고 그에 의거해 증산 투쟁을 맹렬히 벌이는 것과 함께 지속적인 발전을 위한 물질기술적 토대를 강력하게 구축해 자기 부문과 자기 단위를 자력갱생·자급자족의 본보기 단위로 만들어야 한다는 것이다(≪노동신문≫, 2021.4.25). 김정은은 특히 대학에 과학기술로 경제를 견인하는 역할을 대학을 주문하고 있다. 대학들이 기초과학 연구와 첨단 과학기술 개발에서 선도적 역할을 수행하며 공장, 기업소들이 국가중점기술개발사업에서 중요한 몫을 담당하도록 해야 한다는 것이다. 이에 따라 북한은 금속, 화학, 전력 공업을 중심으로 해 경제발전에 이바지할 20여 개의 핵심적인 연구 과제를 선정하고 새로운 5개년계획기간에 수행해야 할 기본 목표로 내세웠다(≪노동신문≫, 2021.5.4b).

사실 과학기술은 김일성 집권 시기부터 줄기차게 강조되어 왔다. 과학기술 중시노선은 대를 이어 내려온 전략적 노선의 하나였다. 이 노선은 "과학기술을 최단기간에 세계적 수준으로 격상시켜 민족의 영예를 더욱 떨치기 위한 대담하고 통이 큰 과학혁명노선이며 나라의 모든 힘을 과학기술발전에 집중하는 적극적인 과학기술발전전략"이라고 주장해 왔다(평양출판사, 2004: 69). 이처럼 과학기술을 중시하는 관점이나 사상은 오늘날에도 그대로 이어져 내려오고 있다. 하지만 김정은 시대에는 과학기술이 양적·질적으로 발전하면서 이전보다 훨씬 두드러지게 중시되는 점이 다르다. 특히 북한은 시대의 변화가 자력갱생의 차이를 불러올 수밖에 없다고 인식한다. 즉 "오늘의 시대는 과학기술과 생산이 밀착되고 일체화되는 지식경제시대"이기 때문이라는 것이다(≪노동신문≫, 2021.4.23a). 김정은은 2018년 첫 공개 활동 대상으로 국가과학원을 선택했다. 김정은의 새해 첫 공개 활동은 그가 역점을 두는 분야가 무엇인지를 잘 보여준다. 그는 또한 북한 최고인민회의 대의원 선거일인 2019년 3월 10일 최고의 이공계 종합대학인 김책공업종합대학을 찾아 자신의 투표권을 행사했다. 과학·교육 중시 노선을 상징하는 김책공대를 투표 장소로 택함으로써 경제건설에 총력을 집중하겠다는 의지를 재확인한 것이다. 그는 과학기술에 나라와 민족의 자주권과 존엄, 사회주의의 운명이 걸려 있다고 판단하고 있다.

  북한은 2016년 개최한 제7차 당대회에서 당·국가 총력 기본 노선으로서 사회주의 강성국가 건설을 내세웠다. 이미 달성했다고 자평하는 정치군사 강성국가의 지위에 과학기술강국, 문명강국을 덧보태 경제강국을 건설하면 사회주의 강성국가가 된다는 것이다. 여기서 말하는 경제강국은 자립성과 주체성을 강화하고 과학기술을 기본 생산력으로 삼아 발전하는 국가이다. 즉 경제강국은 자립성과 주체성이 강하고 과학기술을 기본 생산력으로 삼아 발전하는 나라로서, 필요한 모든 물질적 수단들의 자체 생산 보장, 과학기술과 생산이 일체화되고, 첨단기술산업이 경제성장에서 주도적 역할을 하는 자립경제강국, 지식경제강국으로 규정된다. 김정은은 경제강국 건설을 위한 전략적 노선으로 인민경제의 주체화와 높은 수준의 현대화, 정보화, 과학화를 제시했다.

북한 측의 인식에 따르면 과학기술은 한마디로 자강력을 제고하는 원동력이다. 기업들은 첨단 과학기술이 뒷받침하는 자강력을 토대로 최첨단을 최대의 속도로 돌파할 수 있다고 본다. 실제 북한 공장기업소들은 생산공정의 현대화, 기업 관리의 정보화, 신제품 개발이나 품질 개선 등이 과학기술과 불가분의 관계에 있다고 인식하고 있다. 그리고 국산화의 진전은 자강력제일주의의 중요한 요구로 받아들여진다. 결국 북한의 기업들은 자강력제일주의 기치 아래 현대 과학기술의 성과를 폭넓게 수용해 기업체의 물질기술적 조건을 지식경제시대의 요구에 맞게 일신하고, 원료·자재의 국산화를 적극 추진해 생산을 높은 수준으로 끌어올려 경제강국 건설에 적극 이바지해야 하는 임무를 수행해야 한다. 북한이 이전에도 주체 노선을 본격적으로 전개할 수 있었던 배경에는 당시 북한 과학기술의 성과가 있었고, 이후에도 지속적으로 과학기술 발전을 통해 자립의 물적 기반을 강화했기 때문이다.

김정은은 특히 과학기술강국이 사회주의강국 건설에서 우선적으로 점령해야 할 중요한 목표라면서 "과학기술 부문에서 첨단 돌파전을 힘 있게 벌려야 한다"라고 강조했다. 여기서 첨단 분야는 정보 기술, 나노 기술, 생물공학을 비롯한 핵심 기초기술과 새 재료 기술, 새 에네르기(에너지) 기술, 우주 기술, 핵 기술과 같은 중심적이고 견인력이 강한 과학기술 분야를 가리킨다. 즉, 이 같은 첨단 분야에 힘을 집중해야 한다는 것이다. 그는 이 가운데 우주과학 기술발전에 더 많은 관심을 기울여 왔다. 그래서 2017년 이전까지만 해도 첨단기술의 집합체이며 정수인 실용 위성들을 더 많이 제작·발사해야 한다고도 했다.

북한은 제8차 당대회에서 정비 보강 전략을 내세웠지만, 이는 결코 현상 유지만을 의미하는 것은 아니다. 당 제8차 대회에서는 새로운 5개년계획 기간에 나라의 과학기술 전반을 첨단 수준에 올려 세우기 위한 과업이 제시되었으며, 핵심적이며 선진적인 첨단기술 개발 촉진이 중시·강조되었다. 첨단기술 개발은 미래의 경제발전, 과학기술 발전의 담보이다(≪노동신문≫, 2021. 6.12a). 오늘날 첨단기술은 정보 기술, 나노 기술, 생물공학을 비롯한 핵심 기초기술과 새 재료 기술, 새 에너지 기술, 우주기술 등과 같은 중심적이고 견인력이 강한 과학기술 분야를 포괄하는 것으로 지식경제 발전을 뒷받침하는 핵심적이고 선진적인 기술이며, 세계의 모든 나라에서 열점 개발 대상으로 되고 있다고 설명했다. 이에 따라 김일성종합대학(첨단기술개발원)과 김책공업종합대학, 리과대학, 국가과학원과 의학연구원 등 나라의 주요 과학 연구기관들과 대학들은 첨단기술을 개발하고 그것을 실천에 도입하기 위한 연구 사업에 매진하고 했다. 여기서 강조되는 것은 우리식이 아닌 첨단은 첨단이 아니라는 것이다(≪노동신문≫, 2021.6.12b). 첨단기술을 하나 연구해도 우리의 힘과 지혜로, 자신의 힘으로 해야 된다는 의미이다.

북한이 말하는 첨단돌파전은 핵심 사상 수준으로 강조되고 있다. 북한 사회과학원의 공훈과학자인 리기성 교수의 설명에 따르면 최첨단돌파 사상은 사망한 김정일이 CNC(Computerized Numerical Control, 컴퓨터 수치 제어) 기술 개발의 성과와 경험에 기초해 2009년 모든 분야에서 지식경제시대를 선도하기 위해 정립한 사상이다. 이는 모든 분야에서 세계가 도달한 과학기술 수준을 최단기간에 추월해 지식경제시대에 진입하고, 북한을 강대국의 지위에 올려놓는 것이 목표이다. 여기서 눈여겨볼 대목은 북한이 내세우는 최첨단돌파의 기준은 발전된 나라의 선진기술이 아니라 지식경제시대의 요구라는 점이다. 발전된 나라들의 수준을 시대의 요구에 맞게 도약해 세계적으로 앞서 나가는 것이 북한이 추구하는 최첨단돌파라는 것이다. 즉 발전하는 지식경제시대의 요구를 기준으로 삼아 모든 분야에서 세계적 수준을 남보다 먼저 창조하며, 지속적으로 선두를 지켜나가는 것이 북한식의 최첨단돌파이다. 리기성 교수는 북한이 추구하는 최첨단은 새롭게 혁신한 발전적인 것으로, 이는 북한 주민들의 이상과 요구, 민족성에 기초한 창조가 되고, 혁신적인 것이 되어야 한다고 주장한다.

북한 측에서는 최첨단돌파전의 비전과 목표를 이렇게 설명하고 있다. "당이 내세운 최첨단돌파전은 인류가 걸어온 발전단계들을 대담하게 뛰어 넘으면서 최단기간내에 모든 것의 패권을 주고 첨단에서 최첨단에로 중단없이 비약하려는 우리식의 발전전략이다"(리기성, 2017). 여기서 우리는 북한의 주목할 만한 세계관을 읽을 수 있다. 북한은 오늘날 최첨단기술은 경제적 진보의 기초이고, 민족 번영의 위력한 수단으로 간주한다. 경제발전의 원천이 노동력·자원·자본 등 물질적 자원으로부터 지식·정보·과학기술 등 무형의 지적 자원으로 급격히 바뀌고 있다는 것이다. 그래서 이 같은 지식경제시대에는 고급 두뇌를 양성해 세계적인 것을 압도하는 지식 자원을 확대해야 경제강국이 될 수 있고, 남보다 잘살 수 있다고 평가한다.

김정은은 2021년 신년사에서 인재와 과학기술은 사회주의 건설에서 대비약을 일으키기 위한 우리의 주요 전략적 자원이고 무기라고 강조했다. 그의 연설 내용을 그대로 옮겨 적으면 이렇다.

국가적으로 인재육성과 과학기술 발전 사업을 목적지향성있게 추진하며 그에 대한 투자를 늘려야 합니다. 세계적인 교육발전추세와 교육학적요구에 맞게 교수내용과 방법을 혁신해 사회경제발전을 떠메고나갈 인재들을 질적으로 키워내야 합니다. 새 기술개발목표를 높이 세우고 실용적이며 경제적의의가 큰 핵심기술연구에 력량을 집중해 경제장성의 견인력을 확보해야 하며 과학연구기관과 기업체들이 긴밀히 협력해 생산과 기술발전을 추동하고 지적창조력을 증대시킬 수 있도록 제도적 조치를 강구해야 합니다.

한마디로 과학기술을 앞세워 경제발전을 하겠다는 의도를 명확히 다시 드러낸 것이다. 과학기술을 "경제강국건설의 기관차"라고도 부른다. 과학기술을 중심으로 국방은 물론이고 경제·문화 등 사회 모든 부분의 발전을 이끌어 보겠다는 생각이다. 실제 북한은 군수공장들의 민간 생필품 생산 확대, 민간 공장 현대화에 군수 부문 기술자 투입 등 스핀오프를 위한 구체적인 방식들을 마련해 왔다. 북한은 에너지·철강재·화학제품·식량 문제 등 경제강국 건설에 필수적인 문제를 해결하고 경제 전반을 현대화·정보화하는 데서 과학기술이 주도적인 역할을 하는 나라를 만들려고 한다. 과학기술을 발전시켜 원자력·친환경 에너지 등을 개발해 에너지 문제를 해결하고, '주체철'(수입 연료 사용을 최소화한 제철법) 생산 기술 등 북한 실정에 맞는 기술을 개발해 수입에 의존하는 원료, 자재, 설비를 국산화하며, 농업 생산의 과학화, 공업화와 경공업 부문의 현대화를 실현하겠다는 것이다.

북한은 지난 2016년 제7차 당대회에서 과학기술강국을 실현하기 위한 방안들을 자세히 언급했다. 무엇보다 북한은 과학기술 인재 양성, '전민 과학기술 인재화'를 가장 중요한 과제로 제시했다. 그리고 이를 실현하기 위해 중등학교 과학기술 교육 강화, 대학 학제 개편과 교육 수준 제고, 전국적인 과학기술 보급망 확충, 공장대학·농장대학·어장대학 및 원격 교육 등 '일하면서 배우는 교육체계' 발전 등 교육 체제의 정비·강화를 계속 추진하기로 했다. 특히 김일성종합대학 등 주요 대학들을 과학 연구의 중심기지, 국제 학술 교류의 거점으로 만들어 세계적인 수준으로 키울 것을 강조했다. 이와 함께 북한은 국가적 차원의 과학기술 지도·관리 체제를 확립함으로써 연구 개발의 분산과 중복 방지, 첨단 돌파 계획, 첨단기술 산업화 등 전략 목표 실현, 최신 과학기술에 기초한 경제구조 재편 등을 체계적·효율적으로 진행하기로 했다. 특히 연구 개발의 중복을 피하고 효율성을 높이기 위해 과학원과 같은 전문 과학연구 기관은 핵심 과학기술 연구, 내각의 각 성과 공장·기업소는 응용기술 연구, 대학은 기초과학 연구와 첨단 과학기술 개발을 담당하게 하는 등 기관별 역할 분담을 명확히 했다.

이 당대회에서 북한이 밝힌 '과학기술강국 → 지식경제강국'은 김정일의 노선과 정책을 계승한 것이라 할 수 있다. 나아가 김정일의 과학기술 중시 정책이 1960~1970년대 과학기술 정책에 내재된 한계와 오류를 극복하고 과학기술 발전에 기초한 경제성장을 실현하기 위한 것이었음을 상기하면, 김정은이 제시한 과학기술강국 비전은 수십 년에 걸친 경험과 모색의 결과물이라 할 수 있다. 실제로 김정은 집권 이후 북한은 김정일 때보다 더 빠르고 과감하게 과학기술 발전, 과학기술에 기초한 산업 재편을 시도하고 있다. 예컨대 고등교육 및 연구 수준을 제고하기 위해 김일성종합대학·김책공업대학·고려성균관대학 등 핵심 대학과 지역 거점 대학들의 외형 확대와 내실화를 수년째 추진 중이다. 2012년에는 40년 만에 초중등 11년 의무교육제를 12년 의무교육제로 개편하면서 과학기술 교육 비중을 대폭 강화했다. 과학원 생물공학분원 확대, 자연에너지연구소 신설, 국가나노기술국 등 과학 기관도 지속적으로 확충해 왔다. 과학자 처우 개선 조치도 확대해 다수의 과학자 주택단지와 과학자 휴양소 등을 연이어 건설했다. 2012~2015년 과학기술 예산을 연평균 6.55%(같은 기간 국가예산 증가율은 연평균 5.2%) 증액하는 등 과학기술에 대한 투자도 꾸준히 확대했다.

이처럼 북한은 과학기술 인재들을 육성하는 교육사업에 집중적으로 투자하고 있다. 이는 이른바 북한식 4차 산업혁명으로 간주할 수 있는 '새 세기 산업혁명'의 핵심 역량으로 인재를 지목한 데서 기인한 것이다. 인재가 모든 것을 결정하며, 최첨단돌파전의 위력도 인재 확보에 달려 있다고 인식한다. 이런 문제의식 아래 지식경제시대의 요구에 맞게 교육체계를 지속적으로 개선하고, 교육 내용과 교수 방법의 혁신을 추진해 왔다. 이런 혁신을 통해 연구개발 능력이 뛰어나고 다방면적인 지식과 방법론을 소유한 인재들을 양성해 지식의 생산과 확산, 응용을 일치시키고자 했다. 과학기술 분야에서는 특히 연구 개발 능력 향상 문제와 기술집약적 산업과 현대화된 경제를 운영해 나갈 수 있는 관리 인재들을 계획적으로 양성하는 문제가 강조되고 있다. 공장, 기업소들에서도 과학기술 개발 역량을 향상하기 위한 사업이 적극 추진되고 있다. 김정은 정권은 전인민과학기술인재화를 목표로 내걸고, 이를 사회의 모든 성원들을 대학 졸업 정도의 지식을 소유한 지식형 근로자, 과학기술 발전의 담당자로 준비시키기 위한 중요한 사업으로 간주하고 있다.

김정은은 집권 초기에 새 세기 산업혁명을 강조하면서, 성과를 이끌어내기 위해서 과학기술혁명의 필요성을 특별히 강조해 왔다. 새 세기 산업혁명은 모든 부문과 단위에서 과학기술과 생산, 지식과 경제의 일체화를 실현해 경제를 지식의 힘으로 운영·발전하는 지식경제로 일신할 것이고, 이를 토대로 사회주의 경제강국을 건설하는 것으로 규정했다. 김정은은 첨단 과학기술을 토대로 한 지식경제로 경제발전을 견인하려는 국가발전 전략을 수립했고, 이 방향은 앞으로 상당 기간 견지될 것이다. 북한은 지식경제의 주요 자원인 지식자원을 확보하는 방안으로 인재 양성을 강조하고 있다. 이는 선진 과학기술 관련 서적과 자료를 수집·가공해 데이터베이스(DB)를 구축하는 일과 밀접하게 연관된다. 향후 남북 간 역량 강화 분야에서의 협력 사업이 시작된다면 결국 과학기술 전문 인력 양성과 관련한 DB 구축에 필요한 역량 구축에 초점이 맞춰질 가능성이 높다.

지적 제품 유통사업과 지적소유권에 대한 관심이 증대되고 있는 점도 눈길을 끈다. 최근 수년 사이에 북한에서 지적 제품 유통사업과 지적소유권에 대한 관심이 크게 높아지고 있다. 2018년 8월 4일에는 제16차 국가발명전람회가 개막됐는데, 이 전람회에는 1000여 건의 발명 기술이 실물과 모형, 도해 등의 형태로 출품됐다. 전람회 기간에 지적 제품 유통사업과 지적소유권에 대한 사회적 인식을 높여주는 실무 강습과 기술발표회, 발명 기술에 대한 자료 서비스 등이 진행됐다. 이처럼 북한은 과학기술에 많은 투자를 하면서 자신들의 비전을 실현하기 위해 진지하게 노력하고 있다. 따라서 향후 북한 사회를 이해하고 변화를 전망하려면 그들이 과학기술강국 실현을 위해 어떤 움직임을 취하며 그 결과는 어떠할지에 대해 주목해야 한다.

2. 김정은 시대 자력갱생 성과

1) 김정은 집권 10년을 관통하는 경제정책 기조

　김정은 정권이 고수하는 자력갱생은 대외에 종속되지 않거나 그것을 극복하고, 국내적으로는 국내 시장에 기초해 자기완결적인 재생산구조를 확립해 자기의 논리에 의해 운영되는 자립경제를 의미하는 것으로 평가된다. 그러나 북한도 대외 거래를 부정하는 것이 아니라 대외 거래를 추진하되 거래 상대국과 등등한 지위를 유지하며 해외 부문에 의해 국민경제가 지배되지 않는 상대적 자급자족을 달성하는 것을 의미한다. 그러나 대외적 종속의 탈피를 지향하면서 국내적 균형을 유지하기 위한 필요조건을 충족하기는 쉽지 않다. 대외 의존적인 경제구조는 해외 여건의 변동에 따라 취약할 수밖에 없기는 하다. 경제개발계획의 작성과 수행 과정에서도 영향을 받으면서 외자 의존적인 공업화를 추진할 수밖에 없다. 그리고 국내경제는 대외적으로 직접 연관을 맺는 특정 수출 부문 중심으로 성장하고 나머지 부문은 상대적으로 정체되는 불균형 산업구조가 고착화된다. 여기서 주도적인 성장 부문도 외부적 환경, 즉 국제 분업 체계의 변화 등에 좌우되기 때문에 지속 가능성을 예측할 수 없게 된다. 또한 성장 부문조차도 자본, 기술, 원료를 수입에 의존하게 되면서 국민경제에 돌아오는 혜택은 양적으로 크지 않으면서 구조적으로 종속을 심화하는 방향으로 작용한다(김대환 외, 1998: 278, 289).

이런 맥락에서 보면 자립경제를 지향하는 것이 무조건 나쁜 것만은 아니다. 하지만 자력갱생에 기초한 자립경제 구조는 오늘날 북한 사례가 생생하게 보여주듯이 다른 나라보다 싸고 좋은 재화와 서비스를 생산해 외국과 거래함으로써 얻을 수 있는 이익이나 더욱 높은 수준의 주민생활 향상, 국가 차원의 경제성장 등을 기대하기 어렵다. 외국 경제가 국내 경제에 미치는 영향력이 점차 확대되고, 국가 간의 상호 의존성이 커지면서 국내 경제정책의 자율성과 독립성이 훼손될 가능성도 있지만, 국제거래는 자국의 자원과 기술 부족 문제를 해결할 수 있으며, 외국 기업과의 경쟁을 통해 국내 기업의 생산성과 효율성을 향상한다. 또한 국민들에게 재화와 서비스의 다양한 선택 기회를 제공해 삶의 질을 높이는 데 기여한다. 북한 입장에서 보면 자립경제의 장점과 개방경제의 장점을 부분적으로 취하는 것이 유리할 것이다. 그러나 북한은 국제 거래를 하고 싶어도 고강도 제재로 인해 할 수 없다는 데 근본적인 한계가 있다. 자력갱생에 의한 자립경제 외에는 사실상 대안이 없는 것이다. 이런 상황에서 북한이 제8차 당대회에서 결정한 부문 간의 균형과 연관을 제고하는, 구조적이고 질적인 발전이라는 방향은 합리적이라 할 수 있다. 외부에 대한 의존을 최소화하면서 구조적 건전화를 통해 자립을 이루어내겠다는 것인데, 과연 가능할지는 좀 더 지켜봐야 할 것이다.

김정은 정권 10년간의 북한 경제 성과는 거의 자력갱생에 의존한 결과물이라 할 수 있다. 북중 무역을 제외하면 대외 거래가 거의 이뤄지지 않았기 때문이다. 특히 김정은 정권은 핵개발을 우선시한 대가로 지속적으로 국제사회의 제재를 받아야 했고, 이에 따라 자력갱생에 더욱 의존할 수밖에 없었다. 우선 김정은 정권 10년 동안의 경제정책 기조를 먼저 짚어보고자 한다. 김정은 정권은 인민생활 향상을 핵심 국정 과제로 채택했다. 김정은은 2012년 4월 첫 공개연설에서 "우리 인민이 다시는 허리띠를 조이지 않게 하며 사회주의 부귀영화를 누리게 하자는 것이 우리 당의 확고한 결심"이라고 언급한 이후 인민생활 향상 목표를 달성하기 위해 나름대로 일관된 노력 경주했다. 2013년에는 키리졸브 한미합동군사훈련 종료를 나흘 앞둔 3월 18일, 일촉즉발의 첨예한 정세가 조성된 상황에서도 처음으로 전국경공업대회를 개최함으로써 이후 국산화가 진전되면서 주민들의 인민소비품 생산이 증대하고 이를 통한 주민들의 물질문화생활이 향상됐다. 인민생활 향상과 관련해 먹는 문제 해결을 지속적으로 강조해 왔다. 즉 농산과 축산, 수산을 3대 축으로 해 인민들의 먹는 문제를 비중 있게 내세우면서 지금까지 추진해 왔다.

김정은 시대의 가장 차별화된 경제정책으로서 국산화 및 재자원화를 주목할 필요가 있다. 모든 공장, 기업소들의 다른 나라 제품에 의존하는 수입병을 없애고, 원료·자재·설비의 국산화 실현에 매진하여 인민소비품 생산 정상화를 추진하되 자체적인 원료·연료·기술에 의거해 추진해야 한다. 더불어 유휴 자재와 부산물, 폐기물을 재자원화해 생산에 이용하는 기술혁신에 매진하고 있다. 대규모 건설 및 관광특구를 조성한 점도 주목해야 한다. 건설은 강성국가의 기초를 다지고 인민들의 행복의 터전을 마련하는 중요한 전선으로 간주하고 건설 부문에서 세계적 수준의 건축물들과 주민들의 생활조건 개선을 위한 건설을 추진해 자립경제의 토대를 튼튼히 하고 인민들에게 더욱 유족하고 문명한 생활을 보장하려는 의도가 있다. 이에 따라 평양시 대규모 거리와 살림집 조성, 교육시설, 문화봉사시설, 위락시설 건설에 초점을 맞추고 있다. 원산갈마해안관광지구, 양덕온천지구, 삼지연 지역 관광특구 개발을 통한 외화 확보와 지방균형발전을 추구하고 있다.

전반적으로 자립경제 토대 강화에 의한 자력갱생 역량 강화에 집중하고 있다. 경제건설 현장에서 부족한 것은 철저히 국내의 자원과 기술로 해결하려는 노력을 경주하고 있고, 대북 제재와 코로나19 팬데믹의 장기화가 이어지는 지금의 상황을 외부에 의존하지 않는 주체적 힘, 내부적 힘을 기르는 절호

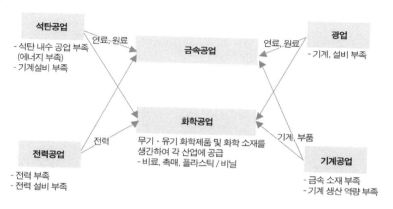

〈그림 5-1〉 **금속·화학공업과 연관 산업과의 관계**

자료: 김수정(2021: 5).

의 기회로 인식하고 이를 통해 주체적 힘, 내부적 힘을 전면적으로 정리·정돈하고 재편성하여 이를 토대로 모든 난관을 정면 돌파하는 방향을 제시해왔다. 김정은 집권 10년 동안 전력, 금속·화학 공업 육성에 총력을 집중해 온 점도 눈여겨볼 필요가 있다. 김정은 정권 출범 이후 10년 동안 가장 강조해왔던 자력갱생 공업 부문들이 석탄·전력, 금속(철강), 화학(비료)인 셈이다. 이는 금속, 화학소재 산업의 붕괴와 관련이 있다. 1990년대 말 북한의 금속과 화학 산업은 사실상 붕괴됐다는 평가를 받고 있다. 전력을 비롯한 에너지와 철광석, 석탄 등 원자재의 공급 부족 등으로 핵심 설비인 제철소와 석탄화학 플랜트의 가동률이 급격히 하락했다. 이에 따라 북한은 2000년대 이후 금속산업과 화학산업의 가동률 제고 및 생산량 확충을 위한 투자를 계속해 왔지만, 성과는 제한적이었다. 결국 북한은 금속 소재와 화학 소재의 상당 부분을 수입에 의존할 수밖에 없었다(이석기, 2021: 42).

과학기술에 의존한 경제건설도 일관성 있게 견지해 온 기조였다. 강성국가 건설을 추동하는 원동력이며 과학기술 발전에 주민의 행복과 조국의 미래가 달려 있다고 간주했다. '자립경제 토대의 강화'와 더불어 핵심적인 경제발전 전략으로 꼽은 것은 '과학기술의 발전과 인민경제의 현대화'였다. 정신적으로 는 자력갱생의 기치를 들고나가면서 시대적 요구에 맞게 과학기술을 원동력 으로 삼아 사회주의강국 건설을 추구해 온 것이다.

〈표 5-2〉는 김정은 정권 집권 10년 동안 각 연도별 주요 경제정책과 영향 변 수를 정리한 것으로, 북한의 핵미사일 개발 → 연속적인 국제사회의 대북 제재 결의 → 자연재해 → 코로나19 팬데믹 등이 북한의 주요 정책 수행에 제약 요 인으로 작용해 온 것임을 알 수 있다. 2018년의 경우 남북·북미 정상회담 등으 로 인한 평화 분위기는 북한 정권이 경제건설에 더욱 집중할 수 있는 환경을 조 성했다. 하지만 경제제재 완화 없는 평화 분위기 조성은 경제 분야 성과 도출 에 크게 기여하지 못한 것으로 평가된다. 북한은 2018년 대남 적대시 정책과 핵무력 강화 정책의 포기를 선언했다. 이는 근본적 정책의 변화로서 대전환으 로 분류할 수 있을 것이다. 북한은 노동당 중앙위원회 7기 제3차 전원회의에서 병진 노선을 종식하고 경제건설 총력 집중 노선을 새로운 전략 노선으로 내세 웠다. 사회주의국가에서는 "노선이 모든 것을 결정한다"라고 한다. 북한의 이 노선 전환은 1978년 개최된 11기 3중 전원회의에서 마오쩌둥 시대의 '계급투 쟁노선'을 종식하고 덩샤오핑 시대의 새로운 개혁·개방노선을 선포한 것과 같 은, 새로운 시대의 개막을 선포한 것으로 보는 견해도 있다(김경일, 2018: 20). 북 한은 비핵화를 진전시켜 미국으로부터 대북 제재 완화를 이끌어내고, 궁극적 으로 경제발전에 집중하겠다는 노선을 공식적으로 선포했다. 남북관계와 대 미관계 개선, 경제발전을 지향하는 전면적이고 확고한 노선 전환인지는 실천 적인 측면을 좀 더 지켜봐야 하겠지만, 경제발전을 이루고자 하는 김정은의 의 지는 긍정적으로 평가할 수 있다. 여기서 말하는 경제발전은 곧 김정은이 2016년 36년 만에 개최한 노동당 제7차 당대회에서 제기한 국가경제발전 5개 년전략 목표의 달성을 의미한다. 이는 단기적 당면과제이기도 하다.

<표 5-2> 연도별 주요 경제정책과 영향 변수

연도	주요 정책	정치·군사 분야 주요 사건	경제 분야 성과
2012	• 경공업과 농업(농수산) 축산 결합) • 전력 문제: 대규모 수력발전소 건설 • 금속공업: 주체철 생산 • 화학공업: 주체비료생산체계 공고화, 화학섬유, 합성수지 생산 • 최신식 CNC공작기계 생산에 기초해 전반적 기술 장비 수준 격상 • 정보 기술, 나노 기술, 생물공학과 같은 핵심기술 발전	• 장거리미사일(북한은 인공지구위성이라고 주장) 발사(4.13) • 장거리미사일 발사(12.12)	• 희천발전소와 단천항 완공 • 주체화, 현대화가 실현된 수많은 공장, 기업소들을 건설 • 기간공업 부문의 중요 생산기지들을 현대 과학기술에 기초해 개건
2013	• 석탄, 금속공업 부문에서 혁신을 일으켜 나라의 전반적 경제를 활성화 • 인민생활과 직결되어 있는 부문과 단위들을 추켜세우고 생산을 늘리는 데 총력 집중: 농업과 경공업 집중 • 설비와 생산공정의 CNC화, 무인화를 적극 실현 • 현실 발전의 요구에 맞게 경제지도와 관리를 개선	• UNSC 대북제재결의 2087호 채택 • 3차 핵실험(2.12) • UNSC 대북제재결의 2094호 채택 • 전국경공업대회 개최(3.18) • 정성택 당 행정부장 등 반당 반혁명 종파일당 숙청(12.12)	• 건설 부문 성과: 은하과학자거리, 문수물놀이장과 마식령스키장, 세포 등판(세포군)의 대규모 목축장 등 대규모 건설
2014	• 농업과 건설, 과학기술 부문의 혁신성 강조 • 농업 축산 총력 집중 • 세포지구 축산기지, 평양시 등 건설 추진 • 금속 화학공업의 주체화, 현대화 • 자연에너지 이용 전략 더 많이 생산 • 경공업에서 원료, 자재의 국산화 비중 제고 • 경농과 경제사업에 대한 지도 관리 개선	• 신형 방사포와 스커드, 신형 전술유도탄 등 중단거리 발사체를 총 19차례 113발을 발사 • 노동당 제8차 사상일군대회(2.24~25)	• 농업과 수산, 과학, 석탄공업을 비롯한 여러 부문에서 생산적 양상 • 건설 부문 성과: 위성과학자주택지구와 김책공업종합대학 교육자 살림집, 연풍과학자휴양소, 10월 8일공장

연도			
2015	• 과학연구 부문에서 최첨단돌파 • 농산과 축산, 수산을 3대 축으로 해 인민들이 먹는 문제를 해결하고 식생활을 선진국 수준을 한 단계 제고 • 대외 경제 관계를 다각적으로 발전시키며 원산-금강산 국제관광지를 비롯한 경제개발구 개발사업을 적극 추진 • 수입병을 없애고 원료, 자재, 설비의 국산화를 실현 • 우리식 경제관리방법 확립을 위한 사업을 적극 추진	• 당 창건 70돌 • 광복 70주년 - "자주통일의 대통로를 열어나가자"라고 주장(신년사)	• 백두산영웅청년발전소와 청천강계단식발전소, 과학기술전당과 미래과학자거리, 정천남새전문협동농장 등 건설 • 금속공업의 주체화 진전 • 지식경제시대의 본보기공장, 표준공장들 건설 • 생산공정의 현대화, 정보화 실현
2016	• 전략 문제 해결에 총력 집중, 석탄, 금속, 철도운수 문동사 발전 • 농산, 축산, 수산 부문에서 혁신 • 제품의 질 제고와 설비, 원료자재의 국산화 - 세계적인 경쟁력을 가진 명제품, 명상품 생산 • 중요 생산시설들과 교육·문화 시설, 살림집들을 시대의 본보기, 표준이 되게 최상의 수준에서 최대의 속도로 건설 • 산림복구전투를 본격적으로 추진 • 우리식 경제관리방법을 전면적으로 확립하기 위한 사업을 적극 조치 전개	• 4차 핵실험(수소탄) 실시(1.6) • 지구 관측 위성 광명성 4호 시험 발사(2.7) • UNSC 대북제재결의 2270호 채택(3.3) • 노동당 제7차 대회 개최(5.6~9) - 70일전투, 200일전투 • 제5차 핵실험 실시(9.9) • UNSC 대북제재결의 2321호 채택(11.30)	• 무인화된 본보기 생산체계들을 확립 • 농업생산에서 다수확 품종들을 육종 • 전력과 석탄, 금속, 화학, 건재공업과 철도운수를 비롯한 인민경제 주요 부문들에서 생산과 수송전 투 목표를 수행
2017	• 국가경제발전 5개년전략 수행에 총력을 집중 • 원료와 연료 설비 국산화에 중심 • 전력, 금속, 화학 부문 제강소: 탄소하나화공업 창설에 접중	• 탄도미사일 발사(2016.9.9 이후 11차례, 14발) • UNSC 대북제재결의 2356호 채택(6.2) • ICBM급 미사일 발사(7.4) • ICBM급 미사일 발사(7.28)	• 국가경제발전 5개년전략 수행에서도 커다란 전진을 이룩 • 김책제철련합기업소에 우리식의 산소열법 용광로가 일떠서서 무연탄으로 선철 생산을 정상화

2017	• 기계공장들에서 현대화를 다그쳐 신형 트랙터와 윤전기계, 다용도화된 농기계들의 계열생산공정을 완비 • 경공업 부문에서 수산업을 획기적으로 발전 • 경공업 부문에서 원료와 자재의 국산화를 촉진하고 경영전략을 바로 세워 생산을 활성화하며 인민소비품의 다양화와 질 제고에서 전환 • 과학 농사 열풍 지속 • 세포지구축산기지 정상 운영을 보장 • 건설 부문에서는 여명거리 건설을 최상의 수준에서 완공하고 단천발전소건설과 검덕지구기반건설기업소 현대화 공사, 원산지구 건설을 비롯한 주요 대상건설에 역량을 집중 • 각 도 현대적인 양묘장 조성	• UNSC 대북제재결의 2371호 채택(8.5) • 제6차 핵실험 실시(9.3) • UNSC 대북제재결의 2375호 채택(9.11) • 장거리전도미사일 발사(11.29) → 국가핵무력 완성의 역사적 대업 성취 선언	• 경공업 공장들에서 자체 기술, 설비로 생산공정 현대화, 이를 토대로 인민소비품의 다종화, 다양화 실현 • 신형 트랙터와 화물자동차 생산 목표 달성 • 과학농업에 의해 과일 풍작 달성 • 여명거리와 따끄모의 세포지구 축산기지 건설
2018	• 인민경제의 자립성과 주체성을 강화하는 데 총력을 집중 • 전력공업 부문에서 자립적 동력 기지들을 정비 보강하고 새로운 동력자원 개발, 지방공업 부문이 전력을 자체로 해결 • 탄성하나화학공업창설을 다그쳐 축뇨 생산능력을 확대하며 생산선공정의 탄소하나화를 실현, 린비료공장 건설을 계획대로 추진하며 탄소하나공업 공정을 기간 완비 • 기계공장들을 현대화하고 세계적 수준의 기계제품을 우리식으로 개발 • 원산갈마해안관광지구 건설을 최단기간 내에 완공, 삼지연군 꾸리기와 단천발전소 건설, 황해남도 물길 2단계 공사를 비롯한 주요 대상 건설을 다그치며 살림집 건설에 계속 주력	• 당 중앙위원회 제7기 제3차전원회의(4.20)에서 종래의 핵병진노선을 폐기하고 경제건설에 총력을 집중한다는 새로운 전략적 노선을 만장일치로 채택 • 판문점 남북정상회담(4.27) • 싱가포르 북미정상회담(6.10) • 평양 남북정상회담(9.19)	• 북청화력발전련합기업소의 전력 생산 능력이 훨씬 늘어나고 김책과 황철을 비롯한 금속공장들에서 주체화의 성과를 확대했으며 화학공업의 지립적 토대를 강화 • 농업 부문에서 다수확 이룩 • 군수공업 부문에서 농기계, 건설기계, 협동품들과 인민소비품을 생산 • 대규모 건설

연도	경제정책 · 노선	주요 일정	성과
2018	• 사회주의기업책임제가 성과를 낼 수 있도록 적극적인 대책 수립		• 농사에서 최고 수확 연도를 돌파하는 전례 없는 대풍이 마련 • 삼지연꾸리기 2단계 공사가 결속 • 중평남새온실농장과 양덕온천문화휴양 지 건설 • 원산갈마해안관광지구와 순천린비료공장 건설, 어랑천발전소와 단천발전소 건설 • 금속, 석탄, 전력공업과 경공업을 비롯한 인민경제 거의 모든 부문이 현저한 성장 • 각 도에서 농산과 축산, 교육과 보건, 지방공업별 전에서 뚜렷한 실적
2019	• 인민경제 전반을 정비 보강하고 활성화 • 경제 전반에 대한 통일적 지도 실현 • 경제관리방법 혁신: 계획화와 가격사업, 재정 및 금융 관리 등을 개선 • 전략생산의 획기적 증대 • 금속과 화학공업의 주체화실현: 린비료공장건설과 탄소하나화학공업성성 촉진 • 농업, 수산, 축산 강조 • 경공업 현대화, 국산화, 질 제고 • 삼지연군건설화도시, 원산갈마해안관광지구 건설	• 하노이 2차 북미정상회담 • 북러 정상회담(4.24) • 장거리방사포, 전술유도무기 시격훈련(5.4) • 서부전선 화력타격훈련(5.9) • 중국 시진핑 주석 평양방문(6.20~21) • 김정은 트럼프 문재인 판문점 회동(6.30) • 당 중앙위 제7기 제5차 전원회의(12.28~31)	
2020	• 정면돌파전 혁명적 노선 제시 • 나라의 경제토대를 재정비하고 가능한 생산잠재력을 총발동해 경제발전과 인민생활에 필요한 수요를 총적히 보장 • 경제사업에 대한 통일적 지도와 전략적관리를 실현하고 기업체들의 경영관리방법을 개선 • 경제사업 체계와 질서를 정돈: 내각책임제, 내각중심 • 규율 강화 • 국가 산업 체계, 사회주의상업을 시급히 복원 • 새 기술, 새 제품 개발 경쟁을 벌이고 있는 시대의 요구에 맞게 경제 관리를 개선 • 사회주의기업책임관리제를 현실성 있게 실시 • 농업생산을 결정적으로 증대	• 코로나19 발생 첫 보도(1.21)와 국가비상방역체계로 전환(1.28) • 당 창건 75주년 기념 열병식(10.10)	(지난 5년간의 성과) • 건설: 삼지연 신간문화도시, 여명거리, 양덕온천 문화휴양지 건설 • 농업: 지속된 혹심한 가뭄과 큰물, 모든 것이 부족한 속에서도 마한 농사, 다수확 열풍을 세차게 일여 알곡생산량을 전례 없이 높이는 성과 • 금속·주체화, 자립화 실현을 위한 돌파구 마련 • 정보통신: 기술 준비의 토대 축성에서도 일련의 성과 • 경공업: 주요 공장, 기업소들을 기술 개건해 인민소비품의 질과 생산량을 훨씬 높일 수 있는 잠재력을 확보 • 수산: 생산을 계통적으로 성장시킬 수 있는 토대를 마련

| 2021 | • 기본계획: 국가경제발전 5개년계획
• 현 단계 경제전략: '정비 보강 전략'
• 5개년계획의 중심고리: 금속공업과 화학공업을 경제 발전의 관건적 고리로 틀어쥐고 기간공업 부문들 사이의 유기적 연계를 강화해 실제적인 경제활성화를 추동하며 농업 부문의 물질기술적 토대를 향상시키고 경공업 부문에서 원료의 국산화 비중을 제고
• 금속·화학공업: 나라의 경제력을 첨단제 생산과 화학 제품생산 능력을 대폭 늘리는 데 최대한의 힘을 집적으로 동원이룸
• 농업: 앞으로 2~3년 사이 해마다 국가의무수매계획을 2019년도 수준으로 정하고 반드시 달성하며 전망적으로 수매량을 늘려 인민들에게 식량공급을 정상적으로 제공
• 경제 관리 개선: 중앙당 경제부서들과 내각, 국가계획위원회, 공장, 기업소를 비롯한 모든 부문이 함심해 경제 관리를 개선 | • 제8차 당대회(1.5~1.12): 국가경제발전 5개년계획 제시
• 최고인민회의 제14기 제5차 회의(9.29)에서 김정은 시정연설 | • 나라의 부흥발전을 뒷받침하는 진일보한 성과를 이룩함(9.29 시정연설)
- 자립경제의 근간을 이루는 금속공업과 화학공업 발전을 결정적으로 추켜세우기 위한 통이 큰 작전들이 힘 있게 추진
- 대규모의 중요대상 건설 사업이 활기있게 전개되고 있으며 농업과 국토건설, 도시경영, 과학, 교육, 보건을 비롯한 여러 부문 사업을 획신적으로 개선하기 위한 노력이 심화 |

주: 성과는 북한 최고 주창, 김정은은 2013년부터 육성 신년사 발표, UNSC는 유엔 인부보장이사회.
자료: 각 연도 신년사를 기초로 재구성, 2020년은 당 중앙위 전원회의, 2021년은 제8차 당대회 내용으로 정리.

<표 5-3> **코로나19 등장 이후(2020~2021.4) 북중 교역 증감 현황**

(단위: 백만 달러, %)

구분	2020												2021			
	1월	2월	3월	4월	5월	6월	7월	8월	9월	10월	11월	12월	1월	2월	3월	4월
수출	10.3	0.4	0.6	2.2	4.7	9.1	8.0	6.6	1.9	1.4	1.1	1.6	1.5	1.8	1.3	1.8
증감률	47.1	97.9	96.2	90.1	70.3	31.6	87.9	58.9	87.2	91.5	93.9	92.8	85.6	- 379.2	- 112.0	16.3
수입	186.8	10.3	18.0	21.8	58.6	87.7	65.9	19.3	18.9	0.3	0.1	3.4	0.0	0.0	13.0	28.8
증감률	- 11.2	88.4	90.9	90.0	77.3	58.8	68.3	91.2	91.7	99.9	99.9	98.7	99.9	99.9	28.0	- 31.9
합계	197.1	10.7	18.6	24.0	63.3	96.8	73.8	25.8	20.8	1.7	1.3	5.0	1.5	1.8	14.3	30.6
증감률	- 5.2	89.9	91.3	90.0	76.9	57.1	66.8	89.0	91.4	99.4	99.5	98.2	99.2	83.6	23.4	- 27.5

주: 증감률은 전년 동월 대비 1000달러 기준.
자료: 한국무역협회 중국무역통계, 중국 해관총서.

김정은 시대 10년간 실적을 주요 지표(실질경제성장률, 실질GDP, 예산수입계획, 북중 무역 규모)로 살펴보면 2017년을 분기로 적잖은 변화를 겪고 있음을 발견할 수 있다. 2017년부터 고강도의 대북 제재가 전개되고 실물경제에 영향을 미치면서 주요 지표가 모두 하락하기 시작했다. 특히 제재와 함께 2019년 이후 등장한 코로나19 팬데믹으로 북중 교역 규모가 가장 크게 감소했다.

2020년 북중 교역 총액은 5.4억 달러로서 2013년 65.5억 달러의 3.5% 수준에 그친 상황이다. 2021년 1~4월 누계 북중 교역도 2020년 같은 기간 대비 80.8% 감소했다.

김정은 집권 이후 북한 경제는 2012년, 2013년, 2014년 3년 연속 플러스 성장을 하다가 2015년, 2017년, 2018년 마이너스 성장률을 기록했다. 집권 초기에는 김정은 정권의 시장 활용 정책과 대외무역 및 경제 개선 조치의 추진에 힘입어 2016년에는 3.9%라는 높은 성장률을 보여주기도 했다. 2017년부터 고강도의 대북 제재가 전개되고 실물경제에 영향을 미치면서 주요 지표가 모두 하락하기 시작했다. 특히 2019년에는 제재와 함께 세계를 휩쓴 코로나19 팬데믹으로 북중 교역 규모가 가장 크게 감소했다.

〈표 5-4〉 **북한의 경제성장률 추이**

(단위: 백만 달러, %)

2010	2011	2012	2013	2014	2015	2016	2017	2018	2019	2020
-0.5	0.8	1.3	1.1	1.0	-1.1	3.9	-3.5	-4.1	0.4	-4.5
(6.8)	(3.7)	(2.4)	(3.2)	(3.2)	(2.8)	(2.9)	(3.2)	(2.9)	(2.2)	(-0.9)

주: 괄호 안은 2015년 기준년 기준 남한 경제성장률.
자료: 한국은행(2021).

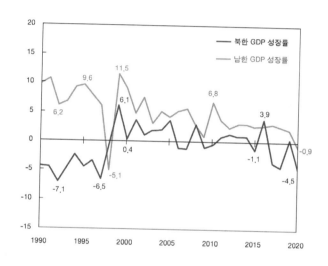

자료: 한국은행(2021).

하지만 2016년에 열린 노동당 제7차 대회에서 제시한 국가경제발전 5개년 전략 목표를 달성하는 데 실패한 결정적 요인도 결국 이전과 차원이 다른 국제사회의 대북 제재 부과 때문으로 파악된다. 5개년전략의 작성 시점이 북한에 대한 유엔 안보리의 제재가 시작되기 전이어서, 2016년 전략에서는 제재를 고려하지 않은 목표가 설정됐다. 2020년 8월 당 중앙위원회 제7기 제6차 전원회의 결정서에 "혹독한 대내외 정세가 지속되고 예상치 않았던 도전들이 겹쳐 드는 데 맞게 경제사업을 개선하지 못해 계획됐던 국가 경제의 장성 목표들이 심히 미진되고 인민생활이 뚜렷하게 향상되지 못하는 결과도 빚어졌다"라고 밝혀, '5개년전략'의 목표 달성이 사실상 실패했음을 시인했다. 김정은은 2021년 1월에 열린 제8차 당대회 개회사에서는 "국가경제발전 5개년전략 수행기간이 지난해까지 끝났지만 내세웠던 목표는 거의 부문에서 엄청나게 미달됐습니다"라며 이례적으로 실패를 인정하기도 했다. 2020년의 경우에는 국제사회의 강도 높은 대북 제재가 지속된 가운데 코로나19 확산에 따른 국경 봉쇄와 이동 제한 조치까지 더해져, 2020년에는 북한 경제가 크게 후퇴한 것으로 추정됐다.

한국은행이 발표한 「2020년 북한 경제성장률 추정 결과」에 따르면 2020년 북한의 실질 국내총생산(GDP)이 1년 전보다 4.5% 감소한 것으로 추정됐다 (한국은행, 2021). 2019년 0.4% 성장하며 3년 만에 역성장을 벗어났다가 한 해 만에 다시 뒷걸음질한 것으로, 북한이 재해와 흉작 등으로 어려움을 겪던 '고난의 행군' 시기인 1997년(-6.5%) 이후 가장 큰 감소폭을 보였다. 북한 경제성장률은 2016년 3.9%를 기록한 이후 대북 제재 여파로 2017년 -3.5%, 2018년 -4.1%로 연속 마이너스 성장했고, 2019년 플러스로 돌아섰다가 2020년 다시 감소하면서 북한의 실물경제는 2003년 수준인 31조 4000억 원으로 위축됐다. 대북 경제제재 영향이 지속되는 가운데 코로나19 확산에 따라 북한이 국경 봉쇄와 이동 제한, 외국인 입국 금지 등 강력한 조치를 취하며 소비재 수입 등을 중단했기 때문으로 해석됐다. 코로나19로 인한 봉쇄 조치는 좋지 않은 기상 상태와 더불어 북한의 산업 생산 감소에 직접적인 영향을 미친 것으로 추정됐다. 북한 경제에서 큰 비중을 차지하는 농림어업이 2019년 1.4%에서 2020년 -7.6%로, 광업이 -0.7%에서 -9.6%로, 제조업이 -1.1%에서 -3.8% 등의 감소해 그 폭이 2019년보다 더 커졌다. 2020년 북한의 산업구조는 2019년과 비교해 광공업 29.6%에서 28.1%, 서비스업 34.1%에서 33.8%로 비중이 하락했고, 농림어업 21.2%에서 22.4%로 상승했다. 경제가 전반적으

<표 5-5> **북한의 산업구조**

(단위: %)

	북한		남한	
	2019	2020	2019	2020
농림어업	1.4	-7.6	3.9	-4.0
광공업	-0.9	-5.9	1.1	-0.9
광업	-0.7	-9.6	-6.2	-0.2
제조업	-1.1	-3.8	1.1	-0.9
(경공업)	(1.0)	(-7.5)	(-2.8)	(-1.0)
(중화학공업)	(-2.3)	(-1.6)	(1.9)	(-0.8)
전기·가스·수도업	-4.2	1.6	4.3	4.2
건설업	2.9	1.3	-2.6	-1.4
서비스업	0.9	-4.0	3.4	-1.0
(정부)	(0.5)	(0.8)	(3.1)	(3.2)
(기타) *	(1.8)	(-18.0)	(3.4)	(-1.9)
국내총생산(GDP)	0.4	-4.5	2.2	-0.9

주: *는 도소매 및 음식숙박, 운수 및 통신, 금융보험 및 부동산 등을 포함.
자료: 한국은행(2021).

로 후퇴했지만, 광공업과 서비스업이 특히 큰 타격을 입었다는 의미다.

　제조업이 경제 회복과 성장을 주도해야 하지만, 북한은 2000년대 경제 회복 과정에서 제조업이 가장 느리게 회복되었다. 1990년 31.8%였던 제조업 비중은 2000년에 17.7%까지 하락했으며, 이후 제한적으로 회복되고 있으나 2016년에는 20.6%에 불과했다. 2017년 이후 경제제재로 제조업 비중은 더욱 하락해 2019년에는 18.7%에 머물렀다. 1980년대까지 성장을 주도하던 중화학공업은 최소한의 자본재 및 원부자재 공급 기능도 하지 못하고 있으며, 2000년 이후 상대적으로 투자가 증가한 경공업 역시 경제성장을 주도하지 못하고 있다. 무연탄을 비롯한 지하자원과 수산물 등이 수출 주력 산업으로 역할을 했지만, 북한 경제의 회복과 성장을 이끌기에는 뚜렷한 한계가 있으며, 내부적으로 시장화가 꾸준히 진전되면서 서비스 산업이 고용 및 투자 등 성장을 주도했다(이석기, 2021: 40~41).

2020년 북한의 대외교역 규모는 2019년의 32억 5000만 달러보다 73.4% 감소한 8억 6000만 달러를 기록했다. 수출은 2020년 9000만 달러로 2019년 대비 무려 67.9%나 감소했다. 한국은행이 1991년부터 북한 성장률을 추정해 온 이후 가장 큰 감소폭이다. 수입은 7억 7000만 달러로 전년 대비 73.9%로 감소다. 국경 봉쇄로 인한 소비재 수입 중단으로 섬유제품은 -90.9%, 플라스틱·고무는 -82.1% 등 타격이 컸다. 북한의 실질 국내총생산 대비 대외 교역 규모 비중 역시 2016년 21.9%(65억 3000만 달러)에서 2019년 10.9%(32.5억 달러), 2020년 2.9%(8억 6000만 달러)로 크게 하락했다. 2020년 북한의 명목국민총소득(GNI)은 35조 원으로 남한(1948조 원)의 56분의 1(1.8%) 수준이었다. 2019년 남한 GNI의 54분의 1이었던 것보다 격차는 더 벌어졌다. 1인당 GNI는 137만 9000원으로 남한(3762만 1000원)의 27분의 1(3.7%) 수준이었다. 1인당 GNI를 달러화로 환산하면 1168달러로 네팔(1190달러)과 비슷한 수준이다. 다만 우리나라의 가격, 부가가치율 등을 적용해 북한의 경제지표를 산출한 것이므로 분석하는 데 한계가 있다.

2) 국가경제발전 5개년전략(2016~2020)

김정은 정권 등장 이후 2016년 제7차 당대회에서 제시한 국가경제발전 5개년전략은 자력갱생 맥락에서도 적잖은 의의를 갖고 있다. 김정은 시대의 경제정책 또는 경제발전 전략을 이해하는 데 가장 주목할 보고서는 '국가경제발전 5개년(2016~2020) 전략'이다. 5개년전략에는 북한 노동당의 노선과 경제정책의 핵심 내용이 담겨 있다. 김정은은 기존의 경제·핵건설 병진 노선을 접고 경제건설 단일 노선을 제시했는데, 이는 국가경제발전 5개년전략 목표를 달성하는 데 총력을 집중하기 위한 여건 조성과 밀접한 연관을 맺고 있다. 이 전략 목표는 2016년 5월 6일부터 9일까지 평양에서 개최된 노동당 제7차

대회에서 처음으로 공개됐다. 1953년 8월 노동당 중앙위원회 전원회의에서 처음으로 경제발전을 위한 '3개년계획'이 나온 이후 5개년계획(1957~1961), 7개년계획(1961~1967), 6개년계획(1971~1976), 7개년계획(1978~1984) 등이 발표된 적이 있지만 '5개년전략'으로 제시된 적은 없었다. 경제발전계획은 대부분 수치로 명시됐지만, 국가경제발전 5개년전략은 구체적인 목표와 방향, 세부 과제가 제시된 점이 이전과 다르다.

일반적으로 저개발국의 경제발전은 국민총생산(GNP)의 증대 및 산업화를 통해 단순히 선진국을 좇아가는 것만이 아니라 대외적으로 종속을 탈피하고 대내적으로는 구조적 건전성과 평등화를 지향하는 것이라 할 수 있다. 여기서 구조적 건전성은 부문 간의 균형과 국내 부문 및 경제 활동 사이의 긴밀한 연관관계를 의미한다. 이런 경제구조의 건전성은 대외적인 자립성과 대내적인 평등성을 확보하는 데 바탕이 된다. 건전성이 보장될 때 단순한 GNP의 증대나 산업화를 넘어서는 진정한 의미에서 경제발전이 이룩되는 것이다(김대환 외, 2006: 3~4). 김정은은 제7차 당대회 중앙위원회 사업총화(결산) 보고에서 "5개년전략의 목표는 인민경제 전반을 활성화하고 경제 부문 사이 균형을 보장해 나라의 경제를 지속적으로 발전시킬 수 있는 토대를 마련하는 것"이라고 강조했다. 그는 북한 경제의 현재 상황에 대해 "경제 전반을 놓고 볼 때 첨단 수준에 올라선 부문이 있는가 하면 어떤 부분은 한심하게 뒤떨어져 있다"라며 경제 부문 간 불균형을 지적하기도 했다. 한마디로 지속 가능한 경제발전의 필요성을 역설하면서, 이를 위해 경제 부문 간 균형발전과 생산 분야 전반의 정상화가 필요하다는 인식을 견지하고 있다. 북한도 나름대로 경제구조의 건전성을 제고하려는 시도를 하고 있음을 미루어 짐작할 수 있다. 또한 국가경제발전 5개년전략의 제시는 김정은의 정상국가화 전략과 맥이 닿아 있다. 즉 이제는 북한이 경제발전 전략 혹은 계획을 수립하고, 이를 집행할 수 있는 국가 차원의 역량을 갖추게 됐음을 대내외에 공표한 것이라 볼 수 있다.

5개년전략의 성과와 관련해, 북한 측은 자립경제 토대 강화와 인민경제의 주체화 노선이 지식경제시대의 요구에 맞게 관철된 점을 전반적인 성과로 제시하고 있다(≪조선신보≫, 2020.12.17).[•] 북한은 스스로 5개년전략 수행에 따른 첫 번째 성과를 낸 분야로 에너지, 전력 문제를 제시했다. 전력 문제의 해결을 경제활성화의 돌파구로 간주하고, 이 부문에 국가적인 투자를 집중해 현존 전력 생산 토대를 정비·보강하고 최대한 효과적으로 이용했다는 것이다. 특히 2018년에는 대동력기지인 북창화력발전련합기업소(평안남도)의 발전설비증설공사가 완공되면서 전력생산이 대폭 증가된 것을 예로 들었다. 또한 수입 중유에 의한 착화 공정은 폐기되고 '고온공기연소안정화 기술'을 도입해 매장량이 풍부한 석탄 분말을 가열해 착화할 수 있게 되었다. 이는 국내의 자원과 기술에 기초한 자립경제 토대 강화의 한 가지 실례로 언급됐다. 이외에도 수력발전소 신규 건설과 설비 정비 보강, 조수력과 풍력 등 자연에너지를 이용하고 있다고 소개했다. 인민경제 선행 부문의 하나인 금속공업 부문에서도 "국내의 원료와 연료 즉 매장량이 풍부한 철광석과 무연탄에 기초한 주체철생산체계의 확립"이 이뤄져 "5개년전략의 수행과정에 조선에서는 세기를 이어 지속되여온 수입콕스탄에 의거한 제철법에 완전히 종지부가 찍혔다"라고 평가했다. 화학공업에서도 "흥남비료련합기업소(함경남도)와 남흥청년화학련합기업소(평안남도) 등 석탄가스화로 질소비료를 생산하는 단위들이 개건되고 그 능력이 확장되였"고, "평안남도 순천에서는 린비료를 생산하는 공장의 건설도 추진되고 있다"라고 주장했다. 시대적 요구에 맞게 과학기술을 원동력 삼아 사회주의강국 건설을 추진했고, 그 결과 국가적인 의의를 가지며 세계적인 최첨단을 돌파한 과학기술 성과들이 도출됐다고 주장했다.

• ≪조선신보≫(2020.12.17)가 리기성 북한 사회과학원 경제연구소 연구사와 인터뷰를 통해 북한 경제의 현주소를 보도.

특히 정보통신 분야 발전이 강조됐다. 예를 들면 지식경제의 하부구조로서 말단 행정단위인 이(理)까지 광섬유케블이 보급되어 정보통신의 광대역화가 높은 수준에서 실현됨으로써 정보통신망과 자료기지가 구축된 점을 높이 평가했다. 5개년전략 수행 기간에 과학기술 성과가 경제건설의 현장에 도입되어 생산공정의 자동화, 지능화, 무인화가 촉진된 점을 평가한 대목도 눈길을 끌었다.

> 총결기간 적대세력들의 비렬한 제재책동이 더욱 강화된 속에서 조선은 이것을 자강력증대, 내적동력강화의 절호의 기회로 반전시켰다. 금속공업 부문에서는 수입에 의존하던 연료에 의한 제철법에 종지부를 찍고 100% 자체의 기술과 연료, 원료로 철을 생산하는 공정을 김책제철련합기업소와 황해제철련합기업소에 꾸려놓고 대량생산에 들어갔다. 이처럼 과학기술을 확고히 틀어쥐고 그 어떤 제재에도 흔들림없는 체계를 완비함으로써 국내에 있는 자원으로 생산활성화의 돌파구를 열어놓은 부문과 단위는 셀수 없이 많다. 보고는 경제건설분야에서 비록 예견했던 전략목표에 도달하지는 못했지만 앞으로 자체의 힘으로 경제발전을 지속시켜나갈 수 있는 소중한 밑천이 마련됐다(≪조선신보≫, 2021.1.25).

3) 제8차 당대회에서 밝힌 자력갱생의 성과

제8차 당대회에서는 자력갱생 노선과 전략의 공고화 입장이 단연 돋보인다. 대북 제재와 코로나19의 장기화 상황을 자강력 증대, 내적 동력 강화의 기회로 반전시키자는 게 김정은의 의도다. 예견했던 전략 목표에 도달하지는 못했지만 앞으로 자체의 힘으로 경제발전을 지속해 나갈 수 있는 소중한 밑천이 마련됐다고 보는 것이다. 우리식사회주의 존립의 물질적 기초이고 생명선인 자립적 민족경제, 사회주의경제의 기틀을 견지하고 그 명맥을 고수하겠다는 것이다. 경제사업에 대한 국가의 통일적 지도와 전략적 관리를 강화하기 위한 조치에 따라 경제 분야에서 사회주의 원칙을 고수하도록 함으로써 경제 전반을 재정비하고 공고히 발전시켜 나갈 수 있는 새로운 잠재력을 축적하는 것도 중요한 과제다.

김정은이 제8차 당대회에서 직접 언급한 부문별 성과는 다음과 같다. 나라의 전반적 국력을 제고하며 인민들을 사회주의 문명으로 선도하는 건설 사업을 중요한 정치적 사업으로 중시하고 힘 있게 추진해 나라의 면모를 크게 일신시켰다고 한다. 농업 분야에서는 혹심한 가뭄, 홍수, 태풍 등으로 많은 피해를 입었으나 과학 농사, 다수확 열풍으로 알곡 생산량을 전례 없이 높이는 성과를 시현했으며, 금속공업과 화학공업 부문에서 주체화·자립화 실현을 위한 돌파구 마련, 전력·석탄·기계·철도운수 부문을 추켜세우고 정보통신 분야를 발전시키기 위한 기술 준비와 토대 구축에서도 일련의 성과가 이룩했다고 한다. 경공업 부문에서 주요 공장, 기업소들을 개건해 인민 소비품의 질과 생산량을 훨씬 높일 수 있는 잠재력을 확보했으며 수산 부문에서 생산을 계통적으로 늘릴 수 있는 토대가 마련됐다는 것이다.

한계도 언급했다. 김정은은 2021년 1월 8일 제8차 당대회 총화보고에서 국가경제발전 5개년전략 수행에 영향을 미친 주객관적 요인을 분석했다. 우선 객관적 요인으로서 미국과 적대세력들이 감행한 최악의 야만적인 제재 봉쇄 책동의 후과, 해마다 들이닥친 혹심한 자연재해와 2020년에 발생한 세계적인 보건 위기의 장기화를 거론했다. 대북 제재는 실제로 국가경제는 물론이고, 민생경제에 특히 부정적인 영향을 미쳤다. 특히 국제사회의 대북 제재로 인해 인도주의 자금과 물품, 인력 등의 부족 현상을 심화시켰다. 주관적인 요인으로 국가경제발전 5개년전략이 과학적인 타산과 근거에 기초해 정확하게 수립되지 못한 점, 과학기술이 실제 국가경제사업을 견인하는 역할을 하지 못한 점, 불합리한 경제사업 체계와 질서를 정비·보강하기 위한 사업이 제대로 추진되지 않은 점 등을 거론했다. 김정은이 직접 거론하지는 않았지만 북한 당국은 국가경제가 정상적인 궤도에 올라서지 못하고 전반적인 경제 형편이 의연히 어려운 것은 전력공업과 석탄공업, 금속공업, 화학공업, 기계공업, 광업 등 기간공업 부문이 자기 역할을 수행하지 못하는 것과 관련이 있다고 지적했다(≪노동신문≫, 2020.3.28).

향후 개선 방향에 대해서도 명확한 지침을 내렸다. 북한은 자체 평가를 토대로 지금까지 만연해 온 잘못된 사상 관점과 무책임한 사업 태도, 무능력을 그대로 두고서는, 그리고 지금과 같은 구태의연한 사업 방식으로는 아무리 세월이 흘러도 국가경제를 바로 세울 수 없다고 판단했다. 그러면서 북한은 당과 국가의 전반 사업을 새로운 혁신, 대담한 창조, 부단한 전진을 지향하고 장려하는 방향으로 전환하고, 낡은 사업체계와 불합리하고 비효율적인 사업 방식, 장애물들을 제거하기 위한 조치를 강구하자고 촉구했다. 북한은 국가경제 회복과 주민생활의 가시적 향상이라는 목표를 달성하기 위해 새로운 경제발전 전략으로 정비·보강을 내세우면서 자립경제, 자력갱생 역량을 강화하기 위한 총력전에 돌입한 상태다.

북한 경제는 국가경제와 민생경제(시장화 포함)를 구분해서 관찰·평가할 필요가 있다. 국가경제 실태는 성과와 한계가 동시에 공존하고 있다. 특히 한계와 관련해, 국가경제 및 민생경제 회복에 장애물로 작용하는 대북 제재, 코로나19, 자연재해 등과 같은 객관적 요인은 북한 스스로 통제하기 어려운 요소라는 점에서 고민이 깊어지고 있다. 현재 북한은 어느 정도 통제할 수 있는 국가경제와 민생경제 발전을 위한 주관적 요인, 즉 내부의 문제를 개선하는 데 집중하고 있다. 대북 제재와 코로나19의 영향으로 민생경제가 악화되고 있는 것은 분명해 보인다. 김정은은 경제보다 방역을 우선시해야 하며, 주민들의 생명과 안전을 보장하는 것이 더 중요하고 판단하고 있기 때문이다. 이런 맥락에서 국가경제와 민생경제 모두에 상당한 영향을 미치고 있는 북중 교역 감소 현상에 대한 해석에 신중할 필요할 필요가 있다. 북한은 코로나19 상황을 내부의 수입병을 없애고 중국에 대한 경제의존도를 낮춰 자립경제와 자력갱생 역량을 획기적으로 강화할 계기로 활용하려는 것으로 추정할 수 있다. 의도적으로 북중 교역의 규모와 내용을 축소·조절하고 있을지 모를 가능성에 주목해야 한다. 북한은 농사철 필수용품과 건설자재 등 특정 품목 위주의 제한적인 교역에만 집중하고 있다. 비닐 박막 등 영농 물자는 제때에 공급하는 것이 필수적이기 때문이다. 북중 교역의 감소는 특히 중간재 수입 감소로 이어지면서 제조업 공장가동률 감소로 연결됐다. 이와 동시에 밀가루·조미료·설탕 등의 필수 식자재, 화학제품, 합판, 건설기계 등의 건자재, 광물생산을 위한 화물차 및 부품, 굴삭기 및 부품 등의 제반 기기, 일반 의약품, 코로나 방역을 위한 보건·의료 제품 부족난이 심화되고 있다. 또한 무역뿐 아니라 관광 수입 감소로 인한 외화 부족, 수출품 생산 감소와 물류 관련 일거리 감소, 사람과 물자이동, 유통 중단에 따른 시장 활동 위축과 현금 수입 급감 등으로 주민들의 생활고가 가중되고 있다. 시장에서는 식품 외 공장생산품, 즉 화장지·생리용품·화학조미료·간장·과일·식용류·설탕·의약품 등의 중국산 공업품과 생필품이 사라지고 농축산물을 주로 판매하는 시장으로 변화하고 있다.

북한은 이런 상황 속에서도 국가경제와 민생경제를 동시에 개선하기 위해 총력을 다하고 있다. 당국은 민생경제가 어려운 점을 인식하면서도 당장의 어려움을 극복하기 위해 외부에 의존해 생산을 증대하기보다 자립경제의 토대를 강화해 경제를 외부의 영향에도 흔들림 없이 원활하게 운영될 수 있도록 경제 상황을 정상궤도에 올려놓는 데 더 중점을 두고 있다. 코로나19로 국경을 봉쇄한 현재의 상황을 오히려 국가경제의 자립적 구조를 완비하고, 수입의존도를 낮추는 절호의 기회로 간주하여 자립경제 토대를 공고히 해야 주민들의 식의주 문제를 비롯한 좀 더 높은 단계의 목표들을 달성하는 데 도움이 된다고 인식하고 있는 것이다. 이런 맥락에서 자력갱생 전략은 일면 불가피한 측면이 있지만, 소극적·피동적이 아니라 적극적·능동적으로 도전적인 목표를 추구하고 있다는 점을 유의해서 봐야 한다. 민생경제는 농산과 축산, 수산을 3대 축으로 하여 인민들의 식량 문제, 즉 먹는 문제를 해결하고 경공업 발전에 주력해 소비품 문제를 기본적으로 해결함으로써 인민생활 향상에 결정적 전환을 이루겠다는 것이다. 하지만 매년 발생하는 자연재해 등이 악영향을 끼치고 있다. 자립경제 토대 강화와 관련해 당국은 시장화 속도와 범위도 조절하고 있는 것으로 보인다. 이는 특히 모든 경제행위를 국가의 이익에 절대복종하도록 기풍을 철저히 세워야 한다는 기조에 따라 장마당 활동 축소로 이어져 일반 주민들의 생계에 타격을 입히고 있다.

국가경제 복원을 위해 선택과 집중 전략을 채택하는 점도 눈에 띈다. 국가경제발전 5개년계획의 총적방향은 "경제발전의 중심고리에 역량을 집중해 인민경제전반을 활성화하고 인민생활을 향상시킬수 있는 튼튼한 토대를 구축하는 것"이라고 주장하고 있다. 여기서 중심고리는 금속과 화학공업에 국가적인 투자를 집중하는 것으로 이 부문에서 성과가 나오면 인민경제 모든 부문에서 생산을 정상화하는 데 도움이 될 것으로 판단하고 있는 것으로 보인다. 또 다른 중심고리는 민생경제와 직결된 농업과 경공업에서 증산을 통해 주민생활의 향상을 도모하는 것으로, 결국 금속, 화학, 농업에서의 가시적인 성과 도출이 핵심 과제이다. 대북 제재와 코로나19의 장기화 상황에서 과학기술이 김정은 정권이 추진하는 모든 부문에서의 생산 정상화, 공장기업소의 개건 현대화, 원료자재 국산화, 재자원화의 성패를 좌우할 것으로 인식하고 있다. 수입에 의존해 왔던 중간소재를 자체적으로 해결하기 위해 금속, 화학공업 발전을 강조하고 있지만 실제 성과는 여전히 불분명하며, 이에 따라 중간소재 부족이 제조업 분야에서의 생산 증대에 장애물로 작용하고 있는 것으로 추정된다. 결론적으로 민생경제가 현재 단기적으로 악화된 상황이기는 하지만, 지금의 국가적·계획적·자립적 자력갱생 역량을 강화하려는 노력이 자립경제 기반을 더욱 공고히 하도록 이끈다면 북한의 경제 체질을 한층 업그레이드시킬 가능성도 있다. 북한의 식량·에너지 수급 상황은 대북 제재와 코로나 상황에도 불구하고 위기를 겪을 만큼 심각하게 부족하다는 근거는 발견할 수 없는 상황이다. 코로나19가 더 장기화될 경우 외화 부족난이 더 심화되면서 환율 불안정, 수입 물가 상승, 공급 부족에 따른 식량 및 생필품 가격 상승, 주민생활고 심화 등의 악순환이 전망되기도 한다. 다만 북한은 2021년 평양시에 1만 세대 살림집 건설 등 대규모 건설 경기 부양책을 통해 코로나19로 침체된 경제의 재활성화를 시도하고 있다. 김정은 정권은 시장을 활용해 재정을 확충하고 체제를 유지하려는 경제정책을 펴고 있다. 그러나 김정은 집권 이후 북한 경제의 부분 활성화 현상은 주로 서비스 및 유통 경제, 건설 부문, 비공식 경제 부문에 집중된 현상으로서 제조업·광업 등 실물 산업 경제 부문에서의 성과는 별로 관찰되지 않고 있다. 그리고 평양을 제외한 지방경제나 전반적인 기초 인프라 상황은 여전히 열악한 것으로 알려져 있다.

북한은 기본적으로 자력갱생 성과에 대해 신뢰하는 것으로 보인다. 현실적으로 자력갱생 외에는 대안이 없다는 점도 고려해야 하지만 실제로 공격적인 자력갱생 노선의 추구가 가시적인 성과를 도출하고 있는 측면도 주목할 필요가 있다. 우선 북한이 주장하는 자력갱생 성과들을 살펴보자.

객관적 조건이나 실무적인 견지에서 볼 때 절대로 한걸음도 내짚을 수 없는 고강도 압박 속에서도 사회주의 전야에 전례 없는 대풍이 마련되고 거창한 창조대전이 힘있게 벌어졌으며 인민경제 거의 모든 부문이 장성추세를 보인 것은 자력갱생, 자급자족의 투쟁기풍을 떠나 생각할 수 없다. 자립, 자력을 원동력으로 하는 주체적힘강화에서 이룩된 의미있는 성과들은 새로운 발전과 번

〈표 5-6〉 **2016~2020년의 성과: 경제, 과학기술, 보건 분야**

구분	주요 내용
총평	• 우리식사회주의의 존립의 물질적 기초이고 생명선인 자립적 민족경제, 사회주의경제의 기틀을 견지하고 그 명맥을 고수 • 경제사업에 대한 국가의 통일적 지도와 전략적 관리를 강화하기 위한 혁명적 조치를 취하고 경제 분야에서 사회주의 원칙을 견결히 고수하도록 함으로써 경제전반을 재정비하고 공고발전시켜 나갈 수 있는 새로운 잠재력을 축적
의의	• 자체의 힘을 부단히 증대시키기 위한 지난 5년간의 투쟁에서 이룩한 성과들은 장기간의 극악한 제재·봉쇄와 혹심한 재난 속에서 자력으로 이뤄낸 것으로 평온한 시기의 경제건설 숫자에 비할 수 없는 몇십 배의 강력한 분발력, 발전력의 결실
건설 분야	• 건설 사업을 나라의 전반적 국력을 제고하며 인민들을 사회주의 문명으로 선도하는 중요한 정치적 사업으로 중시하고 힘 있게 추진해 나라의 면모를 크게 일신
농업 부문	• 지속된 혹심한 가물과 큰물, 모든 것이 부족한 속에서도 과학 농사, 다수확 열풍을 세차게 일으켜 알곡생산량을 전례 없이 높이는 성과
금속화학공업	• 주체화, 자립화 실현을 위한 돌파구 마련
정보통신 분야	• 기술 준비와 토대 축성에서 일련의 성과
경공업 부문	• 주요 공장, 기업소들을 개건해 인민소비품의 질과 생산량을 훨씬 높일 수 있는 잠재력을 확보
수산 부문	• 생산을 계통적으로 장성시킬 수 있는 토대를 마련
산림, 국토환경보호, 도시경영사업	• 100여 만 정보의 산림이 새로 조성되고 치산·치수와 국토환경보호, 도시경영 사업에 필요한 역량과 수단들이 마련
과학기술 분야	• 국가중점대상과제들을 포함한 가치 있는 과학기술 성과들과 발명들이 도출
교육 부문	• 교육 내용과 방법을 혁신하고 교육조건과 환경을 개선
보건 부문	• 물질기술적토대가 한층 강화되고 세계적인 대유행전염병을 막기 위한 선제적이며 강력한 비상방역사업을 통해 위생방역 부문에 정연한 사업 체계와 토대 확립
체육	• 과학화하고 체육 열풍을 일으키기 위한 적극적인 사업들이 전개
재난 대응	• 국가적인 재해방지와 위기관리체계를 세우기 위한 사업이 진척되어 자연재해를 비롯한 각종 재난에 기동적으로 대처

자료: 《노동신문》, 2021.1.9에 근거해 작성.

<표 5-7> **2016~2020년의 성과: 국방**

구분	주요 내용
목표	• **핵전쟁 억제력과 자위적국방력의 강화** • **국가핵무력 건설대업 완성** - 우리가 이상하는 강력한 사회주의국가건설행정에서 반드시 선차적으로 점령해야 할 전략적이며 지배적인 고지
추진 배경	• 세계 최초의 핵 사용국이며 전쟁 괴수인 미국에 의해 국토와 민족이 분열되고 이 침략세력과 세기를 이어 장기적으로 직접 맞서있는 조선혁명의 특수성과 우리 국가의 지정학적 특성 • 인민의 안녕과 혁명의 운명, 국가의 존립과 자주적 발전을 위해 이미 시작한 핵무력 건설을 중단 없이 강행 추진할 것을 요구
추진 과정	• 핵무력 건설대업의 완성을 위한 강행돌파전을 작전하고 전당과 전체 인민을 병진노선 관철로 지향 • 국방과학자들과 핵과학자들을 참다운 혁명가, 애국자, 결사대로 준비시키기 위한 일대 사상전을 조직전개

성과(기적의 역사)	• **조선로동당식 전략무기의 탄생 → 국가핵무력 건설대업 완성**
	  - 핵무력의 현대화 목표 달성을 지향한 완전히 새로운 핵능력을 갖추기 위한 혁명적인 대전환을 주도
	  - 당과 혁명, 조국과 인민 앞에, 후대들 앞에 세운 가장 의의 있는 민족사적 공적

대전환 주도 과정	• '화성포' 계열의 중거리, 대륙간탄도로켓들과 '북극성' 계열의 수중 및 지상발사탄도로켓들이 특유한 작전적 사명에 맞게 우리식으로 탄생 → 핵보유국으로서의 우리 국가의 지위에 대한 보다 명확한 표상을 주었으며 완전무결한 핵방패를 구축하고 그 어떤 위협에도 대응할 수 있는 강력하고 믿음직한 전략적 억제력을 강화 • 이미 축적된 핵기술이 더욱 고도화되어 핵무기를 소형경량화, 규격화, 전술무기화하고 초대형수소탄개발을 완성 → 2017년 11월 29일 당 중앙위원회는 대륙간탄도로켓 '화성포-15'형 시험발사의 대성공으로 국가핵무력 완성의 역사적 대업, 로켓강국 위업의 실현을 온 세상에 긍지높이 선포
새로운 승리	• 더 위력한 핵탄두와 탄두조종능력이 향상된 전지구권 타격로켓 개발을 결심하고 이 역사적 과업을 국방과학자들의 애국충성심에 의거해 빛나게 관철 → 당 창건 75돐 경축 열병식장에서 11축 자행발사대차에 장착되어 공개된 신형의 거대한 로켓은 우리 핵무력이 도달한 최고의 현대성과 타격 능력을 남김없이 과시

국방과학 부문 성과	• 적들의 발악적인 군사력 증강책동에 대처해 국방과학 부문에서 새로운 첨단무기체계를 연속 개발·완성하도록 해 우리 국가의 군사기술적 강세를 불가역적인 것으로 되게 하고 전쟁억제력, 전쟁 수행 능력을 최상의 경지에 올려 세운 데 대해 총화
	  - 초강력 다연발공격무기인 초대형방사포를 개발완성
	  - 상용탄두 위력이 세계를 압도하는 신형전술로켓과 중장거리순항미사일을 비롯한 첨단핵전술무기들도 연이어 개발
	  - 세계적 발전 추이를 따라 잡는 우리식의 주력 탱크 개발, 생산 추진
	  - 반항공 로켓종합체, 자행평 곡사포, 반장갑무기들도 세계적 수준에서 개발

연구성과	• 다탄두 개별유도기술을 더욱 완성하기 위한 연구사업을 마감 단계에서 진행
	• 신형 탄도로켓들에 적용할 극초음속활공비행전투부를 비롯한 각종 전투적 사명의 탄두 개발연구를 끝내고 시험제작에 들어가기 위한 준비
	• 중형 잠수함 무장 현대화 목표의 기준을 정확히 설정하고 시범·개조해 해군의 현존 수중 작전능력을 현저히 제고
	• 새로운 핵잠수함 설계연구가 끝나 최종 심사 단계
	• 각종 전자무기들, 무인타격장비들과 정찰탐지 수단들, 군사정찰위성 설계를 완성
	• 이 밖에도 우리 군대를 세계최강의 군사력을 보유한 강군으로 도약시키는 데서 거대한 의미를 가지는 국방 연구성과들을 달성
	→ 국방과학 부문, 군수공업 부문에서 이룩된 대담한 도약은 우리의 국가방위력을 세계의 전열에 당당히 올려 세우게 되는 결과 초래
인민군대를 최정예화, 강군화하기 위한 사업	• 조국보위와 사회주의 건설의 두 전선에서 위훈과 기적: 사회주의 건설의 평화적 환경을 수호
	• 명실공히 세계적인 핵강국, 군사강국으로 부상시켰으며 대국들이 우리 국가와 민족의 이익을 제멋대로 흥정하려 들던 시대를 영원히 끝장
	• 인민들과 후대들이 존엄 높은 강대한 나라에서 영원히 전쟁의 참화를 모르고 번영과 행복을 마음껏 창조해 나갈 수 있게 한 것
	→ 당대회 결정 관철에서 이룩한 가장 뜻 깊고 긍지 높은 대승리

자료: ≪노동신문≫, 2021.1.9에 근거해 작성.

영을 견인하고 우리 국력의 상승을 더욱 촉진시키고 있다. 우리가 아직은 남보다 뒤떨어진 것도 있고 어려움을 겪고 있는 것도 사실이다. 그러나 모든 분야에서 세계의 첨단에 당당히 도전할 수 있는 과학기술인재대군과 영웅적인 로동계급을 비롯한 훌륭한 인민이 있고 튼튼한 자립적 토대가 있는 한 새로운 전진발전의 활로를 열고 앞선 나라들의 수준을 따라잡는 것은 결코 먼 장래의 일이 아니다(≪노동신문≫, 2020.4.22).

현재 김정은 정권이 추진하는 자력갱생의 가시적 성과는 원료, 자재, 설비의 국산화와 재자원화 분야에서 가장 두드러진다. 특히 김정은 정권은 북미 정상회담 실패 이후 제재의 장기화를 가정하면서 현행 생산과 함께 원료·자재·설비의 국산화 및 재자원화 비중을 높이기 위한 사업, 생산공정의 현대화·정보화를 실현하기 위한 사업, 자체의 과학기술 및 인재 역량 강화 사업에 집중하고 있다. 이 사업들만 잘 추진되면 아무리 조건과 환경이 불리해도 생산 활동을 원만히 진행할 수 있다고 판단하고 있다(≪노동신문≫, 2021.4.24b).

4) 국산화 정책의 성과•

김정은 정권은 기본적으로 자력자강의 정신으로 사회주의 경제강국을 성과적으로 건설하려면 원료, 연료, 설비를 국산화해야 한다고 주장한다. 자립성과 주체성은 인민경제의 생명선이며 경제강국 건설에서 먼저 해결할 과업으로 제시되어 있는데, 자립성과 주체성을 강화하는 데 관건이 원료와 연료의 국산화로 인식하고 있는 것이다(≪노동신문≫, 2017.7.21). 그렇다면 이 분야에서 '국산화'는 지금까지 어떤 성과를 내고 있는 것일까. 북한은 스스로 자립적 민족경제 건설 노선을 철저히 관철해 스스로의 힘과 기술, 자원으로 경제를 발전시키는 데서 큰 성과를 거뒀다고 평가하고 있다.

그러면서 적대세력의 계속되는 제재와 봉쇄 속에서도 사회주의 기치를 고수하고 끊임없는 발전을 이룩하고 있는 현실이 이를 입증한다고 강조한다(리기성 외, 2017). 국산화의 범주는 제품을 만드는 데 사용되는 원료·연료 및 자재설비의 국산화와 제품의 국산화로 나눌 수 있다(이유진, 2017: 114~115). 사실 국산화 정책의 구체적인 성과는 북한을 방문하는 외국인들의 직접 관찰에 의해 확인되었다. 예를 들면 2012년 조선족 학자가 평양을 방문했을 때 시내에 있는 주요 상점에 진열된 상품의 70% 정도가 중국산이었는데, 2017년 8월 평양을 다시 방문했을 때는 북한 제품이 중국산을 대체하는 현상이 뚜렷이 목격됐다는 것이다(림금숙, 2017: 34~35). 현재는 북한산 제품이 더욱 늘어났다고 전해지고 있다. 북한 방문 외국인들의 관찰 결과는 북한 언론매체들이 보

• 임을출(2018: 97~102)을 수정·보완했다.

도하는 국산화 성과와 거의 일치한다. 원료, 자재, 설비, 완제품으로 구분해 국산화 성과를 살펴보면 다음과 같다.

김정은 정권은 산업생산을 위한 핵심 연료이지만 수입에 절대적으로 의존해야 하는 코크스, 중유, 석유 등을 국내 지하자원으로 대체하는, 즉 원료의 국산화에 매진해 왔다(이유진, 2017: 34~35). 국제사회의 제재에 따른 원료 수입 중단에 대응하고자 하는 북한 당국의 강력한 의도가 엿보인다. 요약하면 수입에 의존하는 거의 모든 원료를 국내산 원료로 대체하려는 일관된 흐름이 발견된다. 경공업, 금속공업, 화학공업 등 거의 모든 산업에서 원료의 국산화를 위해 매진하고 있는 것이다. 북한은 코크스의 원료인 역청탄을 수입해 제철·제강 공업에 필요한 연료인 코크스를 생산해 왔으나, 국산화 강조에 따라 국내에서 생산되는 갈탄을 이용해 이른바 코크스를 사용하지 않고 철을 생산하는 주체철 생산에 나서고 있다(이유진, 2017: 130~131). 또한 철강재 생산에 쓰이는 중유를 수입하는 대신 무연탄으로 뜨겁게 만든 공기, 즉 고온 공기를 이용해 압연강재를 생산하고 있다. 나아가 석탄을 이용해 합성섬유인 비날론의 생산 확대도 도모하고 있다. 석유를 무연탄, 갈탄으로 대체해 석탄가스화 공정을 통해 화학비료 생산을 늘리려 한다. 최근에는 석탄을 가스화해 메탄올을 얻고, 그로부터 유기화학공업의 출발 원료인 에틸렌, 프로필렌을 만들고, 이것으로 각종 화학제품을 생산하는 공업인 탄소하나화학공업(C1) 창설과 발전에 나서고 있다.

신발 생산에 필요한 원료, 자재의 국산화도 본격적으로 추진되고 있다. 섬유공업의 주요 원료인 테트론인견사도 국내산으로 대체되고 있다. 예를 들면 평양인견사 공장의 경우 교복, 일반 천, 가방, 양말 등 다양한 인민 소비품 생산을 위해 국내에서 생산된 테트론인견사를 활용하고 있다(≪노동신문≫, 2017.8.6). 원료뿐 아니라 자재의 국산화도 속도를 내고 있다. 지난 수년 사이에 북한 언론매체에 소개된 것들만 봐도 숫자가 많이 늘었고, 종류도 다양하

〈표 5-8〉 **원료, 연료, 설비의 국산화 성과**

구분	국산화 내용
원료	코크스를 갈탄으로 대체, 중유 수입 대신 무연탄에 의한 고온 공기 이용, 석유 대신 석탄, 갈탄, 희망초로 대체, 화학비료 국산화, 테트론 인견사, 가죽, 가방용 천, 아크릴계 수지 칠감
기술	고온 공기 연소 기술, 원유 개발 기술, 메탄가스화 기술, 지열-환기폐열 이용 기술, 자연 에너지 개발과 에너지 절약 기술, 태양빛유도조명 기술, 생물디젤유 생산 기술, 생체모방(bio-mimetics)에 기초한 복합 올리고펩타이드(oligopeptide) 생산 기술
자재	아크릴계 수지페인트, 망간토를 이용한 망간합금철, 티탄·붕소 등 합금원소와 철 융합을 통한 합금철 생산, 칠감생산용 자재
연료	석탄에서 원유, 휘발유, 디젤유 등 다양한 기름을 추출, 생물디젤유(재생 가능한 동물 및 식물성 지방산이 주성분)
설비	아크릴계 수지칠감 생산설비, 섬유·의료 제조업, 금속건재, 공작기계, 에너지 계열 발전 설비, 수송기계, 농기계, 에너지 발전·설비 부분품, 기계부분품 분야, 통신 네트워크 장비 설비

자료: 《노동신문》, 《조선신보》 각 호; 이유진(2017: 20~123), 림금숙(2017: 34~46)을 참조해 작성.

다. 예를 들면 다양한 기계설비 생산 및 건물 공사의 마감에 사용되는 아크릴계 수지 페인트를 비롯해 철강재료 개발에도 박차를 가해왔다(《노동신문》, 2017.8.9).

설비 부분은 국산화가 가장 빠르게 진전되고 있는 분야다. 특히 경공업 제품 생산을 위한 설비의 국산화 비중이 높다. 예를 들면 식품가공, 담배, 신발, 화장품 생산 설비 등이 국산화·현대화되고 있는 것으로 파악되고 있다. 북한 언론매체들은 설비의 국산화 비중을 구체적인 수치(%)로 제시하고 있다. 직접 확인하고 검증할 방법은 없지만, 설비의 국산화 비중을 대체로 80~90% 이상이라고 구체적으로 제시하고 있는 점을 고려하면 공장들의 설비 현대화가 상당히 높은 수준에서 이뤄지고 있음을 추론케 한다. 경공업 제품을 생산하는 공장 외 기계공업에서의 설비 국산화 또는 현대화 비중도 다른 산업에 비해 높은 것으로 분석된다. 예를 들면 기계공업 가운데 에너지계열발전설비, 신형화물차, 버스, 트랙터, 화물차, 태양광전지 유람선, 어선, 각종 농기계

<표 5-9> **분야별 국산화 완제품**

분야	주요 생산 제품
경공업	가방, 양복천, 와이셔츠천, 화장품, 구두, 신발, 양말, 내의, 실내옷, 티셔츠
식음료	빵, 과자, 차, 간장, 된장, 죽, 사탕, 쵸콜렛, 막걸리, 맥주, 천연식물 정유제품[차조기(자소엽)정유, 전나무정유, 생당쑥(인진쑥)정유 등], 버섯, 김치, 사탕가루, 기름
체육기자재	축구공, 배구공, 농구공, 각종 운동복, 탄력망 등 훈련기재
학용품	학생용 공책, 교복, 수지연필, 지우개, 멜가방(어깨에 메도록 멜빵이 달린 가방)
수송기계	무궤도전차, 트랙터, 화물차, 타이어, 교류전기기관차 '선군붉은기1호', 지하전동차
전자. 전기제품	스마트폰, 디지털유선전화기, 전자칠판, 푸른하늘 PC, 레드(LED, Light Emitting Diode, 발광다이오드)전구와 태양전지
의료기기 및 제품	휴대용 위내시경, 원격 숫자식 광선침혈치료기, 임플란트, 치과위생용품, 건강장수 및 치료음료인 은수(銀水), 라선식 뇌 컴퓨터 단층촬영(CT) 기기
대체에너지	풍력, 조수력, 태양에너지에 의한 전략생산 설비, 지열 냉난방 체계 개발, 무정형 철심을 이용한 변압기, 에너지절약형변압기와 전동기, 풍력발전소, 대용량발전기,숫자식여자기, 채취기계 및 산림기계 설비, 태양빛 유도조명기술,
소프트웨어	수학공식집 '지능'
금속화학	'회전 전극식 불꽃방전(스파크방전) 피복장치, 나노기술성 비닐, 토양개량 및 보습제인 '테라코템', 망간합금철, 미끄럼베어링합금, 비날론 생산에 널리 쓰이는 촉매
기계	최첨단 정밀기계제품, 열처리로봇, 3D 프린터,
건자재	천연 음이온 방출 페인트, 마감건재, 석재장식판, 유리거품보온재, 타일, 위생자기, 타일, 수지창과 수지관, 인공대리석, 외장제, 방수판
국방 분야	광명성 1~4호, 유도탄 장착 적외선 탐색기

자료: ≪노동신문≫ 등 북한 매체에서 국산화 제품이라고 보도한 내용을 중심으로 정리.

등의 국산화, 현대화가 진행됐다. 수입에 크게 의존했던 통신네트워크장비, 무선통신기기 등 다양한 정보기술제품들도 자체적으로 개발되고 있는 것으로 확인되고 있다(이유진, 2017: 130~131).

북한 내 각종 제품의 국산화는 원료, 연료의 국산화와 설비의 국산화, 현대화에 힘입어 가시적인 성과를 내고 있다. 경공업 제품들이 가장 많이 국산화된 것으로 나타나고 있다. 북한 ≪노동신문≫은 2017년 한 해 경공업성에 소속된 공장들이 900여 종류의 신제품을 개발했고, 이 가운데 식품가공업 제품이 100여 가지에 달했다고 공식 발표한 바 있다(≪노동신문≫, 2017.7.19). 〈표 5-9〉에서 확인할 수 있는 바와 같이 지난 2013년 이후 다양한 산업 분야에서 북한산 완제품들이 출시됐다. 스마트폰인 '진달래 3' 등 전자제품의 국산화도 빠르게 진전되고 있는 것으로 나타났다.

5) 재자원화 성과•

"버리면 오물이고 쓰면 보물이다." 북한이 재자원화 정책을 추진하면서 사용하는 구호이다. 자력갱생을 기치로 내걸었지만 원료가 부족한 탓에 더더욱 재자원화에 사활을 걸고 있는 것이다. 기발한 아이디어를 적용해 재자원화에 성공한 사례들도 잇따라 방송에 소개하고 있다. 뉴스는 물론 영화, 그림 할 것 없이 모든 매체를 총동원해 재자원화를 독려하고 있다. 재자원화한 것을 다시 재자원화하는 사례들도 꾸준히 홍보하고 있다. 예를 들면 파수지로 비닐 박막을 뽑은 다음 그 폐설물을 가지고 다시 수지관을 생산하는 식이다. 기계공장에서 나오는 부산물로 보도블록을 만들고 비료 재료로 쓰기도 한다(MBC 통일전망대, 2021.4.24). 2021년 5월 21일 자 ≪조선신보≫ 평양발 기사에 따르면, 북한 경공업성 리성철 국장은 이 신문과의 인터뷰에서 "올해에 100여 가지의 경공업 원료와 자재를 새로 국산화, 재자원화할 수 있는 가능성을 찾아냈다"라고 밝혔다(통일뉴스, 2021.5.21). 평안북도, 자강도, 함경남도, 남포시 등에서는 오수정화장 건설과 능력 확장, 오물 처리 공장 건설과 도시 오물을 재자원화해 환경오염을 줄이기 위한 사업을 추진하고 있다(≪서울평양뉴스≫, 2021.4.5). 여러 기관 중에서는 국가과학원 산하의 다양한 연구소가 가장 활발하게 재자원화 성과를 내고 있다.

• 임을출(2021c: 153~155) 재인용.

〈표 5-10〉 **재자원화 추진 주요 사례(2017~2021)**

공장기업소	재자원화 원자재 제품명(개발생산 연도)
평양화력발전소	단열벽돌, 알루미나세멘트대용품
선교도자기공장	물이온수통, 항균성위생자기, 여과체
룡성영예군인사출장화공장	여자장화 등 재자원화는 95% 수준
강선비닐박막공장	비닐병, 주사기, 비닐 박막, 마대 등을 세척해 비닐 박막이나 비옷 생산에 이용
김정숙제사공장	폐수를 활용해 매일 200kg 넘는 단백질을 생산. 폐수에 녹아 있는 누에고 치의 단백질 성분을 뽑아 비료 등의 원료로 재가공
평양치과위생용품 공장	치약 용기에는 보통 6g의 자재가 들어가는데, 이중 일부를 분리해 새 치약 의 튜브나 재생수지관으로 재생산
함흥시 흥덕구역재자원화 공장	파수지로 비닐 박막을 뽑은 다음 그 폐설물을 가지고 이 수지관을 생산, 쇳 밥을 가져다가 색외장재, 색보도블록 제작
남포 보산제철소	공업폐설물로 블록 생산, 미분탕을 회수해 땔감으로 활용(2021), 용광로에 서 나오는 찌꺼기인 '슬라크(slag)'를 재자원화하는 공정을 확립해 적잖은 양의 철(소삼화철)을 회수하고 남은 슬라크는 건재 생산에 이용하며, 회전 포의 폐열을 효과적으로 이용(2018)
문평제련소	폐설물에서 유색금속을 추가 추출
남흥청년화학련합기업소	폐설물에서 에너지절약형 증기생산공정 구축(2021) 연재(그을음, 탄화수소)와 폐가스를 연료로 이용해 에너지절약형 증기생산 공정을 설립한 후 시간당 백 수십 톤의 증기로 1만 kW 이상의 전기를 얻어 내고 '주체비료' 생산에 이용(2018)
흥남비료련합기업소	가스발생로에서 나오는 탄재를 다시 증기보일러의 연료로 이용
천리마타일공장	돌가공 폐설물을 재자원화
온천화강석광산	돌가공 폐설물을 재자원화
청진수지관공장	수지창문틀 제작 과정에서 나오는 조각들이나 파비닐을 회수해서 원료의 20%를 절약
국가과학원 도시경영과학연구소	파폴리스티롤 거품수지를 기본 원료로 삼아 복합보온재 생산
국가과학원 자연에네르기연구소	도시생활오수의 침전액을 발효시켜 얻어지는 메탄가스로 발전 도시생활 오수의 재자원화 기술을 개발해 전기와 식물영양액, 비료생산 (2017)
국가과학원 환경공학연구소	파수지를 이용한 대용연료생산기술, 파유리를 이용한 거품유리보온재생산 기술, 화력발전소 보일러 용광로에서 나오는 슬라크를 이용한 내열보온재 제조기술을 완성

국가과학원 건축재료연구소	PET 수지 폐기물의 미분방법과 알칼리 분해 방법, PET 수지 폐기물로부터 에틸렌글리콜과 테레프탈산, 유기용매 등을 제조하는 기술을 개발(2019)
김일성종합대학	폐설물을 이용해 효능 높은 새로운 나노막형 살충농약을 제작
김일성종합대학 화학부	식물성단백질을 얻어내는 과정에서 나오는 버림액과 시멘트공장에서 나오는 폐설물을 이용해 산불진화용방화제를 생산
김책공업대학 열공학부	강냉이 속 버섯 폐기물로 가스연료 생산, 버섯을 생산하고 나오는 폐기질로 난방과 취사, 전기 생산에 이용할 수 있는 가연성 가스를 생산
평양식료품포장재공장	분쇄기를 개조해 시간당 파수지 분쇄 능력을 3배 이상 높이고, 압출기에 자동온도조절기를 설치해 파수지로 각종 수지상자, 수지통을 대량 생산
평양일용품공장	첨가제를 자체 개발해 품질을 높이고 유휴 자재로 농업용 박막(비닐)을 생산
순천시(평안남도) 음료공장	폐수를 이용한 연유생산공정 확립
문수물놀이장관리소	문수물놀이장(수영장)에서 발생하는 샤워틀, 플라스틱 의자, 구명조끼, 밸브 등의 폐기물을 활용한 재활용품(업사이클링 제품) 전시회 개최
류원신발공장	유휴 자재의 재이용 기술에서 혁신(2017)
평양인견사공장	폐사 재생 공정을 확립해 인견사(인조 견사) 생산(2018)
평야건재공장	폐설물로 새로운 천장재를 개발(2018)
신발공업관리국 신발연구소	100% 폐수지에서 염화비닐 신발창 원료를 찾아내는 새로운 재자원화 기술을 개발(2019)
평양 룡성영예군인사출장화공장	파장화와 파수지들을 회수해 사출장화 생산의 원료로 이용, 파장화, 파수지를 재자원화하는 원료 준비 공정 설비들은 모두 공장 자체의 힘과 기술로 제작. 게다가 지난 시기 수입에 의존하던 보조 원료인 가소제(可塑劑)도 자체로 생산(2020)
김형직사범대학	제철소들에서 나오는 폐설물로 소금 생산지들에서 이용할 수 있는 타일의 생산 기술을 확립(2020)

자료: 북한 매체 보도 내용을 토대로 필자가 정리.

북한은 재자원화를 경제발전 동력으로 삼으면서 사활적 과제로 간주하고 있다. '재자원화법'의 채택은 이제 북한에서 재자원화를 계몽 차원 이상으로 발전시켜 법적으로 강제를 하는 단계에 이르렀음을 시사한다. 이는 대북 제재에 대응해 북한이 내부 자원을 총동원해서 자력갱생하는 것으로 우선적인 목표를 수립했음을 의미한다. 이처럼 재자원화는 북한 경제발전의 핵심 전략으로 급부상하고 있는데, 이는 허리띠를 졸라매고서라도 자력으로 경제성장을 이루겠다는 자력갱생 노선 실현의 일환으로 해석된다. 더구나 코로나19로 인해 오랫동안 국경 봉쇄까지 한 상황이다 보니 절약과 내부 자원 동원 체제를 공고화하는 차원에서 재자원화에 더 매진할 수밖에 없는 입장이다. 이런 맥락에서 보면 결국 북한의 재자원화는 우선적으로 환경보호 차원보다는 경제 산업적 측면에 더 비중을 두고 있다고 평가할 수 있다. 대북 제재와 코로나19 장기화 등으로 외부에서 공급을 받기 어려운 상태에서 내부의 부족한 물자를 최대한 쥐어짜서 활용하겠다는 의도인 것이다. 즉 부족한 원자재를 자체적으로 공급하려는 수단으로 재자원화를 추진하고 있음을 알 수 있다. 북한의 재자원화 법제는 폐기물 처리보다는 자원절약이나 재활용을 극대화해 부족한 원부자재, 제품을 보완하려는 데 초점을 맞추고 있는 것이다.

그러나 순환경제와 재자원화 정책은 김정은 정권의 환경 보호와 개선을 위한 친환경정책이라는 점도 눈여겨봐야 한다. 이는 김정은 정권 출범 이후 북한 당국이 환경문제에 지속적인 관심을 보였고, 실제 행동으로 환경보호정책을 일관성 있게 추진해 왔기 때문이다. 북한은 국제환경회의에 꾸준히 참석하고 있으며 관련 기구들과도 교류를 지속하고 있다. 특히 북한은 국제사회에 환경 관련 국가보고서를 자발적으로 제출했으며, 2014년 10월에는 친환경 에너지, 자원 재활용, 유기농법 등의 연구 개발을 위한 '조선녹색후원기금'을 설립해 친환경 사업에 필요한 재원 마련을 추진하기도 했다. 기금은 녹색에너지, 재자원화, 녹색식품, 유기농법 등의 연구와 개발을 진행하는 단위들에 대한 대부를 통해 사회적 관심을 높이고 녹색발전에 이바지하는 것을 사명으로 한다(조선중앙통신, 2014.12.4). 또한 오수정화장, 오물 처리 시설 등을 주요 지역과 공장에 설치하는 등 하천 및 대기 오염 방지 등에도 적극적인 환경보호 정책을 추진하고 있다(안현준 외, 2020: 15~16).

또한 선대인 김정일 시대에도 재자원화가 환경정책의 일환으로 강조됐다. 북한은 1986년 '환경보호법'을 제정한 데 이어 1995년 '환경보호법 시행규정', 1998년 '국토환경보호단속법', 2021년 '환경영향평가법'을 채택해 국토 및 도시계획에 엄격하게 적용하는 등 환경문제에 관심을 기울여 왔다. 또 2005년 환경보호를 위한 자연환경보호기금을 설립하고 유엔 기후변화협약에 따른 교토의정서에 가입하는 등 UNEP(UN Environment Programme)와 세계보호연맹 등 국제기구와 함께 지구온난화 방지와 오존층 보호, 생물다양성 보호를 위한 활동도 추진해 왔다. 북한은 2008년에도 새해 환경 정책으로 '주민 건강'과 '경제적 실리'를 동시에 챙길 수 있는 재활용 사업에 주력하기로 했다고 북한 국토환경보호성 김경진 당시 부상이 밝힌 바 있다. 그는 재일본조선인총연합회 기관지 ≪조선신보≫ 2008년 1월 4일 자 인터뷰에서 "재자원화(재활용)를 높은 수준에서 실현해 환경문제의 해결이 인민들의 건강증진은 물론 경제적인 실리를 보장하는 데도 적극 기여하도록 하려고 한다"라고 말한 바 있다(≪데일리엔케이≫, 2008.1.4). 2006년 4월 11일에는 평양 인민대학습당에서 김일성의 논문 「환경보호사업을 개선강화할 데 대해」 발표 20돌을 맞아 개최한 환경보호 부문 과학기술 발표회에서는 환경 부문 과학자와 기술자들이 물과 대기, 토양 및 생태환경을 보호하고 공해를 미리 막으며 여러 가지 폐기, 폐설물의 효과적 회수·이용을 주제로 한 논문이 발표됐다. 특히 「종이 공장 폐수정화장의 운영정상화에 대해」, 「규조토에 의한 일부 공장의 폐수를 정화하기 위한 연구」, 「복합미생물에 의한 닭공장 폐설물 재자원화기술과 알 낳이닭에서의 적용효과」 등이 주목을 받았다. 이는 북한의 재자원화 정책이 김정은 시대에 갑작스럽게 나온 것이 아니라 오래전부터 추진해 온 연구 개발 노력의 산물이라는 점을 재확인시켜 준다.

평양시는 환경보호정책을 가장 모범적으로 실행해 왔다. 평양시는 도시 오물의 100% 재자원화를 목표로 세워놓고 있는 것으로 알려지고 있다. 선전매체 조선의 오늘은 2020년 4월 21일 자 보도에서 수도 평양에서 도시 오물의 재자원화 사업이 적극 추진되고 있다고 밝혔다. 매체는 만경대구역, 평천구역, 중구역을 비롯한 11개 구역에서 오물 처리 공장들을 건설하고 운영하고 있다면서 이를 통해 지난 7개월간 7만여 장의 블록과 8000여 톤의 비료, 수백 kg의 알루미늄을 생산했다고 강조한 바 있다. 전국적으로 풍력과 태양광 시설을 설치해 놓고 있기도 하다. 이런 점들을 고려하면 재자원화 정책은 경제산업적 목적과 함께 환경보호 목적도 함께 내포하고 있다고 평가할 수 있다. 경제, 사회, 환경적 차원을 모두 고려한 지속 가능한 발전 전략으로 볼 수도 있는 것이다(임을출, 2021: 104).

6) 현대화·정보화 성과

북한은 현대화의 구체적인 단계를 4단계로 구분해 추진하고 있다. 즉 공장, 기업소들의 개별적인 기계설비들을 CNC 설비로 바꾸는 단계, 공장의 한 개 구역을 CNC 설비들로 장비하고 컴퓨터에 의해 생산이 통일적으로 조종되는 유연생산체계의 확립 단계, 컴퓨터통합생산체계와 통합경영정보체계를 확립하는 단계, 생산공정을 무인화하는 단계이다(김미화, 2016: 4). 실제로 북한 공장들의 현대화 및 정보화는 CNC 기술 및 기계 도입 → 유연생산체계 → 통합생산체계 → 무인생산체계 구축 단계로 추진되고 있다.

각 공장의 현대화·정보화 단계는 다를 수밖에 없다. 북한은 우선 본보기 공장들을 중심으로 CNC 기술 및 기계를 도입해 왔다. 현대화의 본보기 공장들이 밀집되어 있는 지역은 자강도이다. 자강도에 위치한 공장들이 현대화와 정보화 수준이 가장 높은 셈이다. 자강도에는 정밀기계공업을 중심으로 한 군수품 생산공장들이 밀집되어 있기도 하다. 북한은 전국이 자강도를 따라 배워 자강도의 모범을 일반화하기 위한 사업을 추진하는 것이 중요하다고 강조하고 있다(김재서, 2015: 9). 북한은 기계제작공업을 핵심으로 하는 중공업의 발전이 CNC 공작기계의 적극적인 개발과 품종 확대, 새로운 재질의 원료·자재의 보장, 필요한 동력 수요의 충족 등으로 인민경제 모든 부문을 지식경제 시대의 요구에 맞게 현대화·정보화하는 데 결정적인 역할을 한다고 밝히고 있다(조광철, 2018: 10).

자강도의 대표적인 모범공장은 2010년 설립되어 CNC 설비를 갖추고 CNC 공작기계를 생산하는 희천연하기계종합공장이다. 이 공장은 북한에서 "기계 공업의 어머니공장"으로 불리기도 한다. 이 공장은 CNC 부품의 국산화율을 높이면서 새로운 CNC 기계를 개발하고, 이미 개발한 CNC 공작기계들의 계열 생산을 주도했다. 이 공장의 성과를 토대로 북한은 2011년 말부터 경제 전반을 지식 기반 산업으로 전환하는 '새 세기 산업혁명'의 단계에 접어들었다고 주장하기 시작했다(통일뉴스, 2019.1.23). 이와 함께 북한은 천리마제강련합기업소, 대안중기계련합기업소, 강계뜨락또르종합공장, 압록강기계종합공장, 수풍베아링공장 등 주요 공장에 CNC에 기초한 생산현대화 체계를 도입하기 시작했다. 2010년에도 2·8비날론련합기업소, 운산공구공장, 평양곡산공장, 룡성기계련합기업소, 금성뜨락또르공장 등 다양한 부문의 생산 현장들에 CNC 설비가 갖춰졌다. 대규모 철생산기지 김책제철련합기업소에서 열간압연을 비롯한 주요 공정들의 CNC화를 북한 실정에 맞춰 추진해 높은 수준에서 실현했고, 천지윤활유공장에서는 모든 설비와 생산공정이 자동화·정보화·무인화되고 통합생산체계를 실현한 숫자화(디지털화)된 공장으로 개건 현대화되어 세계 선진수준의 윤활유, 그리스를 개발·생산해 국내 수요를 자체 생산으로 보장하고 있다고 보도하고 있다. 북한 최대의 발전설비생산기지인 대안중기계련합기업소에서는 수십 대에 달하는 대형 공작기계들의 CNC화를 실현해 발전설비 생산에서 획기적인 진전이 이뤄졌다고 한다.

북한의 대표적인 경제학자 리기성 교수는 자강력이 제일이라는 확고한 신

넘으로 최첨단돌파전을 적극 추진해 최근 수년간 전국적으로 1000개가 넘는 대상을 현대화하고, 첨단 과학기술의 성과들이 많은 생산기지에서 활용되어 지식경제강국으로 비약할 수 있는 도약대가 마련됐다고 밝히고 있다(리기성, 2016: 6). 이 발언의 사실 여부를 직접 확인하기는 어렵지만, 그동안 북한의 많은 공장들이 최신 CNC 설비를 도입해 왔음을 시사한다. 북한 언론매체들의 보도에 근거해 파악해 보면 상당수 공장·기업소·발전소·양묘장 등에서 통합생산체계가 구축됐거나 구축되고 있다. 통합생산체계는 2014년부터 본격적으로 구축되기 시작한 것으로 확인되고 있다. 2014년에는 천리마타일공장, 성천강그물공장, 천지윤활유공장, 갈마식료공장 등에서 통합생산체계 구축 보도가 나왔다(조선중앙통신, 2014.7.18). 2015년에는 평양버섯공장, 낙랑위생품공장, 금컵체육인종합식료공장, 평양강냉이공장 등이, 2016년에 통합생산체계가 구축된 것으로 평가받은 공장으로는 보건산소공장, 룡악산샘물공장, 대동강주사기공장, 평성합성가죽공장, 평양자라공장, 평양체육기자재공장, 중앙양묘장, 금컵체육인종합식료공장 등이었다. 사리원대성타월공장은 2016년 타월생산공정의 현대화와 세계적인 경쟁력을 갖춘 제품 개발을 목표로 CAD(컴퓨터 지원 설계), CAM(컴퓨터 지원 제작 기술)을 확립하고 통합생산체계를 높은 수준으로 구축했다(≪조선신보≫, 2017.7.12). 2017년에 북한 매체에서 소개한 통합생산체계가 구축된 공장, 기업소들, 춘천메기공장(조선중앙통신, 2017.10.12), 김정은 체제 출범 이후 추진해 온 대규모 사업의 하나인 '세포지구 축산기지에 있는 평양화장품공장을 김정은이 직접 방문해 통합생산지령실과 화장품직장, 비누직장, 화장품용기직장 등을 돌아본 뒤 생산 지휘와 경영활동을 과학적·종합적으로 분석·예측하고 최대한의 실리를 보장할 수 있게 통합생산 및 경영정보관리체계를 높은 수준에서 구축했다고 평가했다(조선중앙통신, 2017.10.22).

김정은은 또 양강도에 새로 건설된 '삼지연감자가루생산공장'을 현지지도

하면서 "지식경제시대의 요구에 맞게 첨단기술을 도입해 모든 생산공정들과 운영설비들을 감시, 측정 및 조정하고 생산지휘와 경영활동을 과학적으로, 종합적으로 분석예측하여 최대한의 실리를 보장할수 있게 에네르기절약형 통합생산체계를 잘 구축해놓았다"라고 말했다(《노동신문》, 2018.2.1). 유원신 발공장도 공장 내 모든 생산 및 운영 설비를 실시간으로 감시·조종할 수 있는 에너지 절약형 통합생산체계를 구축해 놓았다고 하며(《노동신문》, 2017. 10.19), 사리원대성타월공장도 CAD·CAM을 확립하고 통합생산체계를 높은 수준에서 구축한 장소로 소개됐다(《조선신보》, 2017.7.12). 강서약수공장도 경영관리에서 생산관리, 현장 자동 조종까지 통합생산체계를 잘 구축한 공장 으로 평가받았다(조선중앙통신, 2017.6.3). 2017년 4월 22일 태천돼지공장은 모 든 생산공정을 실시간 감시 및 자동 조종하며 경영 정보를 종합 분석·평가해 경영활동을 진행할 수 있도록 생산정보체계, 사료공정체계, 경영정보체계로 구성된 통합생산체계를 구축해 놓았다고 한다(조선중앙통신, 2017.4. 23). 평양 버섯공장도 원료 투입에서부터 출하에 이르기까지 통합생산체계를 완벽하게 구축해 놓았다고 평가받고 있다(조선중앙통신, 2017.4.8).

북한은 2018년의 주요 과학기술 성과로 화력발전소에서 중유를 쓰지 않고 전력생산을 정상화할 수 있는 산소에 의한 미분탄착화 기술 도입과 의약품 생산 및 품질관리기준에 부합하는 통합생산체계 구축 등을 꼽았다(조선의 오 늘, 2018.12.31). 김정은은 새로 개건된 평양무궤도전차공장을 현지지도 하면 서 "지식경제시대의 요구에 맞게 첨단기술을 도입해 생산과 경영활동에서 최대한 실리를 보장할 수 있게 통합생산체계를 잘 구축해 놓았다"라고 평가 했다(《노동신문》, 2017.12.6). 또한 평양제약공장을 방문해 "제약공업 부문에 서 처음으로 의약품생산 및 품질관리기준의 요구에 맞는 통합생산체계를 자 체의 힘과 기술로 잘 구축해놓았다"라고 만족해했다(《노동신문》, 2018.1.25). 한편, 생산된 전기를 보다 효과적으로 이용하기 위해 '국가통합전력관리체계'

를 높은 수준에서 완성하는 사업이 2017년에 추진됐다. 전력공업성에서는 먼저 국내 모든 발전소의 통합생산체계를 완비하는 사업을 추진했다(조선중앙통신, 2017.8.5).

무인조종 체계는 곧 무인조종화된 생산체계를 지칭한다. 이는 무인공장·자동화공장·무인화 등으로 표현된다. CNC화의 다음 단계가 무인공장화라고 할 수 있고, 기계공업(공장)이 무인조종체계 구축을 이끌어가고 있다. 북한 언론에서 무인조종화된 생산체계는 김정일 정권 시절인 1999년 완성했다고 보도하고 있다(조선중앙통신, 2004.1.28). 또한 2011년 10월 김정일이 현지지도한 장자강공작기계공장도 "기계제품의 가공, 검사, 출하에 이르는 모든 공정이 콤퓨터로 조종 관리 운영"되고 있는 무인화된 공장으로 언급됐다. 전반적으로 군수(국방공업) 부문에서 무인조종체계가 발전한 것으로 파악되고 있다. 김정은은 2016년 제7차 당대회 사업총화보고에서 "국방공업부문에서는 정밀화, 경량화, 무인화, 지능화된 우리식의 첨단무장장비들을 마음먹은대로 만들어내고 있다"라고 평가했다.• 북한 매체들의 보도에 근거해 파악해 보면 무인화가 어느 정도 달성됐거나 추진되고 있는 공장은 신의주화장품공장, 송도원종합식료공장, 군수시설인 3월16일 공장, 삼지연감자가루생산공장, 대동강주사기공장, 평양기초식품공장, 평양합성가죽공장, 동흥산기계공장, 평양어린이식료품공장, 천지윤활유공장, 고산과수농장, 쇠그물울타리공장, 금컵체육인종합식료공장, 류원신발공장, 평양화장품공장, 평양대경김가공공장, 김종태전기기관차련합기업소, 태성기계공장, 1월18일 기계종합공장 등이다. 북한 매체들은 기본적으로 인민경제 모든 부문, 모든 단위에서 생산 공정의 무인화를 실현하기 위한 준비가 진행되고 있다고 밝혔다(조선의 오늘,

● 총화보고는 '주체사상·선군정치의 위대한 승리', '사회주의 위업의 완성을 위해', '조국의 자주적 통일을 위해', '세계의 자주화를 위해', '당의 강화발전을 위해' 등 총 5개 제목으로 나눠 결산한 후 향후 과업을 제시했고, 이 내용은 거의 대부분 사업총화결정서에 그대로 담겼다.

2016.3.29).

　북한 당국이 추구하는 무인화 정책은 인간의 육체적 노동력 대신에 로봇의 능력을 이용하는 로봇화(robot化) 정책과 동일하다. 북한 웹사이트 '조선의 오늘'은 북한의 로봇 개발 수준이 세계적 수준에 당당히 도달했으며, 생산공정의 무인화도 높은 수준에서 실현되고 있다고 소개했다(통일뉴스, 2016.3.29). 사이트는 "공화국에는 국가과학원과 김책공업종합대학을 비롯한 많은 과학 연구 및 교육단위들에 로봇 개발연구와 그를 맡아 수행할 과학자, 기술자들을 키우기 위한 체계가 정연하게 갖춰졌으며, 이들에 의해 첨단화된 각종 로보트들이 연구·개발되고 있다"라고 전했다. 북한은 로봇이 "해당 나라의 현대 과학기술 수준과 첨단 제작수준, 사회발전의 지능화 정도를 보여주는 징표"로 간주하며, 1980년대부터 김정일의 지도에 따라 로봇 관련 연구·개발이 시작된 것으로 전해지고 있다. 북한 국가과학원 조종기계연구소는 생산공정의 무인화를 실현하는 데서 중요한 의의가 있는 6개의 관절을 가진 '공업용 6자유도로봇'을 연구·제작했다. 이 로봇은 용접, 도장, 이적 등 임의의 작업을 할 수 있는 다목적 로봇이다. 길이가 1.7m인 로봇의 팔은 사람의 팔처럼 기민하게 구부리거나 돌릴 수 있으며, 각이한 용접점을 정확히 찾아낼 수 있게 하여 용접 효과를 보다 높여준다고 설명했다(≪조선신보≫, 2019.1.23; 조선중앙통신, 2019.1.23).

　북한 김책공업종합대학 기계과학기술대학에서는 세계적으로 연구가 활발히 되고 있는 전 방향 이동 로봇을 설계·제작했다(조선의 오늘, 2017.5.22). 이 로봇은 지금 평양어린이식료품공장을 비롯한 여러 기업소에 도입되어 생산공정과 설비의 CNC화, 무인화를 실현하는 데 기여하고 있다. 또한 북한의 국가과학원은 2017년 3월 대형기계 부속품의 열처리 공정을 무인화할 수 있는 최첨단 열처리 로봇을 자체로 연구·개발해 공업 현장에 도입한 바 있다(통일뉴스, 2017.3.20). 이 로봇을 공장에 도입한 결과 열처리 작업의 무인화가 높은 수준에서 실현되어 기계제품들의 질이 종전에 비할 수 없이 높아지고 생산성은 3배나 뛰어오르게 됐다고 한다. 평양기계종합대학은 국산화된 전력 변환 조정 장치인 '소출력 인버터'를 개발했다. 인버터는 교류 모터의 속도를 원활하게 조절해 주는데, 생산공정의 자동화, 무인화 실현에 필수불가결한 장치이다. 또한 국가과학원은 생산공정 전반에 대한 통일적인 감시조종 및 관리를 진행할 수 있는 분산형조종체계 '미래102'를 개발했다(서울평양뉴스, 2018. 1.30). 이 체계는 각이한 측정과 조종설비들을 종합적으로 관리하면서 생산공정의 CNC화, 무인화를 실현하는 데 없어서는 안 되는 것으로, 세계적으로도 몇 개 나라들만 보유하고 있다.

지금까지 북한 인민경제의 현대화·정보화 추진 전략과 성과를 중심으로 실태를 살펴보았다. 사실 북한은 2006년에도 공장, 기업소의 현대화를 경제 분야의 중요한 과제로 설정하고 공장, 기업소의 정보화, 유연생산체계 확립, 무인공장 등을 추진했지만 성과는 미미했다. 제한된 자료에 근거한 평가이기는 하지만, 김정은 정권 출범 이후 나타나고 있는 현대화·정보화의 성과는 광범위하고 구체적이다. 현대화·정보화 정책 추진에 따른 결과물이라 할 수 있는 다양한 국산화 제품들(원료, 자재, 설비, 완제품)의 급증 현상이 다양한 연구들을 통해 실증되고 있다. 북한은 스스로 당의 현대화·정보화 노선에서 중핵을 이루는 것이 국산화라고 강조해 왔다. 직접 확인하기는 어렵지만 북한 문헌들을 추적·조사해 보면 현대화·정보화 정책에 따라 생산체계의 자동화가 실현되고 있으며 각 공정 간 통합생산체계를 적극적으로 도입하고 있는 것은 분명해 보인다. 무인화도 초기 단계이긴 하지만 계속 발전하고 있는 것으로 파악된다. 앞서 살펴본 것처럼 북한은 생산공정의 무인화를 인민경제 현대화·정보화의 최종 목표로 설정하고 이를 단계적으로 실현해 나가고 있다. 중요한 생산공정을 담당하는 설비부터 CNC 기술을 활용해 개조하고, 점진적으로 생산라인 전체를 CNC 기술을 활용해 자동으로 조종·통제하는 유연생산체계를 확립한다. 그리고 공장 전체를 CNC 기술을 바탕으로 자동화·로봇화하면서 동시에 사람이 담당하던 경영, 판단 등도 컴퓨터가 대신 처리하는 통합생산체계를 갖춘다. 궁극적으로 생산에서 사람의 개입이 없어도 될 정도의 무인화를 실현하는 방향으로 나아가고 있는 것으로 평가된다.

북한 당국은 지식경제시대에 맞게 지식의 산물인 정보설비에 의해 공장의 무인화를 실현하고, 복잡한 기계와 구조물 체계의 현대화를 실현하는 컴퓨터 지원 체계들을 개발해 주민들의 육체노동과 일부 지능노동까지 대신해 많은 생산공정들을 효율적으로 수행하는 방향으로 무인화를 추진하고 있는 것이다. 이에 따라 북한에서는 사회적 생산의 기본단위인 공장, 기업소 조직에서 기계제작 산업기업소들을 기본으로 하던 기업소 구조를 첨단산업 기업소들 중심으로 바꾸려 하고 있고, 기존 기업소들도 첨단기술에 기초해 재조직하는 과정에 있다. 또한 지식경제의 요구에 맞게 과학기술과 생산을 일체화하는 방향에서 기업소 재배치가 이뤄지고 있다고 한다. 이와 함께 정보산업 기업소들을 축으로 해 인민경제 부문, 지역, 기업소들 사이의 생산적 연계가 강조되고 있다(지영희, 2016: 10). 이는 북한 경제도 자본 및 기술 집약 산업으로 부분적으로 전환되고 있음을 시사한다. 북한이 주체적으로 추진하고 있는 현대화·정보화 정책은 국제사회의 제재라는 열악한 환경에서 거둔 성과라는 점에 주목해야 한다. 국산 제품을 생산하고 있는 공장에는 대개 CNC 기술 및 기계, 유연생산체계, 통합생산체계가 상당한 수준으로 되입되었다. 이 공장들은 대부분 김정은이 현지지도 한 곳들이고, 해당 업종의 전형단위(표준)로 평가받고 있는 곳이라는 공통점이 있다. 또한 현대화·정보화의 성과로는 생산품의 안정성과 품질이 보장되고, 생산원가와 노동력을 절약하면서 노동생산성이 향상된 점이 꼽힌다.

북한은 현대화·정보화 정책을 단계적으로 추진하고 있는데, 우선 성공 사례를 만든 다음, 이를 점진적으로 확산시키는 방식으로 진행되고 있다. 가령

기계, 식료, 신발, 화장품공장, 온실채소와 버섯재배, 양어 분야 등에서 표준 단위들을 비롯해 모든 경제 부문에서 전형을 조성하고 일반화하는 과정을 통해 경제현대화의 완성도를 높여왔다(통일뉴스, 2017.1.18). 무인화 사업의 경우에도 이른바 '본보기 생산체계'를 먼저 수립해 일정 기간 검증한 뒤 문제가 없고 성과가 좋으면 일반 생산 현장에 도입하는 식으로 추진하고 있다. 김정은은 2017년 신년사에서 "우리식의 무인화된 본보기 생산체계들을 확립"했다고 밝힌 바 있는데 이는 향후 실제 생산 현장에서 무인화된 공장들이 빠르게 확산될 가능성을 시사한 것으로 평가된다. 사실 현대화·정보화 정책은 4차 산업혁명이 추구하는 방향과 거의 일치한다. 북한도 인공지능 등 4차 산업혁명을 이끌 일부 원천기술을 확보한 것으로 보이며, 이들을 다양하게 융합하거나 제조업에 응용 또는 적용하는 방안을 고민하고 있는 것으로 파악되고 있다. 예를 들면 인공지능과학 분야에서 이룬 과학기술 성과들을 생산·경영 활동의 실천에 적극 받아들이는 것이 인민경제의 현대화·정보화 실현의 관건이라는 것이다(박봉학, 2018: 28). 이런 맥락에서 보면 향후 북한 산업 각 분야의 생산 성과 업무 추진 방식에 획기적 변화가 일어날 가능성도 있어 보인다. 다만 현대화·정보화 추진에 있어서 가장 큰 걸림돌은 역시 국제사회의 제재로 추정되고 있다. CNC 기술 개발에 기초해 공업용 로봇 등을 국산화하려고 시도하고 있지만 국제사회의 제재로 필요한 하드웨어나 기술을 수입하지 못해 어려움을 겪는 것으로 보인다. 그 밖에도 여러 기술적 난제와 전력 부족에 직면하고 있고, 기타 설비 조달에도 애로가 있는 것으로 파악된다.

현대화·정보화 추진과 관련해 향후 가장 주목할 점은 지금까지 현대화·정보화를 주도적으로 이끌어온 군수공업이 경제건설에 기여하는 방향으로 본격적으로 전환할 가능성이다. 다양한 부문의 생산 현장들에 CNC 설비가 확산되는 현상은 대표적인 국방과학기술의 민간 이전의 대표적인 사례들이다. 김정은은 2019년 신년사에서 2018년 군수공업 부문이 여러 가지 농기계와 건설기계, 협동품들과 인민소비품들을 생산해 경제발전과 인민생활 향상을 추동했다고 밝혔다. 이는 현대화·정보화가 먼저 개발·도입된 군수 부문에서의 성과가 민수 부문에 빠르게 확산될 가능성을 시사한 것으로 평가할 수 있다. 따라서 현대화·정보화 정책이 어떤 방식으로 군수공업과 민수공업의 연계를 강화하면서 북한 경제의 수준을 높여나가고 있는지에 대한 후속 연구가 필요하다.

7) 주체기술 개발 성과

북한의 주체기술은 경제성 못지않게 정치적 효과에도 초점을 맞춘 것이다. 즉 북한이 강조하는 자력갱생을 통한 제재 극복 선전의 소재로 활용된 것이다. 북한의 자력갱생 상징인 '주체기술'은 수입 원료를 사용하지 않고 북한에 풍부한 무연탄을 연료로 철, 화학비료, 화학섬유 등을 생산하는 기술을 지칭한다. 주체기술은 북한에서 1960~1970년대부터 연구되어 왔으나 성과는 저조했다. 그러나 2008년부터 생산이 진행되면서 대대적으로 그 성과를 선전했다. 예를 들면 2008년 성진제강련합기업소, 김책제철련합기업소 등에서 '주체철'을, 2010년부터는 2·8비날론련합기업소가 '주체섬유'를, 같은 해 남흥청년화학, 흥남비료련합기업소 등에서 '주체비료'를 생산했다고 선전했다. 여기서 주체철은 철강 생산에 통상 사용되는 수입산 코크스 대신에 무연탄을 사용하는 것이고, 주체섬유는 무연탄, 석회석 등을 원료로 생성되는 '비날론'을 지칭한다. 코크스는 단기간 강한 화력, 제철 공정 등에 적합하고, 무연탄은 장기간 일정 화력, 난방용 등에 적합하다. 철 생산 과정에 사용되는 초고전력전기로는 다량의 전력을 소비한다. 비날론은 염색 가공 작업이 어렵고 세탁 시 섬유 형태가 불안정하다는 평가를 받고 있다. 주체비료는 비료용 암모니아 생산을 위해 수입산인 나프타(원유 재처리 과정에서 생성) 대신 무연탄과

<表 5-11> **금속공업 성과(2020)**

공장기업소	재자원화 원자재 제품명(개발생산 연도)
대형산소분리기 설치	• 공사 추진 중(김책제철, 황해제철)
부유예열식 산소열법용광로 건설	• 건설 진행 중(김책제철)
강질 개선	• 새로운 방식의 쇠물정련공정 완비(김책제철) • 탈류기술공정 개선(김책제철, 황해제철) • 제강공정에 남비정련법 도입(김책제철, 천리마제강) • 합금철 개발 진행: 복합합금철 생산(부령합금철공장), 합금철생산공정 확립(문천강철공장)
증산	• 원호식연속조괴공정 확립(청진강재공장) • 삼화철에 의한 철강재 생산공정 확대(청진강재공장) • 삼화철 생산공정 대보수작업 추진(보산제철소)
철광석, 내화물 증산	• '우리식의 공기기계식 부선기'에 의한 연, 아연선광공정 개선(검덕광업련합기업소) • 내화물 생산공정 기술개건 추진(천리마제강)

자료: 김수정(2021: 30).

갈탄을 사용하는 것이다.

주체기술은 주로 대중 수입의존도가 높은 금속·화학 공업의 주체적 발전을 위해 필요한 것이었다. 금속공업에서는 주체철 공법의 확립을 위한 주체기술의 점진적 발전에도 불구하고 여전히 목표 달성에는 미치지 못했지만 대형산소분리기 설치, 용광로 건설, 강질 개선 및 증산 등에서는 일정한 성과를 보여주고 있다. 예를 들면 2020년의 경우 금속공업의 성과를 살펴보면 〈표 5-11〉과 같다.

화학공업과 관련해 제8차 당대회에서 제시된 국가경제발전 5개년계획에서 '나라의 화학공업구조를 우리의 원료에 의거하는 주체공업으로 전환하는 사업'이 제시됐다. 여기서 언급한 주체공업은 지난 2016년 4월 제7차 당대회 결정서에서 제시된 '탄소하나화학공업의 창설'을 포함하는 더 넓은 범위의 개념으로 평가되고 있다. 즉 탄소하나화학공업뿐 아니라 원료·연료·기술의 자

<표 5-12> **화학공업 성과(2020)**

목표		성과
탄소하나공업 창설	연산 수십만 톤 규모 메탄올생산공정 구축 (메탄올: C1공업 필수물질)	• 탄소하나공업 창설을 위한 대상 건설 진행 중 　- 순천지구에서 45개 대상의 산업구조물 골조 및 생활구역 건설·건축 공사 진행. 7개 대상의 건축 공사를 진행 중(94종 195대의 설비 및 장치물 설치) 　- 2020년까지 시설물 공사 완료 계획 　- 2021년까지 설비 조립 및 시운전 계획 • 연구·개발 성과 　- 순천화학을 중심으로 메탄올 합성 공정의 가동을 위해 무연탄을 현탁액 상태로 만들 수 있는 첨가제(우리식의 새로운 첨가제)의 국산화 사업 진행 　- 순천지구에 있는 망간토를 이용해 초산합성촉매 국산화 성공
	비료 생산 능력 확대	• 순천린비료공장 완공(2020.5.1) 　- 고농도 린안비료를 대량생산 계획 　* 2021년 9월 현재 공장 가동에 대한 보도 없는 상태 • 생산 능력 확장공사 진행 　- 흥남비료, 남흥청년화학, 2·8비날론

자료: 김수정(2021: 65).

립을 통한 화학공업 전반에서의 성과 도출을 주문한 것이다. 이에 따라 2020년 5월 1일에는 순천린비료공장이 완공되는 등 일부 성과가 나타났다.

CNC는 숫자조종(NC) 기술에 컴퓨터를 연결해 자동으로 정밀한 기계적 가공을 할 수 있는 기술로 공작기계 분야에 활용되고 있다. 다만 북한에서는 컴퓨터를 도입한 생산의 현대화라는 좀 더 넓은 의미로 CNC라는 용어를 사용한다. 공작기계와는 무관한 식품가공공장 등에도 CNC화가 추진됐다. 북한의 CNC는 정밀도 면에서 남한은 2미크론(micron: 1mm의 1/1000) 오차, 북한은 4~5미크론 오차를 보여주고 있고, CNC 가공은 정밀도 제공을 위해 1시간가량 사전 운전 실시가 필요한 것으로 알려지고 있다. 하지만 주체기술은 낙후된 기술로 경제성이 낮고, 북한의 근본적 경제회생에는 기여하지 못한 것으로 평가받고 있다.

즉, 주체기술은 수입 원료를 사용하지 않아 외화 절감 효과는 있으나 생산성이 낮고 안정성이 부족하며, 무연탄 등 연료 소비가 크고, 특히 전력 소비가 크다는 점에서 전력난이 심각한 북한 상황에 적절하지 않았다. 다량의 무연탄, 전력 소비 등으로 대규모 제품 생산에는 부적합하고, 실제 원활한 생산으로 연결되지는 못했다. CNC 기술은 각종 부품 및 고성능 재료 부족, 불안정한 전력 공급 등으로 안정적 운영이 곤란한 것으로 평가됐다. 다만 북한이 심각하게 외화난을 겪는 상황에 당면 수요를 일부 충족시킨 것으로 판단된다. 그러나 주체기술은 국방과학기술의 진전을 불러왔고, 4차 산업 분야에서의 부분적 발전을 이룬 것으로 평가된다. CNC는 현대화·과학화된 산업구조를 상징했다. 2010년 전후 후계자로 등장한 김정은의 이미지화에 기여했다. CNC 플래카드는 평양역에 내걸리기도 했다. 당시 북한을 방문한 남측 관계자들에게 북한 안내원들은 CNC가 김정은을 상징한다고 언급하기도 했다. 여기서 가장 주목할 점은 CNC 관련 기술과 설비는 이중용도 제품으로서, 군용으로 전환될 수 있다는 점이다. 자체 개발한 CNC 관련 기술과 설비는 국방공업에서 효과를 발휘한 것으로 판단된다.

8) '우리식 주체무기' 개발 성과

주체기술을 주체무기 개발에 어떻게 적용하고 있는지를 구체적으로 파악하는 것은 쉽지 않다. 북한 측의 정책적 입장을 대변하는 ≪조선신보≫ 2019년 9월 4일 자는 주체무기 개발과 관련해 매우 주목할 만한 기사를 실었다. "최근 년간 조선의 국방과학과 군수공업은 국가핵무력을 완성하는 과정에 비약적으로 발전했다"라면서, 그 예로 "로켓 부분에서는 군사대국이라고 자처하는 나라들의 독점물로만 되어있던 첨단 핵심기술과 재료들을 독자적으로 연구 완성했다"라고 주장했다. 주체기술이 주체무기 개발에 응용·적용되고 있음을 분명히 시사한 것으로 해석된다. 신문은 주체무기 성공의 비결로 '주체'

를 들면서 다음과 같이 밝혔다.

적대세력들의 제재와 봉쇄 속에서 자기 나라의 실정에 맞게 참신하게 착상하고 국내의 자원과 기술에 의거해 남들의 모방이 아닌 '우리식의 주체무기'들을 개발했다"라고 주장했다. 북한은 2017년 12월 11일 제8차 군수공업대회를 열어 그동안 개발한 주체무기들을 소개했다. 국방공업을 담당하고 있는 태종수 당 중앙위원회 부위원장은 보고에서 "두 차례의 수소탄시험에서의 완전 성공과 '3·18혁명'(신형 고출력 로켓엔진 지상분출시험 성공, 2017년 3월 18일), '7.4혁명'('화성-14'형 시험발사 성공, 2017년 7월 4일), 7.28의 기적적 승리('화성-14'형 2차 시험발사 성공, 2017년 7월 28일), 11월 29일의 위대한 대승리('화성-15'형 시험발사 성공, 2017년 11월 29일) 등은 국방공업발전의 일대 변혁의 시대를 열고 강력한 국방력을 바라던 우리 인민의 오랜 숙망을 빛나게 실현한 민족사적 대경사, 특대사변들.

특히 전략잠수함 탄도탄(SLBM), 대형 중량 핵탄두를 장착하도록 설계된 중장거리전략탄도로켓(IRBM) '화성-12'형, 전략적 핵무력으로 과시된 대륙간탄도로켓 '화성-14'형, 미국 본토 전역을 타격할 수 있는 초대형 중량급 핵탄두 장착이 가능한 대륙간탄도로켓 '화성-15'형 시험발사의 대성공 등을 높게 평가했다. 김정은은 제8차 당대회에서 한 당 중앙위원회 제7기 사업총화보고에서도 핵전쟁 억제력과 자위적 국방력의 강화를 위한 투쟁에서 이룩한 주체무기 개발 성과들을 언급했는데, 군사공업대회에서 태형철 부위원장이 나열한 것들과 일치했다. 북한은 스스로 기존 상식으로는 20년, 30년이 걸려도 해내지 못할 국가핵무력 건설대업의 완성을 경제건설과 핵무력 건설의 병진노선이 제시된 때로부터 4년 만에, 그리고 당 제7차 대회가 있은 때로부터 1년 만에 실현한 것은 역사에 다시없을 기적이며 당과 혁명, 조국과 인민 앞에, 후

〈표 5-13〉 김정은 시대(2012년~현재) 국방공업발전 추진 실태

연도	주요 실적
2012	• 2012년 12월에 '은하 3호' 로켓을 쏘아 지구 관측 위성 '광명성 3호' 2호기를 궤도에 진입시킴으로써 북한은 김정은 시대 첫해를 성대하게 자축하며 마무리
2013	• 2013년 4월 1일 최고인민회의 제12기 제7차 회의에서 "자위적 핵보유국의 지위를 더욱 공고히 할 데 대해"라는 법령을 채택하고, 핵보유국 지위를 헌법에도 명문화 　- 2013년 2월 12일 전격적으로 3차 지하 핵실험을 단행하고, 후속 조치로 법제화를 마무리 　* 북한은 3차 핵실험 성공 사실을 발표하며 '핵무력의 다종화·소형화·경량화'에 성과를 거뒀다고 주장(이관세, 2019: 327)
2014	• 2014년은 북한군 현대화 계획(~2018)의 착수 연도로서, 북한은 주로 전술로켓 발사 등 현대적 무장장비를 개발하기 시작한 것으로 평가 　5개년계획이 완료되는 2018년까지 지상과 공중, 해상과 수중에서 완벽한 핵 타격 능력을 보유하는 것이 김정은의 계획(자유아시아방송, 2016.9.14). • 2014년 당시 오바마 미국 행정부는 '전략적 인내'를 고수하면서 2월 초 B-52 전략폭격기 파견에 이어 키리졸브·독수리연습(2. 24~4. 30), 을지프리덤가디언습(8. 18~8. 28), 10월 한미연례안보협의회의(SCM)까지 압박하자 북한도 이에 맞대응하는 방식으로 자위적 국방력을 강화 　- 북한은 전략군을 앞세워 10월까지 지속적으로 무력시위를 전개. 북한은 2월 하순에서 3월 말까지 해안포와 방사포 500여 발, 신형 방사포 12발, FROG 로켓 70여 발, 스커드-C 단거리 미사일 2발, 노동 계열 탄도 미사일 2발 등을 발사. 8월부터 10월까지는 KN-02 등을 개량한 것으로 추정되는 '신형발사체'를 과시
2015	• 신년사에서 밝힌 '혁명무력건설', '국방력 강화'의 대표적인 사례는 5월 잠수함 탄도미사일(SLBM) '북극성-1호' 시험발사 성공으로 평가 　- 당시 김정은은 직접 참관하면서 "인공지구위성을 쏘아올린 것에 못지않은 경이적인 성과"라고 자평 　- 북극성 1호의 발사 성공으로 제4세대 탄도미사일 시대를 개막
2016	• 2차례의 핵실험(1. 6, 9. 9)과 위성발사용 장거리 로켓 '광명성호' 발사. 이어서 중장거리 탄도미사일(IRBM) '화성-10'형과 개량형 탄도미사일, 잠수함 탄도미사일(SLBM) 등을 연속적으로 발사 　- 북한이 수소탄 시험을 주장하며 단행한 4차 핵실험은 폭발력 측면에서 3차 핵실험과 큰 차이가 없어 '증폭핵분열탄' 실험으로 평가(이관세, 2019: 327)
2017	• 북한은 2017년 국가핵무력 완성의 해로 규정하고 '경제건설과 핵무력 건설의 병진노선'의 정당성을 입증하기 위해 노력했고, 실제로 가시적인 다양한 성과들이 도출 　- 김정은은 신형 대륙간탄도로켓인 '화성-15'형의 성공적 발사를 통해 비로소 국가핵무력 완성의 역사적 대업, 로켓강국 위업이 실현됐다고 선언(11.29) 　- 2013년 핵보유국 지위 관련 법령을 채택한 이후 핵무기 고도화를 적극 추진, 2017년 말까지 이른바 핵 1세대로 불리는 원자탄 핵분열 기술확보와 핵 1.5세대에 해당하는 증폭 핵분열탄 기술 확보에 성공 평가(국가전략연구원, 2018: 198).

2018	• 2017년 말까지 매진했던 핵미사일 고도화는 김정은 체제 공고화에 기여함과 동시에 2018년 들어 대남 및 대미 관계 개선에 과감하게 나설 수 있었던 토대로 평가(이관세, 2019: 175)
	  - 국가핵무력 완성 선언(2017.11.29) 등을 통해 확립한 안보에 대한 자신감을 기반으로 2018 년부터는 경제건설에 집중, 이를 위해서는 대외적 평화 분위기 조성이 필요하다는 판단
	• 2018년 북한은 세 차례의 남북 정상회담, 한 차례의 북미 정상회담을 개최하고, 회담 성과를 내기 위한 분위기 조성 차원에서 추가 핵미사일 실험을 자제하고 선제적 군사적 신뢰조치 단행
	  - 풍계리 핵실험장의 일방적 폐기와 동창리 미사일 엔진시험장의 일부를 해체

2019	• 신년사를 통해 병진노선에서 경제건설 총력집중으로의 전환의지를 분명히 표명
	  - 군수 분야에서 민생경제 기여 등 군수산업의 민수산업 전환 방향을 시사, 3월에 개최된 제5 차 중대장-중대정치 지도원대회에서도 군수공업 부문에서 경제건설을 적극 지원해야 한다 고 강조
	  - 실제 김정은은 6월 초 자강도 일대의 4개 군수공장(강계뜨락또르종합공장. 제26호 공장, 강 계정밀기계종합공장. 93호공장, 2・8기계종합공장, 장자강공작기계공장)과 평남의 1개 군 수공장(평남기계종합공장) 현지지도를 통해 군수산업의 민생 경제 지원 가능성을 타진(경남 대 극동문제연구소, 2020: 55)
	• 하지만 2월에 베트남 하노이에서 열린 2차 북미 정상회담 결렬 이후 김정은이 군사 분야 현지 지도를 정상화하고, 새로운 무기 공개와 시험발사 등 군사력 현대화에 속도
	  - 2019년 북한이 선보인 단거리 전술유도무기 4종 세트와 신형잠수함 개발, 북극성 3형 SLBM 시험발사 등에서 북한의 군사력 현대화 의도가 분명하게 드러난 것으로 평가(경남대 학교 극동문제연구소, 2020)

2020	• 2020년에 북한은 신형 전술유도무기 개발에 집중
	  - 2020년 4월까지 새로운 무기들을 연속적으로 시험 발사. 특히 이른바 신형 단거리전술유도 무기 4종 세트로 불리는 북한판 이스칸데르와 북한판 에이테킴스로 불리는 단거리전술탄도 미사일, 초대형방사포(600mm), 신형 대구경조종방사포(400mm) 등이 주목
	  - 이 무기들은 모두 기존 무기와 비교할 때 사거리가 길어지면서 고도는 낮아지고 속도는 빨 라짐. 유도 및 회피 기능을 통해 정확성이 향상되었고, 모두 고체연료 엔진에 이동식 발사차 량을 이용한다는 점에서 발사시간 단축과 발사원점의 다양화 가능

자료: ≪노동신문≫ 등을 토대로 필자 작성.

대들 앞에 세운 가장 의의 있는 민족사적 공적으로 된다고 강조했다(≪조선신 보≫, 2021.1.25). 그 이후에도 북한은 새로운 첨단무기를 연속으로 개발하여 완 성했다. 초대형방사포, 신형전술로켓, 중장거리순항미사일, 반항공로켓종합 체, 자행평곡사포, 반장갑무기 등이다. 북한은 신형 주체무기들을 2020년 10월에 열린 당 창건 75주년 기념 열병식 등을 통해 공개했다.

9) 4차 산업혁명의 성과[*]

현재 북한에서 4차 산업혁명의 추진 성과는 현대화·국산화·정보화 등의 방식으로 나타나고 있다. 북한 측 주장, 즉 리기성 교수의 발표에 따르면 김정은 정권 출범 이후 최첨단돌파전 등 북한식 4차 산업혁명의 추진에 따라 전국적으로 수천여 개 대상의 현대화가 실현되고, 첨단 과학기술 성과들이 도출됐다고 한다(리기성, 2016: 10). 핵심 기초기술(정보 기술, 나노 기술, 생물공학)을 비롯한 첨단 과학기술 분야들을 개척했고, 그 성과에 기초해 인민경제 모든 부문을 CNC화·현대화하고 첨단산업을 발전시켜 왔다. 북한이 규정하고 있는 첨단기술은 정보 기술, 나노 기술, 생명 기술, 자연에너지, 로켓 및 핵융합 분야이다.

여기서 주목할 대목은 CNC화가 첨단돌파를 견인하는 역할을 수행한 점이다. 북한에서는 CNC화가 새 세기 산업혁명의 핵심 추동력인 것이다. 그래서 리기성 교수는 김책제철연합소 등에서 주요 생산공정들이 CNC화가 높은 수준에서 실현되어 모든 설비와 생산공정들이 자동화·정보화·무인화되고 통합 생산체계가 완벽하게 실현된 숫자화(디지털화)된 공장으로 개건 현대화된 것을 주요 성과로 내세우고 있다(리기성, 2016: 10). 김일성종합대학 경제학부 림광남 교수도 새 세기 산업혁명의 성과로 김책제철련합기업소와 순천화학련합기업소, 순천시멘트련합기업소, 단천제련소, 천리마타일공장을 비롯해 수많은 공장, 기업소들과 주요 생산공정들의 현대화를 거론했다(림광남, 2018: 10).

결국 김정은 정권이 추진하고 있는 '온나라의 CNC화'의 본질은 IT 기술을 비롯한 첨단 과학기술들을 경제와 사회 각 분야에 도입해 경제는 지식경제시대, 사회는 발전된 정보화사회로 전환한다는 것이다. '온나라 CNC화'는 국방

---

[*] 임을출(2019b: 20~26)을 수정·보완했다.

분야에서 달성한 첨단기술들을 산업 분야로의 스핀오프(SPIN OFF)를 통해 경제 각 분야에서 전통산업의 후진성을 극복하고 현대화·자동화·컴퓨터화하는 일대 혁신운동이다. 국제사회가 과학과 기술을 포함한 모든 분야에서 4차 산업으로 대표되는 새로운 진보를 추구하고 있다면 북한은 같은 용어는 사용하지 않지만 '온나라 CNC화', 지식경제, 현대화와 정보화라는 노선을 통해 4차 산업혁명을 추진하고 있다고 해석할 수 있다. 북한은 2010년에 세계적 수준의 CNC 선반인 4축 CNC 선반을 선보인 뒤 지금까지 9축, 13축 선삭종합가공반과 유연생산세포, 무인생산체계를 자체 개발했으며, 2017년 개발된 RMC-3000(수신기 컨트롤러)은 2대의 복합기에 로봇 ATC(automatic tool changer)를 내장해 까다로운 형상의 가공도 실현하는 고기능을 갖춘 설비로 기술 추격이 가속화되고 있음을 방증하고 있다.

실제 북한은 2016년 3월 로봇을 생산공정에 적용해 공장 무인화를 실현했다. 국가과학원 조종기계연구소, 김책공업종합대학 등에서 로봇 연구·개발을 진행해 왔는데, 이들은 평양어린이식료품공장, 천지윤활유공장 등 여러 공장에 무인화를 실현했다. 2017년 김일성종합대학 학보에 「안내로봇의 항행을 위한 촬영기와 레이자 거리수감부의 교정에 대한 연구」라는 논문이 수록되는 등 자율이동로봇 기술을 연구해 온 것으로 확인되고 있다. 2018년 2월 평양전자인쇄기술교류소는 탁구훈련로봇을 개발했는데 이 로봇은 모든 조종이 자동화되어 있으며 각종 공회전과 방향 조종을 컴퓨터의 명령에 따라 수행한다. 2017년 9월 김일성종합대학 전자자동화학부는 ST마이크로 컨트롤러로 축구로봇을 개발했다. 2018년 7월 김책공업종합대학 체육관에서는 전국 대학생 로봇 축구 대회를 개최한 바 있다. 2017년에는 김일성종합대학학보에 외다리 로봇 조종체계 개발에 관한 논문을 수록하는 등 이전에도 로봇 조종체계, 로봇 이동경로, 로봇 팔, 로봇 화상처리 등에 관한 연구가 공개된 바 있다.

한편, 북한의 SCI급 국제학술지 논문 게재 현황 분석 결과(KISTI, 2018)에 따르면 북한에서 나온 물리학이나 정보통신 분야 논문 중 세계적 수준과 비슷한 것이 20%, 세계적으로 인정받는 우수 연구 논문도 4%에 달했다(최현규 외, 2018: 1~2). 특히 북한은 첨단기술 중심으로 한 기술 개발, 기초과학, 수학·물리 등 공학, 전기전자, 재료, 정보통신 분야 중심의 논문 수를 늘려가고 있다. 물리학 분야는 원자력 핵융합이나 수중 음향 차폐 기술 분야 연구가 활발하게 이뤄지고 있다. 정보통신의 경우 빅데이터 처리 기술, 양자암호통신, 영어·중국어·조선어 자동 번역 기술 등의 연구는 선진국 수준이라는 평가를 받고 있다. 4차 산업혁명 관련 신제품과 신기술은 전국정보기술성과전시회 또는 전국정보화성과전람회에서의 전시물을 통해 확인할 수 있다. 2018년 11월 평양과학기술전당에서 열린 '제29차 전국 정보기술 성과 전시회'에서는 김일성종합대학 정보기술연구소가 내놓은 '지능고성기'(스피커)를 언급하며 사람의 음성 명령을 인식해 선풍기와 공기조화기(에어컨), 텔레비전, 전등 등을 자동 조종할 수 있는 장치가 소개됐다. 이어 2018년 11월 11일 자 ≪노동신문≫은 연구소 과학자들이 음성 인식 프로그램과 제품을 자동 조종할 수 있는 장치, 사람의 음성에 응답하는 지능고성기를 북한만의 방식으로 개발했다고 강조했다. 이 지능고성기는 스마트홈 시스템의 중심 역할을 하는 인공지능-AI 스피커를 가리키는 것으로 보인다.

인공지능 기술은 북한이 가장 많은 관심을 보이고 있는 분야다. 그들은 AI 기술을 음성인식, 문자인식, 공정 효율화, 게임 같은 다방면에 적용하고 있다. 사실 북한의 인공지능 분야 연구는 지난 2000년대 초반, 즉 김정일 시대부터 정보기술(IT) 연구개발기관인 조선컴퓨터센터(KCC)를 통해 지속해 왔고, 김정은 집권 이후 연구조직 확충 등 인공지능 관련 연구를 강화해 왔다. 김정은 시대의 북한은 이전보다 더 빠르고 광범위하게 통신과 SW, 인터넷, 신기술(인공지능·가상현실 등), 산업 정보화 등 다양한 과학기술과 IT 분야에서 기술 개발 성과를 보여주고 있는 것이 특징이다.

좀 더 구체적으로 살펴보면 조선컴퓨터센터 산하의 독립 연구·개발 센터인 청봉정보센터, 어은정보센터 및 평양컴퓨터기술대학 등 다양한 연구기관에서 세부 부문별 인공지능 연구를 실시해 왔다. 북한의 인공지능 관련 주요 개발 성과로는 바둑 인공지능 은별, 조선어 음성인식 즉 언어 번역 프로그램인 룡남산 등이 있다. 김일성종합대학학보 2017년 제63권 제4호에 게재된 「조선어련속음성인식을 위한 대규모 재귀 신경망 언어모형 구축의 한 가지 방법」이라는 논문에서 북한 측 연구원들은 조선어 음성 인식 프로그램인 룡남산에 대규모 순환신경망 언어 모델을 적용했다고 밝혔다. 이 프로그램은 영어로 된 과학 기술 문서들을 한글로 번역하는 AI 프로그램으로 수학, 물리, 화학, 생물학, 정보기술, 지구환경, 의학 등 30여 개 전문 분야의 번역을 지원한다(강진규, 2018).

2015년에는 AI 관련 연구 조직을 개편해 기관별로 담당 분야 AI 기술을 연구하고 있다. 정보산업지도국 산하 인공지능연구소는 게임 관련 인공지능, 수화 인식·학습 프로그램 등을, 조선컴퓨터센터 산하 청봉정보센터는 공장 자동화설비 개발을, 어은정보센터는 지문인식, 안면인식 관련 기술 개발을, 평양컴퓨터기술대학은 번역 프로그램과 같은 학술 관련 기술 개발을 맡는 식이다. 청봉정보센터는 2002년 8월 인공지능 기술 개발 전문으로 창립됐다. 이 센터는 2010년까지 화상인식, 음향인식, 추론 분야에서 세계 1위의 지능 소프트웨어를 개발하는 목표를 세운 바 있다(연합뉴스, 2009.7.13). 이처럼 북한은 안면화상 인식, 지문 인식 소프트웨어 개발에 인공지능을 도입하는 등 인공지능 관련 기술 개발에 박차를 가하고 있다. 기하기반 기계학습법(Vector Space Model)을 활용한 필기 인식, 자동차번호판 인식 등 기초 기술과 서포트 벡터머신(Support Vector Machine)과 인공신경망을 활용한 지문 인식, 안면 인식 등과 같은 다양한 기술을 보유한 것으로 평가할 수 있다. 김일성종합대학 정보과학부 인공지능기술연구소는 7개 국어 AI번역봉사체계 '룡마'를 완성하고 널리 도입했다고 북한 매체가 보도했다(조선의 오늘, 2021.10.3). 이 매체는 "인공지능기술연구소는 첨단인공지능기술영역에서의 연구와 생산, 봉사의 일체화가 실현된 정보기술단위로 20대, 30대의 쟁쟁한 정보기술실력가들로 꾸려진 연구집단"이라고 소개했다.

인공지능 기술에 이어 증강현실(AR), 양자암호통신 등에 관한 연구와 실제 적용도 진전되어 왔다. 2017년 9월 27일 북한 선전매체 조선의 오늘은 김일 성종합대학 첨단과학연구원 정보기술연구소가 지능유희사판 '모래놀이'를 개발했다고 보도했다. 이 기기는 모래판에 증강현실 기술을 적용한 것이 특징이다. 모래놀이는 모래함 안에 쌓인 모래를 가지고 여러 가지 지형을 만들거나 현실에서와 같은 감으로 모래놀이를 진행할 수 있도록 한 증강현실 체험형 유희 기재 및 프로그램이다. 또한 북한은 증강현실 기술을 이용한 교육용 소프트웨어를 개발하고 있다. 대표적인 사례가 2017년 11월 능라도정보기술사가 증강현실 기반으로 스마트폰과 태블릿 PC에서 사용할 수 있는 교육용 프로그램 '신비경'을 만든 것이다. 이는 북한이 게임이나 교육용 프로그램에 증강현실을 적용했지만, 앞으로 다른 분야에도 확대·적용할 가능성을 시사하고 있다. 양자암호통신은 차세대 통신 보안 기술로 알려져 있는데, 북한은 더 이상 작게 나눌 수 없는 양자의 성질을 이용해 도청이나 해킹을 방지하는 통신기술을 개발했다(최현규, 2019: 11). 김일성종합대학 소속 북한 기술자들은 인터넷프로그램 코드쉐프(CodeChef)에서 연속 1위를 차지한 바도 있다.

북한은 이외에도 빅데이터, 3D 프린터 기술의 개발과 실제 적용에도 박차를 가하고 있다. 2018년 10월에 열린 전국정보화성과전람회에서는 빅데이터 기술을 지칭하는 것으로 보이는 '거대자료처리기술과 그 응용'이라는 내용을 선보이고 북한의 종합자료분석체계 '내나라'에 이를 적용한 바 있다. 북한 평양제1백화점은 정보화 사업을 진행했는데 그 일환으로 바코드 기반 결제시스템인 판매시점정보체체(POS) 시스템을 구축했다. 2015년 5월 평양기계종합대

〈표 5-14〉 **북한의 4차 산업 관련 기술 동향**

분야	내용
CNC화	자율이동로봇 개발, 무인화 공장, 3D 프린터 등
정보통신	양자암호통신, 영어·중국어·조선어 자동 번역 기술, 바코드 기반 결제시스템 도입
인공지능(AI)	언어 번역 프로그램, 음성 인식, 문자 인식, 공정 효율화, 게임 등 다방면에서 활용
사물인터넷(IoT)	스마트홈, 지능스피커
빅데이터 클라우드	거대자료 분석기술 프로그램, 구름(클라이드) 계산체계, 정보센터 구축 추진, OpenStack 활용 소개
교통	평성 무궤도전차 주행 위치, 거리, 속도, 전력 모니터링 체계 소개
교육, 의료	원격 교육, 원력 의료, 증강현실(AR), 가상현실(VR) 이용 교육
에너지	태양광, 지열 등 재생 에너지 이용 증가

자료: 필자 작성.

학이 3차원 인쇄기술, 즉 3D프린터를 선보였다. 북한 연구진들은 컴퓨터 지원 설계(CAD), 컴퓨터 지원 제작(CAM), 숫자 조종 기술(CNC), 레이저 기술, 재료 기술 등을 일체화했다. 2016년 3월에는 김일성종합대학 연구원들이 레이저 3D 프린터를 개발했다. 그해 10월에는 북한 보건성 치과종합병원 미용외과에서 3D 프린터를 의료에 활용하고 있다는 보도가 나왔다(강진규, 2018). 북한은 건설과 정보통신 기술 등을 융·복합해 건설된 도시 기반시설을 바탕으로 다양한 서비스를 제공하는 스마트시티 개발에도 관심을 보이고 있다. 북한의 스마트시티 관련 기술 동향은 북한의 4차 산업혁명에 대한 관심과 실제 관련 기술의 발전 수준을 종합적으로 보여주고 있기도 하다. 북한이 교육혁신을 위한 정보화를 추진하면서 평양 제4소학교 등 일부 학교에 가상현실이나 증강현실 기술을 도입한 점도 눈여겨볼 대목이다(뉴스1, 2021.8.17).

10) 자력갱생의 창조물, 건설 성과: 지방공업, 지방건설, 후방건설과 자력갱생

북한에서 건설 성과들은 혹독한 국제적 제재에도 불구하고 '정면 돌파'를 통해 자력 부강, 자력 번영이 가능하다는 것을 보여주는 상징들이다. 실제 김정은 정권 출범 이후 평양을 비롯해 전국 각지에 건설된 창조물들은 일일이 숫자를 셀 수가 없을 정도로 많다. 해마다 새로운 건설이 이뤄졌는데, 이는 자력갱생의 대표적인 성과물로 간주된다.

북한이 자력갱생의 대표적인 창조물로 내세우는 것들을 살펴보면, 삼지연시 건설과 양덕온천문화휴양지 건설, 중평남새온실농장과 양묘장, 어랑천발전소 팔향언제와 단천발전소 건설, 원산갈마해안관광지구 건설과 순천린비료공장 건설 등이다(≪노동신문≫, 2019.12.12; ≪노동신문≫, 2021.2.18b). 여명거리는 2016년 4월 3일 착공식을 하고 20여 시간에 한 층씩 올라가는 '만리마속도'를 자랑하며 2017년 4월 13일 김일성 탄생일에 즈음해 예정대로 준공식을 거행했다. 제재를 극복하면서 자력으로, 또 그해 9월 함경북도 북부 지방의 대규모 수해복구를 병행하면서도 1년 내 완공 약속을 지킨 성과라고 해 '일심단결과 자력갱생'의 상징으로 내세웠다(≪노동신문≫, 2021.3.17a). 삼지연시 꾸리기도 김정은의 역점 건설 사업이었다. 자력갱생 측면에서 관광사업을 활성화하기 위한 목적을 두고 있다. '삼지연군(나중에 시로 승격) 꾸리기'는 백두산지역 개발사업의 일환으로 진행됐다. 양덕온천문화휴양지 혹은 양덕온천관광지구도 원산갈마해안관광지구, 삼지연군과 함께 김정은이 '외화벌이' 수단인 관광산업 육성을 위해 추진한 역점 사업 중 하나다. 2018년 11월 건설을 시작해 2019년 말 완공되고, 2020년 1월 15일 개장했다. 166만여 ㎡ 부지에 조성됐다. ≪노동신문≫ 등 북한 매체에 따르면 양덕온천은 실내 온천장, 야외 온천장, 여관, 주택, 치료 및 요양 구역, 편의시설, 승마공원, 스키장, 조마장 등으로 구성됐다. 북한에서 '문화휴양지'는 '문화적으로 휴양할 수 있는 곳'이라는 뜻인데, 우리의 대규모 리조트를 뜻하는 것으로 볼 수 있다. 아직 완공은 되지 않았지만 원산갈마해안관광지구 건설도 주목해야 한다. 2018년 8월 17일(이하 보도 일자) 김정은은 원산갈마해안관광지구 건설장을 현지지도 하면서 "제재·봉쇄를 뚫고 대규모 공사를 성공적으로 마무리해 당과 군대와 인민의 일심단결의 위력을 만천하에 다시 한 번 과시하자"라고 독려한 바 있다.

북한 매체 보도(조선중앙통신, 2015.5.21)에 따르면 2015년 5월 20일 진행된 착공식에서 참가자들은 "원산지구를 훌륭히 꾸리는 것은 김일성동지와 김정일동지의 생전의 뜻이며 간곡한 유훈"이라며 "김정은동지께서 사회주의문명국건설에서 새로운 전환을 일으킬 높은 뜻을 지니시고 원산지구를 세계적인 관광도시, 도시형성의 본보기로 꾸릴 데 대한 통이 큰 작전을 펼쳐주시었다"라고 강조했다. 북한은 2021년에도 건설·건축에 박차를 가하고 있다. 당 제8차 대회의 수도 건설 구상에 따라 평양시 1만 세대 살림집 건설 착공식이 2021년 3월 23일 사동구역 송신지구와 송화지구에서 진행됐다. 당 창건 80주년이 되는 2025년까지 해마다 1만 세대의 살림집을 건설할 예정이다. 김정은은 착공식 연설에서 수도 평양에 5만 세대의 현대적인 살림집을 건설하는 것은 안정되고 문명한 생활 조건 제공과 살림집 부족을 해결하기 위한 최중대 과업이라 강조했다. 2025년까지 해마다 1만 세대씩 5만 세대의 살림집을 새로 지으면 이미 건설 중인 1만 6000여 세대의 살림집까지 포함해 거의 7만 세대의 살림집이 생겨나 살림집 부족 문제가 해결될 것이라 예상했다.

자력갱생의 기치로 성공을 거둔 성과물로 내세우는 것 중에는 다수의 인프라 건설도 포함되어 있다. 예를 들면 ≪노동신문≫ 2020년 9월 17일 자에는 "노동당 창건 75돌을 자랑찬 노력적 성과로 맞이하기 위한 자력갱생 대진군이 힘차게 벌어지는 속에 안석간석지가 훌륭히 건설되어 준공됐다"라고 밝혔다. 신문은 이에 대해 "3년 남짓한 기간에 간석지를 만년대계의 창조물로 일떠세웠다"라고 평가했다. 원산군민발전소도 자력갱생의 창조물로 호칭

됐다. 자력갱생의 혁명정신을 높이 발휘함으로써 수십 km의 물길굴 뚫기와 근 200여만 m³의 언제 쌓기, 수천 m의 압력철관로공사와 발전기실건축공사 및 설비조립공사, 전력망계통공사, 발전소종업원들을 위한 100여 세대의 살림집 건설을 비롯한 방대한 발전소건설공사를 도 자체의 힘으로 완공하는 자랑 찬 성과가 이룩됐다는 것이다(조선중앙통신, 2016.12.13). 원산군민발전소는 모든 것이 부족하고 어려운 속에서도 강원도민 자체의 힘으로 완공된 것으로 자력갱생만이 살길이며 자력·자강을 원동력으로 삼을 때 못 해낼 일이 없다는 것을 실증해 주고 있다는 것이 북한 측 주장이다.

지방공업 발전에서도 자력갱생은 강조되었다. 예를 들면 북한은 2020년부터 강원도를 '자력갱생 선도지'로 선전해 왔다(≪노동신문≫, 2020.3.25). 강원도는 김정은 집권 이후 지역경제 발전을 선도하고 있는 지역이다. 김정은의 '강원도정신'은 김일성의 '천리마운동'과 김정일의 '강계정신'과 같은 북한의 시대 표어로 주목받았다. ≪노동신문≫이 '강원도정신'을 부각한 것은 타 지역의 본보기가 됨과 동시에 타 지역 주민들의 분발을 독려하기 위한 의도였다. 신문은 강원도에서 추진해 온 여러 건설 사업을 상세히 보도했다(≪노동신문≫, 2020.5.18). "지난 8년간 강원 땅에는 마식령스키장·원산 육아원·강원도 양묘장을 비롯한 시대의 기념비적 건축물들이 우후죽순처럼 솟아났다"라며 "또 오늘은 갈마반도에 세계적인 관광 지구를 펼쳐갔다"라고 설명했다. 또한 김정은이 강원도에 제공한 여러 원조 사업들도 함께 열거했다. 특히 2019년 9월 김정은이 강원도 인민병원에 의료 설비를 보내준 것과 2020년 2월 원산시가 관광도시로 발돋움할 수 있도록 무궤도 전차를 지원해 준 것을 언급했다. 또한 각지에서 진행 중인 발전소 건설 동향을 전하면서 건설 사업 성과를 자력갱생의 성과로 제시했다(≪노동신문≫, 2020.3.25). "우리 당이 강원도 인민들의 투쟁 성과를 높이 내세워주는 것은 우리의 자원으로 얼마든지 나라의 경제를 추켜세우고 활성화해나갈 수 있다는 귀중한 진리를 실천으로 확증하고 있기

〈표 5-15〉 **김정일 시대 건설 분야 자력갱생 창조물(건설) 추진 사례**

착공·준공·개장 시기(보도매체)	주요 자력갱생(건설) 창조물	비고
2021.3.23 착공 (조선중앙통신)	평양시 사동구역 1만 세대 살림집	• 3.23 착공식 진행
2020.5.5 (《노동신문》)	평양종합병원	• 미완성
2019.12.6 (조선중앙통신)	양덕온천문화휴양지	• 노동당 시대 문명창조의 새로운 경지를 개척한 특색 있는 인민봉사기지로 표현
2019.12.4 (조선중앙통신)	어랑천발전소 팔향언제	• 어랑천발전소는 1981년 6월 김일성의 교시로 건설이 시작됐지만 완공되지 못한 상태로 지체되어 오다가 준공된 것 - 수력발전소 건설역사에 남을 영웅신화를 남기며 노동당 시대 기념비적 창조물로 표현
2019.12.3 조업	중평남새온실농장과 양묘장	• 인민 사랑의 창조물로 묘사
2019.12.2 준공	삼지연시	• 북한에서 "현대문명이 응축되고 사회주의 산간 문화도시의 본보기로 전변됐다"라고 소개
2019.11.28 준공	김일성종합대학 자연박물관과 첨단기술개발원, 자연박물관	• 연건축면적 1만 8000여 m^2에 달하는 첨단기술개발원은 9개의 서로 다른 연구·개발 구역과 토론실, 공동개발실, 전시실과 같은 학술교류구역과 강의실, 회의실 등을 갖춘 현대적인 과학연구기지, 첨단기술제품개발기지
2018.10.28 (《노동신문》)	각지에서 현대적인 도 양묘장 건설이 경쟁적으로 추진	
2018.1.7 개장	강계스키장	• 대중체육봉사기지, 사회주의 문명강국 체모 과시
2017.4.13 준공	려명('조선혁명의 려명이 밝아온다는 의미') 거리	• '위대한 김정은 시대의 상징', '만리마시대의 자랑찬 창조물'
2016.10 준공	홍건도간석지 1단계 공사	• "자력자강의 정신과 사생결단의 투쟁 기풍이 안아온 조국번영의 재부"라고 평가
2016.4 준공	원산군민발전소	• '강원도 경제발전의 토대'로 선전, 김정일 국방위원장의 유훈 사업
2015.12.18 (《조선신보》)	백두산영웅청년발전소를 비롯해 청천강계단식발전소, 미래과학자거리, 만경대학생소년궁전 등	• 10년을 1년으로 주름잡는 눈부신 비약으로 평가, 미래과학자거리는 '자랑스러운 창조물'로 묘사
2015.12.10 (《노동신문》)	자성강1호발전소	• 자력갱생의 혁명정신으로 수많은 자재와 설비를 자체로 해결

2013.12.31 개장 (≪노동신문≫)	마식령스키장	• '마식령속도'를 창조한 선군조선의 기적이라고 홍보
2013.10.15 준공 (조선중앙통신)	평양 문수물놀이장	• 1994년 준공돼 운영되던 것을 전면 개보수, 현 대화하는 공사이며, 착공 9개월 만에 완공
2012.10.9준공 (조선중앙통신)	만경대유희장과 대성산유희장	• 혁명군대의 결사관철의 정신, 애국충정이 낳은 기념비적 창조물로 묘사
2012.9.11준공 (조선중앙통신)	평양민속공원	• 민족의 재부이며 선군시대의 기념비적 창조물
2012.9.4 (조선중앙통신)	대동강타일공장, 2단계 확장공사 완료	• 원료, 연료의 국산화를 실현, 대형 고급건재 대 량 생산
2012.5.11 (조선중앙통신)	남포~평양 바다물수송관	• 수도시민들의 먹는 물 문제를 풀고 인민들에게 훌륭한 문화정서생활 조건을 마련
2012.4.6 완공 (조선중앙통신)	희천발전소	• 김정일 영도에 의한 선군시대의 자랑 찬 창조물 로 소개

자료: ≪노동신문≫과 조선중앙통신 보도를 토대로 필자 정리.

때문"이라며 "강원도 안의 공장·기업소들처럼 결심 품고 달라붙으면 능히 우리의 자원으로 생산 정상화를 실현하며 나라의 경제발전을 적극 추동해나갈 수 있다"라고 주장했다(≪노동신문≫, 2020.8.2). 〈표 5-15〉은 북한 매체가 자력갱생 창조물 혹은 기념비적 창조물로 규정한 주요 성과를 정리한 것이다.

11) 인재 관리와 육성 사업의 성과

정확한 숫자를 제시하는 것은 어렵지만 과학기술에 근거한 자력갱생을 적극적으로 추진하면서 적잖은 인재가 양성됐을 것이라는 점을 추정할 수 있다. 김정은은 전국교육일군대회(2014.9)에서 발표한 담화문에서 교육제도를 개선해 지식경제시대에 걸맞은 실천형 인재를 육성할 것을 강조했고, 이에 따라 북한 주요 대학에서 원격 교육 지원 체계를 크게 강화했다. 북한 당국은 국가적 조치로 원격 교육 대학들을 신설해 각 분야의 근로자들이 컴퓨터망을 통해 대학 교육을 받도록 했다(김광남, 2017: 9). 김책공업종합대학이

2010년 9월 최초로 원격 교육 대학 강좌를 공식 개설해 2016년에는 300명의 졸업생을 배출했다. 원격 교육 대학 내에는 43개 학과가 속해 있다. 김책공대 운영 체계를 전수해 평양건축종합대학, 함흥화학공업대학, 한덕수평양경공업대학 등에서도 원격 교육을 시작했다. 김일성종합대학은 2015년 4월 독자 개발 운영체계를 구축해 원격 교육 대학을 개설했다. 최초 입학생은 2000여 명 정도였고, 초기 4개 학과에서 현재는 18개 학과로 확대됐다. 사리원농업대학, 평양인쇄종합대학, 원산경제대학 등에서도 같은 원격교육체계를 이용하고 있다(이춘근, 2018: 9). 전민과학기술인재화의 목표는 모든 주민을 4년제 이공계 대학 졸업 수준으로 만드는 것이다. 이는 새 세기 교육혁명으로서, 전민과학기술인재화를 실현하기 위해 교육체제와 내용을 개혁했다. 교과서를 개편해 수학과 과학 수업을 더 늘렸고, 컴퓨터를 기반으로 한 멀티 기능 교실과 멀티 기능 강의실을 만들었고, 모든 학교에 국가전산망으로 연결된 전자도서관을 세웠다(문인철, 2018: 132). 이를 통해서 육성된 과학기술 인력들이 북한식 4차 산업혁명을 이끌어가는 주역이고, 갈수록 과학기술 전문인력이 풍부하게 생겨나고, 체계적으로 육성되고 있을 가능성이 크다.

3. 김정은 시대 자력갱생의 한계

1) 국제사회의 제재와 자력갱생의 한계

자력갱생의 성과를 제약하는 가장 큰 요인은 역시 국제사회의 제재이다. 북한 스스로도 평화적 환경은 경제건설에 총력을 집중해 민생을 향상하는 데 필수적이지만 계속되는 북한에 대한 적대적인 군사행동, 비방 캠페인, 적대 정책으로 인해 북한의 주권과 발전권은 심각한 도전에 직면하고 있다고 밝히

고 있다.• 특히 북한의 핵미사일 역량 고도화에 대응해 유엔안전보장이사회
는 2016~2017년에 북한의 상품 수출 제한 및 금지 조치를 단계적으로 강화
했다. 그 결과 2017년 4분기 이후에는 기존의 주요 수출 품목 대부분의 수출
이 금지됐고, 수입도 크게 감소했다. 북한이 제재를 회피하기 위해 석탄 밀수
출, 어업권 판매, 사이버금융 공격, 정제유 밀수입 등 여러 가지 제재 회피 행
동을 활발히 전개해 왔지만, 유엔 제재는 북한 경제 회복에 여전히 적잖은 타
격을 주고 있다(김석진, 2021a: 9). 앞서도 설명했지만 2016년 5월에 열린 제7
차 당대회에서 결정한 국가경제발전 5개년전략을 달성하지 못한 이유도 유
엔 안보리의 대북 제재에서 찾을 수 있다. 특히 2017년 12월의 유엔 안보리
결의 2397호는 북한에 대한 유엔 회원국의 기계, 금속, 전기·전자, 수송기기
제품 수출(북한 입장에서는 수입)을 금지했다. 이 제품들, 특히 투자에 이용되는
기계와 금속 등 자본재의 수입 중단에 따라 투자 사업의 진행에 차질이 생겼
을 가능성이 크다(김석진, 2021a: 2). 또한 대북 제재와 코로나19로 금속 및 화
학소재의 수입이 감소하면서 신규 설비투자 및 기존 설비의 유지·보수가 어
려워졌으며 섬유의류나 식품가공, 생활용품 수입중간재를 가공하던 경공업
이나 건설 부문도 타격을 입었다(이석기, 2021: 46).

자력갱생 자체가 제재를 극복하기 위한 전략이지만, 제재는 북한 자력갱생
성과를 제한하는 핵심 요소일 수밖에 없다. 예를 들면 향후 국산화 정책에 가
장 큰 영향을 미칠 변수는 국제사회의 대북 제재이다(임을출, 2018: 108~109).
이 변수는 오늘날 북한의 자립경제 건설 노선의 미래에도 적잖은 영향을 미
칠 수밖에 없다. 북한 사회과학원 경제연구소의 김철 당시 소장은 "대조선 제
재는 어제오늘의 일이 아니다. 우리는 건국이래 계속 제재를 받으며 살아왔

• Democratic People's Republic of Korea Voluntary National Review on the Implication
of the 2030 Agenda for the Sustainable Development Prepared by the Government of
the Democratic People's Republic of Korea(2021), p.48.

다. 앞으로도 제재가 더 강화될 수 있다는 각오를 가지고 항상 거기에 대처할 수 있게 경제를 건설해왔다"라고 밝히고 있다(≪조선신보≫, 2018.1.5). 이 발언은 자립경제 건설의 역사와 궤적을 고려할 때 상당히 설득력 있다. 북한 정권의 의도와 무관하게 핵무력 건설 노선은 구조적으로 자립경제 건설 노선과 함께 갈 수밖에 없는 것이 현실이다. 김정은 정권은 제재 아래에서도 지난 2015년 제7차 노동당대회에서 제시된 국가경제발전 5개년전략(2016~2020)을 수행하는 데 매진했다. 김정은은 2018년 육성신년사에서 "국가 경제발전 5개년전략 수행의 세 번째 해인 올해 경제전선 전반에서 활성화의 돌파구를 열어 제껴야 하겠습니다"라고 강조했다(조선중앙TV, 2018.1.1).

북한 측은 이러한 제재가 자신들의 자강력을 강화해 줄 뿐이라고 강조하는데, 이런 측면에서 본다면 자립적 민족경제 건설 노선과 이의 실천강령이라 할 수 있는 연료·원료·설비를 중심으로 한 국산화 정책은 더 강력히 추진될 것으로 전망된다. 자체의 과학기술에 기초한 연료·원료·설비·자재 등의 국산화를 통해 에너지(전력), 금속, 기계, 화학공업, 농업 등 중요 산업의 발전을 이끌어가는 구조가 더욱 고착화될 것으로 전망된다. 이른바 북한 경제의 자립성과 주체성이 강화되고 있는 것이다. 북한에서 자립적 민족경제 건설노선의 성과는 기업 조업률 상승, 공장기업소 생산 제품 공급의 증대, 환율·물가 등 거시경제지표의 안정 등으로 나타나고 있다. 향후에도 이런 주요 지표들의 변화 여부가 국산화 정책의 성패를 가늠할 수 있는 근거자료가 될 것으로 전망된다.

대북 제재는 북한 당국이 자강과 자력에 더욱 매진하게 만들었다. 유엔 안보리의 제재 실시 이후 "자력자강", "자강력제일주의" 등이 북한에서 가장 강조된 표어로 등장했고, 자재 및 설비의 국산화를 추진해 외국에 의존하지 않고 자국의 힘으로 생산 활동을 완결시켜 제재 영향을 최소화하는 방향으로 경제를 운영하고 있다. 이런 자강과 자력 의존 정책은 2016년 제7차 당대회에서 채택된 새로운 국가경제발전 전략 구상에 반영됐다. 비전을 사회주의강국 건설로 설정하면서도 이 목표 달성의 관건은 제국주의자들의 사상·문화적 침투와 경제·기술적 봉쇄에 대해 어떻게 대응하고 돌파하느냐에 달려 있다고 보는 북한 지도부의 인식은 제7차 당대회 사업총화보고서 전반을 관통하고 있다. 이런 맥락에서 북한 지도부의 핵보유 노선이 유지되고, 이에 따른 국제사회의 강력한 대북 제재가 지속적으로 가해진다고 가정하면 폐쇄적인 국내시장 지향적 국산화 정책은 앞으로도 김정은 정권의 대표적인 자력갱생 정책으로 남아 있을 것이다. 인민경제의 자립성과 주체성을 보장하는 핵심 방안으로 제시된 것이 국산화 실현이기 때문에 논리적으로 향후 제재가 유지되는 한 국산화 정책은 갈수록 강화될 수밖에 없는 것이다.

북한은 국산화 수준을 지속적으로 높이기 위해 각 산업 분야에 과제를 부여했다. 북한 측이 제시한 과제들을 살펴보는 것은 국산화 추진 과정에서 북한이 직면하고 있는 어려움이 무엇인지를 파악할 수 있다는 점에서 의미가 있다. 우선 원료와 연료 부문의 국산화는 북한 국내 자원으로 공급을 보장할 수 있도록 생산기술 공정을 확립하는 것을 관건으로 여긴다. 금속공업과 화학공업을 비롯한 기초공업 부문의 주체화 수준을 높여 코크스와 원유를 사용하는 부문에서 북한에 풍부한 석탄을 이용하는 생산기술 공정을 확립해야 한다고 주장한다. 금속공업에서는 주체철 생산을 늘리며, 특히 경공업의 원료와 자재의 국산화를 추진하는 과정에서 큰 비중을 차지하는 화학공업 부문에서 주체화 수준을 높여 주체비료, 주체비날론 생산을 결정적으로 늘려야 한다고 과제를 제시했다(리기성 외, 2017: 48~49). 석유 대신 북한에 풍부한 석탄을 원료로 활용하는 '탄소하나화학공업'을 핵심 과제로 제시했지만 몇 년째 성과를 내지 못하는 것으로 알려지고 있다.

또한 원료 및 연료의 국산화 실현과 관련해 제시하는 두 번째 과제는 자원을 종합적·효과적으로 이용하며 원유를 비롯한 중요 자원들을 적극 개발하는 것이 중요하다고 강조한다(리기성 외, 2017: 48~49). 이는 자체의 원료·연료 기지를 더욱 튼튼하게 관리하여 국산 자원에 의거해 자국의 실정에 맞는 경제를 건설하고 발전시키기 위해 필수적인 요구라는 것이다. 북한은 구체적으로 공업 원료의 70% 이상을 자체 자원으로 보장할 수 있도록 원료·연료 기지를 다방면적으로 그리고 종합적으로 육성해야 한다고 제시했다. 더불어 중요 자원 개발을 촉구하고 있는데, 특히 "원유자원을 찾아내는 것이 경제발전의 절박한 요구"라고 부쩍 강조하고 있는 점이 눈에 띈다. 구체적으로 북한은 "원유탐사를 통이 크게 벌려 가까운 시일 안에 원유자원을 결정적으로 찾아내며, 다른 중요 자원들도 적극 개발해야 한다"라고 강조했다(리기성 외, 2017: 49). 이런 표현과 문구는 북한 문헌에서 좀처럼 볼 수 없었던 것으로 이는 원유 수입의 90% 이상을 중국에 의존하는 현실에서 하루빨리 벗어나고자 하는 의도로 분석되었다. 원유 공급을 중국에 전적으로 의존하고 있는 한 사실상 원료·연료의 국산화는 요원하기 때문이다. 사정이 이렇다 보니 북한은 폐유까지 재자원화하려 시도하고 있다.

북한은 대북 제재로 석유 부족에 시달리게 되자 북한은 폐유의 불순물을 걸러 재사용하는 등 안간힘을 쓰고 있다. 2021년 8월 20일 자 ≪노동신문≫은 "폐유를 재이용하니 얼마나 좋은가"라는 기사를 통해 "최근 평양화력발전소에서 자체의 힘으로 폐유 재자원화(재활용) 기술을 완성했다"라며 폐유의 불순물을 제거해 터빈유로 활용했다고 보도했다. 이보다 앞서 2021년 6월 조선중앙TV는 남포유화생산사업소에서 선박과 자동차에서 나오는 폐유를 활용해 디젤유와 윤활유 기초유를 생산했다고 전한 바 있다(연합뉴스, 2021.8.21). 이처럼 자력갱생, 자립경제체계를 확립하기 위해서 에너지 자립은 필수적이다. 북한은 수력, 석탄 등을 에너지 생산에 활용해 석유의존도를 낮추려 시도하고 있지만, 석유가 경제적으로 다양하고 폭넓게 응용(application)되는 필수적 에너지원이다 보니 양적으로 아무리 의존도를 줄여도 석유 없이 경제를 돌린다는 것은 매우 어려운 일이다(박후건, 2008: 231). 특히 재자원화된 것들이 제대로 재활용되고 있는지는 불분명하다. 예를 들면 폐유의 재자원화에 대해 2021년 8월 20일 자 ≪노동신문≫은 "터빈유의 성능을 떨어뜨리는 기본인자인 불순물을 말끔히 제거하는 것이 말처럼 쉬운 일은 아니었다"라며 당초 실험에서 실수율이 50% 정도였다고 스스로 한계를 언급했다.

농업 부문에서도 자력갱생은 쉽지 않다. 종자와 각종 농기구를 무역을 통해 조달해야 했다. 협동농장은 시장의 돈주나 해외대표부 인원들과 연계해 농업에 필요한 농자재를 조달하고 시장에서 원금을 회수하는 방식을 택했다. 경공업 부문에서는 원재료 및 생산설비를 같은 방식으로 해외에서 조달해 왔다. 경제제재에도 불구하고 북한에서 식량 및 경공업 제품 부족이 심각하지 않았던 이유는 대외무역에서 비공식 무역(밀수 등)이 차지하는 비중이 높아졌기 때문이다(평화재단, 2021). 특히 2020년 초부터 등장한 코로나19 팬데믹은 자발적인 무역 차단으로 이어졌고, 기존의 제재와 함께 자력갱생 목표 달성을 더욱 어렵게 만든 원인이 됐다. 국제 제재는 과학기술의 발전에도 상당한 제약 요인으로 작용한다. 북한 스스로도 설비의 국산화와 관련해 제시하고 있는 과제는 첨단설비를 비롯해 절실히 요구되는 기술·수단들을 북한의 실정에 맞게 자체로 생산을 보장하는 것이라고 강조하고 있다(리기성, 2017: 49). 최신 기술에 기초한 현대적 설비들을 대대적으로 생산할 것을 주문하고 있다. 여기서 강조하고 있는 것은 모든 생산 공정마다 과학자 및 기술자들이 외부에 의존하지 말고 직접 설계하고, 생산하라는 것이다.

2) 자원 낭비, 전력, 자재 부족 심화

전력 다소비형 산업의 재건에 따른 만성적 전력난은 자력갱생 노선이 초래하고 있는 최대 문제점이다. 북한이 주력하는 광업과 중화학공업(금속, 화학,

기계, 건재) 등 전통적 산업은 비용 대비 생산성이 매우 낮다. 즉 원료·자재·전력·인력을 많이 소모하면서도 생산량은 충분하지 않고 제품의 질은 낮은 것이다. 물론 북한은 에너지절약형이라는 새로운 효율적 산업구조로의 전환을 부분적으로 추진하고 있기는 하지만, 비효율적인 전통 산업의 복원을 지향하는 과정에서 발생하는 최대 문제점은 만성적인 전력난을 심화한다는 점이다. 이전부터 중화학공업은 북한 자체 자원만을 이용하려 한 자력갱생 노선 때문에 세계 표준에서 벗어난 구식 기술을 채용했고, 그 결과 전력을 매우 많이 소비하게 됐다. 석유 대신 석탄을 이용하는 석탄화학, 그리고 코크스를 사용하지 않는 제철법인 '주체철'이 대표적인 전력 다소비형 산업으로 평가받고 있다. 철도도 석유 소비를 줄일 필요성 때문에 전철 중심 시스템으로 되어 있어 역시 전력을 많이 소비한다. 따라서 전통적 국영산업의 재건은 전력 수요를 크게 증가시킬 수밖에 없어 전력 생산을 늘려도 공급 부족이 해소되지 않는 문제점이 상존한다(김석진, 2021a: 4). 북한 지도부도 이 문제점을 잘 인식하고 있는 것으로 확인된다. ≪노동신문≫ 2021년 8월 16일 자 보도 내용은 아직도 북한의 생산 현장에는 전력뿐 아니라 전기, 토지, 물 등이 낭비되고 있음을 재확인해 주고 있다.

> 아직도 여러 부문과 단위에는 로력과 전기, 부지, 물 등을 초과 소비하는 생산공정과 설비들이 의연히 남아 있다. 목전의 리익만을 추구하며 절약형생산공정확립에 낯을 덜 돌리는 편향도 나타나고 있다. 로력과 설비, 자재 등을 랑비하면서 진행되는 생산은 국가의 리익과 거리가 멀다(≪노동신문≫, 2021.8.16b).

그래서 북한 당국은 전력 과소비를 막기 위해 최신 과학기술에 기초해 에너지 생산 방식을 개선하며 나라의 경제를 에너지, 노동력, 원가, 토지절약형으로 전환하기 위해 안간힘을 쓰고 있다.

과거 김일성 시대에 추진했던 천리마운동의 경우, 경제 건설에서는 공업생산 연평균 성장률이 5개년계획 기간(1957~1961) 동안 36.6%를 기록하는 등 놀라운 성과를 달성했다. 하지만 대중의 도덕적 동기를 자극해 증산과 혁신을 촉구하는 천리마운동에는 자원을 효율적으로 사용하는 것에 대한 동기가 부여되지 않았기 때문에 필연적으로 자원을 오남용하게 되고 낭비하는 결과를 초래했다(박후건, 2019: 30~31). 김일성은 당 중앙위원회 제4기 제11차 전원회의에서 공장과 기업소들이 국가 전체를 고려하지 않고 기관본위(이기)주의적으로 운영되면서 엄청난 양의 자원이 낭비되고 있다고 지적했다. 석탄의 경우 전체 생산량의 1/3이 제대로 써보지도 못하고 낭비되고, 전력은 얼마나 낭비하는지 개략적인 숫자조차 알지 못하고 있다고 질타했다(김일성, 2001: 353~354). 김일성은 이에 대한 대안으로서 계획화 사업의 과학화를 언급했는데, 이는 김정은이 강조하는 대책과 유사하다. 즉 계획화 사업에서 국가계획기관들의 관료주의, 주관주의와 생산자들의 기관본위주의와의 모순으로 자원이 낭비되고 있다는 것이다. 국가계획 일군들(간부들)은 보장은 되도록 적게 해주면서 많은 것을 생산하라고 요구하고, 생산자들은 되도록 많은 것을 보장받으면서 생산은 적게 하려고 하면서 문제가 발생했다. 김정은 정권이 오늘날 관료주의·주관주의·본위주의 배격을 강력히 주문하는 배경도 이와 무관치 않다. 그래서 2021년 8월 16일 자 ≪노동신문≫은 "부족한 것을 자체로 해결한다고 하면서 연료와 동력, 원료와 자재를 국가적인 기준을 초과해 소비하는 것은 당이 요구하는 자력갱생, 자급자족과 인연이 없다"라고 주장한다.

　　김정은이 제8차 당대회를 통해 새로운 '국가경제발전 5개년계획'을 제시하고, 야심 찬 경제발전 목표를 천명했지만 이를 달성하기 위한 현실적인 조건이 녹록지 않은 상황이다. 이에 현실을 반영하지 않은 채 무리한 계획과 선언적인 목표만 앞세웠다는 지적도 나온다. 북한의 특성상 최고 지도자가 관심을 두고 추진하는 사업에 국가자원이 먼저 배분되며, 성과를 내기 위해 집중적인 관리가 이뤄진다. 예를 들면 성천 지역의 연, 아연 광산에서 1월 생산량이 계획에 못 미쳤는데, 북한 전문 보도매체들은 전력난, 설비사고, 공구 및 노력(인력) 부족 등 다양한 원인을 전하고 있다(≪데일리NK≫, 2021.3.1). 김정은마저 2021년 2월 노동당 중앙위원회 전원회의에서 "탄광·광산에서도 전기가 보장되지 않아 생산이 중지되는 애로가 존재한다"라고 인정한 바 있다(≪노동신문≫, 2021.2.12b). 사정이 이렇다 보니 북한 국영기업 간부들이 공장 관리자 직책을 기피하는 현상이 나타나고 있다고 한다. 당국이 공장 간부들에게 국가경제발전 5개년계획의 실적을 심하게 압박하기 때문이다. 공장 가동을 책임진 간부들의 입장에서는 생산에 필수적인 전기도 공급해 주지 않으면서 생산량 달성을 다그치는 당국의 행태로 골머리를 앓고 있는 것이다. 이러한 실정에서 각 공장이 국가경제발전 5개년계획의 생산 과제로 할당받은 2021년 목표 생산량을 달성하기는 사실상 불가능하다. 그런데도 당국은 계획 수행 과정에서 문제점과 어려운 상황을 내세우지 말고, 간부들의 능력과 당에 대한 충성심을 동원해 무조건 생산 과제를 수행하라며 엄포를 놓고 있는 상황이다(RFA, 2021.2.25). 북한은 전력 문제를 해결하기 위해 다양한 노력을 기울이고 있다. 특히 신규 수력발전소 건설과 기존 화력발전소 개보수사업 등을 추진하고 있는데, 유엔 제재로 인해 주요 설비와 부품을 수입할 수 없게 되자 자력갱생 방식으로 해결하려 시도하고 있다. 거의 모든 공장에서 중요 자재를 수입 자재 대신 국산화하는 데 집중하고 있다. 예를 들면 안주절연물공장의 경우 "지난 시기 없어서는 안된다고 여기던 수입자재 대신 파수지를 리용해 절연물생산을 정상화하고 있다"라고 ≪노동신문≫은 보도하고 있다(≪노동신문≫, 2021.8.17b). 다시 말하면 재자원화를 통해 부족한 원료를 보충한 정도가 아니라 중요 자재의 국산화를 추진하고 있는 것이다. 그럼에도 불구하고 이와 같은 수입자재를 모두 국산화하는 것은 쉽지 않을뿐더러 그 품질도

장담할 수 없는 것이 현실이다. 더구나 북한은 원가절감을 양보할 수 없는 원칙으로 내세우면서, 즉 가장 적은 투자로 실리를 극대화하는 식으로 자재의 국산화를 요구하고 있어 현장에서는 어려움을 겪고 있는 것이다(≪노동신문≫, 2021.8.17b).

3) 자본 조달의 어려움

자력갱생은 대북 제재를 전제로 하다 보니 외국인 자본 유치가 쉽지 않다는 점도 지적하지 않을 수 없다. 김정은의 야심 찬 경제개발구를 통한 외국인 투자유치 정책은 결국 국제사회의 제재로 별다른 성과를 거두지 못했다. 경제개발구와 외국인 투자에 관한 기본적인 법제도는 갖추고 있지만 사실상 제대로 시행도 하지 못하고 있는 상황이다. 자력갱생에 의존하는 북한 제조업의 가장 큰 문제 중 하나도 결국 투자 재원 조달 메커니즘이 존재하지 않는 점이다. 중앙정부의 투자 기능이 크게 약화된 상황에서 상업금융 시스템의 미발달로 성장 가능한 업종과 기업에는 자금을 조달할 수 있는 경로가 막혀 있다. 북한도 나름대로 금융 활성화를 위해 노력한 것으로 확인된다. 2015년 12월에는 전국재정은행일군대회를 열어 경제강국 건설에 필요한 자금조달 방안을 논의하기도 했다. 특히 경제건설의 핵심 주체라 할 수 있는 북한의 기업들은 생산과 경영 활동에 필요한 자금을 자체로 조성하기 위해 더 많은 노력을 해야 했다. 북한 당국과 기업 모두 경제건설에 필요한 자금 문제를 해결하기 위해 총력을 기울이고 있는 것이다. 북한 당국과 기업들은 국제사회의 엄혹한 제재를 받는 상황이다 보니 국제 금융보다 국내 금융을 활성화하는 데 주력하고 있다. 한마디로 금융의 자금 중개 기능을 정상화하기 위해 주민들이 보유하고 있는 유휴 화폐자금을 효과적으로 동원하는 데 초점을 맞추고 있는 것으로 확인되었다(강철수, 2016: 51).

이는 김정은 정권이 금융의 자금 중개 기능(조달 및 운용) 정상화가 경제 건설의 지름길임을 인식하고 있다는 점에서 주목할 가치가 있는 현상이다. 높은 수준의 국제 제재를 받고 있는 악조건 속에 김정은 정권은 일찌감치 국내 금융을 활성화하기 위해 다양한 방안을 강구해 온 것으로 파악된다. 특히 경제 부흥을 위한 자금 수요는 국내 자금을 다양한 방식으로 원활하게 순환시키는 방법으로 해결하기 위해 노력했다. 이를 위해 북한 당국은 2006년 '상업은행법'을 만들었고, 새로운 금융상품의 보급에 의한 자금순환, 인민생활 영역에서의 카드 및 전자화폐 활용을 적극적으로 추진했다. '주민 유휴 화폐의 이용에 관한 시행세칙' 등을 통해 국영기업이 주민들로부터 자금을 조달할 수 있는 통로도 만들었지만 이는 사실상 대출에 가깝고, 상업금융에 대한 공식적인 제도는 구축되어 있지만 금융기관에 대한 주민들의 신뢰 부족이 걸림돌로 작용하고 있다(이석기, 2021: 46).

결국 외부의 자본 조달을 원활히 하기 어려운 중앙정부의 한정된 재원으로는 전력, 수송, 통신 등 기반시설의 확충과 현대화는 사실상 불가능하다. 중앙정부의 예산 지원 없는 자력갱생의 한계도 보인다. 중앙정부의 예산 지원이 이뤄지는 부문과 그렇지 않은 부문 간의 격차는 벌어질 수밖에 없다. 또한 정부의 예산 지원 없이 각 공장기업소를 비롯해 도·시·군에 자급자족 체계를 구축하게 되면 각 공장기업소와 지방이 갖고 있는 자원 및 역량의 차이로 인해 공장기업소 간, 지방 간 격차가 더 벌어질 수 있다. 중앙정부 차원에서 이런 양극화를 완화할 수 있는 예산 지원 등이 뒷받침되지 않으면 경제적으로 낙후된 지역 주민들의 불만이 고조될 수밖에 없고, 이는 사회주의 체제 자체에 대한 불만으로 연결될 수 있다는 점도 유의할 필요가 있다.

4) 계획화 사업의 문제점

김일성·김정일 시대에는 자원 낭비 문제의 해법으로 계획화 사업 개선, 즉 계획의 일원화와 세부화를 강조했다. 그러나 계획화 사업의 모순도 적잖이 발생했다. 북한은 1964년 3월 내각 결정으로 계획의 일원화 체계를 공식화했다. 북한은 자원 부족 심화로 인한 경제위기 상황에서 계획의 일원화 체계를 공식화한 것인데, 이의 가장 중요한 목적은 자원 부족 문제가 심화되는 상황에서 당적 지도와 통제를 대안의 사업 체계 틀 안에서 강화해 계획 수립에 있어 당의 통일적 지도체계를 확립하고 개별 공장·기업소들의 조직이기주의를 극복해 낭비를 최소화하고 생산을 극대화하자는 것이다. 경제·국방 건설 병진 노선으로 가중된 자원의 부족난, 기존 계획체계에서 필연적으로 만연될 수밖에 없었던 계획의 파행, 자원부족난 상황에서 당적 지도와 통제 강화로 인해 실질적인 생산단위인 공장, 기업소들에 만연한 기관본위주의 극복이 골 칫거리였다. 군중 노선을 통해 국가계획기관의 주관주의적 관료주의를 방지하고 계획의 현실성과 객관성을 보장해 개별 생산단위 차원에서는 생산의 합리화를 추구하고, 국가적 차원에서는 생산 자원을 최대한 확보해 자원 부족 문제로 인한 위기를 극복하려는 것이 북한 당국의 의도였다. 이는 지금도 마찬가지이다.

김정은 시대의 자력갱생 전략에서도 계획의 일원화가 강조된다. 생산 활동의 모든 부분이 세부 사항에 이르기까지 빈틈없이 서로 맞물리도록 조직하는 것이다. 즉, 생산 활동을 담당하는 모든 경제 부문들이 서로 유기적인 관계를 맺도록 연결을 시도하고 있다. 그런데 이런 상황에서는 어떤 경제적 충격이 북한 경제의 어느 한 부문에서 발생한다면 경제의 모든 부문이 유기체와 같이 상호 의존적인 관계를 맺고 있기 때문에 충격은 흡수되어 약화되지 못하고 연쇄작용을 일으켜 북한 경제 모든 부문으로 확산되어 북한 경제 전체가 심각한 위기에 빠질 수 있다는 것이 과거 사례가 주는 교훈이다(박후건, 2015: 68). 북한은 자립적 경제 노선에 입각해 각 산업이 서로 유기적이며 상호 의존적인 자기 완결적 경제구조를 구축했지만, 이러한 경제구조는 외부에 충격에 매우 취약한 것이었다. 1990년대 초 소련이 몰락하고 구 사회주의권이 몰락하면서 석유와 코크스와 같은 원료가 외부에서 북한으로 들어오지 않자 먼저 농업에서 식량 생산이 심각한 차질을 빚었고 이것이 다른 산업으로 전파되는 악순환에 빠져 결국에는 고난의 행군이라는 엄청난 경제위기에 직면했다. 1990년대 산업순환구조의 붕괴는 1980년대까지 유지되던 산업 연관 구조가 급작스럽게 파괴되면서 초래됐다. 석탄, 철광석을 포함한 원자재의 공급 증가 → 에너지 및 공업용 원료 공급 증가 → 공업 부문의 생산 및 투자 증가 → 에너지 생산 증가라는 기본적인 확대재생산 메커니즘에 심각한 장애가 발생하면서 북한 산업의 붕괴가 촉발됐다. 이는 사회주의 경제권의 붕괴에 따른 원유 등 핵심 물자의 수입 감소, 대규모 수해로 인한 식량난, 탄광 등 생산설비의 가동률 저하, 김일성 사망에 따른 자원배분 시스템의 일시 중단 등에 따른 결과였다(이석기, 2021: 8). 즉 계획의 일원화와 세부화 체계는 현실에서 실현되기 어려운 것이며, 모든 부문을 빈틈없이 서로 맞물리게 세우는 것은 바람직하지 않은 것이었다. 계획의 일원화와 세부화는 자력갱생 달성을 위한 필수적 요소이지만, 역설적으로 경제발전에 가장 불안한 요소로 작용하기도 한다.

또한 사전에 수립한 계획이 그대로 집행되지는 않으며, 최고 지도자의 관심사와 여건 변화에 따라 계획이 계속 변경되고 새로운 사업이 추가되기도 한다. 문제는 그 과정에서 경제적 혼란이 발생해 경제 실적이 나빠지고 인력과 자원을 낭비하는 결과가 생길 수 있다는 것이다. 예를 들면 착공 후 17년이 되도록 70%밖에 공사가 진척되지 않았던 어랑천의 팔향언제는 김정은의 지시가 떨어지자 불과 15개월 만인 2019년 10월에 완공됐다. 최고 지도자가 관심을 보여 우선순위가 바뀌자 사업이 빠르게 진척됐지만, 이는 다른 사업에 투입되고 있던 인력과 자재를 빼옴으로써만 가능했을 것이다. 이는 다른 사업에서의 차질을 초래했을 가능성을 시사한다(김석진, 2021b: 6).

5) 장마당 경제 위축: 경제 분권 확대보다 국가 통제 강화

김정은 시대 경제관리개선 조치의 핵심은 사회주의기업책임관리제이다. 이 제도는 경제분권화의 상징이지만 실제 제8차 당대회에서 나온 내용들은 전반적으로 경제 분권보다는 국가 통제를 다시 강화하는 방향이었다. 김정은은 "국가경제의 자립성과 계획성, 인민성을 강화하자면 국가의 경제조직자적 기능을 높이고, 생산물에 대한 통일적인 관리를 실현해야 한다"라며, "경제사업에 대한 국가의 통일적 지도를 실현하기 위한 기강을 바로 세우고 국가적인 일원화 통계체계를 강화할 것"이라고 강조했다(《노동신문》, 2021.1.9).

민간 분야 상업과 관련해서도 "현 시기 우리 상업이 반드시 해결해야 할 중요한 과제는 상업봉사 활동 전반에서 국가의 주도적 역할, 조절 통제력을 회복"하는 것이라고 제시했다(《노동신문》, 2021.1.9). '국가의 경제 조직자적 기능', '생산물의 통일적 관리', '국가의 조절 통제력 회복' 등과 같은 김정은의 발언은 경제분권화 조치를 확대하기보다는 경제에 대한 국가의 개입과 통제 강화로 풀이된다. 실제 당대회 이후 기업 생산과 경영 활동에 대한 국가의 통일적 지도와 전략적 관리가 강화되어 왔다. 제재와 코로나19의 장기화 가능성에 대응하기 위해 2020년 11월 4일 '기업소법'을 개정(수정보충)해 절약을 법제화한 상황에서 기업소의 노동력, 에너지, 원가, 부지 절약 압박이 더욱 가속화할 것으로 예상된다. '경제사업에 대한 국가의 통일적 지도를 실현하기 위한 기강 확립'과 '국가적인 일원화 통계체계 강화', '생산물에 대한 통일적인 관리' 등 "국가경제의 명맥을 추켜세우기 위한 사업"을 강조해 시장보다는 국가 통제에 무게를 두고 있다.

1990년대 중반 심각한 경제난 속에서 자생적으로 발생한 장마당은 2002년 김정일의 '7·1경제관리개선조치'에 의해 공식화됐고, 이후 북한 유통·물류·운수 등 경제의 핵심으로 발전했다. 북한 당국이 공식 허가한 장마당만 500여 개에 이른다. '장마당 세대'라는 말이 등장했고, "노동당 아닌 장마당이 우릴 먹여 살린다"라는 말까지 나왔을 정도였다. 국영상업을 발전시키고 급양(식당), 편의봉사(미용, 사우나, 각종 수리점, 가내 수공업 등)의 '사회주의 성격'을 살리는 것을 현 시기 매우 간절한 문제로 상정한 의미는 장마당으로 북한 내 자본주의화가 가속화되면서 주민 통제가 어려워지자 개인 경제활동을 국가에 강제로 편입시켜 중앙집권적 계획경제 시스템을 복원하려는 의도로 해석된다. 농업과 경공업 부문을 포함해 북한 경제의 전 부문에서 당의 비상설경제관리위원회, 내각 및 국가계획위원회 그리고 각 담당 부처가 계획을 짜고 생산과 유통 단위들을 관리한다는 원칙을 세웠다. 이는 포전담당제와 사회주의기업책임관리제가 상대적으로 성공할 수 있었던 '시장의 힘'을 통제하겠다는 것이며, 1960년대로 회귀한 조치다. 농업과 경공업 분야는 외부와의 연계 속에서 발전해 왔는데, 자력갱생을 내세우고 금속 및 화학 공업의 발전에 따라 자연스럽게 발전한다는 과거의 논리로 돌아가겠다는 것으로 해석된다(평화재단, 2021).

북한은 시장 통제 조치의 일환으로 전국의 시장에서 개인 간의 식량 거래를 중단하고 국가식량판매소를 만드는 것으로 알려졌다(≪조선일보≫, 2021. 3.4). 이는 정부가 협동농장과 개인의 수중에 있는 모든 식량을 구매해 판매하는 시스템이다. 대북 제재와 코로나로 인한 국경 봉쇄로 경제난이 심각한 상황에서 개인들이 비축한 식량을 강제로 징수해 식량 가격과 수급의 안정화를 이루겠다는 의도로 해석된다. 하지만 이는 김정일 시대에도 시도했다 실패한 방식이다. 북한은 2000년대 초 당국이 시중의 식량을 모두 장악해 식량

공급소에서 곡식을 시장보다 싼 가격으로 공급하는 '양곡 전매제'를 도입했으나 식량 가격은 오히려 올랐다. 북한은 또 전국에 있는 500여 장마당에 대한 국유화를 추진하면서 개인 이발관, 미장원, 가정교사, 길거리 음식 장사, 길거리 상품 판매, 리어카꾼, 자전거꾼 등 상인들의 사적 거래도 차단할 방침인 것으로 전해졌다. 개인 이발관·미장원은 지역 편의봉사소에, 길거리 음식 장사는 급양관리소에, 리어카꾼·자전거꾼은 여객사업소 등 국가기관에 소속시켜 세금을 거두겠다는 것이다. 국가에서 정해준 가격과 규정을 통해 인민경제를 완전히 통제하려는 것으로 보인다. 이 같은 북한의 시장 통제 조치는 시장화로 인한 개인주의를 극복하고 사회주의 계획체제 공고화를 위한 포석으로 해석할 수 있다. 북한은 "하나는 전체를 위해 전체는 하나를 위해"라는 구호를 수시로 언급하면서 개인의 이익보다 국가의 이익을 우선시할 것을 강조하고 있다.

국가의 관리와 계획 기능이 강화되고, 부정부패 척결을 내세워 뇌물 및 상납 구조를 억제하기 시작하면 시장 기능은 약화된다. 시장이 약화되면 북한 주민들은 돈벌이를 할 수 있는 기회를 잃게 된다. 물론 계획 기능이 정상화되면 주민들이 필사적으로 장마당을 통한 돈벌이에 나서지 않아도 되지만 시장의 발전을 동반하지 않는, 자력갱생을 통한 계획 기능의 정상화는 기대하기 쉽지 않다. 각종 부정부패 척결, 세도정치의 배제는 바람직한 정책 방향으로 보인다. 하지만 북한 내 비공식 시장의 비중을 고려하면 국가의 관리와 계획 기능이 강화되고, 뇌물 및 상납 구조를 억제하면 단기적으로 주민들의 삶의 터전인 장마당 경제가 크게 위축되는 것이 불가피해 보인다(평화재단, 2021). 대부분의 경제활동이 비사회주의적 방식에 기반을 두고 있기 때문에 당국에서는 시장의 필요성이 없어지거나 필요 이상으로 성장했을 경우 정리할 수 있을 것으로 예상했지만(임을출, 2016: 210), 실제로는 국가이익 우선주의를 내세우면서 지속적으로 시장을 통제할 경우 자력갱생 성과마저 축소될 가능성이 있다.

6) 물질적 인센티브의 부족, 정신적 인센티브의 한계

북한 정권은 당 제8차 대회가 제기한 새로운 전망 계획 기간의 자력갱생은 국가적인 자력갱생으로 발전해야 한다고 강조하고 있다. 여기서 중요한 것은 하나를 창조하더라도 국가적 이익을 우선시하는 입장에서 실리를 철저히 보장하라는 것이다(≪노동신문≫, 2021.8.16a). 한마디로 국가적 이익을 떠난 자력갱생, 자급자족이란 없다는 것이다. 개인적 이익 추구는 북한이 요구하는 창의성, 창발성 발휘를 위한 중요한 조건이 되지만, 북한은 자력갱생 기조를 내세우면서 사실상 집단주의 강화를 위해 공장·기업소들과 개인이 갖고 있는 제각기 다른 생산 역량과 조건을 획일적으로 하나로 묶다 보니 생산 의욕이 크게 떨어질 수밖에 없다. 김일성은 "사회주의제도의 본질적 우월성은 착취와 억압에서 해방된 근로자들이 집단을 위해, 자신의 행복을 위해 자각적 열성과 창의, 창발성을 내어 일하는 데 있다"라고 언급했는데, 이는 결국 빠른 속도의 증산은 대중 노선을 통해서 가능하다는 의미다. 즉 다시 빠른 속도로 경제성장을 하기 위해서는 대중동원운동이 필요하다는 논리로 귀결된다(박후건, 2015: 72). 오늘날 김정은 정권에서도 대중동원운동이 강조되고, 이는 사상 통제를 통해 강화되고 있는 상황이다. 문제는 이 같은 사상이 강조되면서 물질적 자극을 간과할 경우 이미 과거에 경험한 것처럼 증산과 절약이 오히려 퇴보하게 된다. 김일성·김정일 시기 자력갱생 실현 과정에서 사상만의 강조는 원료와 자재를 사장시키고 낭비하며 그것을 함부로 다루는 무책임한 현상을 초래했다(전순호, 1974: 62~63). 결국 자원과 설비 그리고 노동의 합리적 이용에 대한 물질적 동기를 제공하지 않으면 자력갱생의 한계가 더욱 명확하게 드러날 수밖에 없을 것으로 보인다.

자력갱생의 대표적인 추진 방식인 속도전은 천리마운동과 같이 대중동원, 즉 대중의 적극성과 창발성에 바탕을 둔 증산운동으로서 결국 빠른 속도로 증산하는 데 목적이 있다. 하지만 자원과 설비, 노동의 합리적 이용에 대해 물질적 동기를 부여하지 않으면 자원의 낭비, 설비의 과도한 사용과 노동의 과도한 동원에 의해 생산성이 저하될 수밖에 없다. 속도 못지않게 효율성과 균형을 고려해야 하는 것이다. 천리마운동, 부단한 정치사상 교양만으로 노동생산성을 끊임없이 추동하는 방법은 한계가 있을 수밖에 없다. 자본투자와 기술혁신이 제때에 이뤄지지 않은 채 노력 동원과 속도 경쟁에 기초한 경제건설 방식은 초기에는 비약적으로 성장할 수도 있지만, 점차 피로도 증가와 한계생산체감의 법칙에 의해 생산이 한계에 직면하는 결과를 초래한다(통일교육원, 2016: 645). 북한도 이를 인식하면서 경제적 공간의 합리적 적용, 즉 현물평가제와 도급제 등 물질적 자극, 사회적 필요노동에 기초해 가격을 정해 가격 간의 균형을 이루고, 일한 만큼 받아가는 사회주의적 분배 실현을 강조했다. 생산을 정상화하기 위해서는 물질적 자극, 가격공간과 같은 경제공간의 합리적 활용이 중요하다는 것을 잘 인식하고 있는 것이다. 하지만 제8차 당대회 이후 집단주의, 공공 이익 우선 등이 강조되면서 조직과 개인의 이익 추구는 억눌리고 있는 상황이다.

7) 국방비 과도 지출에 따른 한계

김정은 정권은 경제건설에서 대중이 창발성을 발휘해 증산에 긍정적인 영향을 미칠 수 있도록 지도자와 당 간부들이 직접 현지에 내려가 노동자들과 함께 토론하고 그들의 의견을 수용하는, 즉 지도 간부의 지도와 대중의 자각과 창발성이 결합하는 바탕 위에서 경제건설을 추진했다. 이런 방식은 이미 1950년대 중후반에 시작한 천리마운동의 핵심 방향이기도 했고, 지금도 이런 방향은 강조되고 있다. 대중이 창발성을 발휘해 증산에 유리한 새로운 생산 방식 또는 숨겨진 내부예비를 찾을 수도 있지만, 이것이 늘 성공적일 수는 없다(박후건, 2015: 61). 특히 북한은 1960년대부터 경제뿐 아니라 국방력 강화를 위해 이전보다 더 많은 자원을 군사 부문에 배분할 수밖에 없었다. 이는 자원 부족 현상을 더욱 심화하는 원인이 됐음은 물론이다. 미국의 군사적 압박이 강화되면서 북한은 불가피하게 군비 지출을 늘릴 수밖에 없었다. 경제가 침체될 때 비생산적인 국방에 예산을 집중하는 것은 그야말로 불난 집에 부채질을 하는 것과 마찬가지로 경제 문제를 증폭시켜 경제적 어려움을 가중시키는 결과를 초래한다. 과거 김정일의 선군정치, 김정은 시대의 핵미사일 능력 고도화 시기 등에 나타난 미흡한 경제건설 성과가 이를 반증한다.

당대회에서는 핵 무력의 증강 방침을 더욱 확고하게 제시했다. 김정은은 보고에서 "우리 공화국은 책임적인 핵보유국"이라고 선언하고, 핵잠수함 개발 공식화, 탄두 안에 여러 개의 다른 탄두를 탑재하는 다탄두 개별 유도 기술 개발, 신형 탄도미사일에 적용할 마하 5 이상의 극초음속 활공비행전투부 개발, 군사정찰위성 운영 등 거침없는 핵 무력 증강 계획을 공개했다. 과거 경제·핵건설 병진 노선처럼 국방 부문에 대한 과도한 자원 투입은 민수 부문의 공급을 약화함으로써 결과적으로 경제발전계획 이행에 심각한 차질을 초래할 수 있다. 또한 미국의 바이든 신행정부가 대북 제재 압박을 더욱 강화하는 방향으로 대북정책 기조를 설정할 경우, 지금까지 그랬던 것처럼 국방 건설 집중으로 인해 북한의 경제 건설 역량은 크게 약화될 가능성이 있다. 북한이 계속해서 전략무기, 신형 첨단무기 개발 등에 집중할 경우, 제8차 당대회에서 새롭게 수립한 국가경제발전 5개년계획은 목표 달성에 또다시 실패할 수밖에 없을 것으로 전망된다.

김정은은 우리식 사회주의의 '부강발전'과 '획기적 진전'이라는 총체적 목표를 위해서는 당면한 경제 건설에 총력을 기울여야 한다고 강조하면서도 핵 무력의 계속적 증대 역시 중요하다는 인식을 드러냈다. 두 마리 토끼를 다 잡겠다는 뜻이다. 김정은은 제8차 당대회 사업총화보고에서 핵 무력 증대 계획을 매우 구체적으로 밝혔으나, 대회를 폐막하면서 한 결론 연설에서는 경제 문제 해결에 가장 큰 비중을 뒀다. 그는 국방 분야와 관련해 단 네 문장을 언급했다. "국가방위력을 질량적으로 더욱 강화하는 것을 중요한 과업으로 틀어"쥐고, "핵전쟁 억제력을 보다 강화하면서 최강의 군사력을 키우"고, "인민군대를 최정예화, 강군화하기 위한 사업에 계속 박차를 가"하며, "국방과학기술을 보다 높은 수준에 올려 세우며 군수 생산목표와 과업들을 무조건 수행"한다는 것이다. 김정은은 사업총화보고에서 핵잠수함 개발, 전술 핵무기 개발, 군사정찰위성 개발 등 다양한 핵 무력 증대 계획을 밝혔으나, 당대회 결론 연설에서는 국가방위력의 질량적 확대와 핵전쟁 억제력 증대라는 핵심 기조만 짧지만 분명하게 언급하고 더 자세한 말은 하지 않은 것이다. 그 대신 결론 연설의 대부분을 경제 문제의 해결에 할애했다. "사회주의 경제건설은 오늘 우리가 총력을 집중해야 할 가장 중요한 혁명과업"이라며, "우리가 직면하고 있는 현 난국을 타개하고 인민생활을 하루빨리 안정 향상시키며 자력부강, 자력번영의 확고한 담보를 마련하자면 제일 걸리고 있는 경제 문제부터 시급히 풀어야한다"라고 했다. 그리고 이를 위해 "국가경제발전의 새로운 5개년계획을 반드시 수행하기 위한 결사적인 투쟁을 벌려야한다"라고 주문했다 (≪노동신문≫, 2021.1.13).

06 결론과 전망

　지금까지 북한의 자력갱생을 역사적인 고찰을 통해 김정은 시대의 자력갱생과 비교·평가하면서 주요 특징을 설명하고, 공통점과 차이점 등을 살펴보았다. 그동안 자력갱생을 통한 성과와 한계도 짚어보았다. 자력갱생은 북한 스스로 강조하고 있듯이 북한의 전 역사를 관통하는 시대어였다. 자력갱생의 역사와 전통을 빼고 북한을 설명할 수 없을 정도로 자력갱생은 북한 정권에는 생존 전략이면서 발전 전략이었다. 그렇다면 북한이 자력갱생을 고수해 과연 앞으로 체제를 유지할 수 있을지 많은 이들이 궁금해한다. 본문에서 설명했지만, 이론적으로는 북한의 자립경제 체제 혹은 자력갱생 체제는 지속되기 어렵다는 결론에 이를 수 있다. 역사적으로 사회주의국가의 계획경제는 기본적으로 동기부여 체계(incentive system) 결여와 연성예산 제약(soft budget constraint) 문제를 극복하기 쉽지 않았다. 중앙계획을 통해 생산물의 종류, 생산량, 투입재 조달, 생산물 유통 등이 결정되기 때문에 시장경제에 비해 소비자의 선호가 반영될 수 있는 여지가 상대적으로 제한되어 있다. 경제 상황의 변화에 따라 생산을 변화시킬 수 있는 유연성이 부족했기 때문에 이는 필연적으로 산업생산의 비효율성을 초래할 수밖에 없었다. 자원배분에서 가격 조정 체계를 허용하지 않는 중앙집권적 사회주의국가들은 사회주의 틀 내에서 점점 더 어려움을 겪게 된다. 산업생산과 농업생산은 불안정해지고 대부분의 사회주의국가는 심각한 경제적 문제에 직면하게 된다. 계획경제체제에서 세운 비현실적인 목표와 실제 성과 간의 큰 격차는 국가계획을 빈번하게 수정하도록 했고, 그래서 소련과 동유럽, 중국과 베트남 등 사회주의국가들은 결국 어떤 형태로든 개혁 조치를 취해야 했다(신범철 외, 2021: 57~58).

하지만 북한은 분단 이후 70년 넘게 국제사회의 제재와 더불어 자력갱생과 함께 살아왔고, 적잖은 성과도 도출했다. 어쩌면 지금의 자력갱생 체제가 향후에도 개방체제보다 정권 유지에 더 도움이 될지도 모른다. 특히 2021년 1월에 열린 제8차 당대회 이후의 노선과 전반적인 정책들을 보면 코로나19 팬데믹이라는 이례적인 상황을 고려한 측면을 감안하더라도 자력갱생에 대한 강조가 지나치다. 북한은 당에서 자력갱생을 일관되게 강조하는 것은 순간의 화려한 변신이나 일시적인 부흥이 아니라 지속적인 발전과 번영의 튼튼한 토대를 다지기 위해서라고 주장하고 있다(≪노동신문≫, 2021.4.22a). 한마디로 자력갱생이 일시적인 노선, 전략, 정신, 사업 방식이 아니라는 것이다. 더구나 향후 미국과의 비핵화 협상 진전에 따른 제재 완화가 이뤄지지 않는 한 자력갱생의 위상과 전략적 가치는 유지될 뿐 아니라 더 강화될 가능성이 크다. 북미 대화가 풀려 경제 문제에 현실적인 돌파구를 찾을 때까지 북한은 이 같은 행보를 이어갈 것으로 보인다. 그런데 북한은 북미 관계가 개선될 가능성이 낮다고 보고 있을 뿐 아니라 앞으로 상당 기간 교착상태가 지속될 것으로 예상하고 있다는 점에서 자력갱생의 시한은 사실상 가시권 안에 들어오지 않는다.

북한의 자력갱생은 지속적인 제재로 인해 대안이 없는 상황에서 취할 수 있는 불가피한 선택이고, 차선의 전략이라는 점도 주목할 필요가 있다. 하지만 북한은 제재가 자신들을 더 강하게 만들었다고 평가하고 있다. 북한은 과

거와 오늘의 시련이 북한을 더욱 강한 나라로 만들고 있다고 평가한다. 적대
세력들의 모든 압박 공세를 내적 동력을 강화할 기회로 반전시켜 전략을 부
단히 실행하고 극악의 조건에서도 자체로 생존하고 발전하며 도약할 수 있게
힘을 키워왔다는 것이다. 그리고 마침내 핵보유로 전략국가의 지위에 올라
당대회를 통해 경제 부흥을 다음 단계 목표로 정한 오늘날 북한의 모습 자체
가 외부 세력들이 계산할 수 없는 자강력과 무진장한 발전 잠재력의 크기를
시사한다고 주장한다. 과거 사회주의 본연의 체계와 질서를 유지하기 어려운
상황이 조성되었던 고난의 행군 시기에 각 부문, 각 단위가 각자 생존을 위해
고군분투하면서 스스로 힘을 키웠다고 본다. 1990년대의 고난의 행군, 강행
군을 비롯해 시련을 헤쳐 오면서 사람들이 더욱더 강해졌다는 것이 북한 측
의 일관된 주장이다(≪조선신보≫, 2021.5.4).

　실제 앞에서 살펴본 자력갱생의 성과들은 이런 주장을 어느 정도 입증한
다. 북한 당국은 자력갱생이 세기를 이어 구축해 온 자립경제의 토대와 그 내
적 잠재력 때문에 지속 가능하다고 보고 있다. 외부에서는 북한이 오늘날의
경제적 어려움을 타개하기 위해서는 제재의 해제와 외부로부터의 지원이 불
가피하다고 주장하고 있으나, 북한은 이에 대해 세기를 이어 구축되어 온 자
립경제의 토대와 그 내적잠재력을 제대로 모르기 때문이라고 반박한다. 또한
북한은 외부 세력들이 성공 사례로 꼽는 개혁·개방의 나라들에 없는 귀중한
전략적 자원이 사회주의 북한에 있다고 주장한다. 그 근거로서 수십 년간 다
져온 자립경제의 토대와, 핵전쟁 억제력의 완성으로 증명된 능력 있는 과학
기술 역량, 온갖 시련 속에서 자력갱생을 체질화한 인민의 애국적 열의와 창
조적 힘을 내세우고 있다(≪조선신보≫, 2021.5.4). 그러면서 최단기간 내에 나
라의 경제를 활성화하고 세계 선진 수준으로 도약할 수 있는 자립적 발전 능
력과 기반에 대한 확신에 기초해 경제혁신을 추진하고 있다고 주장한다.

　여기서 초점은 자력갱생 역량, 즉 자립경제 토대 강화이다. 북한은 2021년

경제사업의 기본은 자립경제의 토대를 강화하고 기초를 다지는 것이라고 지속적으로 강조했다. 이는 곧 자립성과 주체성을 강화하는 것을 의미한다. 새로운 도약의 5년을 만들기 위해서는 경제의 자립성을 강화하는 사업이 매우 중요하다고 인식하고 있다. 이런 맥락에서 자립경제의 토대를 강화하고 기초를 다지는 것은 경제의 지속적이며 전망적인 발전을 위한 중요한 전제가 된다. 외부에 의존하는 경제는 지속 가능한 생산활성화를 도모할 수가 없다고 본다. 따라서 자립경제를 활성화하는 길이 어렵고 힘들다고 하여 외면하거나 중도에서 포기한다면 언제 가도 진정한 부흥·발전을 이룩할 수 없다고 인식하고 있다(≪노동신문≫, 2021.6.4).

실제 북한은 자력갱생을 뒷받침하는 '자강력제일주의'를 새롭게 내세우며 효율성을 높이는 방향으로 경제구조를 바꾸고 있고, 사회주의기업책임관리제 등 관련 제도를 새롭게 시행하면서 생산력을 증대시키는 노력을 기울여 왔다. 하지만 경제·핵개발 병진 노선에 따라 고도화된 핵미사일 능력은 국제사회의 강력한 제재를 초래했고, 악화된 대외 환경은 북한의 자력갱생 추진 성과에도 부정적인 영향을 미친 것으로 파악된다. 다만 주목할 대목은 이런 악조건에도 불구하고 국산화·재자원화 분야에서 주목할 만한 성과가 적잖이 가시화됐다는 점이다. 지도자의 국산화·재자원화 정책 추진 의지, 진일보한 과학기술의 뒷받침 등이 역설적 성과의 배경으로 평가된다. 국산화 분야에서의 성과와 영향은 국제사회의 강력한 제재에 맞서 나타난 현상이라는 점에서 김정은 정권의 내생적 성장 동력 또는 내구력을 평가하는 중요한 판단 근거로 주목할 만하다.

국산화와 재자원화는 김정은 시대 경제정책의 차별화된 특징을 대변하기도 한다. 실제 국산화라는 용어 자체는 김정은 집권 이후인 2014년부터 본격적으로 나오기 시작했다. 그것도 2013년 1월 1일 신년사에서는 언급되지 않다가 당시 한미합동훈련이 한창 진행 중인 3월 18일 경공업대회를 열어 국산화 정책 추진을 처음으로 공식화했다(조선중앙통신, 2013.3.19). 그리고 2014년 이후 김정은의 육성 신년사에 빠짐없이 국산화라는 용어가 등장했고, 경제정책의 핵심으로 제시됐다. 국산화는 김정은의 방침에 따라 자립경제 구조를 구축하려는 김정은식 경제발전 전략이고 자력갱생 전략이라 할 수 있다. 선대 김정일 시대에 나온 신년 공동 사설 등에는 국산화라는 용어가 등장하지 않는다. 하지만 김정은은 경공업 공장의 생산 정상화를 아버지 김정일의 유훈으로 강조하고 이를 관철하는 아들의 입장에서 국산화 정책을 추진하고자 하는 의도를 분명히 드러내고 있다. 이는 아버지의 유훈 강조를 통해서 정책의 연속성을 강조하기 위한 의도로 분석된다.

이런 맥락에서 보면 국산화는 기본적으로 전통적 자립경제 노선의 연장선상에 놓여 있기는 하지만, 한편으로 국산화는 김정은의 방침에 따라 자립경제구조를 구축하고자 하는 김정은식 경제발전 전략이자 자력갱생 전략으로 평가할 수도 있다. 김정은은 아버지의 유훈 강조를 통해서 정책의 연속성을 강조하고 있기도 하지만, 이전과는 여러 측면에서 차별화된 특징을 보여주고 있다. 특히 김정은 시대의 국산화 정책은 자립적 민족경제 건설 노선 아래 과학기술 중시 정책과 사회주의기업책임관리제라는 새로운 제도의 뒷받침을 받으면서 일정한 성과를 내고 있는 것으로 파악된다. 이 제도 아래에서 기업들은 자기 실정에 맞는 합리적이고 효율적인 경영 전략, 기업 전략을 세워 국산 제품을 경쟁적으로 생산하고 있다. 또한 현재 북한은 재자원화를 통해 순환경제라는 자력갱생 방안에 특별히 관심을 쏟고 있다. 아예 재자원화를 법으로 규정해 강제하고 있다. 북한의 재자원화 정책과 법제화 노력에는 경제산업적 목적, 환경보호 및 개선 목적 등을 모두 내포하고 있음도 주목해야 한다. 북한은 공업 쓰레기, 폐수의 회수 이용 체계를 점진적으로 수립하고, 긴밀한 생산기술 연계를 갖춘 경제 부문 간, 그리고 부문 내부에 순환경제 체계를 확립하고 관련 영역의 기술 연구와 개발을 강화하면서, 공업 쓰레기와 생활폐기물을 효과적으로 재활용할 수 있는 생산공정을 지속적으로 만들어왔다. 순환경제·재자원화 관련 법제화 실태를 보면 북한은 세계적 추세가 되어온 순환경제와 환경보호에 대한 국제 규범을 나름대로 이해하고 이를 반영하려 노력해 온 것으로 평가된다(임을출, 2021: 164~165).

한편, 순환경제·재자원화는 김정은 정권이 특히 강조하는 자력갱생 노선의 핵심 실천 수단이기도 하다. 국제사회의 제재와 코로나19의 장기화로 대외 교역마저 크게 축소된 상황에서 북한 내 인적·물적 자원과 자연적 조건을 최대한 활용해 지속 가능한 경제체제를 만들려는 의도도 내포되어 있는 것으로 파악된다. 재자원화·순환경제 관련 법률들은 경제난을 자력으로 극복하기 위한 '정면돌파전' 이행 방안으로 채택한 법안의 핵심이라는 공통점이 있다. 대북 제재와 코로나19로 고립된 상황에서 과학기술자들의 실력 향상으로 기술 개발을 이끌어내고, 부족한 원료와 자재를 최대한 아끼고 재활용 제품을 만들어 어떻게든 경제정상화를 이끌어내려는 의지의 표현이기도 하다. 어쨌든 과학기술 역량이 뒷받침되지 않으면 성과를 내기 어렵다는 대목은 주목할 만하다. 그래서 북한은 원료와 자재의 국산화, 재자원화를 실현하는 데서 가치 있는 창의 고안과 발명, 기술혁신을 한 모범적인 사람들을 적극 내세우고 선진적인 과학기술, 생산 방법을 도입하는 데 적극 나서고 있는 것이다. 앞서 살펴보았듯이 실제로 가시적인 성과가 많이 나오고 있는 상황이다. 결국 재활용품 전시회 등을 통해 국민들의 인식 전환을 도모하고 생활 차원에서의 자원 절약을 넘어 고부가가치 제품을 생산·판매·유통하는 새로운 경제성장 모델을 구축하고 있는 것이다(LH토지주택연구원, 2020: 10).

여기서 또 하나 지적할 대목은 자력갱생도 결국 재정이 뒷받침되어야 한다는 점이다. 더구나 북한 당국 스스로 밝혔듯이 김정은 정권이 제8차 당대회에서 제시한 국가경제발전 5개년계획이나 관련된 각종 후속 조치를 원만히 수행하기 위해서는 재정 수입이 필요하다. 제8차 당대회 결정 사항 관철을 위한 당사업과 당 활동이 더욱 강화될 것으로 예상되면서 재정 확보가 큰 과제로 부상했다. 이는 당이 주도하는 대규모 건설 사업, 인민생활 향상 과제와 연계해 주목할 필요가 있다. 김정은이 당총화보고에서 제시한 경제 건설, 인민생활 향상, 국방 건설 등의 방대한 과제를 수행하기 위해서는 재정 확충이 필수적인 과제이다. 국제적인 제재와 코로나19 장기화, 대외 수출과 관광 수입 감소 등으로 외화난이 심화되는 상황에서 북한이 어떻게 내부에서 재정을 확보를 해나갈지 주목된다.

북한은 국제사회의 고강도 제재가 유지되고 있는 상황에서 2020년 초부터 코로나19라는 초유의 범세계적인 전염병 확산에 따라 방역 차원에서 국경까지 차단해 놓고 있다. 이에 따라 북중 교역이 대폭 축소되면서 공장기업소의 가동률이 낮아지고 실직자가 발생하고 있으며, 시장 활동마저 위축되고 있다. 자연스레 일반 주민들의 가계소득이 감소할 수밖에 없는 상황이다. 이런 상황에서 김정은 정권은 제8차 당대회를 통해 국가경제발전 5개년계획을 제시했고, 이를 관철하기 위해서는 재정을 확충해야 하는 과제가 주어져 있다. 재정의 통일적·계획적 관리 원칙에 맞게 재정 자원을 최대한 국가 예산에 동원하기 위한 적극적인 대책을 세워 국가예산수입을 늘려야 하는 상황이다. 분명한 사실은 가계소득이 감소한 상황에서 세부담의 증대는 주민들에게 고통을 안겨줄 것이라는 점이다. 김정은은 제8차 당대회에서 세외부담을 줄이라고 지침을 내렸지만, 현실적으로 북한 주민들의 세부담 없이는 각종 공공사업 수행을 포함한 5개년계획 목표를 달성하기가 쉽지 않은 것이 현실이다 (임을출, 2021: 196~197).

이런 맥락에서 보면 향후 시장화 정책의 방향도 예측해 볼 수 있다. 시장화 진전으로 인한 주민들의 소득 원천 변화와 국가재정 관리체계 개선 등 일련의 북한 내 경제 관리 체제를 분석하는 작업은 매우 중요한 의미가 있다. 당국은 내각 상업성을 중심으로 통일적 지휘 체계를 강화해 시장을 통제하는 동시에 국가재정을 확충하기 위한 방안을 모색할 가능성이 크다. 시장관리소의 통제 항목을 세분화하고 기존 장세를 다양한 명목으로 확대해 준조세 수입 증대를 시도할 것으로 예상된다. 이런 맥락에서 당국도 대다수 주민의 주 수입원이 시장에서 발생하는 만큼 시장의 축소는 현 단계에서는 고려하기 어려울 것으로 예상된다. 제8차 당대회 기간 중에 당 중앙검사위원회 사업총화 보고가 있었는데, 이 자리에서 보고자는 2020년 "국가에서 취한 새로운 경제 관리조치들에 의해 많은 근로자들의 수입이 높아지고 그에 따라 당비수입이 늘어났다"라고 밝혔다. 경영관리가 개선되어 생산이 늘어난 것도 예산 수입을 빨리 증대시킨 요인이 됐다고도 평가했다(≪노동신문≫, 2021.1.10). 새로운 경제 관리 조치나 경영관리 개선은 시장화 조치와 밀접한 관련이 있기 때문에 결국 국가재정을 증대시키기 위해서는 기업이나 가계소득을 체계적으로 늘리는 것이 최선이라 할 수 있다. 이는 곧 주민들에게 세금을 징수하는 데도 도움이 될 수 있음은 물론이다. 국가 주도의 '계획적·과학적인 자력갱생 성과'를 극대화하기 위해서라도 재정 확충은 지속적으로 추진되어야 하고, 이로 인해 주민들을 대상으로 한 세부담의 역할은 더욱 중요해질 것으로 예상된다.

문제는 가계소득 증대와 세부담이 선순환 관계로 움직여야 하지만, 현실은 가계소득은 줄어드는데 세부담만 증가하고 있다. 북한이 대북 제재의 장기화를 전제로 자력갱생만을 추구하고 있는 상황에서 북한 주민들의 세부담은 더욱 가중될 것으로 전망된다. 현금 소득이 없을 경우에는 노력 동원과 물자 지원을 하는 방식으로 세부담을 대체할 가능성이 크다. 북한 당국 입장에서는 재정수입 감소를 만회하기 위해 다양한 단위와 지역 차원에서 일반 주민들에게 새로운 세금 항목을 개발하고 확대·적용할 것이며 이에 따른 주민들의 반발과 타협, 회피는 계속될 것이다. 김정은 정권이 제8차 당대회 이후 집단주의정신을 더욱 강조하고, 사상교양 사업을 강화하는 배경에는 주민들의 이런 반발과 불만을 누그러뜨리기 위한 목적이 있을 가능성이 크다. 결국 김정은 정권 출범 이후 세부담은 더욱 진화·발전하여 이제는 개별적이고 파편화된 단계를 넘어 더 조직적이고 제도화된 수준에 이른 것으로 추정된다. 이번 연구에서는 세부담의 양태와 기본적인 특징을 보여주는 데 그쳤지만, 세부담은 다양한 측면에서 추가적 연구가 필요한 중요한 주제이기 때문에 세부담 증대와 국가재정 간 관계 등을 지속적으로 주의 깊게 관찰해야 한다.

북한은 2018년 접어들면서 적극적인 대화와 평화 공세를 펼치기 시작했고, 남북정상회담의 성공적 개최에 이어 미국과의 적대관계 청산을 시도한 바 있다. 비핵화가 순조롭게 진전됐다면 국제사회의 대북 제재는 단계적으로 완화 또는 해제되어 대외 경제 환경은 크게 개선됐을 것이다. 특히 북미 관계가 정상화되는 방향으로 나아간다면 무역, 투자, 금융거래의 정상화도 빠르게 이뤄질 것이고, 이에 맞대응하기 위한 새로운 개혁·개방 정책도 제시될 수 있었을 것이다. 언젠가 북한이 대남·대미 관계 개선을 통해 제재가 해제 또는 완화되어 국제경제 체제에 편입되는 상황이 도래할 경우 지금까지 고수해 온 자력갱생, 자립경제 노선의 수정이 불가피할 것이다. 비핵화 진전에 따른 경제 해제 상황은 불가피하게 대외 경제와의 연계성을 강화시키는 방향으로 나아갈 가능성이 크다. 국제사회와의 협력을 강화함으로써 과학과 기술, 지식이 북한의 경제 성장을 이끄는 방식으로 빠르게 전환될 것이다.

김정은 정권의 자력갱생 정신과 전략을 연구하면서 눈길을 끄는 것은 과학기술에 대한 강조이다. 폐쇄적인 정책으로 일관하는 북한에서 과학기술 부문만은 상당히 개방적인 정책을 추구하고 있다고 볼 수 있다. 예를 들면 김정은은 제8차 당대회에서도 경공업 부문을 비롯해 모든 부문, 모든 단위에서 생명선으로 간주하는 원자재의 국산화·재자원화를 위한 현대화를 과제로 제시하면서 "관련 세계적인 추세와 선진과학기술을 잘 아는 것이 필요하다. 다른 나라의 선진과학기술성과들을 우리 실정에 맞게 제때에 받아들이도록 해야 한다"라고 강조했다. 선진 과학기술 성과들을 적극 도입해, 이를 북한식으로 확대·발전시키라는 주문인데, 사실상 자력갱생의 성패가 과학기술에 달려 있다는 인식을 잘 보여주는 대목이라 할 수 있다. 현재 북한의 공장 기술자들은 외국어 실력을 향상하는 데 온 힘을 쏟고 있다. 선진과학 기술 자료들을 한시바삐 섭취하고 생산·실천에 도입하기 위해서는 외국어 문헌을 읽고 활용할 수 있어야 하기 때문이다. 북한은 과학기술에 한정해서는 국제사회에 지원을 공개적으로 요청해 놓고 있기도 하다. 예를 들면 2021년 7월 26일부터 30일까지 스위스 제네바에서 화상 방식으로 진행된 국제환경협약(바젤협약, 로테르담협약, 스톡홀름협약) 당사국회의에서 북한 대표단 단장이 연설을 하면서, 협약 이행을 위해 북한을 포함한 '발전도상국들에 대한 기술 이전, 전문가 양성 등 과학기술 협조를 강화할 것'을 공식적으로 요구했다. 이는 북한이 자력갱생을 내세우며 자립경제를 추구하고 있으나, 선진 과학기술 도입을 위해서는 개방적인 대외 정책을 취할 수 있음을 강하게 시사한다. 당장, 순환경제와 재자원화를 위한 남북의 기술협력에 관심을 가질 필요가 있다. 순환경제와 재자원화에 주목하는 것은 무엇보다 북한이 향후 상당 기간 이 문제에 집중할 수밖에 없을 것으로 보이며, 더 나아가 북한 경제 내구력의 핵심 요소가 될 것으로 예상되기 때문이다.

참 고 문 헌

1. 남한

1) 단행본

강성종. 2004. 『북한의 강성대국 건설전략』. 한울엠플러스.

경남대학교 극동문제연구소. 2020. 『한반도 정세: 2019년 평가 및 2020년 전망』.

곽인옥. 2013. 「북한 시장의 실태 분석 및 변화과정에 관한 연구」. 『2013 북한 및 통일관련 신진연구 논문집』. 통일부.

국가정보원. 2017. 『북한법령집 상·하』. 국가정보원.

권영경 외. 2011. 『꼭 알아야 할 통일·북한 101가지』. 평화문제연구소.

김대환·김기원. 2006. 『경제발전론』. 한국방송대학교출판부.

김상배. 2018. 『4차 산업혁명과 남북관계: 글로벌 정보화에 비춘 새로운 지평』. 사회평론아카데미.

김춘순. 2018. 『국가재정: 이론과 실제』. 도서출판 동연.

나승혁. 2015. 『북한 과학기술의 수준 분석 및 전략적 활용방안 도출연구』. 한국과학기술기획평가원.

남북교류협력지원협회. 2019. 『북한 경제관련 법규집』. 남북교류협력지원협회.

박후건. 2008. 『유일체제 리더십』. 선인.

_____. 2015. 『북한 경제의 재구성』. 선인.

_____. 2019. 『DPRK의 경제건설과 경제관리체제의 진화(1945~2019)』. 선인.

북한법연구회. 2017. 『북한법령집』. 국가정보원.

오승렬. 2002. 『북한경제의 변화: 이론과 정책』. 통일연구원.

오원철. 1999. 『한국형 경제건설』 7. 한국형경제정책연구소.

이관세. 2019. 『김정은 체제변화와 한반도 변화』. 두일디자인.

이석기·권태진·민병기·양문수·이동현·임강택·정승호. 2018. 『김정은 시대 북한 경제개혁 연구』. 산업연구원.

임을출. 2016. 『김정은 시대의 북한경제: 사금융과 돈주』. 한울엠플러스.

임을출·정성장·백학순·전영선. 2017. 『김정은 리더십 연구』. 세종연구소.

최상오. 2005. 「외국원조와 수입대체공업화」. 이대근 외. 『새로운 한국경제발전사』. 나남.

통일부 통일교육원. 2013. 『북한지식사전』.

_____. 2016. 『북한지식사전』.

_____. 2021. 『2020 북한 이해』.

한국국가전략연구원. 2018. 『2018 동아시아 전략평가』.

홍성국. 2005. 『자력갱생의 기로: 북한 경제 이론과 실제』. 피씨라인.

2) 논문

강진규. "인공지능과 증강현실 등 북한판 4차 산업혁명 열풍 거세". 테크엠. http://techm.kr. bbs.board.php?bo table=article&wr id=4913(검색일: 2018.7.6).

강채연. 2020. 「코로나19 전후의 평양: 숫자와의 전쟁」. 온라인시리즈, Co 20-24(2020. 9.15).

권영경. 2013. 「북한시장의 구조화 과정과 김정은 정권의 경제개혁 가능성 분석」. ≪동북아 경제연구≫, 제25권 4호.

김석진. 2021a. 「북한의 제재 회피 실태와 그 경제적 의미」. 온라인시리즈, CO 21-12(2021. 4.12).

_____. 2021b. 「북한 경제발전 5개년전략은 왜 실패했을까」. 온라인시리즈, CO 21-06(2021. 2.24).

김영희. 2016. 「북한의 '경제발전 5개년 전략'의 함의와 전망」. ≪KDB 북한개발≫, 7호.

남성욱·문성민. 2000. 「북한의 시장경제 부문 추정에 관한 연구: 1998년을 중심으로」. ≪현 대북한연구≫, 31권 3호.

림금숙. 2017. 「대북제재 속에서 북한의 국산화 추진」. ≪수은북한경제≫, 55호.

문성. 2004. 「북한 재정제도의 현황과 변화추이」. ≪금융경제연구≫, 206호.

박서화. 2021. 「비사회주의 투쟁의 최근 경향과 함의」. ≪IFES 브리프≫, 2021-21호.

박창진. 2021. 「북한의 재자원화 추진현황」. ≪주간 KDB 리포트≫, 932호.

박형중·전현준·박영자·윤철기. 2012. 『북한 부패 실태와 반부패 전략: 국제협력의 모색』. ≪KINU 연구총서≫, 2012-12호.

안현준·추장민. 2020. 「북한 신년사에 나타난 김정은 시대 북한의 환경정책 분석」. ≪KEI 북한환경리뷰≫, 창간호.

엘에치(LH) 토지주택연구원. 2020.7.30. ≪2020년 2/4분기 북한 건설·개발 동향≫, 14호.

유재심. 2021. 「한반도 평화·발전을 위한 동북아 스마트 생태도시 네트워크 구축」. ≪한반도인프라포럼 웹진≫, 2호.

_____. 2021.5.3. 「한반도 평화·발전을 위한 동북아 스마트 생태도시 네트워크 구축」. ≪한반도인프라포럼 웹진≫, 2권.

이기동. 2020. ≪북한 로동신문 사설 분석(11월/12월)≫, 2020-6호.

이유진. 2017. 「최근 북한의 국산화 현황과 전망」. ≪KDB 북한개발≫, 13호.

이춘근. 2018. 「남북한 과학기술협력 경과와 과제」. 『4차 산업혁명 시대의 남북관계: 협력과 갈등의 새로운 지평』(서울대학교 국제문제연구소 주최 세미나 자료집).

임강택. 2013. 『북한경제의 비공식(시장)부문 실태분석: 기업활동을 중심으로』(KINU 연구총서), 2013-19호.

임을출. 2015a. 「북한 사금융의 형성과 발전에 관한 연구: 양태, 함의 및 과제」. ≪통일문제연구≫, 27권 1호.

_____. 2015b. 「김정은 시대의 경제개발구 정책: 특징, 평가 및 전망」. ≪동북아경제연구≫, 27권 3호.

_____. 2018. 「김정은 정권의 국산화 정책: 평가와 전망」. ≪북한학보≫, 43집 1호.

_____. 2019a. 「김정은 정권의 경제발전전략과 역량개발 수요」. ≪국가전략≫, 25권 1호.

_____. 2019b. 「북한의 4차 산업혁명: 대응전략, 추진방식과 성과」. ≪동아연구≫, 38권 2호.

_____. 2019c. 「북한의 경제현대화·정보화 추진전략과 실태에 관한 연구: '경제연구'를 중심으로」. ≪한국군사학논집≫, 75집 2권.

_____. 2019d. 「김정은 정권의 첨단기술개발구 추진실태에 대한 연구」. ≪세계지역학회논총≫, 37집 3호.

_____. 2020. 「80일 전투: 과거 유사사례와 시사점」. ≪IFES 브리프≫, 2020-24호.

_____. 2021a. 「시군당 책임비서 강습회: 지방경제발전을 위한 주요 논의 평가 및 전망」. ≪IFES 브리프≫, 2021-08호.

_____. 2021b. 「북한 주민들의 세부담 실태에 대한 고찰」. ≪정치·정보연구≫, 24권 2호.

_____. 2021c. 「김정은 정권의 순환경제·재자원화 법제화 실태와 함의」. ≪통일과 법률≫, 47호.

임을출·최창용. 2005. 「개발지원 방향과 전략: 기술지원과 PRSP의 연계」. ≪통일정책연구≫, 14권 2호.

평화재단. 2021. 「자력갱생으로는 북한 경제를 살릴 수 없다」. ≪평화재단 현안진단≫, 251호.

홍민. 2017. 「북한 종합시장의 지역별 분포와 운영 현황」. ≪KDI 북한경제리뷰≫, 19권 3호.

홍민·오경섭·정은이·한기범·양문수·차문석·전영선·김보근·박희진·최은주. 2018. 『북한 변화 실태 연구: 시장화 종합 분석』. ≪KINU 연구총서≫, 2018-19호.

3) 기타

강호제. 2017.1.18. "2017년 북한 신년사 분석과 전망(1): 과학기술을 제1순위로 배치한 배경과 북한 경제 전망". 통일뉴스.

김경일. 2018.12.17. 「한반도 평화체제 구축과 지경학 시대의 도래」. "2019, 한반도의 그림: 지경학 시대의 도래와 한반도 평화체제"(정동영 의원실 주최 토론회).

김민관. 2017.10.16. 「북한의 인공지능 개발현황과 전망」(KDB 산업은행 경제동향).

김수정. 2021.4.15. 「북한의 금속·화학공업 발전전략과 추진실태」(제11기 통일경제아카데미 강의안).

뉴스1. 2020.1.13. "≪노동신문≫이 연일 자본주의를 저격하는 이유".

_____. 2021.2.19. "북한판 '한한령'... '사상무장' 강조하며 내부 기강 다잡는 北".

_____. 2021.4.21. "북 최초 자동차 공장 '덕천 기업소'... '자력갱생' 선전 활용".

_____. 2021.8.17. "북한, VR·AR 등 최첨단 기술 교육체계에 적용".

≪데일리NK≫. 2008.1.4. "北, 새해 재활용 사업 주력키로".

_____. 2021.3.1. "북한 5개년계획 시작부터 삐걱... 月 목표 50%도 달성 못 해".

서울평양뉴스. 2018.1.30. "北, 생산공정 감시조정... 분산형 조종체계 '미래102' 개발".

_____. 2021.2.28. "北, 재자원화 사업 박차... 경공업성 재자원화국 발족".

_____. 2021.4.5. "北 도시경영성 각 지역 건물보수·식수·오수정화장 등 보수 추진".

변학문. 2019.1.23. "군수공업: 무기개발의 동력에서 경제건설의 밑천으로". 통일뉴스.

신범철·이의영. 2021.8.21 「쿠바경제발전과 시장경제 이행과정: 대북정책의 시사점」(제12회 접경지역혁신포럼 발제문).

양문수. 2021.3.25. 「국가경제발전 5개년계획 평가와 전망」(제11기 통일경제아카데미 강의자료).

연합뉴스. 2000.12.30. "경제난속 북한의 신조어.유행어".

_____. 2001.3.21. "북한에서 '강계정신'이 탄생한 배경".

_____. 2001.5.14. "북, '선진 정보산업국 합류 가능' 주장".

_____. 2004.1.12. "〈북한상식〉 70일전투".

_____. 2016.1.12. "北선전매체 자력갱생의 혁명정신, 자강력제일주의로 승화".

_____. 2016.1.23. "김정은, 北 현대화 마친 식료공장 시찰… '따라배우게 하라'".

_____. 2016.7.13. "北, 경제발전전략 이행 위해 '지하자원 확보 총력' 촉구".

_____. 2021.3.10. "김일성대, '연구형대학'으로… 1년새 국제학술지에 130건 게재".

_____. 2021.8.1."북, 국제환경협약 회의서 연설… 환경보호 사업에 깊은 관심".

_____. 2021.8.21. "한 방울도 아깝다… 석유부족 시달리는 北, 폐유 재활용 안간힘".

유영구. 2021.5.13. "북한, '본보기공장' 앞세워 생산 현대화 추진". 프레시안.

이석기. 2021.4.1. 「북한경제문제 해결을 위한 쟁점과 과제」(제11기 통일경제아카데미 강의안).

이승무. 2019.12.6. 「북한의 순환경제 정책」(국내환경동향보고).

정성조. 2019.4.13. "〈전문〉 北김정은 위원장, 최고인민회의 시정연설 1". 연합뉴스.

≪조선일보≫. 2021.3.4. "北, 장마당 금지… 식량거래 통제 나섰다".

지속가능발전포털. http://www.ncsd.go.kr.unsdgs?content=1(검색일: 2021.7.6).

최현규. 2019. 「북한의 과학기술현황과 남북협력전략」(경남대학교 극동문제연구소 주관 제7기 통일경제아카데미 강의자료).

통일뉴스. 2001.1.12. "21세기는 거창한 전변의 세기, 창조의 세기이다: 위대한 영도자 김정일동지의 말씀 중에서".

_____. 2001.5.22. "'현지지도': 북한식 산업시찰(?)".

_____. 2003.3.25. "북, 생산품의 원가절감 촉구".

_____. 2006.5.26. "천리마작업반운동은 기술혁신 대중운동: 강호제, 현대사연 월례발표회서 천리마운동 조명".

_____. 2008.1.26. "北이 밝힌 현시기 경제강국건설의 두 가지 기본방향".

_____. 2009.1.19. "연재 한호석의 진보담론(42): 북측의 자력갱생, 중국의 개방개혁".

_____. 2009.2.7. "'천리마제강련합기업소'란?".

_____. 2009.4.5. "입증된 북 과학기술, '단번도약' 지렛대 될까: 북한 위성발사와 2012년 경제강국건설".

_____. 2009.5.11. "≪조선신보≫ 北의 '150일 전투' 소개".

_____. 2012.1.10. "김정일 위원장의 현지지도로 보는 '경제유훈'".

_____. 2012.1.3. "북한의 2012년 주요 대내정책 방향: 북 신년공동사설과 정치국결정서, 공동구호 분석".

_____. 2013.6.5. "김정은 제1위원장, 전체 군민에 '마식령속도 창조' 호소문".

_____. 2016.1.28. "세계적 수준에 도전하는 북한 선흥식료공장".

_____. 2016.10.17. "北 당 건설 뿌리이자 청년중시의 출발".

_____. 2016.12.19. "북, '200일 전투' 종료 선언... 공업 목표 119% 수행".

_____. 2016.3.29. "북, 로봇 개발로 생산공정 무인화 실현".

_____. 2016.3.31. "北 핵.경제 병진노선 발표 3년, "최후승리 이정표".

_____. 2016.5.24. "김정은 시대 북한을 읽는 키워드, '과학기술 강국'".

_____. 2016.8.26. "'백두산영웅청년정신은 오늘의 시대정신'〈북 신문〉".

_____. 2017.1.2. "연재: 정창현의 '색다른 북한이야기' (8) 김정은 신년사, 강도 높은 사회개혁과 경제건설 최우선 강조".

_____. 2017.12.12. "北 8차군수공업대회 시작... '국가핵무력 질량적으로 더욱 강화해야'".

_____. 2019.1.23. "북, 6개 관절 가진 '공업용6자유도로봇' 제작".

_____. 2021.10.30. "北신문, 우리식 경제관리는 '사회주의 원칙 견지+최대한의 실리'".

_____. 2021.3.2. "북, 폐기폐설물과 오물들을 재자원화하는 사업 가속화".

_____. 2021.5.21. "북 경공업성 리성철 국장 "원료, 자재의 국산화와 재자원화가 생명"".

통일부. 2011. 「북한의 '주체기술' 평가 및 영향분석」(내부보고서).

통일부 북한정보포털. https://nkinfo.unikorea.go.kr.nkp.term.viewNkKnwldgDicary.do? pageIndex=1&dicaryId=234(검색일: 2021.7.5).

한국은행. 2021.7.30. 「2020년 북한 경제성장률 추정 결과」(경제정책자료).

〈KBS 남북의 창〉. 2019.8.17. "〈클로즈업 북한〉 '만리마' 재부상… 경제 성과 속도전".

〈MBC 통일전망대〉. 2021.4.24. "버리면 오물이고 쓰면 보물이다".

RFA자유아시아방송. 2021.2.25. "자력갱생 압박으로 북 공장 간부 기피현상".

NKTech TV. 2020.4.25. "데이터로 읽기: 북한의 재자원화법과 재자원에 집중하는 이유?"

≪NK경제≫. 2020.11.5. "북한 '재자원화' 국가적 사업으로 추진 중".

2. 북한

1) 단행본

과학백과사전출판사. 1985. 『경제사전』 1. 평양: 과학백과사전출판사.

근로단체출판사. 2017. 『수령님과 자력갱생』. 평양: 근로단체출판사.

김남진 외. 1995. 『향도의 태양: 김정일 장군』. 동경: 동방사.

김재호. 2000. 『김정일 강성대국건설전략』. 평양: 평양출판사.

김철우. 2000. 『김정일 장군의 선군정치』. 평양: 평양출판사.

리기성. 1992. 『주체의 사회주의 정치경제학의 법칙과 범주 2』. 평양: 과학백과사전출판사.

_____. 2017. 『조선민주주의 인민공화국 경제개괄』. 평양: 조선출판물수출입사.

백과사전출판사. 2000. 『조선대백과사전 16』.

법률출판사. 2012. 『조선민주주의인민공화국 법규집』.

사회과학원 언어학연구소. 1992. 『조선말대사전』. 평양: 사회과학출판사.

사회과학출판사. 1975a. 『주체사상에 기초한 3대혁명리론』.

_____. 1975b. 『주체사상에 기초한 사회주의경제관리리론』.

_____. 1992. 『조선말대사전』.

_____. 1995. 『재정금융사전』.

송승환. 2004. 『우리 민족제일주의와 조국통일』. 평양: 평양출판사.

평양출판사. 2004. 『우리 민족제일주의와 조국통일』.

_____. 2020. 『위인과 강국시대』.

2) 논문

김일성. 1999. 「조선노동당 제4차 대회에서 한 중앙위원회 사업총화보고」. 『김일성전집』 27. 평양: 조선로동당출판사.

_____. 2001. 「조선로동당 중앙위원회 제4기 제11차 전원회의에서 한 결론(1965년 7월 1일)」. 『김일성전집』 35. 평양: 조선로동당출판사.

강철민. 2015. 「산림복구전투는 김정일애국주의를 철저히 구현해 부강조국건설을 다그치기 위한 숭고한 애국사업」. ≪경제연구≫, 3호(루계 제168호).

계춘봉. 2013. 「경제강국의 튼튼한 밑천, 자립적 민족경제의 창설에 쌓아올리신 위대한 수령 김일성 동지의 불멸의 혁명업적」. ≪경제연구≫, 2호(루계 제159호).

고재원. 2016. 「전력생산에서 자연에네르기의 효과적리용방도」. ≪경제연구≫, 3호(루계 제172호).

권길복. 2017. 「사회주의 기업체들에서 자강력제일주의를 구현하는데서 나서는 중요한 문제」. ≪경제연구≫, 1호(루계 제174호).

권송미. 2016. 「록색호텔의 본질과 특징」. ≪경제연구≫, 3호(루계 제172호).

김경일. 2018. 「과학기술로 경제발전을 추동하는것은 사회주의의 승리적전진을 위한 중요과업」. ≪경제연구≫, 2호(루계 제179호).

김광철. 2014. 「과학기술과 경제를 통일적으로 지도관리하는 사업체계의 본질」. ≪경제연구≫, 1호(루계 제162호).

김금주. 2013. 「대외진출기업의 경쟁력을 높이는 것은 대외시장확보의 필수적 요구」. ≪경제연구≫, 4호(루계 제161호).

김룡류. 2016. 「연구개발에 필요한 물질기술적조건 보상체계를 수립하는데서 제기되는 중요문제」. ≪경제연구≫, 4호(루계 제173호).

김명국. 2016. 「현시기 경제개발구를 개발하고 관리운영하는데서 나서는 몇가지 문제」. ≪경제연구≫, 1호(루계 제170호).

김명혁. 2018. 「사회주의경제강국건설에서 원료, 연료, 설비를 국내생산으로 보장하는 것이 가지는 의의」. ≪경제연구≫, 1호(루계 제178호).

김미화. 2014. 「지식경제건설의 요구에 맞는 인민경제현대화」. ≪경제연구≫, 4호(루계 제165호).

김복남. 2013. 「인민경제발전계획수행을 위한 국가적인 경제조직사업의 본질적 특성」. ≪경제연구≫, 4호(루계 제161호).

김성일. 2014. 「경제전략정보체계의 특징과 구성」. ≪경제연구≫, 1호(루계 제162호).

김성혁. 2014. 「생산공정의 현대화, 정보화를 실리보장의 원칙에서 실현하는데서 나서는 중요한 문제」. ≪경제연구≫, 1호(루계 제162호).

김시남. 2010. 「경공업혁명과 인민소비품의 질」. ≪경제연구≫, 4호(루계 제149호).

김양호. 2016. 「지식경제강국건설의 튼튼한 토대를 마련해 주신 위대한 령도자 김정일 동지의 불멸의 업적」. ≪경제연구≫, 1호(루계 제170호).

김영욱. 2014. 「군의 역할을 높이는것은 이민들의 식량 문제해결의 근본담보」. ≪경제연구≫, 2호(루계 제163호).

김영홍. 2017. 「새 세기 산업혁명의 불길을 세차게 지펴올려 경제강국건설의 전환적 국면을 열어 놓는데서 나서는 중요한 문제」. ≪경제연구≫, 3호(루계 제160호).

김용호. 2014. 「현시기 산림조성 및 보호 통계지표체계를 정확히 설정하는데서 나서는 몇가지 문제」. ≪경제연구≫, 1호(루계 제162호).

김일민. 2016. 「경제개발구개발에서 나서는 몇가지 원칙」. ≪경제연구≫, 3호(루계 제172호).

김장운. 1975. 「3대혁명소조운동은 우리 당의 군중노선을 구현한 위대한 혁명운동」. ≪근로자≫, 5호(루계 제397호).

김재서. 2014. 「지식경제의 특징」. ≪경제연구≫, 2호(루계 제163호).

_____. 2015. 「경애하는 김정은 동지의 령도를 높이 받들고 새 세기 산업혁명을 힘있게 밀고 나가는 것은 현시기 경제건설의 중요과업」. ≪경제연구≫, 1호(루계 제166호).

김정철. 2018. 「우리식의 CNC화 실현에 쌓아올리신 위대한 령도자 김정일 동지의 불멸의 업적」. ≪경제연구≫, 1호(루계 제178호)

김종철. 2017. 「과학기술과 생산의 일체화를 실현하는 것은 지식경제강국건설의 확고한 담보」. ≪경제연구≫, 4호(루계 제185호).

김창림. 2015. 「위대한 령도자 김정일 동지께서 새 세기 지식경제건설에 쌓아올리신 업적은 선군조선의 무궁번영을 담보하는 만년재보」. ≪경제연구≫, 1호(루계 제166호).

김철. 2014. 「지식경제강국의 튼튼한 토대를 마련해 주신 위대한 령도자 김정일 동지의 불멸의 업적」. ≪경제연구≫, 1호(루계 제162호).

김희숙. 2016. 「정보기술의 발전은 인민경제화의 기본고리」. ≪경제연구≫, 3호(루계 제172호).

당경호. 2014. 「경애하는 김정은 동지께서 밝혀주신 우리식 경제관리방법의 본질적 특징」. ≪경제연구≫, 2호(루계 제163호).

라숙영. 2016. 「기술의 투자가치분석에 대한 연구」. ≪경제연구≫, 2호(루계 제171호).

류영철. 2016. 「자강력제일주의는 경제강국건설의 성과를 담보하는 근본방도」. ≪경제연구≫, 3호(루계 제172호).

류은경. 2018. 「과학기술과 생산을 일체화하기 위한 사업체계의 중요내용」. ≪경제연구≫, 1호(루계 제178호).

리경수. 2018. 「첨단기술개발계획작성방법에 대해」. ≪경제연구≫, 1호(루계 제181호).

리길송. 1981. 「속도전의 방침을 구현해 사회주의 경제건설에서 이룩한 불멸의 업적」. ≪근로자≫, 2호(루계 제466호).

리장혁. 2017. 「경제강국건설과 주체사상을 구현한 우리 식 경제관리방법」. ≪경제연구≫, 4호(루계 제185호).

리정준. 1983. 「80년대 속도 창조투쟁은 사회주의 경제건설의 힘 있는 추동력」. ≪근로자≫, 3호(루계 제491호).

리철호. 2016. 「시, 군들에서 림농복합경영을 대대적으로 조직전개하기 위한 몇가지 문제」. ≪경제연구≫, 4호(루계 제173호).

문병히. 2018. 「경제관리를 로력절약형으로 하는 것은 실리보장을 위한 필수적 요구」. ≪경제연구≫, 2호(루계 제179호).

박경호. 2014. 「최첨단돌파는 경제강국건설의 지름길」. ≪경제연구≫, 1호(루계 제162호).

박동명. 2018. 「과학교육의 급속한 발전은 당의 새로운 전략적 노선관철의 중요방도」. ≪경제연구≫, 4호(루계 제181호).

박봉학. 2015. 「경영활동에 정보기술을 적용하는데서 나서는 중요한 문제」. ≪경제연구≫, 1호(루계 제166호).

_____. 2018. 「경영활동에서 전문가체계를 적용하는데서 나서는 몇가지 문제」. ≪경제연구≫, 2호(루계 제179호).

박윤철. 2015. 「합영, 합작대상선정사업에서 견지해야할 주요원칙」. ≪경제연구≫, 3호(루계 제168호).

방미혜. 2018. 「록색생산방식을 받아들여 인민경제전반을 첨단수준에 올려세우는데서 나서는 중요한 문제」. ≪경제연구≫, 2호(루계 제179호).

서성철. 2013. 「국가경제발전계획의 본질적 내용과 특징」. ≪경제연구≫, 4호(루계 제161호).

성은경. 2018. 「기업체들에서 인재관리를 개선하기 위한 몇가지 방도적 문제」. ≪경제연구≫, 1호(루계 제178호).

안혁진. 2013. 「새 세기의 요구에 맞게 지방공업을 발전시키는 것은 창성련석회의정신을 구현해 인민의 락원을 일떠세우기 위한 중요과업」. ≪경제연구≫, 1호(루계 제158호).

양춘길. 2018. 「지식경제를 세우는 것은 당의 새로운 전략적 노선의 중요투쟁목표」. ≪경제연구≫, 4호(루계 제181호).

오성금. 2014. 「지식경제시대 경제발전의 질적수준제고에서 나서는 중요문제」. ≪경제연구≫, 2호(루계 제163호).

윤진아. 2018. 「경제사업에 대한 국가의 전략적 관리를 실현하는데서 나서는 중요문제」. ≪경제연구≫, 1호(루계 제178호).

윤철준. 2017. 「경애하는 최고지도자 김정은 동지께서 밝히신 공장, 기업소 현대화의 기본 중심과업」. ≪경제연구≫, 1호. 평양: 과학백과사전출판사.

익명. 2021. 「재자원화는 지식경제시대 경제건설의 중요한 요구」. ≪경제연구≫, 1호(루계 제174호).

임철웅. 2018. 「과학기술은 경제강국건설의 추동력」. ≪경제연구≫, 3호(루계 제180호).

장경미. 2012. 「현시기 경제관리를 합리적으로 해 나가는데서 나서는 기본요구」. ≪경제연구≫, 4호(루계 제157호).

장룡준. 2018. 「지식경제시대의 요구에 맞게 연구형대학 건설을 다그치는 것은 사회주의 경제강국건설의 중요요구」. ≪경제연구≫, 1호(루계 제178호).

전순호. 1974. 「사회주의 경제건설의 위력한 이론실천적 무기」. ≪근로자≫, 5호(루계 제385호).

전승학. 2013. 「무역회사들이 국제상품전람회를 통해 상품수출을 확대하는 것은 대외무역 발전의 필수적 요구」. ≪경제연구≫, 1호(루계 제158호).

전옥실. 2016. 「자력갱생에 기초한 국산화는 사회주의경제강국건설의 성과적 실현을 위한 중요한 담보」. ≪사회과학원학보≫, 3호(루계 제172호).

전충혁. 2013. 「강성국가건설의 요구에 맞게 지방공업을 발전시켜 지방예산수입을 늘이는데서 나서는 중요방도」. ≪경제연구≫, 4호(루계 제161호).

정영섭. 2014. 「내각책임제, 내각중심제를 옳게 실현하는데서 나서는 중요한 문제」. ≪경제연구≫, 1호(루계 제162호).

조광철. 2018. 「중공업의 발전은 사회주의경제강국건설의 확고한 담보」. ≪경제연구≫, 1호
　　　(루계 제178호).

조연경. 2015. 「지식경제출현의 사회경제적 배경」. ≪경제연구≫, 1호(루계 제166호).

조영남. 2013. 「새 세기 산업혁명은 지식경제강국건설의 추동력」. ≪경제연구≫, 3호(루계
　　　제160호).

조웅주. 2014. 「현시기 경제사업에 대한 지도와 관리를 개선하는데서 나서는 중요한 문제」.
　　　≪경제연구≫, 1호(루계 제162호).

_____. 2015. 「과학기술의 힘으로 인민의 락원을 일떠세우자는 것은 우리 당의 결심이고
　　　의지」. ≪경제연구≫, 1호(루계 제166호).

지대룡. 2018. 「과학기술력은 국가의 가장 중요한 전략자원」. ≪경제연구≫, 1호(루계 제
　　　178호).

지영희. 2016. 「지식경제 생산조직의 특징」. ≪경제연구≫, 3호(루계 제172호).

최수광. 2015. 「새 세기 산업혁명의 불길을 지펴올려 경제강국건설의 지름길을 열어주신 위
　　　대한 령도자 김정일 동지의 불멸의 업적」. ≪경제연구≫, 1호(루계 제166호).

홍성남. 2017. 「현시기 경공업을 발전시키는데서 나서는 중요 과업」. ≪경제연구≫, 제1호
　　　(루계 제174호).

홍철남. 2014. 「현시기 공장, 기업소환경관리를 강화하기 위한 방도」. ≪경제연구≫, 1호(루
　　　계 제162호).

3) 기타

김정은. 2015.12.13. "재정은행사업에서 전환을 일으켜 강성국가건설을 힘있게 다그치자"
　　　(제3차 전국재정은행일군대회 참가자들에게 보낸 서한).

≪노동신문≫. 2014.3.24. "자력갱생의 역사와 전통을 줄기차게 이어나가자".

_____. 2015.2.23. "대외경제 다각화 추진".

_____. 2015.3.30. "사랑하라. 우리의 것을".

_____. 2016.1.5. "우리 지하전동차 1호".

_____. 2016.2.29. "70일전투의 철야진군에서 사상전의 포성을 더 높이 울리자".

_____. 2016.5.8. "조선 노동당 7차대회에서 한 중앙위원회 사업총화보고".

_____. 2016.6.28. "국가경제발전 5개년전략 수행에 힘을 집중해 사회주의경제강국건설의

활로를 열어나가자".

_____. 2016.12.22. "5개년전략 수행, 첫해년도의 큰 걸음".

_____. 2017.1.26. "'만리마선구자대회' 소집".

_____. 2017.2.20. "정론: 우리의 승리적 전진을 가로막을 자 이 세상에 없다".

_____. 2017.3.8. "'만리마시대' 여성의 역할".

_____. 2017.6.24a. "경쟁 속에서 비약하고 또 비약하자".

_____. 2017.6.24b. "당의 경공업 정책을 받들고 하루빨리 인민생활향상에서 새로운 전환을 일으키자".

_____. 2017.7.19. "900여종의 새 제품 개발, 경공업성 산하 공장들에서".

_____. 2017.7.21. "국산화는 경제강국의 필수적 요구".

_____. 2017.8.6. "주체철 생산성과 지속확대".

_____. 2017.8.9. "과학기술의 위력으로 5개년전략수행의 지름길을 열어나간다".

_____. 2018.1.5. "김철 사회과학원 경제연구소 소장과의 인터뷰, 조선이 쇠퇴가 아닌 상승의 길을 걷는 리유".

_____. 2018.2.11. "자립경제발전의 지름길을 앞장에서".

_____. 2018.12.12. "정론: 자력갱생·간고분투".

_____. 2019.2.27. "정론: 그리움의 강산".

_____. 2019.6.6. "수자와 애국".

_____. 2019.7.6. "수자의 무게".

_____. 2019.12.12. "자력갱생의 위력으로 힘차게 전진해온 해".

_____. 2020.1.4. "사설: 당중앙위원회 제7기 제5차전원회의사상을 깊이 학습하자".

_____. 2020.1.8. "오늘의 정면돌파전에서 기본 전선은 경제 전선".

_____. 2020.1.14. "오늘의 시대에 내세워야 할 본보기".

_____. 2020.1.19a. "오늘의 시대는 절약정신을 체질화한 참된 애국자를 부른다".

_____. 2020.1.19b. "논설, '국가경제의 발전동력을 회복하는데서 나서는 중요한 문제'",

_____. 2020.1.19c. "사설: 5개년계획의 첫해 과업수행에 더욱 박차를 가하며 혁명의 새 승리에로 질풍쳐 내달리자".

_____. 2020.1.22. "자력갱생, 자급자족의 기본 요구".

_____. 2020.1.30. "사설: 자력갱생의 기치높이 새로운 5개년계획을 빛나게 수행하자".

_____. 2020.2.4a. "자력을 백방으로 강화하기 위한 오늘의 정면돌파전".

_____. 2020.2.4b. "정면돌파전에서 경제부문 앞에 나서는 당면 과업".

_____. 2020.2.11a. "실효성이 높은 '발전형 자력갱생'의 체계화".

_____. 2020.2.11b. "오늘의 정면돌파전에서 주되는 투쟁 대상".

_____. 2020.2.20. "정면돌파전에서 경제" 부문 앞에 나서는 당면 과업".

_____. 2020.2.21a. "논설, 혁명의 새로운 격변기는 실력가형의 일군들을 요구한다".

_____. 2020.2.21b. "인민경제계획은 국가의 법이다".

_____. 2020.2.23a. "중앙 공업이 지방공업을 돕자".

_____. 2020.2.23b. "지방공업 발전에 힘을 넣어 인민소비품 생산을 늘이자".

_____. 2020.2.24. "하나는 전체를 위해, 전체는 하나를 위해!"

_____. 2020.3.7. "현시기 경제사업 체계와 질서를 정돈하는데서 나서는 중요한 문제".

_____. 2020.3.12. "애국적인 두뇌전, 창조전으로 국산화의 지름길을 열어나가자".

_____. 2020.3.23. "인민의 이익을 우선시하는 립장에서 협동하자".

_____. 2020.3.25. "지방공업을 결정적으로 치켜세워 도의 경제발전과 인민생활 향상에서 전환을!"

_____. 2020.3.28. "국가경제의 명맥과 전일성을 고수하는데서 나서는 중요한 문제".

_____. 2020.4.2. "해설, 정면돌파전에서 사상사업의 중요과업".

_____. 2020.4.8a. "논설, '당 정책 관철을 법적으로 담보하는데 나서는 중요한 문제".

_____. 2020.4.8b. "인민경제발전에서 수자경제의 역할".

_____. 2020.4.22. "논설, 자력갱생은 우리 당의 일관한 정치로선".

_____. 2020.4.23. "재자원화를 중요한 문제로 틀어쥐고".

_____. 2020.5.7. "절약은 곧 생산이며 애국심의 발현이다".

_____. 2020.5.18. "우리 원수님과 강원도 인민".

_____. 2020.5.30. "공장은 생산 정상화, 인민에게는 생활 편의 도모".

_____. 2020.5.31. "자기 힘을 믿는 인민은 언제나 승리한다".

_____. 2020.6.30. "인민경제 부문별, 직종별 기능공 경기대회의 생활력을 높이 발양시키자".

_____. 2020.7.9. "생산자대중이 과학기술의 주인이 되자".

_____. 2020.8.2. "경제건설에서 견지해야 할 중요한 원칙".

_____. 2020.8.19. "조국과 인민의 운명에서 위대한 전환을 안아온 조선노동당".

_____. 2020.8.27. "경쟁 속에 발전하고 경쟁 속에 도약할 때".

_____. 2020.10.19. "사설: '80일 전투'에서 노동당원의 혁명적 기상과 본때를 힘있게 떨치자".

_____. 2020.12.24. "사설: 황철의 호소에 화답해 올해의 장엄한 투쟁에서 영웅적조선인민의 기질과 본때를 힘있게 떨치자".

_____. 2021.1.6. "(김정은) 조선노동당 제8차대회에서 한 개회사".

_____. 2021.1.9. "우리식사회주의건설을 새 승리에로 인도하는 위대한 투쟁강령".

_____. 2021.1.10. "(김정은) 조선로동당 중앙검사위원회 사업총화보고."

_____. 2021.1.13. "조선로동당 제8차대회에서 한 (김정은 총비서의) 결론".

_____. 2021.1.14. "조선혁명의 유일무이한 투쟁정신".

_____. 2021.1.15. "새로운 5개년계획의 기본종자는 자력갱생".

_____. 2021.1.18a. "지난 총결기간에 이룩된 성과의 근본요인".

_____. 2021.1.18b. "지방경제발전과 인민생활향상에서 새로운 전환을 가져오겠다, 장세철 대의원".

_____. 2021.1.19. "새로운 국가경제발전 5개년계획의 중심과업".

_____. 2021.1.25. "〈당 제8차대회 보고에서〉 우리 국가제일주의시대를 열어놓아".

_____. 2021.1.30a. "논설, 과학기술발전의 촉진은 사회주의건설의 중핵적인 과제".

_____. 2021.1.30b. "사설: 자력갱생의 기치높이 새로운 5개년계획을 빛나게 수행하자".

_____. 2021.2.1a. "'3대혁명소조' 소조사업에 대한 지도에서 중시한 문제".

_____. 2021.2.1b. "질 제고는 자립경제의 내적잠재력발양과 인민생활향상을 위한 중요한 요구".

_____. 2021.2.6a. "존엄높고 번영하는 우리 국가제일주의시대".

_____. 2021.2.6b. "의존심을 버려야 재자원화의 성과를 담보할 수 있다".

_____. 2021.2.6c. "포전담당책임제가 은이 나도록".

_____. 2021.2.11. "실효성이 높은 발전형 자력갱생의 체계화".

_____. 2021.2.12a. "김정은 총비서의 보고: 당 제8차대회가 제시한 5개년계획의 첫해 과업을 철저히 관철할데 대하여".

_____. 2021.2.12b. "조선노동당 중앙위원회 제8기 제2차전원회의에 관한 보도".

_____. 2021.2.16. "논설: 자력부강의 튼튼한 밑천을 마련해주신 불멸의 (김정일) 업적".

_____. 2021.2.18a. "정론: 새 승리를 향한 첫걸음을 크게 내짚자".

_____. 2021.2.18b. "조선혁명의 유일무이한 투쟁정신: 자력갱생".

_____. 2021.2.21a. "'자체의 힘으로 나라와 민족의 존엄을 지킨다'. 우리 국가제일주의시대에도 일관한 로선과 정책".

_____. 2021.2.21b. "논설. 혁명적 준법기풍확립은 사회주의건설의 획기적 전진을 위한 중요한 사업".

_____. 2021.2.21c. "인민경제계획은 국가의 법이다".

_____. 2021.2.21d. "정론: 대담하고 용감한 돌격투사가 되자".

_____. 2021.2.21e. "주목되는 재자원화기술개발움직임".

_____. 2021.2.24a. "사설: 높은 당적책임감은 일군들이 지녀야 할 필수적품성".

_____. 2021.2.24b. "자력갱생은 우리 공화국의 불변의 전진방식".

_____. 2021.3.13a. "'재자원화' 기술문제이기 전에 관점문제였다".

_____. 2021.3.13b. "사설: 령도업적단위들이 5개년계획수행을 위한 오늘의 총진군을 힘있게 견인해 나가자".

_____. 2021.3.13c. "우리식의 경제관리방법을 확립하기 위한 연구 심화".

_____. 2021.3.15a. "일군들은 오늘의 총진군에서 창조성, 창발성을 적극 발휘하자".

_____. 2021.3.15b. "조선경제 부흥을 위한 혁신 2: 사회주의계획경제의 발전잠재력 발양".

_____. 2021.3.17a. "올해 경제사업의 중심".

_____. 2021.3.17b. "인민의 거리".

_____. 2021.3.18. "정론: 하나는 전체를 위해, 전체는 하나를 위해!"

_____. 2021.3.19. "논설: 필승의 신심을 지니고 혁신과 전진의 큰걸음을 내짚자".

_____. 2021.3.28. "논설: 시, 군의 발전이자 국가의 부흥이다".

_____. 2021.3.29. "집단주의 위력으로 영원히 승리떨치리".

_____. 2021.3.30. "사설: 인재관리, 인재육성사업을 혁신해 발전과 번영의 활로를 열어나가자".

_____. 2021.3.31. "논설, 위대한 주체사상은 혁명과 건설의 영원한 승리의 기치".

_____. 2021.4.1. "사설: 경제사업에서 국가적 이익을 우선시하는 기풍을 철저히 확립하자".

_____. 2021.4.2. "논설, 위대한 김정은동지는 우리 국가제일주의시대를 열어놓으신 절세

의 애국자이시다".

_____. 2021.4.3. "논설,'인재 육성이 새로운 5개년계획의 중요한 과제".

_____. 2021.4.5. "사설: 5개년계획수행의 첫해를 과학으로 들고일어나는 해로 만들자".

_____. 2021.4.6. "논설, 3대혁명은 사회주의농촌건설의 중요한 요구".

_____. 2021.4.7a. "기술혁명수행의 기수가 되고 주동이 되자".

_____. 2021.4.7b. "목표를 높이 세우고 완강하게 실천하며: 서부지구 탄전에 파견된 3대혁명소조원들".

_____. 2021.4.7c. "조선로동당 제6차 세포비서대회 개막: 조선로동당 총비서이신 경애하는 김정은동지께서 대회를 지도하시였다".

_____. 2021.4.7d. "뚜렷한 발전목표와 전략을 가지고 지방공업공장들의 현대화를 다그치자".

_____. 2021.4.9. "경애하는 김정은 동지께서 조선로동당 제6차 세포비서대회에서 결론: 「현시기 당세포강화에서 나서는 중요과업에 대해」를 하시였다".

_____. 2021.4.10. "김정은, 현시기 당세포강화에서 나서는 중요과업에 대해".

_____. 2021.4.11. "사설: 경애하는 김정은동지께서 이끄시는 주체의 한길로 억세게 나아가자".

_____. 2021.4.22a. "논설, 자력갱생은 우리 당의 일관한 정치로선".

_____. 2021.4.22b. "당대회결정관철을 위한 총진군길에 타번지는 3대혁명의 불길".

_____. 2021.4.23a. "논설, 자립적과학발전관, 자립적경제발전관확립은 사회주의경제건설의 중요한 요구".

_____. 2021.4.23b. "사설: 정면돌파전에서 집단주의의 위력을 힘있게 떨치자".

_____. 2021.4.23c. "정론: 우리 당은 영웅적인 시대의 정신으로 살며 투쟁할 것을 요구하고 있다".

_____. 2021.4.24a. "논설, 경제사업에 대한 통일적지도는 사회주의국가의 기본임무의 하나".

_____. 2021.4.24b. "단위의 오늘과 래일을 다같이 책임지는 립장에 서자".

_____. 2021.4.25. "사설: 수령에 대한 충실성의 전통을 창조한 항일빨찌산의 위훈은 영원불멸할 것이다".

_____. 2021.4.26. "과학기술성과도입법".

_____. 2021.4.27a. "시대의 요구를 자각하고 선질후량의 원칙을 더욱 철저히 구현하자: 최근 질 제고사업에서의 성과와 편향을 놓고".

_____. 2021.4.27b. "품질인증사업에서 무엇을 중시할것인가".

_____. 2021.4.30. "강평, 청년과 강성할 내일".

_____. 2021.5.3a. "사설: 경애하는 김정은동지의 력사적서한을 높이 받들고 조선청년운동의 새로운 전성기를 열어나가자".

_____. 2021.5.3b. "조선경제 부흥을 위한 혁신 4: 세계에 유일무이한 자력자강의 발전방식".

_____. 2021.5.4a. "당의 재자원화방침을 일관하게, 철저히 집행해 나가는 혁명적인 사업기풍: 락랑영예군인수지일용품공장 일군들의 경험을 놓고".

_____. 2021.5.4b. "뚜렷한 전략과 목표가 있어야 선도자적역할을 할수 있다".

_____. 2021.5.4c. "론설: 사회주의위력은 곧 집단주의위력이다".

_____. 2021.5.4d. "악성전염병사태의 장기화에 철저히 대처하자".

_____. 2021.5.4e. "자력갱생의 불길높이 4.인민경제계획 넘쳐 수행".

_____. 2021.5.4f. "전세대들의 투쟁 정신, 투쟁 기풍을 따라배우자"

_____. 2021.5.9. "정론: 사회주의 애국청년의 기개를 남김없이 떨치라".

_____. 2021.5.10. "사설: 따라앞서기, 따라배우기, 경험교환운동을 더욱 활발히 벌려나가자".

_____. 2021.5.15. "우리 국가제일주의시대를 빛내이기 위한 중요요구".

_____. 2021.5.18. "특별히 주목을 돌려야 할 인재육성, 인재관리사업".

_____. 2021.5.23. "경공업발전의 생명선".

_____. 2021.5.27a. "나라에 리익이 되는 일을 하나라도 더 찾아하는 기풍이 중요하다".

_____. 2021.5.27b. "자주적 발전과 번영의 보검".

_____. 2021.5.30. "론설: 우리 인민이 쓰고살 모든 것은 최상의 것이여야 한다".

_____. 2021.6.4. "올해 경제사업에서 기본".

_____. 2021.6.7. "경제조직사업과 지휘에서 나서는 문제".

_____. 2021.6.8. "기술혁명의 척후병이라는 자각을 안고".

_____. 2021.6.9a. "〈발전토대 구축〉 과학전선이 들끓어야 경제건설전반이 활력에 넘친다: 인민경제 각 부문에 달려나간 과학자, 기술자들의 연구과제수행정형을 놓고".

_____. 2021.6.9b. "〈발전토대 구축〉 리상과 목표를 높이 세우고 혁신과 변화의 새로운 국면을".

_____. 2021.6.9c. "〈발전토대 구축〉 생산계획수행처럼 대해야 할 사업".

_____. 2021.6.9d. "경애하는 총비서동지 따라 혁명의 승리를 향해 굴함없이 싸워나가는 신념의 강자가 되자".

_____. 2021.6.12a. "〈첨단기술개발〉 국력경쟁에서의 승패를 좌우하는 기본요인".

_____. 2021.6.12b. "〈첨단기술개발〉 탐구자의 배짱: 우리식".

_____. 2021.6.13. "끊임없는 비약과 발전의 원동력".

_____. 2021.6.14a. "사설: 온 나라가 서로 돕고 위해주는 우리의 국풍을 더 높이 발양시키자".

_____. 2021.6.14b. "정론: 위대한 당이 우리를 향도하기에".

_____. 2021.6.15. "올해의 과업들 가운데서 핵심사항".

_____. 2021.6.16a. "자력부강, 자력번영의 위력한 무기를 안겨주시여".

_____. 2021.6.16b. "조선로동당 중앙위원회 제8기 제3차전원회의 개회".

_____. 2021.6.20a. "김정은, 녀성동맹은 우리식사회주의의 전진발전을 추동하는 힘있는 부대가 되자, 조선사회주의녀성동맹 제7차대회 참가자들에게 보낸 서한".

_____. 2021.6.20b. "정론: 조선혁명특유의 생명력: 백절불굴의 혁명정신과 자력갱생, 간고분투의 투쟁기풍".

_____. 2021.6.27. "론설: 백절불굴의 혁명정신은 새 승리를 향한 총진군의 위력한 무기이다".

_____. 2021.6.28. "사설: 인민을 위해 멸사복무하는 혁명적당풍을 철저히 확립하자".

_____. 2021.6.29a. "당 제8차대회가 제시한 정비전략, 보강전략수행에서 무조건성의 정신을 높이 발휘하자".

_____. 2021.6.29b. "론설: 사상전의 위력으로 혁명의 고조기, 격변기를 열어나가자".

_____. 2021.7.11. "사설 '혁명적 수양과 당성 단련을 더욱 강화하자'".

_____. 2021.7.16. "항구적으로 틀어쥐고나가야 할 중요한 정책적 과업".

_____. 2021.7.19. "《로동신문》, 《근로자》 공동론설, 이민위천, 일심단결, 자력갱생리념을 더 높이 들고나가자".

_____. 2021.7.24. "금속공업부문 일군들이여, 대담성과 적극성을 발휘해 당대회가 제시한

과업을 무조건 관철하자".

_____. 2021.8.7. "론설: 당결정관철을 대중자신의 사업으로 전환시켜나가자".

_____. 2021.8.16a. "국가적 리익을 떠난 자급자족이란 없다".

_____. 2021.8.16b. "절약형생산공정확립을 중요한 정책적 과업으로 틀어쥐고 내밀자".

_____. 2021.8.17a. "3대혁명붉은기쟁취운동을 힘있게 벌려나가는데서 나서는 중요한 요구".

_____. 2021.8.17b. "국산화, 재자원화사업을 어떤 관점과 일본새로 내밀어야 하는가: 안주 절연물공장 일군들의 사업경험을 놓고".

_____. 2021.8.20. "폐유를 재이용하니 얼마나 좋은가".

_____. 2021.8.22. "청년들은 노래「아버지 어머니의 청춘시절」을 부르며 값높은 위훈으로 당을 받들자".

_____. 2021.9.1. "조선경제부흥을 위한 혁신 7〉 불합리한 체계와 질서의 쇄신".

리기성. 2016.9.1. 「조선에서 자강력제일주의를 높이 들고 과학기술을 기관차로 인민경제의 주체화, 현대화 적극 추진」(2016년 두만강포럼 발표자료).

림광남. 2017.9.28. 「지식경제수준평가의 현실태와 조선민주주의인민공화국에서의 지식경제강국건설전망」(두만강포럼 발표자료).

≪우리민족끼리≫. 2016.1.12. "자강력제일주의가 안아온 거대한 승리".

≪조선신보≫. 2013.5.10. "평양 326전선공장에서 보는 경제관리의 새 시도".

조선의 오늘. "자립적 민족경제". http:// www.dprkday.com (검색일: 2017.10.5).

_____. 2016.1.7. "세계적인 경쟁력을 가진 최우수제품들이 쏟아져 나온다".

_____. 2017.5.22. "김책大, 전방향 이동로봇 설계제작".

_____. 2021.4.8. "자력으로 열어가는 현대화의 길".

조선중앙TV. 2018.1.1. "김정은 육성 신년사".

조선중앙통신. 2013.3.18. "김정은 동지께서 전국경공업대회에서 하신 연설".

_____. 2013.8.21. "록색생산방식 확립을 위한 사업 추진".

_____. 2015.1.1. "자주통일의 대통로를 열어가자".

_____. 2015.11.15. "평양어린이식료품공장의 현대화공사가 훌륭히 완공됐다".

_____. 2016.12.13. "경애하는 김정은동지께서 자력갱생의 창조물인 원산군민발전소를 현지지도하시였다".

_____. 2016.5.28. "조선로동당 제7차대회에서 제시된 과업을 철저히 관철하기 위한 당,국가,경제,무력기관 일군련석회의 진행".

_____. 2016.6.29. "조선노동당이 제시한 국가경제발전 5개년전략을 철저히 수행할 데 대하여".

_____. 2020.10.5. "조선로동당 중앙위원회 제7기 제19차 정치국회의 진행".

_____. 2020.11.4. "재자원화를 중요한 전략으로 밀고 나가고 있다".

_____. 2021.7.24. "〈조선중앙통신사 상보〉 위대한 자력갱생력사에 길이 빛날 전승세대의 전설적 위훈".

조현. 2021.5.10. "'진정한 애국이란?' 청년동맹에 주어진 '진짜' 과제". ≪노동신문≫.

3. 국외

1) 단행본

European Bank of Reconstruction and Development. 1999. *Transition Report*. EBRD.

2) 논문

Dingli, Shen. 2013. "Lips and Teeth: It's time for China to get tough with North Korea." *Foreign Policy*.

"Democratic People's Republic of Korea Voluntary National Review On the Impletation of the 2030 Agenda." Prepared by the Government of the Democratic People's Republic of Korea, June 2021.

Gary, Cheryl W. 1991. "Tax Systems in the Reforming Socialist Economics of Europe." *Communist Economies and Economic Transformation*, Vol.3, No.1.

Martinez-Vazquea, Jorge and Robert M. McNab. 2000. "The Tax Reform Experiment in Transitional Countries." *National Tax Journal*, Vol.53, No.2.

Fehra, Dietmar, Rustamdjan Hakimova and Dorothea Kübler. 2015. "The willingness to pay-willingness to accept gap: A failed replication of Plott and Zeiler." *European Economic Review*, Vol.78.

3) 기타

자유아시아방송. 2014.12.15. "고마키 데루오 전 일본 고쿠시칸대 교수와의 인터뷰".

_____. 2016.9.14. "북, 군현대화계획 중간총화 준비".

_____. 2020.4.3. "김정은, 군부권력기관 검열전담 '군정지도부' 신설".

RFA자유아시아방송. 2021.2.25. "자력갱생 압박으로 북 공장 간부 기피현상".

지은이

/

임을출

경남대학교 극동문제연구소 특임정년교수이며, 30년째 실사구시형 북한 연구를 하고 있다. 1992년 러시아어 시험을 통과해 KOTRA에 입사, 북한 경제·무역 조사 업무를 시작하면서 북한과 인연을 맺었다. 1996년 언론사로 옮겨 수년간 전문기자로 활동하며 평양·개성·금강산·신포경수로 부지 등 북한 곳곳을 방문하고, 북미 회담, 남북 회담, 경제협력에 헌신했던 많은 인사들을 인터뷰하는 등 현장 경험을 풍부히 쌓았다. 고려대학교, 한양대학교, 중앙대학교, 북한대학원대학교 등에서 강사 생활을 했고, 2006년부터 북한 연구 및 교육의 메카인 경남대학교 극동문제연구소 연구실장을 지냈다. 현재 북한개발국제협력센터장, 통일경제아카데미 주임교수 등을 맡고 있다. 다양한 연구 활동과 함께 정부 및 기업 자문, 언론 기고, 방송 출연 등을 통해 지식과 경험을 대중과 공유하고 있다.

2018년 남북정상회담 준비위원회 민간자문위원, 국정기획자문위원회 한반도신경제구상 T/F팀원, 통일부 정책혁신위원회 위원, 민주평화통일자문회의 상임위원 및 기획조정분과 간사, 기획재정부 자문위원 등을 지냈으며, 지금도 청와대 국가안보실 정책자문위원으로 5년째(2017~) 활동하고 있다. 미국 조지타운대학교(워싱턴 D.C.)의 객원연구원, 경제정의실천시민연합 통일협회 정책위원장 등을 역임했으며, 현재 북한연구학회 부회장과 대한국토·도시계획학회 통일부회장을 맡고 있다. ≪매일경제신문≫ 객원논설위원, ≪한국일보≫ 고정 칼럼니스트를 거쳐 현재 ≪가톨릭평화신문≫ 고정 칼럼을 연재하고 있으며, KBS, YTN, 연합뉴스TV 등에 수시로 출연해 북한 관련 현안을 해설했다. 2020년에는 평화·번영의 한반도 기반 조성에 이바지한 공로로 국민훈장 목련장을 받았다.

주요 저서로는『김정은 시대의 북한경제: 사금융과 돈주』(2016)를 비롯해『글로벌 평화와 한반도 통일의 이해』(공저, 2020),『북한 허위정보에 대한 다층적 분석과 이해』(공저, 2020),『북한 관광의 이해』(공저, 2017),『김정은 리더십 연구』(공저, 2016),『한반도 전문가 30인에게 김정은 체제의 미래를 묻다』(공저, 2012),『원조와 개발: 교훈과 미래방향』(2009),『웰컴투 개성공단: 역사, 쟁점 및 과제』(2005),『김정일과 왈츠를: 러시아 여기자의 김정일 극동방문 동행취재기』(공저, 2004),『'악의 축'과의 대화: 북미 핵·미사일 협상의 정치학』(2004) 등이 있다.